国家教师资格考试指导教材

历史学科知识与教学能力

（初级中学）

余柏青　编著

图书在版编目(CIP)数据

历史学科知识与教学能力.初级中学/余柏青编著.—北京：北京大学出版社，2015.11
（国家教师资格考试指导教材）
ISBN 978-7-301-26472-0

Ⅰ.①历… Ⅱ.①余… Ⅲ.①中学历史课－教学法－初中－中学教师－资格考试－教材 Ⅳ.①G633.512

中国版本图书馆 CIP 数据核字（2015）第 260615 号

书　　　名	历史学科知识与教学能力（初级中学） LISHI XUEKE ZHISHI YU JIAOXUE NENGLI（CHUJI ZHONGXUE）
著作责任者	余柏青　编著
责 任 编 辑	高桂芳
标 准 书 号	ISBN 978-7-301-26472-0
出 版 发 行	北京大学出版社
地　　　址	北京市海淀区成府路 205 号　100871
网　　　址	http://www.pup.cn　新浪微博：@北京大学出版社
电 子 信 箱	zyjy@ pup.cn
电　　　话	邮购部 62752015　发行部 62750672　编辑部 62754934
印 刷 者	三河市博文印刷有限公司
经 销 者	新华书店
	787 毫米×1092 毫米　16 开本　21 印张　419 千字 2015 年 11 月第 1 版　2015 年 11 月第 1 次印刷
定　　　价	42.00 元

未经许可，不得以任何方式复制或抄袭本书之部分或全部内容。
版权所有，侵权必究
举报电话：010-62752024　电子信箱：fd@pup.pku.edu.cn
图书如有印装质量问题，请与出版部联系，电话：010-62756370

国家教师资格考试指导教材
编 委 会

学术顾问
  丁 钢 华东师范大学终身教授,华东师范大学教育高等研究院院长,中国教育学会副会长
  陈向明 北京大学教育学院教授,学术委员会主任,基础教育与教师教育研究中心主任

常务编委(按姓名拼音排序)
  蔡 春 首都师范大学教育学院副院长,教授
  陈建华 上海师范大学教育学系主任,教授
  傅建明 浙江师范大学教师教育学院教授
  葛明贵 安徽师范大学教育科学学院院长,教授
  郝文武 陕西师范大学教育学院教授
  何兆华 陕西学前师范学院教务处处长,教授
  洪 明 福建师范大学教育学院副院长,教授
  侯怀银 山西大学教育科学学院院长,教授
  胡金平 南京师范大学教育科学学院副院长,教授
  李松林 四川师范大学教育科学学院副院长,教授
  刘云杉 北京大学教育学院副院长,教授
  龙宝新 陕西师范大学教育学院副院长
  卢晓中 华南师范大学教育科学学院院长,教授
  孟繁胜 东北师范大学教育学部副部长
  瞿亚红 重庆师范大学教育科学学院副院长
  桑青松 安徽师范大学教育科学学院副院长,教授
  唐汉卫 山东师范大学教育学院院长,教授
  王凤秋 哈尔滨师范大学教育科学学院副院长,教授
  吴刚平 华东师范大学教育科学学院教授
  肖 川 北京师范大学教育学部教授
  肖庆伟 闽南师范大学副校长,教授
  杨立范 北京大学出版社副总编辑,编审
  张景斌 首都师范大学教育学院副院长,教授
  钟毅平 湖南师范大学教育科学学院院长,教授
  朱德全 西南大学教育学部部长,教授

编 委(按姓名拼音排序)
  蔡勇强 闽南师范大学教育科学学院副院长,教授
  曹 莹 西安文理学院教育学院副院长,副教授
  车广吉 东北师范大学政法学院教授
  陈国良 闽南师范大学继续教育学院院长,教授

陈焕章	上海师范大学教育学院副教授
陈　鹏	福建教育学院教务处处长,副研究员
邓大河	四川幼儿师范高等专科学校副校长,副教授
邓岳敏	泉州师范学院教育科学学院副教授
冯展极	大庆师范学院外语学院副院长,教授
何　冰	吉林省国试教育咨询有限公司董事长
何华松	九江职业大学师范学院院长,教授
何善平	陕西学前师范学院学前教育系主任,教授
黄　清	闽南师范大学发展规划处处长,教授
黄　重	宁德职业技术学院人文科学系主任,副教授
经柏龙	沈阳师范大学教育科学学院教授
鞠玉翠	华东师范大学教育科学学院教授
李宝良	大庆师范学院继续教育学院院长,教授
廖贵英	九江职业大学学前教育学院院长,教授
林　钢	北京大学出版社福建省教学服务中心主任
刘俊卿	沈阳师范大学教育科学学院教授
舒志定	湖州师范学院教师教育学院院长,教授
宋　祥	东北师范大学文学院教授
汪　明	阜阳师范学院教育科学学院院长,教授
王　葎	北京师范大学哲学与社会学学院副教授
王俏华	浙江师范大学杭州幼儿师范学院副教授
王　祥	贵州师范学院教育科学学院教授
王永胜	东北师范大学生命科学学院教授
魏继宗	延安大学教育科学学院副院长,教授
向　华	西安文理学院教育学院教授
谢先国	湖南省中小学教师发展中心科长,湖南师范大学兼职教授
闫　祯	天水师范学院职业培训学院院长,教授
杨秀莲	东北师范大学教师教育研究中心主任,教授
姚成龙	北京大学出版社职业教育编辑部主任
余清臣	北京师范大学教育学部教育基本理论研究院副院长,副教授
虞伟庚	丽水学院教师教育学院副院长,教授
查晓虎	安徽师范大学教育科学学院教授
张昌勋	闽江师范高等专科学校副校长,教授
张锦坤	福建师范大学教育学院院长助理,副教授
张灵聪	闽南师范大学教育科学学院院长,教授
张永明	陇南师范高等专科学校教授
郑先如	龙岩学院教育科学学院院长,教授
郑燕林	东北师范大学计算机科学与信息技术学院副院长,教授
仲丽娟	上海交通大学第二附属中学教师发展中心主任,高级教师
周兴国	安徽师范大学教育科学学院教授
朱成科	渤海大学教师发展学院副院长,教授
朱晓宏	首都师范大学教育学院教育基本理论研究所副所长,教授

出版前言

中小学教师资格考试（以下简称教师资格考试）是评价申请教师资格的人员是否具备从事教师职业所必需的教育教学基本素质和能力的考试。参加教师资格考试合格是教师职业准入的前提条件。申请幼儿园、小学、初级中学、普通高级中学、中等职业学校教师和中等职业学校实习指导教师资格的人员须分别参加相应类别的教师资格考试。教师资格考试实行全国统一考试。考试坚持育人导向、能力导向、实践导向和专业化导向，坚持科学、公平、安全、规范的原则。

教师资格考试包括笔试和面试两部分。笔试主要考查：申请人从事教师职业所应具备的教育理念、职业道德、法律法规知识、科学文化素养、阅读理解、语言表达、逻辑推理和信息处理等基本能力；教育教学、学生指导和班级管理的基本知识；拟任教学科领域的基本知识，教学设计实施评价的知识和方法，运用所学知识分析和解决教育教学实际问题的能力。

幼儿园教师资格考试笔试科目为"综合素质""保教知识与能力"2科；小学教师资格考试笔试科目为"综合素质""教育教学知识与能力"2科；初级中学、普通高级中学教师和中等职业学校文化课教师资格考试笔试科目为"综合素质""教育知识与能力""学科知识与教学能力"3科；中等职业学校专业课教师和实习指导教师资格考试笔试科目为"综合素质""教育知识与能力""专业知识与教学能力"3科。

为了配合教师资格考试在全国推广后师范院校的课程设置和教学计划的调整，方便师范院校对报名参加教师资格考试的在校学生进行有效指导和系统培训，提高教师资格考试的通过率，方便考生系统复习，提高考试成绩，北京大学出版社组织了全国数十所师范院校的教师及部分中小学、幼儿园一线教师联合编写了这套"国家教师资格考试指导教材"，作为教师资格考试指导课的配套教材使用。

本系列教材充分体现了我国教师职业对综合素质和教育教学能力的要求，以现行考试大纲为编写依据，科学、系统、严谨地阐释大纲对各学段教师考核所要求的知识体系，旨在帮助考生有效备考，提高其自身教育理念、职业道德、科学文化素养以及相关教育教学能力。

本系列教材在编写中着力强调并体现以下特色：

一、教材架构性原则：教材体系清晰完整，知识严谨规范

在编写教材时注意并把握教材的基本属性，即系统性、知识性、科学性和先进性的统一，突出考试标准与考试大纲所要求的知识性和实用性，总体结构、章节布局合理，内容详略得当，繁简适宜，概念、定义、名词等准确、规范。

二、理念先进性原则：反映考试标准、考试大纲所要求的全新教育理念、教育精神、教育方向

本系列教材在观念、内容、文字上鲜明凸显考试标准、考试大纲所传达的时代性、先进性、高度性。针对考生群体学科专业知识已能够基本满足教学需要、科学文化素养已基本达到教育要求的情况，教材特别强调考生群体自身的教育理念、法律意识、组织教育教学的基本知识与能力、教学设计实施及评价的基本方法。

三、基本指导性原则：较为科学地指导考生掌握各学段教育教学的基本素养、基本原理，以及学科专业领域的基本框架、基本知识

本系列教材的重要功能之一是指导考生有效而科学地掌握、运用教师资格考试所要求的教育知识与教学能力，因此，在编写过程中贯彻大纲对于知识、能力"了解、理解、熟练、掌握、运用"等各个层级的要求，在体例设置与内容表达上突出重点，提纲挈领，避免面面俱到式的罗列与堆砌。

四、能力拓展性原则：注重对考生拓展性思维的启发与创造性能力的培养

新的考试标准、考试大纲强调教师要具备"自主发展意识和自我教育的能力"，拓展性思维与创造性能力是自主发展与自我教育的重要构成与体现，教材就此在内容的表达与形式、板块上做出了适当的设置。

五、备考实效性原则：展现便于考生实际学习、备考的学习功能

本系列教材注重把握好素质培养与应试备考之间的平衡，在内容与形式上兼顾教材的考试指导属性，以利考生理顺考试理念、要求，了解考试趋向、动态，熟悉考试内容、方法，掌握考试重点、难点，帮助考生深入学习、有效应考。

六、教材立体化原则：提供多种教学资源，最大限度满足学生学习需要

除了主教材外，我们还精心设计了形成性练习手册、网络学习课程、模拟试卷等。

总之，本系列教材作为教师资格考试指导课教材，突出地体现了权威性、系统性、先进性、实用性和指导性等特色。

本系列教材在编写过程中得到了各参编院校和参编老师的大力支持，在此一并表示感谢。

1. 本系列教材配有由作者提供的教学课件供教师使用，需要者请通过"教师资格考试交流群"（QQ群号：316689173）索取。

2. 关注"教师资格考试服务网"（微信公众号：jsfw-pup）公众平台，获取最新的考试资讯、权威的考纲解读、全面的考试技巧及复习方法，以及模拟试题，自测练习题等复习资料。

目 录

第一章 初中历史教学理论 (1)
    第一节 史料的分类与运用 (2)
    第二节 初中历史教学理论 (12)
    第三节 《义务教育历史课程标准(2011年版)》解读 (22)
    第四节 初中历史教材 (32)

第二章 中国历史基本知识 (51)
    第一节 中国古代史部分 (52)
    第二节 中国近代史的基本知识 (69)
    第三节 中国现代史基本知识 (85)

第三章 世界历史基本知识 (97)
    第一节 世界古代史的基本知识 (98)
    第二节 世界近代史的基本知识 (104)
    第三节 世界现代史基本知识 (113)

第四章 初中历史教学设计 (129)
    第一节 教学目标的制定 (130)
    第二节 教学重点、难点的确定 (142)
    第三节 初中历史教与学的方法 (157)
    第四节 历史教学资源的开发与利用 (171)

第五章 初中历史教学实施 (184)
    第一节 初中历史教学实施策略 (185)
    第二节 初中历史教学的情境创设 (198)
    第三节 初中历史概念阐释与人物评价 (208)
    第四节 教学环节的设计 (217)
    第五节 初中历史教师的教学技能 (244)

第六章　初中历史教学评价 …………………………………………………………（269）
　　第一节　历史教学评价理论 …………………………………………………（270）
　　第二节　初中历史学习评价 …………………………………………………（280）
　　第三节　初中历史教学评价 …………………………………………………（291）
自测训练参考答案 ……………………………………………………………………（301）
全真模拟一 ……………………………………………………………………………（310）
全真模拟二 ……………………………………………………………………………（317）
全真模拟一答案与评分参考 …………………………………………………………（324）
全真模拟二答案与评分参考 …………………………………………………………（326）
后记 ……………………………………………………………………………………（328）

第一章 初中历史教学理论

考纲内容

1. 了解多样性的历史呈现方式,熟悉主要历史载体的特征;能够运用认识历史的基本方法,从多种渠道获取历史信息,并对所搜集的历史信息进行辨析和阐释,运用可靠的证据对历史进行评析。

2. 了解初中历史课程的地位、性质与作用;熟悉《义务教育历史课程标准(2011年版)》所规定的课程目标、教学内容及要求,能够运用课程标准指导教学;了解现行初中历史教材的编排体例和内容结构。

3. 掌握历史学科教学的理论知识,并能够用以指导历史教学及教研活动。

考纲解读

本章第一节通过对史料的分类,引导考生了解文献材料、图片、图表、实物、遗址、遗迹、影像、口述以及历史文学作品等历史呈现方式;从现实需要出发,介绍初中历史教学的史料来源,并运用案例说明史料的教学策略。第二节介绍了多元史观、学习及校本教研理论,以拓展考生的知识视野,指导考生的历史教学及教研活动。

第三节在对《义务教育历史课程标准(2011年版)》的文本解读中,突出了历史课程的地位、性质与作用。为了让考生全面熟悉和了解新课程标准,本节从前言、课程目标、课程内容和实施建议等四个方面,将新课标标准与2001年《全日制义务教育历史课程标准(实验稿)》进行了全面而深入的分析,使考生达到运用新课程标准指导教学的目的。课程标准是教科书编写的基本依据。因此,本章第四节初中历史教材以岳麓版和人教版教科书为例,引导学生熟悉初中历史教科书的编排体例和内容结构。

引 子

如果在历史教师面前摆三锅开水,往里面投入完全不同的东西,你会得出不同的结果。第一锅开水中投进去一枚生鸡蛋,柔软的、鲜活的、流动的生鸡蛋最后变成一个里外都坚硬的熟鸡蛋。这是一种人生,被社会煎熬的心变硬了。第二锅开水中投进去一根胡萝卜,鲜活的胡萝卜在不断的煎熬中,最后成为一摊胡萝卜泥。这种被生活煮软了的人没有主见,失去内心,从俗合流,其生命价值泯于众人之中。第三锅开水中投进去一把茶叶,茶叶的叶片舒展开来,一锅滚水最后变成鲜亮亮的茶汤。这才是有效的组合,是生命在社会煎熬、挑战和磨炼之后,真正完成价值释放。①

历史教育工作者与学生怎样才能成为有效组合?教师培养的学生不但要成为社会合格的公民,而且能激发学生的潜能,实现他们的价值。这就要求教师引导学生学习一些基本理论,并把这些新课程理念落实在教学设计中,贯穿于整个历史课堂。

第一节 史料的分类与运用

"历"的繁体字作"歷",其下部的"止"字,在甲骨文和金文中的字形,就是一只脚,表示人穿过一片树林。段玉裁的《说文解字注》中说:"历,过也,传也。""过"是指空间上的移动,"传"则表示时间上的移动。甲骨文中"史"字与"事"相似,指事件。汉代许慎在《说文解字》中说:"史,记事者也;从又持中,中,正也。"这里"史"的本意是记事者,即"史官"。因此,历史就是被史官记录的事。"历史"一词有多种解释,归纳起来大致有广义和狭义两种含义。广义的历史包括自然发展史和人类社会发展史;狭义的历史仅指人类社会发展史,它包括历史Ⅰ和历史Ⅱ,具体内容如表1-1所示。

表1-1 历史学狭义的两层含义

历史Ⅰ	人类往事	真实的过去	历史学家的研究对象	史实
历史Ⅱ	对人类往事的记述及研究	人类对真实过去的思考	历史学家的研究成果	历史

综上,历史指的是人类全部的物质和精神的活动。一般认为历史学是研究和阐述人类社会发展的具体过程及规律的科学。②

---

① 于丹.阅读经典 感悟成长[M].北京:中华书局,2009:15-16.
② 关于历史与历史学的概念,参见 http://wenku.baidu.com/link?url=u9lh4neggq.

第一章 初中历史教学理论

一、史料的分类

《义务教育历史课程标准(2011年版)》课程目标要求学生"了解多种历史呈现方式,包括文献材料、图片、图表、实物、遗址、影像、口述以及历史文学作品等,提高历史的阅读能力和观察能力,形成符合当时历史条件的一定的历史情景想象"①。史料是指"那些人类社会历史在发展过程中所遗留下来的,并能帮助我们认识、解释和重构历史过程的痕迹"②。它主要分两类,即文字形态的史料和物质形态的史料。

1. 文字形态的史料

文字形态存在的史料,如史书、典籍、笔记、信札、铭文、碑刻等。尽管史料多种多样,但最主要的还是文献资料。其中,文献史料按来源可分为一手史料和二手史料;按呈现方式,可大致分为文字史料和图像史料。

(1)一手史料和二手史料。

史料与历史的关系密不可分。历史研究离不开史料,充分占有史料是史学研究的第一步。第一手资料(Primary Source)也称原始资料,指自己直接经过搜集整理和直接经验所得,主要包括原创的文献资料、实物资料、口述资料等。它具有原始、直接、准确的特点。第一手史料历来为史学家所重视。荣孟源说:"任何历史的研究,掌握第一手资料是最基本的前提。历史发展的规律是客观存在的,但它并不先验地存在于人们的头脑中。人们对历史规律的正确认识,是通过大量的史料深入研究而获得的。"③

二手资料(Secondary Source)是间接的非原创的史料,是对第一手资料的分析、摘要、重组和甄别而成的资料,典型的二手资料如文献综述、教科书、名人传记等。一般而言,一手史料比二手史料更真实、更可靠,因此,一手史料更有价值。但是,一手史料中也出现过赝品,因此在运用史料时,要注意筛选、甄别史料的真伪,做到一手史料与二手史料相互印证,最可靠的方法是运用王国维的二重印证法,即"地下之新材料"与古文献记载相互印证。

链接阅读 ▼

火烧赵家楼的是谁?④

材料一:当走到曹宅前面的时候,那些预备牺牲的几个热烈同学,却乘着大家狂呼着的时候,早已猛力跳上围墙上的窗洞,把铁窗冲毁,滚入曹汝霖的住宅里去……因为他们到

---

① 中华人民共和国教育部.义务教育历史课程标准(2011年版)[M].北京:北京师范大学出版社,2012:5.
② 庞卓恒,等.史学概论[M].北京:高等教育出版社,2006:251.
③ http://baike.baidu.com/link?url=f9hnhswqd9ad.
④ 何成刚,等.智慧课堂:史料教学中的方法与策略[M].北京:北京师范大学出版社,2010:47.

处搜不出那确实被大家证明在内开会未曾逃出的曹汝霖、陆宗典、章宗祥,只得烧了他们借以从容商量作恶的巢穴,以泄一时的愤怒。

——匡互生:《五四运动纪实》

材料二:只知道他是"五四"运动火烧赵家楼的英雄,后来才知道他是把毕生精力奉献给青年教师的好老师。

——巴金:《怀念匡互生先生》

材料三:匡互生把曹宅窗户一拳打开,我在下面托了他一把,他就从小窗口爬进曹宅,群众蜂拥而入……放火烧了赵家楼。但事实是我们放的火,动手点火者就是匡互生。

——周予同:《火烧赵家楼》

三则史料都反映了一个事实:火烧赵家楼是匡互生点的火。匡互生和周予同是"五四"运动的亲历者,因此材料一和材料三是第一手资料。巴金不是"五四"运动的亲历者,只是后来听说这回事,因此材料二是二手资料。材料一因为是匡互生自己回忆的,回忆史料要可靠,必须要旁证史料,材料三与材料一形成了证据链条,证明了材料一的真实性。

(2)文字史料与图像史料。

文字资料指一切有关文字的记载,具体为史书、档案、文书、日记、史学论著、文学作品、报纸杂志、家谱等,它包括文献史料与文学艺术作品两部分。

文字史料主要是文献资料,它们是编写历史教科书最主要的途径,也是补充教学内容的重要来源。张耕华认为,历史事实观念存在于历史学家的意识之中,历史学家把它转化为承载过去客观事物的文献,问题的关键是一篇历史文献的价值在于它叙述了多少"真实的过去"。[①]它说明本来客观的文献资料存在一定的主观因素。文献史料以内容的繁复、完备、连续见长,但由于主客观条件的限制,文献资料的记录者不可能完整无缺地记录下来,而且在笔墨抄送或者口耳相传的过程中难免会出现错漏,记录者本人的个人立场、观点和感情好恶也可能影响到史料的公正。因此,从史料中汲取历史智慧时,要特别注意对史料加以辨别,去伪存真,以保证其真实性。[②]文学艺术作品也属于文字资料的范畴。文学作品作为社会意识的重要载体,总是能直接或间接地反映其所描写的时代,如被称为"史家之绝唱,无韵之离骚"的《史记》,同样是史学和文学兼具的优秀作品。

图像史料,亦可称为可视史料或影像史料,主要是指适用于历史教学与研究的视觉图

---

① 张耕华.历史哲学引论[M].上海:复旦大学出版社,2009:43.
② 何成刚,等.专家解码:高考大题高分突破[M].西安:陕西师范大学出版社,2013:33.

像,一般指地图、图片等传媒对象。它包括图片史料和音像史料两个部分。历史教科书中的图片史料主要有历史文物图、历史人物像、历史遗址图、历史古迹图、历史想象画、示意说明图、历史漫画图、历史地图等;音像史料主要有录音、纪录片、电影电视片等。如果把视野再放开一点,那么图像史料的指向就更加广泛。它包括珍藏于博物馆的大量文物、遗址遗迹、碑刻、建筑、图画等实物和摄影照片以及影视片、纪实片等能够提供图像、呈现或传达某种历史理念、产生视觉感知的对象。

文字史料与图像史料既有联系,又存在着区别。图像史料能说明许多文字没有表达的内容,可以补充文献资料的不足;文字史料存疑的地方可用图片材料进行纠偏和佐证。

知识拓展

解读邮票体现的历史信息

在分析图像资料时,历史教师要分析表层和深层信息。表层信息主要有人物及其政治主张、地理版图、国家标志等;深层信息要探讨图像的主题、图像公布的背景与目的、作用与影响等内容。

这张邮票的表层信息有:当时代表并领导中国抗战的是中华民国,中国"抗战建国"的最高目标是实现三民主义,故对国民政府而言,邮票的发行鼓舞了全民抗日的信心;邮票将中国的东北、台湾划在中国版图之内,表明了当时美国政府承认中国的领土包括东北和台湾地区,就其现实意义和史料价值来看,最珍贵之处在于它可以佐证当时美国对中国版图的看法。

这张邮票的深层信息有:美国邮政总署发行这枚邮票的直接原因是,珍珠港事件后,中美两国面对着共同的敌人——日本,这就是这枚邮票隐含的主题。美国邮政总署发行这枚邮票是为了纪念中国全面抗战五周年,其意义在于表达美国对中国抗日战争的支持。这枚邮票的发行,其直接作用是促使当时的美国社会关注中国的抗战。

(3)口述资料。

口述资料,又称口述史学,就是搜集口述的材料用于历史研究及教学。这些史料也以文字的形态存在。口述资料包括口述传说和口述历史。口述传说最著名的作品是《荷马史诗》,相传由古希腊盲诗人荷马创作。《荷马史诗》既具有文学艺术上的重要价值,又在历史、地理、考古学和民俗学方面为后世提供了大量的史料。西方学者将其作为史料去研究公元前11世纪到公元前9世纪的社会和迈锡尼文明。口述历史在二战后逐渐兴起，随着史学观念的更新、历史研究新任务的提出，口述史学运用得日益广泛，其中在英国最发达。口述史学强调"就在你脚下挖掘"，鼓励人们发掘和讲述自己的"人生历程史"。口述历史最著名的著作当属由张学良口述、唐德刚撰写的《张学良口述历史》。

> **链接阅读** ▽
>
> ### 重视口述史资料
>
> "二战"后，以调查、访问和会议等史学研究方法为重点的口述史学悄然兴起。下列主题最适合今天按口述史方法研究的是（　　）。
>
> A."巴黎公社"的诞生　　　　B."火烧曹宅"的真相
>
> C."长沙会战"的胜利　　　　D."9·11"事件的揭秘
>
> "巴黎公社""火烧曹宅"由于当事人不可能还健在，不可能用口述史的方法进行研究；"9·11"事件因当事人未到案，再加上国际政治因素，也不适合现在用口述史的方法进行研究。"长沙会战"距今六十余年，还有一些抗日老兵仍健在，时下抗日战争研究日益受到重视，因此最适合用口述史进行研究。①

2. 物质形态的史料

以物质形态存在的史料一般称之为实物资料，主要是指历史本体的残存和遗迹，即史料中的历史事实，如文化遗迹、历史文物、古人类化石、先民的村落遗址、前辈遗物、墓葬等。历史遗迹和文物是最原始的第一手资料，它较之于文献资料真实可靠，其发现、挖掘还能够补充文献记载的不足，增强人们对历史的真实感。它有利于我们认识历史的时代性和发展性，同一个历史文物及遗迹，经常有不同的解释，但比记住那些结论性的历史事实要有意义得多。

二、初中历史教学史料来源

初中历史教师要用真实的史实说话，要有证据意识，史论结合，言之有据。这就要求教师尊重原始资料的本来面目，多让学生阅读、分析第一手史料。初中历史教学史料主要来源于以下四个方面。

---

① 一叶."口述史"引发的话题[J].历史学习.2006(1).

1. 教科书中呈现的史料

新课程理念倡导"把教科书当作教学材料来教"。这个观点有两层意思：第一层是要学生充分利用教科书中的第二手资料，引导学生对史料进行评析；第二层意思是教科书中引用了部分原汁原味的第一手资料，在课堂教学中教师要引导学生运用这些资料，丰富教学的内容，如岳麓版新课标初中历史教科书中的"善思"栏目里，大多为第一手史料。只有在这两方面的资料都不足的时候，才建议教师到其他参考书或专业书籍中撷取史料，以弥补教学的不足。为了求新、求变，有些初中历史教师不充分利用教科书中的材料，而是大量引用教科书外的资料，这种舍本逐末的做法不值得提倡。

链接阅读

充分运用教科书中的一手资料和二手资料

材料1：主父偃说："愿陛下令诸侯得推恩分子弟，以地侯之。彼人人喜得所愿，上以德施，实分其国，不削而稍弱矣。"

材料2："推恩令"是汉武帝听取大臣主父偃的建议而实施的。它规定，诸侯王除将王位传给嫡长子以外，还可推"私恩"，即把王国封地分给其他子弟，建立许多侯国。侯国归中央直接统辖的郡管理，封号由皇帝决定。这样，诸侯王的疆土越来越小，势力大为减弱。

材料1来源于《汉书·主父偃传》，该材料属于第一手资料。这则史料的运用，让初一学生能感受到历史是一门重实证的学科。但是，初一学生理解能力毕竟有限，对引用《汉书》的材料只能是一知半解。于是，教科书编写专家马上在楷体字部分补充介绍"推恩令"的内容。在教学实践中，教师可要求学生阅读上面所呈现的两则材料，引导学生运用材料2中的第二手史料去解释材料1中的原始史料。这样，学生在感受历史厚重感的同时，又能理解"推恩令"的概念及内容。

2. 从历史专业著作中查找史料

在教科书提供史料不足的前提下，建议教师从历史专业著作中查寻相应的资料。专业著作可以是《二十四史》《资治通鉴》等，比如要了解北宋的历史，我们可以从《资治通鉴》中去探寻；"科班"出身的历史教师，喜欢从大学专业教科书中去找史料。但是，教师要根据教学对象选择史料，否则就会弄巧成拙。

链接阅读

不要把大学教科书中的内容"塞"给初中学生

有一次,我在指导本科学生教育实习时发现,实习学生把初中教科书有关五四运动的意义扩展为大学教科书中的内容,他们把初中学生当成大学生了。"五四运动具有伟大的历史意义。第一,五四运动带着辛亥革命还不曾有的姿态,即具有反帝国主义和反封建主义的彻底性。第二,五四运动既是一次爱国政治运动,又是一次文化运动,一次思想解放运动。……第三,在五四运动中,中国工人阶级作为独立的政治力量登上了政治舞台……第四,五四运动揭开了中国新民主主义革命的序幕。"①

人教版初中历史教科书中五四运动的意义只有两个要点:五四运动是一次较为彻底的学生反帝爱国运动;它标志着新民主主义革命的开端。处理教科书内容时,初中教师只要讲清五四运动为什么是彻底的反帝爱国运动,为什么五四运动标志着新民主主义革命的开端就可以了。处理教科书的策略是在不增加知识点的前提下,对重点知识进行深挖,这样既不增加学生的负担,又能较好地达成学习目标。如果在原有知识点的基础上进行扩展,教师会累得苦不堪言,学生会不堪重负,还一定会落个吃力不讨好的结果。

3. 从中考试题中选取史料

中考试题一般由经验丰富的教师命制,它反映了该地州市历史教学的基本状况,引领着初中历史教学的基本发展方向。教师对中考试题进行深入分析,对提高教学水平大有裨益。

链接阅读

1880—1914年,西欧城市人口的比例几乎上升了40%。美国纽约和费城在1820年各有居民10万人,到1870年,分别达到94万人和67万人。这种现象的出现,主要是由于(　　)。

A. 新航路的开辟　　　　　　B. 资本主义工业的发展
C. 第一次世界大战的推动　　D. 罗斯福新政的实施

---

① 王桧林.中国现代史[M].北京:高等教育出版社,2002:31.

该题要求中考学生运用"第二次工业革命的兴起"相关知识,解释欧美城市化的原因。新航路开辟,世界市场形成雏形;罗斯福新政的本质是资本主义生产关系的局部调整;选项C是一个纯粹的干扰项,题干与选项在时间上就不对应。第一次世界大战发生在1914—1918年,而题干的时间是1880—1914年。资本主义工业的发展包括"第二次工业革命的兴起",只有第二次工业革命的兴起,才加速了城市化的进程。该题要求学生掌握新航路开辟、罗斯福新政等基本知识,并且要有较高的综合分析问题的能力。

4. 从历史专业网站中寻找史料

历史教师可以从网络中寻找正规的史料。有些教师猎奇心理比较重,喜欢从论坛中选取史料。论坛中的史料有些是网友随性而为,所呈现的史料大多没有出处,有些不靠谱,建议教师不要随意从论坛中选取史料。运用哪个版本的教科书,初中历史教师就去查寻该教科书电子版的课程资源,如使用人教版教科书时,就访问人民教育出版社的"历史天地"栏目;使用岳麓版教科书时,就访问岳麓书社的"历史教材"栏目。这些网站的资料极为丰富,基本能满足历史教学及备课所需。

三、初中史料教学策略

史料教学要求教师根据教学对象的学习程度和具体的学情来进行教学设计;初中教师的设计重点在于化难为易,将史料转换为初中学生易于理解、接受的形态。在符合史学方法要求的前提下,对提供的材料进行加工、转化、调整、组合等,切实提高教学的有效性。

1. 提炼教学主题

这是史料教学的基本方法,也是"论从史出"的必然要求。如在讲新文化运动的背景时,教师提供下列史料,引导学生提炼教学主题,为得出"新旧思想冲突"的结论做准备。

链接阅读

学生学会提炼教学主题

1912年,袁世凯下令尊崇伦常,要"全国人民恪守礼法";

1913年,他又颁发"尊崇孔圣"的通令,孔教会联名上书众参两院请定孔教为国教,开始把尊孔活动推向高潮;

1914年,袁世凯下令全国恢复"祭孔";

> 1915年,又正式恢复学校的尊孔读经,并亲临孔庙祭孔……
>
> 袁世凯在做什么?其目的是什么?
>
> 袁世凯在"尊孔复古",其目的是复辟帝制。

2. 梳理逻辑顺序

中国近现代史上洋务运动、戊戌变法、辛亥革命和新文化运动等,表面上看是孤立存在的历史事件,其实它们之间存在着内在的必然的逻辑的联系,体现了中国近代化的进程。当洋务运动失败后,先进的中国人意识到单纯的器物变革是不可能成功的,因此有必要从制度层面进行改革。当君主立宪、民主共和的尝试在中国先后失败后,先进的中国人意识到,必须改造中国的"国民性"。新文化运动后期,五四运动爆发,中国无产阶级作为一支独立的力量登上政治舞台,中国进入了新民主主义革命时期。

知识拓展

表1-2 中国近现代史上重大的历史事件

事件	时间	逻辑关系	性质
洋务运动	19世纪60—90年代	器物(技术)	失败的封建统治者的自救运动
戊戌变法	1898年6—9月	制度(君主立宪)	资产阶级改良派的改良运动
辛亥革命	1911年	制度(民主共和)	资产阶级革命派的革命运动
新文化运动	1915年	思想解放	思想解放运动

3. 整合分散的内容

教师对类似的内容进行适当的整合,将知识打包,形成一个知识的整体,有利于学生构建知识体系。

链接阅读

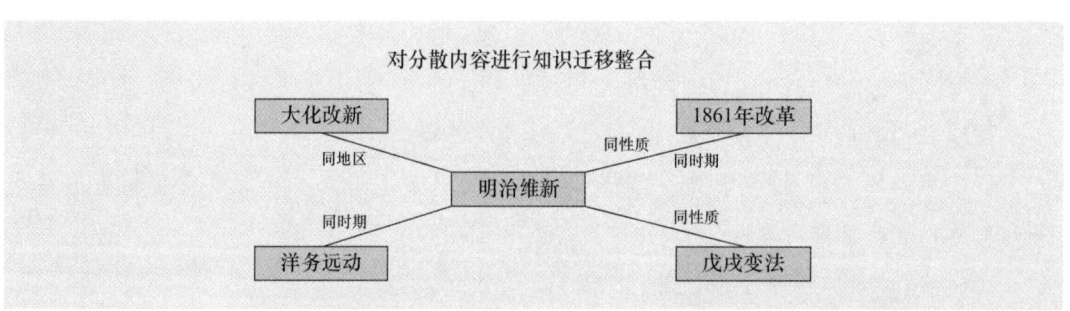

对分散内容进行知识迁移整合

4. 解读史料结构

运用史料时,教师要引导学生对史料进行解读。无论什么史料,大体都可以运用"6W"的法则,即When(时间)、Where(地点)、Who(人物)、What(内容及结果)、How(形式与过程)、Why(原因)等,将材料结构分成若干部分,以提取有效信息。①

材料:国人之经营丝厂业者,则自黄佐卿(宗宪)先生始。黄君于1882年首建丝厂于沪上北苏州河沿岸,丝车仅一百部,定名称为公和永丝厂。怡和与公平洋行接踵而行,各建一厂,每厂亦仅有丝车一百零四部,各项机械均购自意法等国。是年,三厂建筑告竣。越年,同时开工。斯时运用缫丝机械尚无相当人才,三厂乃延意人麦登斯为工程师,指导厂务。惟是时女工都无充分训练,工作不良,丝质随劣;且所有出品须运往外国市场,向绸商兜售,输运须时,周转为难。自光绪八年至十三年,营业失败,三厂资本耗损殆尽。②

——徐新吾主编《中国近代缫丝工业史》

用表格整理出来,如表1-3所示:

表 1-3　史料结构表

When(时间)	1882年
Where(地点)	沪上北苏州河沿岸
Who(人物)	黄佐卿
What(内容及结果)	公和永丝厂兴衰
How(形式与过程)	1882年首先创办公和永丝厂,第二年开工,1887年(光绪十三年)倒闭
Why(原因)	企业规模小,资金少;技术力量薄弱;产品质量不高;依赖外国市场

引 子

两种修车技术

一位汽车修理工整天在汽车底盘下面爬进爬出,满脸都是污垢,衣服都是油渍,汽车故障还是没有查出来。他每天唉声叹气,拿着最低的工资,干着最累的活。另一位高级工程师,西装革履,皮鞋锃亮。他背对着一辆宝马车,要司机把发动机打开。他听到发动机的声音,就判断出故障在哪里,结果他对修理工耳语几句,问题迎刃而解。这位工程师专门处理豪车中的疑难杂症,他拿着顶薪,客户满意,老板在他面前都客客气气,生怕他跳槽。

---

① 何成刚,等. 智慧课堂:史料教学中的方法与策略[M]. 北京:北京师范大学出版社,2010:47.
② 材料来自湖南出版投资控股集团教材培训专家夏辉辉《史料教学的方法与策略》的课件。

有理论引领的教师就是"高级工程师"。在教学中出现了问题,他就能敏锐地发现问题出现在哪个环节,怎样处理,能做到心中有数,可以说是"药到病除"。没有理论引导的教师就是一位"修理工"。在教学中遇到了问题,就像在黑暗中摸索,茫然不知所措。因此,我们不能做浑浑噩噩的"教书匠"。要做有思想的教育家,就有必要学习一些教育理论。

第二节 初中历史教学理论

一、历史教学基本理论

历史教学是以历史学为核心内容的教学。历史教学理论通过对中学历史教学全过程的研究,揭示中学历史教学的规律,使历史教育专业的学生在扎实的历史学基础上,能掌握中学历史教育的基本理论和主要方法,做到历史与教育学的交融,并初步掌握基本的教学策略。要获得初中历史教师资格证,我们必须要理解和运用好历史教学的基本理论。

1. 欧美教学理论

(1) 建构主义与历史教学。

建构主义的内容主要是:学习是一个积极主动的建构过程;知识为个人经验的合理化,而不是说明世界的真理;知识的建构并不是任意的和随心所欲的;学习者的建构是多元化的。① 建构主义教学观认为,教学不是知识由教师向学生的传递,而是学生建构自己的知识的过程,学生不是被动的信息吸收者,而是信息意义的主动建构者,这种建构不可能由其他人代替。"知识不是通过反复训练或强化刺激的手段获得的,而是通过个人的经验与探索发现,重新进行建构。"

在教学设计时,建构主义理论主张以课堂核心问题为教学中心,自下而上地建构知识体系。结构是课堂的支柱,结构的生成也就是课堂的生成,因此结构的形态体现在教学流程的安排及课堂教学时间的分配上。教学设计者在进行结构设计时,首先根据学情设计结构的起点,并根据教学目标设计课堂的终点,然后再考虑从结构的起点到终点之间所需要添加的其他旧有知识或新知识,同时赋予这些知识以一定的逻辑定位。②

---

① 吕世虎,肖鸿明.基础教育课程与教学研究.北京:中国人事出版社,2002:55.
② 何成刚,等.历史教学设计[M].上海:华东师范大学出版社,2010:190.

知识拓展

建构主义学习观

建构主义学习观提倡在教师的指导下以学生为中心的学习,充分发挥学生的主动性、积极性和首创精神,最终达到使学生有效地实现对当前所学知识的意义建构的目的。在建构主义教学模式下,教师的作用绝不是向学生灌输知识、技能的过程,而是学生通过驱动自己的学习动力机制积极主动地建构知识的过程,课堂的核心应该是学生,而不是教师,教师要从前台退居到幕后,要从"演员"转变为"导演"。

(2) 多元智能理论与历史教学。

多元智能理论是素质教育的最好诠释。多元智能不是以整合的方式存在,而是以相对独立的方式存在;评价一个人的聪明或成功与否,没有一个统一的标准;在正常条件下,只要有适当的外界刺激和个体本身的努力,每一个个体都能发展和加强自己任何一种智力。

多元智能理论所倡导的学生观是一种积极的学生观。每个学生都有多种智力,并有自己优势的智力领域,因此学校里不存在"差生",全体学生都是各有智力特点的人才。多元智能理论将教师的角色定位为"指导者"。多元智能理论对中学历史教学影响深远。教师要根据学生不同的智能和结构,为每个学生量身定做出历史学科发展的方向与途径,分配相应的学习任务,加强其优势智能,弥补其弱势智能,优化其智能结构。

表1-4 多元智能与历史学习的关系①

多元智能分类	多元智能在历史学习中的表现
语言智能	善于讲故事;善于讲有关历史的文学作品
逻辑数学智能	量化分析;运用数字史料;数学图表
视觉空间智能	善于观察图片;将历史理解转化为图片
身体运动智能	制作历史模型;戏剧表演;身体语言
音乐智能	分析音乐作品;运用音乐形式表达对历史的理解
人际智能	善于沟通;组织以历史为主题的活动
内省智能	善于思考问题,尤其善于思考理论问题
自然观察智能	善于考古调查;实地考察历史文物遗迹

① 黄牧航.中学历史学业与评价[M].广州:广州教育出版社,2005:135.

> **知识拓展**
>
> **多元智能学生观**
>
> 　　教育工作者应该做的,是从不同视角、不同层面去看待每一个学生,为具有不同智力潜能的学生提供适合他们发展的不同教育。教师要相信学生,凡是学生能够凭自己的力量解决的问题,都要交给学生去完成,任何教师都不允许越俎代庖。多元智能理论认为,学生的智能是多元的,学校教育与课堂教学应该着力于学生多种智能的协调发展,教师要以学生为主体,真正做到因材施教。在评价学生时,教师要多用几把尺子去量学生。相信每一个学生都有与众不同之处,提供多样的环境刺激,发现学生独特的兴趣能力,使每一个学生的优势领域都能得到较充分的发挥。

　　(3) 目标分类学与历史教学目标。

　　布卢姆的教育目标分类教学成为一种可观察、可测量的系统化的科学理论,这也是他整个教育思想体系的基础。布卢姆的教育目标分成三个领域:认知领域、情感领域和动作技能领域。

　　目标分类理论在我国应用较为广泛,目标分类学理论是历史三维教学目标的理论依据。历史课程教学目标设计的依据就是布卢姆教学目标的分类理论。布卢姆认知领域就相当于历史新课程标准目标中的"知识与能力"目标;布卢姆情感领域相当于历史新课程标准目标中的"情感态度与价值观方面"目标;历史教学目标"过程与方法"中的有些内容,也是借鉴了辛普森和哈罗设计的"动作技能学习领域"中的部分内容。布卢姆教育目标分类学主要是为自然科学课程教学目标而设计的,对于历史学科这些人文课程,缺少精密和慎重的考虑,因此我们要结合历史课程的具体特点,制定科学合理的历史教学目标。

　　2. 历史学习理论

　　学习是一种自主性的活动,也是一件非常愉悦的事情;它是一种生命的喜悦,也是生命的动力。[①] 学习历史有什么用?它的价值在于认识人物、事件、现象的过去,理解它们的现在,判断它们的未来。中国人民大学奂平清教授把国外学习理论分为三个学派:

　　第一派是行为主义的"刺激—反应"理论,这一派的代表人物有桑代克、巴甫洛夫、斯金纳等人。行为主义学派强调学习活动所引起的外部行为变化,认为学习是一种可观察的行为的改变,学习包含一系列的刺激和反应之间某种联系的形成。他们用刺激—反应、联结、

---

① 奂平清.感受学习快乐[M].昆明:云南人民出版社,2005:14.

联想、习惯力量和行为倾向等概念来解释学习。

第二派是认知学习理论,如勒温和科勒的顿悟论、托尔曼的"认知地图"理论、布鲁纳和奥苏威尔等人的"认知结构"理论。他们主张学习并不在于形成刺激—反应之间的联结,而在于主动地在头脑内部发生认知变化,形成认知结构。在现代认知心理学的基础上,沈韬把学习理论归纳为八个方面,即人在学习活动中的地位;人在学习活动的前结构状态;理解在意义学习中的作用;学习活动的创造性;学习强化促进的功能;情感活动对人的调控功能;人际关系对学习的影响;对学习的评价等。[1]

第三派是"折中理论",代表人物及理论是美国当代教育心理学家加涅的学习条件理论、新行为主义心理学家班杜拉的社会学习理论等。他们认为学习活动过程包括两个方面:"能力、情绪、态度以及其他行动的反映活动的变化"和"适应性的心理变化"。

随着学校教育的发展,对人的学习研究主要集中在对在校学生的学习活动进行研究。现代学习理论认为,学习最主要的特点是通过知识与经验的获得而引起个人心智与行为方式的变化,从而改变学习者的生活质量。[2] 就学习历史学科知识而言,历史教师要根据学生的知识背景,构建新的知识体系,引导学生从"被动地学"到"主动地学"的方式转变,从而促成学生由"主动地学"到"快乐地学"转变,提高学生自主学习的有效性。

3. 中学历史校本教研

教师参与课题研究,是提高自己素质的有效途径。为了实现素质教育新要求,初中历史教师要勇于实践创新,历史教学模式也要由经验型向科研型转变。"校本"(school-base)起源于西方国家,20世纪70年代盛行于英美等国。随着我国基础教育改革的逐步推行,90年代校本教研在我国基础教育领域兴起,教改理念呼唤着历史教师关注校本、走向校本。

(1) 历史校本教学研究。

校本主要包含四部分内容,即校本课程、校本管理、校本培训及校本教研。校本教研即以校为本的教学研究。在《关于构建校本教研制度体系的思考》一文中,马忠臣曾指出:"校本教研是指以学校为基地,以学校内教学实践中的实际问题为研究内容,以教师为研究主体,以促进师生共同发展为研究目的,所开展的教学行动研究活动。"

历史校本教学研究,"就是教师为改进自己的教学(for the teaching),在自己的教室里发现某个教学问题(of the teaching),并在自己的教学过程中(by the teaching)以'追踪'或汲取'他人的经验'的方式解决问题"[3]。它具有三个特点:从研究目的角度而言,是为了历史教学;从研究的主体而言,是在历史教学之中的教师;从研究的对象而言,则是通过历史教学

---

[1] 陶本一. 学科教育学[M]. 北京:人民教育出版社. 2001:142-153.
[2] 奂平清. 感受学习快乐[M]. 昆明:云南人民出版社,2005:15-16.
[3] 刘良华. 校本教学研究[M]. 成都:四川教育出版社,2003:65.

去发现问题、解决问题。

(2)历史校本教学研究实践。

开展中学历史校本教学研究,在更新观念的同时,必须营造历史校本教学的研究环境,构建一种不同于以往的组织形式。

一是全员参与。校长、管教学的副校长、教研主任要制定教研规定,定时间、定场地、定内容,确保全体教师参加教学教研。基层的教研组,如历史教研组(有的学校只成立大文综教研组),在服从学校安排的前提下,组织本组教师独立自主地开展教学教研活动,形成"校内教学和研究、校外进修一体化"的教研系统,开展灵活多样的教研活动。

二是内外交流。内外交流主要是指学校里的历史教师走出去学习、参观、观摩先进学校的历史教学活动,把外面的历史教学领域的专家请进来"传经送宝"。这里的专家既包括大学和研究机构的专业研究人员、各级教研室的教研员,也包括中小学的骨干教师。通过与历史专业人员面对面的对话、交流,或通过电话、E-mail等方式进行交流,历史教师的教学与教研将获得较大的提升。

三是团结协作。教研组是新课程改革的前沿阵地。中学历史校本教学研究要立足学校历史教研组的建设,并与外校历史教师保持良好的合作关系,两者要统筹兼顾。历史教师一起集体备课、集体听课、集体讨论和外出学习参观等,对提高教师的教学及教研水平是一种好的途径。很多中学历史组在教学工作中发扬团队精神,开展以校为本的历史教学研究。他们针对新课程改革中出现的热点、难点、重点、疑点问题,确定研究和讨论的主题,根据不同中学的学情,进行大胆的尝试和有效的探索,形成有特色的教学团队。

一般地说,校本教研要建立在教学具体问题的基础上,本着"问题即课题,教学即研究,成长即成果"的指导思想,走"问题—设计—行动—反思……"的行动研究之路,主要经历以下四个过程:

一是问题。校本教学研究的"问题"是指教师在教学中的实际教学问题、真实问题、自己的问题。

二是设计。设计主要是指解决教学问题的一种设想、策划及行动方案。教师要把日常的备课活动提升到教学设计的高度来认识,使备课与研究成为一件事而不是两件事,这正是"教学即研究"口号的本意。

三是行动。行动是设计方案付诸实施的过程,其价值取向必须无条件地适应所有学生的发展需要,完整地关注学生的全面发展,作为研究者的教师要在行动中验证,在验证中研究,在研究中去改进。要发现和寻找各种新的可能性,积极寻找和探索解决问题、达到目的的最佳途径和最佳策略。

四是总结(反思)。针对原有方案及其实施中存在的各种偏差或失误,以及新的感悟、新的发现、新的认识和新的思考,修改原有方案或重新设计方案,并付诸实施,进行进一步的检验、论证和改革探索。校本研究的目的是为了改进和改正,它不可能停滞在一个凝固的"成果"上,而是一个不间断的自我修订、自我完善的"过程"。①

(3) 初中历史教学论文的写作。

历史教师的科研形式主要是校本教研,其成果表达则是通过论文的形式呈现。写作历史教学论文可以培养初中历史教师的科研能力,提高从事教学工作的能力和加强文字表达能力,从而为从事教学工作打下良好的科研基础。

历史教学论文属于具有历史学特征的教育类论文。一方面,论文主要解决在传授历史知识的过程中,需要"什么理论指导""教师怎样引导学生学习历史""学生怎样结合课堂教学构建历史知识"等教育学方面的问题;另一方面,写教学论文的必须是高等师范院校历史专业的学生和从事历史教学的教师,如果他们在历史学方面没有较扎实的基本功,就不可能写出高质量的论文。从这个角度而言,历史教学论文就带有明显的历史学特征。

根据不同标准,历史教学论的课题也分为不同类型。学生根据自身主客观条件,选择合适类型的课题作为自己论文的题目。根据历史教学论研究对象,课题可以分研究中学历史教科书、研究中学历史教学方法、研究中学历史教学过程等类型;根据历史教学论研究的时间,课题可分为历史性研究课题、现实性研究课题;根据历史教学论研究课题与需要解决的实际问题的直接关联程度,课题可分为基础性研究和应用性研究的课题;根据历史教学论研究课题的内容,大体分经验总结型、调查报告型、科研推广型三类。

小贴士

历史教学论文五条要求

一是选题要"小"而"深",忌贪大求全;

二是论文要求原创作品及创新作品,忌抄袭网络论文;

三是结构要理顺关系,忌逻辑混乱;

四是论据要体现历史学科特征,忌移花接木;

五是行文要简约精练,忌游词满篇。

---

① 马忠臣.关于构建校本教研制度体系的思考[M/OL]. http://www.fxhj.net/xiaobenjiaoyan/xbll/200510/787.html.

二、历史观对人类认识世界的影响

历史观是世界观的组成部分。所谓历史观,就是历史观念,是人们对社会历史总的观点、总的看法。改革开放前,我国中学历史教育甚至历史研究基本上只有一种历史观,那就是教条化的马克思主义唯物史观。历史教师运用其中的阶级斗争学说、上层建筑与经济基础的辩证关系,解释历史现象,研究历史问题,评价历史人物,具有强烈的意识形态色彩。改革开放后,由于人们看待和研究历史的角度和侧重点各有不同,加之西方历史观的相继引入,形成了多元史观,大大开阔了历史教师的视野。初中历史教师要引导学生树立正确的世界观、人生观和价值观,就有必要了解教学中经常运用的几种主要史观。

1. 科学发展观

科学发展观的第一要义是发展,核心是以人为本,基本要求是全面、协调、可持续,根本方法是统筹兼顾。初中历史教师要把最广大学生的根本利益作为自身工作的出发点和落脚点,尊重学生的主体地位,发挥学生的创新精神,促进学生的全面发展。

初中历史教育要走可持续性发展之路,就必须着眼于学生的全面发展,坚持发展性的教育。在学生刚接触历史学科时,初中历史教师就要坚持史料教学,引导学生摆脱传统的死记硬背的学习方式,使它们在理解的基础上掌握历史知识,要充分发挥历史学科的功能,为社会培养合格的公民。初中历史教师要成为学生前进的加油站,为学生到高中、大学的学习服务。

2. 唯物史观

唯物史观是"关于现实的人及其发展的科学"。在《德意志意识形态》中,马克思、恩格斯系统地阐述了唯物史观原理。他们认为唯物史观立论的前提不是想象中的孤立,也不是什么结构,而是有一个"现实的前提"。"前提"包括三个层次:第一个层次是指现实的个人;第二个层次居于中心地位,主要是指他们的活动;第三个层次是指他们的物质生活条件。

人们的物质生产实践活动和与之相适应的各领域之间活动的发展,推动着"个人本身力量"的发展,相应地推动着各种交往方式不断地从低级向高级发展。随着生产力水平的不断提高,社会形态与政治制度也推进到相应的发展阶段。在初中阶段历史教师要将唯物史观中"现实发展的人"推动"历史发展"的科学理论,落实于教科书与历史教学过程之中,从而使历史教科书的内容更鲜活、历史课堂教学更灵动。只有通过唯物史观的教育,学生才会真正领会到历史学科的本质。

3. 全球史观

全球史观又称为整体史观,兴起于20世纪下半叶的美国。这种史观主张从世界历史的整体发展和统一性考察历史,强调将人类社会的历史作为一个整体来看待。其代表人物斯塔夫里阿诺斯在《全球通史》中指出,全球史观"研究的是全球而不是某一个国家或地区的历史;关注的是整个人类,而不是局限于西方人或非西方人"①。它告诉我们,人类文明的发展经历了由点到面、由面到片、由片到圈,最终组合成世界文明。全球史观的兴起与经济全球化的发展密切相关;全球史观以"社会空间"作为审视历史的基本单位;重视整体与局部、中心与边缘的关系。

链接阅读 ▼

初中世界史教科书中的全球史观

世界史教科书的编写和教学一般运用全球史观,把世界历史的知识点构建成由分散走向整体的历史知识体系。教科书一般有五个重要的连接点,即新航路开辟使世界市场形成雏形;殖民扩张拓展了市场;第一次工业革命使世界联系密切,资本主义市场初步形成;第二次工业革命使世界连成一体,资本主义世界体系最终确立;第三次科技革命形成经济全球化、政治多极化。

用超国家、超民族、超个体等方法考察重要历史事件有可取之处,但忽视社会内部的发展,彻底摒弃以国家、民族、个体为单元的研究方法,不仅不科学,而且恰恰是全球史观的缺点。② 全球史观还是一个不成熟的方法论,它与历史研究的指导思想唯物史观相提并论确实不很妥当。③ 因此,在初中学生世界观构建过程中,我们不能广泛地运用全球史观进行教学,但是可以有分析地运用。

4. 文明史观

作为一种文明史研究范式,文明史观是研究历史的一种理论模式。文明史观由德国历史学家斯宾格勒创立,汤因比是该史观的集大成者。文明史观认为,历史研究中可以独立说明问题的基本范畴或单位是文明,"文明"从纵向看可划分为渔猎采集时代、农业文明(青铜器、铁器时代)时代和工业文明时代(手工工场、蒸汽机、电气和信息时代);从横向角度看,可分为物质文明、政治文明和精神文明(生态文明),其划分标准是生产力。文明史观强调的是长时段的历史变迁,它认为一部人类发展史,从本质上讲就是一部人类文明进步的历史,还认为精神文明和物质文明同样重要。在研究方法上,文明史观强调多学科的综合。

---

① 〔美〕斯塔夫里阿诺斯. 全球通史[M]. 上海社会科学出版社,1989:54.
② 汪瀛. 义务教育历史课程标准(2011年版)解读[M]. 武汉:湖北教育出版社,2012:17.
③ 刘新成. 全球评论[M]. 北京:商务印书馆. 2008:31.

> **知识拓展**
>
> **中学历史教学中的文明史观**
>
> 在新理念的教学实践中,文明史观运用较为普遍。有些新课标教科书用文明史观指导教科书,甚至每本教科书都明确注明:政治文明历程、经济文明历程、思想文化文明历程等。这说明用文明史观作为研究思路,把中华文明纳入到世界文明中考察,从人类文明发展的大背景下考察中华文明的演进,有其合理之处。但文明史观是西方学者提出来的,有些观点明显存在为西方文明和政治经济发展服务的意图,如文明史观认为,要正确评价各种文明成果,正确认识人类文明成果与代价的关系。人类文明每前进一步,都须付出代价,如战争、浩劫、争权夺利和历史暂时的倒退……这些代价与文明进步所带来的成果相比是次要的,我们不能过多地讲代价,从而忽略了人类坚忍不拔追求文明的诚恳的步伐。这种观点的实质是在为西方国家的侵略扩张和掠夺进行辩护。因此,在初中历史教学中,教师不能滥用史观,有时过分强调史观,反而冲淡教学主题,影响学生价值观的形成。

5. 现代化史观

现代化史观的主流是马克思主义唯物史观在新的时代条件下的应用和发展,是具有中国特色的马克思主义现代化理论。这一理论的主要建构是,中国近代存在三大矛盾:殖民主义侵略和反殖民主义侵略的矛盾;资本主义新生产方式与中国古老的小农与手工业结合的生产方式的矛盾;以基督教文化为核心的现代工业—商业文明与以儒家文化为核心的农耕文明的矛盾。三大矛盾决定了四大趋向,即衰败化、半边缘化、革命化、现代化。其理论核心是"一元多线历史发展观",即把生产力的发展作为社会变革的根本动力。罗荣渠在《现代化新论》中认为:"具体地说,这是以现代工业、科学和技术革命为推动力,实现传统的农业社会向现代工业社会的大转变,使工业主义渗透到经济、政治、文化、思想各个领域并引起社会组织和社会行为深刻变革的进程。"

> **知识拓展**
>
> **"革命史范式"与"现代化范式"**[①]
>
> 20世纪中国近代史研究的两种研究范式——"革命史范式"和"现代化范式"。20

---

① 徐秀丽.中国近代史研究中的"革命史范式"与"现代化范式"[J].中国社会科学院院报,2006(5):30.

世纪30—40年代为国民党统治服务的以现代化范式为框架的中国近代史研究,居于中国近代史研究的学术主流地位;20世纪80—90年代,由于"现代化"成为中国的政治主题,以革命史范式为架构的中国近代史研究的主导地位受到挑战,而以现代化范式为框架的中国近代史研究成为学术的关注焦点。

近年来,一些学者全面衡量和调和两种范式,提出两种范式"并存说"。事实上,国家独立、民族独立和人民解放是"革命史范式"的研究主题,而"繁荣富强""工业化"和"民主化"等是"现代化范式"的研究对象。初中历史新课标教科书中国近现代史部分,也基本上是依照并存的观点编写的。

6. 社会史观

社会史观主要从社会的角度观察历史,更加注重"小人物"的生活状况,更加注意社会群体的习性,通过对这些小人物的研究来推测和审视"大人物"的行为和大事件的发展进程。它从社会空间的视角去认识历史,侧重于以平民的视角感知历史,如社会变迁史,社会习俗、婚姻史等。

引 子

蜜蜂为什么找不到出口[①]

有两个美国科学家做过一个有趣的实验。他们在两个玻璃瓶里各装进5只苍蝇和5只蜜蜂,然后将玻璃瓶的底部对着有亮光的一方,而将开口朝向暗的一方。过了几个小时之后,科学家发现,5只苍蝇全都在玻璃瓶后端找到了出路,爬了出来,而那5只蜜蜂则全部撞死了。蜜蜂为什么找不到出口?观察发现,它们一味地朝光源飞,被撞后不长教训。而苍蝇为什么找到了出口呢?它们在被撞后知道回头,知道另外想办法,甚至不惜向后看。

有些初中历史教师就像勤劳的蜜蜂一样,与学生争时间,拼消耗,希望学生在中考有个好成绩;但他们课程标准意识淡薄,有时连备课时都不看课程标准,只埋头拉车,结果就像蜜蜂一样找不到努力的方向。在教学中,我们要向苍蝇学习,当发现我们失去方向时,我们要抬头看看路标。认清方向后,继续奋勇前行。路标是什么?对于初中历史教师而言,它就是课程标准。

---

① 单祥双.蜜蜂为什么找不到出口[N].光明日报.2002-11-22.

第三节 《义务教育历史课程标准(2011年版)》解读

我国唐宋时期出现的"课程"一词就包含有学习的范围和进程的意思。在西方,英国著名哲学家、教育家斯宾塞(H. Spencer)最早提出"curriculum"(课程)一词,意指教学内容的系统组织。关于课程的内涵,许多观点不尽相同,如以夸美纽斯为代表的教育家认为"课程即教材",以杜威为代表的教育家认为"课程即活动",以泰勒为代表的教育家认为"课程即经验"。

现代课程一般是指学校学生所应学习的学科总和及其进程与安排。它包含两方面的意思:一方面,课程就像一个过滤器,起着过滤作用,即允许一些内容被纳入教学标准而排除其他一些内容;另一方面,它像一个排序机,起着对学习内容进行排序的作用。也就是说,课程不仅涉及对教学内容的选择,而且它能使教师明确学习主题的先后顺序,便于他们组织教学。① 课程有广义和狭义之分。广义的课程是指学校为实现培养目标而选择的教育内容及其进程的总和,它包括学校老师所教授的各门学科和有目的、有计划的教育活动。狭义的课程特指某一门学科。②

课程的顶层设计完成以后,将制定课程标准,以确定教学内容及与教学相关的工作。历史课程标准是国家历史教科书编写、教学、评估和考试命题的依据,是国家管理和评价历史课程的基础。它体现国家对不同阶段的学生在知识与技能、过程与方法、情感态度价值观等方面的基本要求,规定历史课程的性质、目标、内容框架,提出教学建议和评价建议。

一、新课标的指导思想与特点

1. 新课标的指导思想

《全日制义务教育历史课程标准(实验稿)》(简称"实验稿课标",下同)设置的指导思想为:以唯物史观和科学的教育理论作指导,通过精选历史课程内容,设计灵活多样的教学方式,激发学生学习历史的兴趣,转变学生的学习方式,拓展学生学习和探究历史问题的空间,培养学生正确的历史观。从历史中汲取智慧,养成现代公民应具备的人文素养,以应对新世纪的挑战。

---

① 〔美〕David G. Armstrong. 现代课程论[M]. 陈晓端主译. 北京:中国轻工业出版社,2007:3.
② 教育部人事司,教育部考试中心. 教育学考试大纲[M]. 北京:北京师范大学出版社,2002:88.

第一章 初中历史教学理论

《义务教育历史课程标准(2011年版)》(简称"新课标",下同)的指导思想为:在唯物史观的指导下,弘扬以爱国主义为核心的民族精神和以改革创新为核心的时代精神,传承人类文明的优秀传统,使学生了解和认识人类社会的发展历程,更好地认识当今中国和当代世界。学生通过历史课程的学习,初步学会从历史的角度观察和思考社会与人生,从历史中汲取智慧,逐步树立正确的世界观、人生观和价值观,提高综合素质,得到全面发展。

新课标以中国特色社会主义理论体系为基本依据,坚持历史唯物主义为根本指导,切实把社会主义核心价值体系融入义务教育之中。新课标进一步巩固和深化社会主义核心价值体系,并使其落到实处。

知识拓展 ▽

表1-5 实验稿课标与新课标比较——以"明清巩固国家统一"为例

	全日制义务教育历史课程标准(实验稿)	义务教育历史课程标准(2011年版)
内容标准	讲述戚继光抗倭、郑成功收复台湾和雅克萨之战等史实,感受中国人民反抗侵略的英勇斗争精神;列举清朝设置驻藏大臣和平定大小和卓叛乱等史实,了解清朝加强对边疆地区管辖和维护国家统一的主要措施	知道戚继光的抗倭斗争;了解郑成功收复台湾和清朝在台湾的建制;知道册封达赖和班禅与设置驻藏大臣;知道西北边疆的巩固;认识台湾、西藏、新疆是中国不可分割的一部分
教学活动建议	通过填图,了解清代疆域四至;举行演讲会,说明新疆、西藏、台湾自古就是中国领土	通过填图,了解清代疆域四至;搜集和编写康熙维护国家统一的事迹,用史实说明巩固多民族国家的重要意义

我们把2001年实验稿课标的内容及教学活动建议与2011年版新课标进行对比,来说明社会主义核心价值体系中的国家统一教育是如何落到实处的。通过以上比较,我们可以发现实验稿课程标准把"说明新疆、西藏、台湾自古就是中国领土"作为"教学活动建议"的基本内容。它建议教师讲这个内容,但这个内容不是课程标准规定的非讲不可的内容,教师可以讲,也可以不讲。相应地,教科书可以作一般性的问题处理,考试不列入重点考核内容,学生可以掌握,也可以稍作了解。但在新课标版本中,"认识台湾、西藏、新疆是中国不可分割的一部分"从教学建议的内容调整为课程标准中的核心内容。这充分说明新课程标准关于"维护国家统一"这一主题更为突出,明确要求学生掌握"认识台湾、西藏、新疆是中国不可分割的一部分"这个知识点,新版教科书必须浓墨重彩地处理这个核心知识点,教师在教学中也要作重点处理。

链接阅读

岳麓版新课标教科书把课标的指导思想落到实处

在岳麓版新课标教科书《统一多民族国家的巩固与发展》一课中,导读部分就旗帜鲜明地指出:"清康熙、雍正、乾隆时期,清廷加强了中央对西藏、新疆的管辖和统治,巩固了对西北边疆的控制,还采取措施加强了对东南边疆的防卫。"在"郑氏复台与清朝对台湾的统治"一目中,教科书肯定了郑成功"迫使荷兰军队于1662年投降",台湾回到祖国怀抱的历史功绩。同时,对清朝统一台湾,维护祖国统一大业予以高度评价。教科书这样描述:"清廷认识到,台湾是拱卫东南的屏障,海防战略地位十分重要,绝不可放弃。1683年,清廷派福建水师施琅攻打台湾,迫使郑氏归降,清朝统一了台湾。"在这一目中总结部分,教科书再次强调:"1684年,清朝正式设置台湾府,管理台湾、澎湖列岛等地,并派兵驻守,隶属福建省管辖。至此,台湾重新回到清朝中央政府的管辖之下。"由于新课程标准明确了指导思想,教科书内容从导读到论述,再到总结,都全面而具体地体现了标准的核心内容。经过课堂教学,维护祖国统一的理念就在学生心中扎了根。

2. 历史新课标的特点

与实验稿课标相比较,新课标的特点主要体现在四个方面:

(1) 标准体现了以人为本的教育理念。它强调以儿童的视角编写教科书,教学要面向每一个学生,着眼于全体学生的发展,培养和提高学生的历史素养,引导他们正确地考察人类历史的发展进程。

(2) 标准是国家对义务教育阶段学生在历史学科领域的基本素质要求。为培养合格的公民,充分发挥历史教育的功能,新课标对义务教育阶段学生提出共同的、统一的基本要求,主要体现在"课程目标"和"内容标准"中。

(3) 标准是编制教科书、进行教学和评价的基本依据。与实验稿课标相比,新课标减少了对义务教育阶段教科书、教学和评价方面的具体规定,并对课程内容掌握的层次有了明确的规定,有利于学生更好地把握历史知识。

(4) 标准对教科书的编写体系、教学顺序安排及课时分配、评价的具体方法等,没有作硬性规定。课程标准"增强了历史课程的开放性和弹性,一方面为教材编写留下了一定的空间,另一方面也为各地区进行乡土历史的教学提供了便利,各地区可根据实际情况开发课程资源"①。

二、新课标文本解读

新课程标准共分前言、课程目标、课程内容和实施建议四个部分,下面我们对新课标与实验稿课标进行一个简要的比较分析。

1. 新课标"前言"解读

(1) 新课标对课程性质进行了全新的阐释。

实验稿课标中的课程性质,没有直接提出义务教育阶段历史课程的性质,而只是简单地概述了历史课程的作用。新课标则对历史课程的性质作了明确的阐述,提出历史课程是人文社会科学中的一门基础课程,是培养和提高学生人文素养的必修课程,是实施人文教育的核心课程,对学生的全面发展和终身发展有着重要意义。义务教育阶段7~9年级的历史课程在基础教育中占有重要的地位,其特性有助于我们理解初中历史课程的定位、属性和特点。特点具体体现如下:

一是思想性。通过各种教学活动,坚持用唯物史观阐释历史的发展与变化,让初中学生对陌生的祖国历史和人类历史有一个感性的体验,在学习、理解和认识人类历史发展的过程中,认同中华民族的优秀文化传统,逐步树立正确的世界观和人生观。同时,要通过中国近现代史的学习,初步树立学生的社会主义信念,拓展国际视野。

什么是社会主义?这个问题有些历史教师也感到困惑不解。教师本身没有弄清楚的问题,在教学中宣传社会主义理论时总是理不直、气不壮,这主要是我们在思维方法上陷入误区。历史教师习惯于从抽象的理论原则上来理解社会主义,把社会主义视为一个一成不变的固定概念。因此,对社会主义的问题,历史教师要有较深刻的认识,在教学过程中要旗帜鲜明地宣传社会主义理论自信、制度自信和道路自信。

社会主义理论发展在实践的意义上表现为工人阶级政党及其领袖围绕着共产主义的价值追求,并为此而展开的认识活动的继续。当我们把社会主义理解为一种认识活动的时候,理论上的社会主义实际上是一个具有阶段性和发展性特征的历史范畴,社会发展的无止境性决定了社会主义理论认识的不可穷尽性。马克思主义、列宁主义、斯大林主义、毛泽东思想和邓小平理论是各个不同时期、不同阶段的科学社会主义理论形态,其价值并不在于它们谁比谁更科学,谁比谁更伟大,而在于它们共同构成了社会主义理论认识的深化过程,在于它们是工人阶级政党把对社会主义理论认识推向前进的一个环节、一个层次和一个台阶。

社会主义是一个不断深化的认识过程。它强调的不是一个"横截面",而是从人类社会

---

① 中华人民共和国教育部. 义务教育历史课程标准(2011年版)[M]. 北京:北京师范大学出版社,2012:4.

的历史进程来认识什么是社会主义;它关注的不是一些抽象的基本理论原则,而是这些理论原则与具体的历史条件和环境的内在联系;它追求的不是经院式的臆造定义和进行毫无意义的文字争论,而是在实践中充满活力的开拓创新精神。社会主义发展的艰难曲折性和永无止境性是不以社会主义建设者的主观意愿为转移的,我们既不能满足于已有的理论而止步不前,也不能高估已经获得的理论认识的水平而不思进取,更不能奢望毕全功于一役,完成对社会主义的全部理论认识而一劳永逸。①

二是基础性。所谓基础性,是指义务教育历史课程是一门提高国民素质的基本课程,在课程目标的确定和课程内容的选择上,必须根据学生的心理特征和认知水平,以普及历史常识为主。不仅不能与高中、甚至大学的历史知识相混淆,而更重要的是以儿童的视角去构建义务教育阶段的知识体系。具体表现为引领学生掌握基本的、重要的历史知识和技能,逐步形成正确的历史意识,为学生进一步的学习与发展打下基础。

三是人文性。历史是过去的人类及其生活。史学研究的对象是人,是"人学",是人类的一种自我认识。历史教师必须具有深切的人文关怀,体现在深切地关怀国家、社会,广泛地阅读历史材料并从中发现问题,洞察历史认识的时代性和发展性,进而思考解决问题的方法与途径;关爱学生,心胸宽广,引导学生从同一事件中获取不同的史料,启发学生从同一史料中获得不同的解释,用宽容和欣赏的态度对待学生的质疑和求异思维。

人文性特点是以人类共同拥有的价值和理想为基础的。人类对真善美的追求,对自由、平等、富裕和强大的渴望,是一条贯穿历史的主线,因此我们在教学中要以人类优秀的历史文化陶冶学生的心灵,帮助学生客观地认识历史,正确理解人与社会、人与自然的关系,提高其人文素养。而教学的关键是把过去的人要作为有生命的人对待,要了解历史人物的思想、希望、担忧、喜悦,使学生逐步形成正确的价值取向和积极向上的人生态度,以适应社会发展的需要。

四是综合性。初中历史是一门综合性比较强的课程,其内容包罗万象,既有文学、政治、伦理学及人文地理等社会科学方面的知识,又有物理、化学等自然科学方面的知识。教师要引导学生学会多种学科知识融会贯通,综合运用,从而使学生的思维形成知识体系。

一方面,教师要注重人类历史不同领域发展的关联性。一是与地理有交叉,但内容不同。如丝绸之路,历史主要是了解丝绸之路的来龙去脉,而地理侧重于丝绸之路开发对当代的影响及意义。二是与政治有些重合,但角度不同。如历史课程讨论革命统一战线、抗日民族统一战线、爱国统一战线,它们的角度主要是从了解统战史,形成系统的统战知识,

---

① 周仲秋.社会主义是一个不断深化的认识过程[J].社会主义研究.2004(1)

探究中国革命和建设取得胜利原因的角度进入教科书体系。政治课程讨论这些内容主要是为了说明中国共产党领导的多党合作及政治协商制度是中国特色的民主政治制度,它与中国民主政治的进程紧密结合在一起。三是涉及自然科学方面的知识,但要求不同。初中历史还涉及牛顿的经典力学、爱因斯坦的相对论,火药及炒钢技术等内容,但这些内容在历史课堂教学中只要稍微介绍,至于进一步考核的内容则属于物理和化学课程的教学任务。

另一方面,教师要注重历史与现实的联系。德国著名哲学家马丁·海德格尔认为:"历史的本质重要性,既不在于它是过去的,也不在于是'现在',或现在与过去的'连接',而是在于从定在的未来出发的存在的真实历史化。""谁理解,谁就知道按他自身的可能性去筹划自身。"因此,研究历史的最终目的是指向未来,教师要引导学生学习过去的历史,把握现在,着重历史与现在联系的同时,再沟通和展望未来的发展,使学生逐步学会综合运用所学知识和方法,对历史和社会进行全面的认识。

(2)新课标设计思路进行了较大调整。

新课标提出了历史课程的总体设计思路,即"面向全体学生,从培养学生的历史素养和人文素养出发,遵循历史教育规律,充分发挥历史教育功能,使学生掌握中外历史基础知识,初步学会学习历史的方法,提高历史学习能力,逐步形成对历史的正确认识,并提高正确认识现实的能力,达到课程目标的要求"。在这一总体设计思路下,新课标从五个方面论述了义务教育阶段历史课程的设计思路,继续保留了实验稿中对课程目标的划分思路和课程内容六个板块的设计思路,最重要的变化是弱化了实验稿中的学习主题,而是采用"点—线"结合的内容呈现方式。

新课标设计思路部分还提出了一些实验稿中未涉及的思路,如提出在内容的编制上要精选最基本的史实,展现历史发展的基本进程;在突出初中历史教学特点的基础上,注意与高中历史教学的衔接;对课程内容中的教学活动建议进行了说明;提出课程的开放性和弹性问题,为乡土历史教学的开展留有余地。

(3)新课标对基本理念进行了更清晰的论述。

在课标新理念这部分内容中,除2001年实验稿课标中已论及的教育理念,如使全体学生都得到发展、倡导教学方式的转变与创新等,新课标中出现了一些新的提法,如强调要"充分体现育人为本的教育理念,发挥历史学科的教育功能";强调要"以培养和提高学生的历史素养为宗旨""以普及历史常识为基础";强调要"将正确的价值判断融入对历史的叙述和评判中"。这些理念,对于教师进行历史教学有着指导意义。

2. 新课标课程目标的解读

新课标首先提出了历史课程的总体目标,即:"通过义务教育阶段历史课程的教学,学生能够掌握中外历史的基本知识,初步掌握学习历史的基本方法和基本技能;对人类历史的延续与发展产生认知兴趣,感悟中华文明的历史价值和现实意义,养成爱国主义情感,开拓观察世界的视野,认识世界历史发展的总体趋势;初步形成正确的世界观、人生观和价值观,为成为拥有良好综合素质的合格公民奠定基础。"而在具体的目标方面,继续保留了实验稿课标中"知识与能力""过程与方法""情感态度与价值观"三方面的划分,但对这三方面所要达到的具体目标进行了新的表述,使之更为明确和完整,也更为清晰和易于把握。

3. 新课程内容的解读

课程内容是教科书编写和教学实施的具体指标,也是教学的具体内容,因此教师最为关切。新课标在课程内容的编排方面进行了较大的改动,具体体现在以下四个方面:

(1) 内容概念有变化。

新课标将实验稿课标中"内容标准"的提法,改为"课程内容"。这是因为"内容标准"的概念在内涵上不易廓清,尤其是像历史这样的人文社会学科。而"课程内容"的概念则更为明确,即指课程所含具体内容的体系、线索及要求等。

(2) 课程体系新构建。

新课标重新编写了每一个学习板块中的导言部分,依照历史发展时序的原则,对该学习板块所涉及的历史发展基本线索、主要特征和重大史实进行了概述,揭示出历史发展的总体趋势和阶段特征,使教师能够了解该学习板块教学内容的总体框架和结构。在每一板块的内容中,改变了实验稿课标学习主题的结构,而是按照历史时序的发展,列出重要的史实要点。

(3) 具体知识有增减。

在内容的编排选择上,秉持精选最基本、最重要的史实这一基本原则,删除了实验稿课标中过难、过偏、过细的内容,以降低难度,使课程内容更有利于教师的教和学生的学。总体上来说,新课标中的内容知识点比实验稿课标减少了五十多个,如世界古代史板块中,减去了实验稿课标中的南方古猿、三大人种、母系社会和父系社会、布匿战争、丕平献土、琅城起义、希波战争、马可·波罗、阿拉伯数字、象形文字、楔形文字、《荷马史诗》、阿基米德、麦加清真寺、巴黎圣母院等知识点。

新课标的课程内容在削减一些知识点的同时,也适当增加了一些实验稿课标未涉及的知识内容,如中国古代史增加了东汉的历史;中国近代史增加了义和团运动、袁世凯复辟帝制;中国现代史增加了雷锋;世界古代史中增加了早期大学、巴黎大学和牛津大学;世界现代史增加了生态与人口问题等知识点。这些新增的内容,有助于更好地体现历史发展的时序、范围和时代的特征。

(4) 知识点的提法更科学。

新课标在内容编排和提法上有一些新的变化。历史教育的内容必须根据社会发展的需要和学科研究新成果的出现而有所改进。新课标将"七七事变"后"中国的全面抗战开始"这一提法，改为"全国性抗战开始"。因为"全面抗战"是与"片面抗战"相对应，而"全国性抗战"则与"局部抗战"相对应。中国的抗战，从1931年的"九一八事件"爆发后就开始了，但从全国的角度讲还仅是局部性的抗战，"七七事变"后则转为全国性的抗战。实验稿课标将第一次世界大战放在世界近代史的学习板块之中，而新课标则将其改放到世界现代史的学习板块中。这是根据国内外史学界已基本得到公认的划分，即将19世纪末20世纪初作为世界现代史的开端。新课标在课程内容方面有许多新的变化，教师们应加以认真的钻研和领会。

【资料卡片】

"民族融合"与"民族交往、交流、交融"

从概念上讲，"融合"是指合成为一体，容易使人在民族关系的认识上产生误解；"交融"则表明是相互性的，更符合历史上汉族与少数民族之间相互往来、相互学习、共同发展的情况，也体现了"各民族共同团结奋斗、共同繁荣发展"的民族发展的主题。因此，新课标将"民族融合"的传统提法改为"民族交往、交流、交融"。

4. 新课标实施建议解读

(1) 教学活动建议的变化。

一是排版位置发生变化。实验稿课标把[教学活动建议]排在每一单元之下；而新课标因改为表格版式，将[教学活动建议]排在课程内容的右侧，且与相关的课程内容对应，这是方便教师使用（如表1-6所示）。

表1-6 新课标课程内容与教学活动建议排版

课程内容	教学活动建议
知道北京人的特征，了解北京人发现的意义，知道化石是研究人类起源的主要证据 了解半坡居民、河姆渡居民的生活和原始农业的产生，知道考古发现是了解史前社会历史的重要依据	有条件的地方，可以参观我国境内的古人类遗址；根据教学用图，想象原始人的一天是怎样度过的

二是删减了部分不适合学生学习的内容。如利用板报建立"历史学习园地"；观察图片和阅读资料，解释"胡人汉服""汉人胡食"的现象；制作泥活字，了解活字印刷过程。

三是教学活动建议有所增加。为倡导新的教学观念，鼓励教师改进教学方式和教学手段,组织丰富多彩的活动,为学生学习营造一个兴趣盎然的良好环境。如搜集青铜器图片,说说我国古代青铜工艺的成就;收集《论语》中的一些名言,说说其中的含义;观察秦朝疆域图,建立时空概念;阅读《三国演义》片段,讲述史实与《三国演义》的区别;从文物图片和唐诗中感受唐朝的社会风尚。①

(2)评价建议全面具体。

评价建议主张对学生的学业、课程及教师的课堂教学进行评价,具有操作性。如对学生的学业评价,可将历史课程每个板块在教学目标的要点列举出来,并对每个要点进行可测量的描述。评价的基本方法主要包括历史习作、历史调查、历史制作、纸笔测验、教师观察、学生的自评与互评等。

三、新课程标准与传统历史教学大纲的区别

《历史教学大纲》是新中国成立以来学习苏联的结果,而实验稿课标和新课标都是20世纪以来我国历史教学改革的产物。课程标准取代教学大纲,这既是恢复中华民国时期称谓,也是向欧美学习的一种具体体现。两者区别主要有四个方面。

1. 理念是培养成功者的教育

新课程标准的规定是最低要求,历史教学大纲是理想化的追求。前者是每个学生正常毕业(非正常的人除外)所必须达到的,后者则不能作为对每个学生的硬性要求,而只能是对一个特定目标(如中考)的一种期望。新课程标准隐含的教育理念是培养成功者的教育,凡达到基本标准的学生都是成功者。

2. 新课程标准对教学起指导作用

新课程标准对教科书编写、教师教学、教学评价所起的作用是间接的、指导性的和弹性的,而教学大纲对教科书编写、教师教学、教学评价等问题控制得很严,限制得较死。在新课程标准的指导下,教科书编写专家必须编写出"有利于学生学的教科书",教师不仅仅是教科书的执行者,更重要的是教科书的开发者。教学大纲直接面对的是教学过程,它对教师教什么和怎样教,都有较为具体的规定。新课程标准与教学大纲相比,存在着明显的差异。课程标准是指教育行政部门对于学习历史的学生达到毕业水平所必须具备的知识、技能、身心品质的规定。新课程标准强调的是对每个普通学生的基本要求,对于普通学生而言,只要通过必要的努力,每个学生都能达到的最起码要求。在教学大纲的指导下,教科书编写专家必须编写出"有利于教师教的教科书",教师只是教科书的执行者,而不需要对教科书及课程资源

---

① 汪瀛. 义务教育历史课程标准(2011年版)解读[M]. 武汉:湖北教育出版社,2012:84.

进行开发。①

3. 新课程标准的基本要求是必需的

新课程标准的要求是最起码的要求,而历史教学大纲的规定并不是完全必需的。在某一学段的学生要达到其毕业的水平,课程标准的基本要求都必须达到,否则就成为一个不合格的肄业生。而历史教育只是通识教育,没有必要、也不可能把每个学生都培养成历史学家。历史教学大纲关注的重点是结果,而课程标准关注的是作为一个完整个体发展的各个方面,而不仅仅是知识与技能;在关注学习结果的同时,更关注获取结果的过程与方法,以及情感方面的体验变化。

4. 新课程标准是对学习结果的行为描述

新课程标准主要是对学生在经过某一学段之后学习结果的行为描述,而教学大纲是对教学内容的具体规定。新课程标准把历史知识分为"识记""理解""运用"等层次。这种描述应该尽可能是可理解的、可达到的、可评估的,也是可以操作的。历史教学大纲规定的都是历史具体知识,知识没有分任何层次,在教与学的过程中,很容易出现"眉毛胡子一把抓"的现象。在目前教学大纲向新课程标准过渡的过程中,考虑到教师的水平及适应性,新课程标准的主体仍是对教学内容的规定。但是这与真正意义上的课程标准还有较大的距离,是我们要努力的方向。

就其理念而言,新课标的出发点是学生,"一切为了学生""为了学生的一切",为了每位学生的全面发展,为了中华民族的伟大复兴。

引 子

教"教科书"与"把教科书当作教材"来教

教材不等于教科书。初中历史教学文本就是历史教科书,历史教材包括教科书、教学图册及教师教学用书。教"教科书"俨然成了照本宣科、"满堂灌"的代名词;"把教科书当作教材"的本质就是把教科书呈现的内容当作史料进行教学,这是新课程新理念倡导的教学方式。但是,历史学科是一门史实性很强的学科,不教教科书的话,很多知识无法落实,后阶段学生的能力提高就会举步维艰;只"把教科书当作教材"的教学方式也带来弊端,部分年轻教师对教科书的内容视而不见,却热衷引用课外史料,既增加了学生的负担,同时也使学生的知识体系出现挂一漏万的情形。到底是只教"教科书",还是"把教科书当作教材"来教,你想要探寻究竟,请你自主学习第四节初中历史教材。

---

① 宋乃庆,等.基础教育课程改革的十大创新[M].海口:海南出版社,2003:18.

第四节　初中历史教材

在《国家基础教育课程改革纲要（试行）》思想的指导下，我国初中历史教材实行"一标多本"。全国各地有实力的出版社根据新课标编写了多种特色独具、各有千秋的历史教科书。初中历史教科书较为著名的版本有人教版、岳麓版、川教版、上海版、北师大版等。

一、历史教材与教科书的关系

1. 教科书的概念及特点

教科书是学校教学中重要的、基本的教学材料。它是传播知识、普及道理的教师教和学生学的用书，是教学、考试的重要依据，是实现培养目标的基本手段。在学校教育中教科书具有不可替代的地位与作用。它是国家意志、民族精神和学科发展水平的体现。[1]

教科书的特点主要有：

第一，产生了现代学制，根据学制，依学年学期而编写出版。

第二，有与之配套的教授书（教授法、教学法）或教学参考书，教授书内容要包括分科教学建议，每课有教学时间建议等。

第三，依据教学计划规定，按学科分门别类地编写和出版。[2]

知识拓展

《三字经》和"四书五经"是历史教科书吗？

《三字经》《百家姓》《千家诗》和《增广贤文》《千字文》以及更高层次《诗经》《书》《易》《礼》《春秋》《论语》《孟子》《大学》《中庸》等，在中国历史上的地位无与伦比，但它们不属于现代意义的教科书。因为它们在内容上笼统不分科，基本包含语文、政治、历史、地理等多学科知识；在程度上模糊而不分级，我们很难讲《三字经》、"四书五经"究竟在几年级学习是恰当的；在分量上是主观而不分课时，究竟一个内容学习多少时间，几乎完全凭教师自己判断；在学习方法上是完全随意的，没有教科书可以参考，重点、难点都由教师自己把握。

---

[1] 于友西，等.历史学科教育学[M].北京：首都师范大学出版社，2000：138.
[2] 石鸥，吴小鸥.百年中国教科书图书（1897—1949）[M].长沙：湖南教育出版社，2009：1.

2. 最有特色的历史教科书

中国历史教科书近代化的过程，孕育于近代"向西方学习"的新思想过程之中，而清政府将外国历史列入科举考试的内容，则推进了历史教育近代化的进程。

1905年，清政府废科举开学校后，编撰一部有近代意义的历史教科书成为当务之急。柳诒徵根据日本那珂通世的《支那通史》改编了《历代史略》，被认为是我国最早的历史教科书。

戊戌变法后梁启超流亡，他在日本掀起了史界革命，为20世纪初中国新式历史教科书的诞生，做了理论准备和舆论鼓动。1903年，丁宝书编撰的《蒙学中国历史教科书》是完全由中国人自己编写的第一部历史教科书。作者希望能达到"识古并合之由，以起近今丧亡之痛，长学识，雪国耻"的目的，具有强烈的时代色彩。① 1904年，夏曾佑编著的《最新中学历史教科书》公开发行，此后近代意义的历史教科书如雨后春笋般地出版。

1931年8月，北新书局再版《初中本国史》，这是我国第一部爱国主义教科书。该书强调近世受列强侵略之经过，以激发学生的民族精神，并唤醒其在中国民族运动上责任的自觉。② 1946年太岳新华书店出版的《历史课本》（高小），是第一部以毛泽东思想为指导的教科书。其编辑在说明中指出："用毛泽东的思想方法，批判的态度，为人民服务精神，为本书编辑之总方针。"这里有两点值得关注：一是毛泽东思想开始统领教科编审；二是重视批判的态度和眼光。③

3. 历史教材的概念与分类

教科书就是教学材料（Teaching Materials），凡是承载教学内容和信息的物化的材料，都可以视为教科书。具体而言，它是指根据一定的教学目标来组织，呈现一定的教学内容，以供教师展开讲述、阐释、演示等活动和学生展开阅读、视听、操作等活动的材料。正如日本学者柴田义松对教科书的定义："使学生掌握个别的科学概念和法则时必需的材料（事实、文献资料、直观教科书、教具），谓之教科书。"④

历史教材概念的范围比较大，在两个方面进行分类。一方面，以文字材料为特征，主要有六种：历史教科书；历史教科书配套教科书，如历史学科教学参考书、学生练习册、学生自学指导丛书等；历史文献资料；当代的历史著述及读物；有关历史理论的著述；文学作品。另一方面，以形象化为特征（非文字类），主要有三种：图像教科书；实物教科书；音像教科书。

---

① 石鸥，吴小鸥.百年中国教科书图书(1897—1949)[M].长沙：湖南教育出版社,2009：12.
② 石鸥，吴小鸥.百年中国教科书图书(1897—1949)[M].长沙：湖南教育出版社,2009：315.
③ 石鸥，吴小鸥.百年中国教科书图书(1897—1949)[M].长沙：湖南教育出版社,2009：387.
④ 钟启泉.现代课程论[M].上海：上海教育出版社,2003：330.

4. 厘清教材与教科书内涵的意义

历史教师经常把教材与教科书的概念混淆,通过对比讲解,我们知道尽管教科书是最重要的教材,但教材的范围比教科书更加宽泛。理清教材与教科书的内涵,对指导初中历史教学具有重要的现实意义。

第一,在历史教学中要坚决贯彻"不是只教教科书,而主要是把教科书当作重要教材来教"的新课程新理念。新课程实施以来,课程与教学理念发生了较大变化,建构主义思想、以学生为本思想、形形色色的后现代教育思想成为影响课程编制、实施与评价的理论依据,它们对教科书的编写和使用也提出了新的要求。其中,"教教科书"与"把教科书当作教学材料来教"之间的争论,较为集中地体现了教科书在课程与教学中的应然地位与功能的变化。

主张"教教科书"的论者认为,历史教科书是历史教学之本,教师在引领学生学习时,必须对教科书进行深挖,尊重教科书文本的基本价值取向,绝对不能抛开教科书,进行牵强附会的"把教科书当作教材来教"。持"教教科书"的论者还认为,教学中出现的一些游离于教科书之外,讨论一些与教科书无关的内容,并将之作为历史教学新理念的这类非正常现象,就应该归因于"把教科书当作教材来教"理念的误导。

主张"把教科书当作教材来教"的论者声称,历史教师应"依据课程标准,根据自身的实践与研究,自主地领会、探讨课程与教学,把教科书作为一种'中介'加以利用"①。持这种观点的教师认为,照本宣科,对教科书的内容面面俱到是忠实于"教教科书"的直接后果,是教师习惯于灌输式教学的根源所在。

"教教科书",还是"把教科书当作教学材料来教"的争论,表面上反映的是历史教师处理教科书的理念与要求的不同看法,体现为历史教师在课堂教学中是忠实于教科书文本、贯彻教科书编写意图,还是突破教科书的框架、依据课程标准要求或其他标准重新建构教学内容体系;争论的背后实际上是不同的历史知识观、能力观的冲突,也是对教科书应有功能、地位和实然状况的审视。

这两种观点不存在孰是孰非的问题,而是各有利弊。在课堂上使用和处理教科书的时候,历史教师既不能单纯地"教教科书",也不能只"把教科书当作教学材料来教"。我们要坚持"教教科书",使历史知识能够落实到位;同时要灵活地"把教科书当作教学材料来教",一方面是可以在一定程度上防止照本宣科、生硬灌输的教学,较为彻底地改变传统的教学方式;另一方面可以体现以学生为主体,深化学生对历史本质规律的认识。"把教科书当作教学材料来教"和"教教科书"两者有机地结合,这才是我们不懈追求的课堂思想。

第二,教师要掌握好中考历史学科的复习方法。在多数地州市,历史学科实行开卷考

---

① 朱煜."用教材教":内涵与实施[J].教育科学研究.2008(1).

试,题目源于教材(不是教科书),答案源于理解的原则,体现得较为彻底。不要在每年中考结束后再喊"超纲";平时复习历史都做了"无用功",中考没有在复习范围里命题等。在平时第一轮复习过程中,坚持教"教科书",把每一个知识点都落实到位,不留任何死角;第二轮复习过程,主要运用教科书及教辅资料提供的教学素材,坚持史料教学,培养学生的发散思维和举一反三、触类旁通的策略,提高学生分析问题和解决问题的能力。

第三,教科书并不是唯一的教学材料。它也意味着我们可以适当补充教科书外的资料,以达到升华历史主题,培养学生公民意识的目的。在运用补充材料进行教学时,教师一定要把握好度:一方面,不能运用补充材料过多,否则很容易冲淡教学主题;另一方面,发现材料不足或教科书的材料不合适时,要努力寻找最适合的材料进行高质量的教学。

二、初中历史教科书

1. 初中历史课程的板块设置

初中历史课程分中国古代史、中国近代史、中国现代史、世界古代史、世界近代史、世界现代史六个学习板块。这种课程结构设置具有以下两个特点。

一是它突出了历史发展的时序性。历史发展时序性的特点,只有把历史人物和重大历史事件放在历史长河中,才有可能弄清楚其来龙去脉、前因后果。基于这种认识,初中历史课程坚持历史时序性特征,突出历史发展主线,使学生在学习过程中建立时序意识和时空概念,以便更好地理解和解释历史人物、历史事件等。

二是采用了点线结合的呈现方式。所谓"点",是指具体的历史事实;所谓"线",是指历史发展的基本线索。从内容体系的设计上来说,是要以"线"穿"点",以"点"连"线",使课程内容依据历史的发展线索循序渐进地展开。它体现了历史发展的时序性和初中历史课程的基础性,有助于学生在掌握历史事实的基础上理解历史发展的过程。

2. 教科书编排体例与内容结构

(1)岳麓版教科书中国史编写体例。

新课标岳麓版教科书紧扣课标,贯彻点线结合的呈现方式,根据历史发展脉络有条不紊地叙述历史事实,其体例有三个特点。

一是强调历史知识系统性。

《义务教育历史课程标准(2011年版)》中国古代史概述内容中有这样的叙述:"秦始皇建立了中国历史上第一个统一王朝,创立了专制主义中央集权体制。秦朝因暴政短命而亡,但它的一些制度对以后历代王朝具有深远影响。继起的西汉王朝在汉武帝时国力达到鼎盛,是当时世界上的大国。东汉的版图大致与西汉相当,但政局较为混乱。"秦朝不再提封建专制主义中央集权,而是提"专制主义中央集权体制",彻底淡化封建王朝的特点。岳麓版新课标教科书为了紧扣课程标准,放弃了"全国统一的多民族封建国家"的传统提法,而称秦朝为"我国历史上统一的庞大帝国"。

实验稿课标不强调知识的完整性和系统性,教科书对东汉的知识只是一笔带过,但《义务教育历史课程标准(2011年版)》为了突出历史时序性的特点,特别强调"东汉的版图大致与西汉相当,但政局较为混乱。"课标具体内容中就新增"了解东汉建立,知道东汉外戚、宦官专权造成的社会动荡。"岳麓版新课标教科书专门新增"东汉的兴衰"一课,分"光武中兴""东汉后期政局的混乱""黄巾起义"三个子目,以此来说明东汉的建立及东汉后期的社会动荡。"黄巾起义"的内容原来淡出教科书,这次重新成为教科书的内容,值得我们关注。

二是内容叙述更加突出历史发展脉络。

《义务教育历史课程标准(2011年版)》对隋朝和唐代的历史发展脉络有大致的叙述,特别突出了科举制度对形成"贞观之治"和"开元盛世"的影响。隋朝的建立结束了数百年的政权分立状态,它创建的科举制度逐渐形成后世选拔官员的主要途径。唐初统治者改良政治,发展生产,形成了"贞观之治"的局面。到开元年间,唐朝经济繁荣,社会稳定,文化发展,中外交流活跃,国力达到顶峰。此后爆发的"安史之乱"结束了这种盛世现象。

岳麓版新课标教科书对隋唐时代的编写颇见功力。在单元导读里,教科书这样描述隋唐时代:"经历了300多年的政权分立时代,中国历史进入了一个统一、繁荣、开放和多元的新阶段。"传统的提法是用"繁荣"一词说明该时代的全貌,而新版教科书采用"开放与革新"来概括隋唐时代特征。教科书用了5个课时的内容来介绍隋唐时代,即《隋朝的兴衰与唐朝的建立》《从贞观之治到开元盛世》《唐代的民族关系与对外交往》《唐代的社会风尚与文化》《从"安史之乱"到五代十国》等。《从"安史之乱"到五代十国》这课的内容,起到了重要的承上启下的作用,它把唐代末年的藩镇割据、五代十国与北宋中央集权强化等内容有机地结合到一起。教师就可以讲藩镇割据的特征是"拥兵自重,割据一方";五代十国其实是藩镇发展到顶峰的表现;北宋政府要彻底铲除藩镇割据的基础,就不得不强化中央集权,形成重文轻武的国策。

三是课标的内容有所扩充,删减了一些历史概念或专业术语。

原始社会、奴隶社会、封建社会等这些概念不复存在,阶级及国家这些学生难以理解的专业术语也被删除。岳麓版新课标教科书严格执行了新课标的标准,如在《原始农业与村落生活》一课中,教科书就回避了原始社会与氏族等专业术语,"原始农业的产生"一目中,运用最新考古成果来介绍原始农业,如用湖南道县玉蟾岩出土的人工栽培稻来介绍水稻,运用最新的考古科研成果既能体现教科书的编写者与时俱进,又能体现湖湘文化的厚重,更具地方教科书的色彩。没有用母系氏族与父系氏族这些传统词汇,而是用西安半坡遗址、河姆渡遗址等,然后用"先民的村落生活"来统领这些内容。原来教科书一般用"传说中尧、舜、禹时期就是原始社会向奴隶社会过渡时期"来做结论,岳麓版新课标教科书悄然发生了改变,教科书对《传说时代》这一课是这样总结的:"从这些神话传说来看,尧、舜、禹时代农业高度发展,非常重视治理影响农业的自然灾害。这个时代,部落联盟的首领还是由成员推选,但已经临近跨入国家时代的门槛。"这种结论有根有据,令人信服。

四是突出整体性,在谋篇布局、内容呈现及作业设计方面有新意。

岳麓版新课标教科书在中国古代史内容课文结构设计方面,它打破传统的以学期为周期的教学安排,而是把初中一年级上、下两个学期中国古代史的教学内容进行整体设计,总共设计有43课。这既符合初一学生的心理认知特点,又有利于学生从整体上把握中国古代史发展脉络。

在内容设计方面,基本做到了薄古厚今,对中国古代史一些知识点在语言表达上极为精简,压缩了古代史的篇幅,而在中华人民共和国历史方面,原来内容单薄的诟病得到很好的调整,重点的内容作了较多补充。

作业设计方面改变了传统的选择题和问答题的形式,而是每课作业设计成"学而时习""温故知新""集思广益"三个板块。这样"学而时习"板块可以起到巩固知识的作用;这些板块的内容,如果简单地抄教科书,无法得到正确的答案;有些题目是开放性的,基本没有固定的答案,从而增加了学生的思维量。

(2)人教版教科书编排体例与内容结构。

根据课程标准,人教版教科书采取时序与事件相结合的体系,根据历史发展的基本线索,讲述历史的内容。同时依照历史阶段的特征,结合学生的年龄特点,人教版教科书取消了原来的专题单元设置,直接采用了课题体的体例。每课书用1课时,以便于教学。

人教版教科书每课课文的结构大致由10个部分组成,包括导入语、正文、相关史事、材料研读、图表、问题思考、课后活动、注释注音、知识拓展、自由阅读卡等。教科书后面,除列大事年表外,还附录了好书推荐和历史学习网站,以鼓励学生进行课外阅读和探索,学会获取教科书以外的历史信息。

活动课的设计是人教版教科书的特色。每一个学期设置了一定数量的活动课,有计划地将其穿插在教学过程中进行。活动课与传统教科书的设计不同,它主要是引导学生进行探究式学习,培养学生多种能力,特别是创造性思维和实践能力,同时也使学生学会学习历史的方法与技能,如了解历史的途径、地图的识别等,为以后学习历史打好基础。

三、历史知识特点及原则

1. 历史知识的特点

历史知识的特点是历史学科知识点及知识点之间所具有的内在的本质的联系,具体特点如下。

（1）具体性与规律性结合。

历史学科的知识以史实丰富而著称。历史知识指的是十分具体的历史现象、历史事件和历史人物，以及对这些现象、事件和人物的科学认识。历史知识的具体性特点要求教师在叙述历史史实时，必须有根有据，而不能信口开河。历史学科的知识具有规律性。历史知识既符合共性与个性原理，又符合普遍性与特殊性的规律。历史教师既要把握历史知识在历史发展进程中的共性，又要掌握它在历史发展中的个性。同时普遍性又寓于特殊性之中，在历史教学中又要强调历史的特殊性。

历史知识的具体性与规律性结合的特点，要求历史教师在教学中注意两个方面。第一个方面，要求在教学过程中对历史知识要全面具体地掌握。对历史名词的解释，一般要做到时、地、人、事、因、果等六要素齐全。如南昌起义，时间是 1927 年 8 月 1 日，地点为江西南昌，主要领导人物有周恩来、贺龙、叶挺、朱德、刘伯承等，南昌起义是中国共产党人探索"工农武装割据"的开始，是武装打响国民党反动派的第一枪，是中国共产党独立创建人民军队的开始。这些生动具体的史实紧密联系，整体构成南昌起义的知识点。

第二个方面，历史教师要帮助学生理解和掌握历史知识的个性特点，引导学生从特殊到一般，从具体到抽象，得出普遍的规律性的结论，从而掌握社会发展的一般规律。如在讲述中国近代现代史中的中国资本主义发展史的内容时，先要讲 19 世纪 60—70 年代的民族资本主义产生；1895 年前后民族资本主义得到初步发展；1912—1919 年民族资本主义发展出现短暂的春天；1927—1936 年民族资本主义继续发展；1956 年民族资本主义获得新生等五个具体的知识点，然后再用数学坐标把其变化规律勾勒出来，学生一般能够从整体上把握其产生、发展、高潮、继续发展和获得新生的基本规律。

（2）多样性与统一性结合。

历史知识涉及社会现象的各个方面，为有关社会知识的总和，其内容包括历史、经济、文化、社会生活、民俗民情等林林总总、包罗万象的内容，因此历史知识具有多样性的特点。多样的历史知识形成完整的科学体系，因此整体的历史知识又具有统一性的特点。

历史知识多样性与统一性结合的特点要求教学中教师注意历史知识的完整性，帮助学生构建历史知识的科学体系，注意国家与民族之间各种社会现象的相互关系，揭示社会历史、经济、文化等方面的横向内在联系，形成知识的网络结构，使学生掌握历史全貌，养成全面观察问题的思想方法。

（3）科学性与思想性结合。

科学性与思想性两者相统一，也体现为历史教学中知识教育与思想教育的统一，它是历史学科根本性的特点。历史知识的科学性主要表现在两个方面：一是历史史实的真实性是科学的基础。在历史教学中,教师按照新课标的要求,忠实于史实,不能凭主观需要随意删减,更不能把文艺作品与历史史实混为一谈,如《三国演义》中的曹操就与历史上的曹操有很大的区别。二是历史知识的科学性表现在它是把马克思主义作为指导思想的,用历史唯物主义观点分析史料、观察历史、叙述史实和进行理论概括,从而得出科学性规律性的结论。马克思主义产生以后,历史才真正成为科学。历史如果不以马克思主义作为指导思想,或背离马克思主义的观点,历史的科学性便无从谈起。历史知识属于社会意识的内容,它反作用于社会存在,具有鲜明的思想性,它是学生树立世界观、人生观、价值观,构建社会主义核心价值观体系的重要学科。

历史知识的科学性与思想性相结合的特点,要求教师必须用马克思主义唯物史观来讲授历史。首先,要史论结合,寓论于史。其次,必须运用唯物主义的分析方法,具体分析历史事件和历史人物,对其做出正确的评价。历史人物对历史发展有着重大影响,有时甚至还会起决定性作用,如近百年间中国出现了孙中山、毛泽东、邓小平等三位伟大人物。

(4)过去性与现实性结合。

历史知识是指已经过去的人类的社会实践活动,是现实社会不复存在的具体的历史现象、历史事件、历史人物。历史知识过去性的特点包含两个方面的含义:一方面是指历史知识都是过去的事情;另一方面是指历史知识的不可再现性。历史要具有生命力,必须与现实相结合。历史知识的现实性特点指的是历史知识对现实生活的辐射影响。如当代的从政者从历史从政的经验和教训中获得的启迪;从历史文献及古籍资料中发现药的配方,用现代方法进行加工,以造福于当代人类等,这就是历史所起的现实性作用。

在历史教学中,教师要充分重视运用直观材料和文献材料,发挥历史直观性的作用,以增强叙述的具体性和论断的说服力。同时教师还需注重借助学生已有的生活经验,力求使他们能有具体的感受,从而正确理解历史知识。

(5)连续性与阶段性结合。

历史按照时间先后发展顺序构成学科体系,并随着时间的推移而不断向前发展,历史发展的时序性使历史知识呈现链式结构,因此历史知识具有连续性特点。尽管历史史实环环相扣,形成史链,但历史知识不是铁板一块,而呈现阶段性的特征。因此,在历史教学中,在把握历史发展脉络的同时,要注意总结历史阶段性特征,有利于学生形成完整的知识体系。

2. 初中历史教学原则

根据历史知识的特点,确定教学原则。所谓教学原则,是指根据一定的教学目的、遵循教学规律而制定的指导教学工作的基本要求。它包括三个方面的含义:一是教学原则从属于教学目的,为实现教学目的服务的;二是教学原则的确立由人们对教学规律认识的程度所决定;三是教学原则对教学内容、教学方法、教学组织形式的设计与运用起指导作用。历史教学原则是根据历史教学的目标和历史教学的规律而确定的教学要求。它既是从事中学历史教学实践的指导思想,又是历史教学实践的经验总结。教师怎样引导学生"学"、学生怎样自主"学"等,都是教学原则确立的主要依据。初中历史的教学原则主要有以下六个方面。

一是观点与材料相结合的史论结合原则。"史",即材料,主要指史料和史实;"论",即观点,指马克思主义的基本原理和科学的结论。史论结合是理论联系实际的一般教学原则在历史教学中的反映,它不仅要使学生掌握具体的历史知识点,而且要求学生掌握马克思主义的基本观点,做到观点与材料的统一、科学性和思想性的统一。毛泽东在《改造我们的学习》一文中曾指出:"凭客观存在的事实,详细地占有材料。在马克思列宁主义一般原理指导下,从这些材料中引出正确的结论。"①

在中学生学习历史的过程中,存在两种倾向。一种是学生"读死书,死读书,读书死",他们能牢记大量的史实,甚至连郑和下西洋的历史图片上的船都能记得一清二楚,却无法在史实的基础上提炼出理论观点;另一种是学生学历史想走捷径,只掌握理论观点,却不愿在史实上下功夫而成为空头理论家。因此,在教学中,历史教师在课堂教学或练习测验中,不但要澄清史实,还要讲明观点和道理;不但要教会学生学习知识,而更要重视和坚持论从史出的认识方法,培养学生实事求是、坚持真理的唯物史观和科学品格,防止学生走两个极端。

比格斯提出的 SOLO 理论,即"可观察的学习成果结构"(Structure of the Observed Learning Outcome)能较好地体现史论结合的重要性。他根据 SOLO 分类评价法,把学生对某个问题的学习结果由低到高划分为五个层次,即前结构、单点结构、多点结构、关联结构和抽象拓展结构。前结构层次(Prestructural):学生基本上无法理解问题和解决问题,只提供了一些逻辑混乱、没有论据支撑的答案。单点结构层次(Unistructural):学生找到了一个解决问题的思路,但却就此收敛,单凭一点论据就跳到答案上去。多点结构层次(Multistructural):学生找到了多个解决问题的思路,但却未能把这些思路有机地整合起来。关联结构层次(Relational):学生找到了多个解决问题的思路,并且能够把这些思路结合起来思考。抽象拓展层次(Extended Abstract):学生能够对问题进行抽象的概括,从理论的高度来分析问题,而且能够深化问题,使问题本身的意义得到拓展。以上五个层次中,前结构、单点结构、多点结构、关联结构主要是讲史料,抽象拓展结构则强调史论结合。

二是系统性讲述与突出重点的点面结合原则。历史发展的连续性和必然性决定历史的系统性。人类历史有其本身的内在逻辑,或者说人类社会的历史有其本身的发展规律,每一个历史事物,从其发生、发展到结束,都有其前后左右的联系,有其因果关系,运用系统性原则于历史教学,就是要体现历史的发展规律、它的纵横联系和因果关系。教师的任务是如何

---

① 毛泽东.毛泽东选集(第三卷)[M].北京:人民出版社,1991:801.

把教科书本身的系统性在教学过程中表达出来,使学生系统地掌握历史知识,理解各种历史事物的相互联系和因果关系,并逐步形成历史发展规律的科学概念。历史知识浩如烟海,即使是新课标历史教科书,内容也是十分全面而广泛,而授课时间有限,因此在保证知识系统性的前提下,历史教学必须突出重点。

历史知识的错综复杂性是学生学习历史的主要困难之一。历史教学应该使学生了解历史的发展线索,认识现象的因果关系,帮助学生建立初步的知识结构,使学生掌握比较系统的历史知识。历史学科评价应注意课后小结,历史教师要对知识进行整体概括和对知识进行系统化处理。同时历史教师也不能面面俱到、主次不分。只要历史教师掌握主要内容,阐明基本概念,才能使学生通过典型历史事件,把握历史发展的一般趋势,真正做到点面结合。

三是现实主义与历史主义相结合的原则。历史学科的过去性与具体性,要求历史教学必须尊重历史,坚持历史主义原则。历史主义就是把特定的历史事件放到特定的历史条件中去具体问题具体分析,特别作阶级分析。如战国时期由于不同的思想家从不同的立场出发,提出不同的观点,形成"百家争鸣"的局面。其中,孟子、荀子代表新兴的地主阶级的利益;而墨子代表平民阶级的利益,提出"兼爱、非攻、尚贤、节俭"等主张。历史主义要求辩证地看待历史问题。秦始皇统一中国符合历史发展的必然趋势,符合人民的愿望,尽管存在刑罚严酷、滥用民力等弊端,但秦始皇统一中国值得肯定。通过这种分析教学,使学生由单一的绝对的思维模式发展到辩证的思维模式,达到历史教学促进历史思维的目的。

我们在尊重历史主义的同时,必须要与现实主义相结合。一方面是历史上很多问题与现实问题相联系。如日本首相多次参拜靖国神社,引起中国、韩国等许多国家的愤怒,这就与日本侵略亚洲国家的历史有关。另一方面是历史经验教训对今天和未来的借鉴作用。北宋司马光主编《资治通鉴》,目的是"鉴于往事,资于治道"。中国近代现代史告诉我们:落后要挨打,弱国无外交。我们了解历史,是为了更好地认识现实;学习历史,是为了继承人类的宝贵遗产,建设今天和创造美好的未来。因此历史教师在教学中要善于将历史和现实、未来相联系,引导学生面向祖国的现代化建设、面向世界、面向未来,培养学生的历史责任感。引导学生以古察今、以古知今、以古鉴今。

四是直观性与抽象性相结合的原则。直观性原则是指通过直观手段,引导学生形成所学事物及其变化过程的清晰表象,丰富他们的感性认识,并引导学生对学习材料进行分析、综合、抽象、概括,发展学生的理论思维,从而加深对该事物的认识和理解。历史具有过去性和不可逆性特点,而且历史不能重演,除去少数历史遗物和历史遗迹还可以使学生直接接触之外,绝大多数的历史事物要依靠间接的手段才能在学生的脑海中再造其形象。这给学生具体真切地感知和了解历史造成一定的困难。历史知识的形象化、具体化是学生对历史由感性认识上升为理性认识,形成唯物史观的重要条件。在历史教学中要贯彻直观性原则的基本要求,充分使用直观的学习材料,帮助学生形成历史表象,创设历史情景。例如,运用多媒体、视频等,尽量做到历史事件的再现。

五是偶然性与必然性相结合的原则。马克思主义唯物辩证法认为,事物发展存在着必然性,但必然性往往通过偶然性的事件体现。因此,学生学习历史的过程中,掌握偶然性与必然性相结合的原则,有利于我们透过事件的表面,看到问题的实质,从而提高分析历史问题的能力。如在鸦片战争前夕,中国正在走向衰落时期之时,英、法、美等资本主义国家迅速崛起,并且正在全世界抢占商品销售市场及原料产地,因此英国等资本主义国家用坚船利炮打开中国的大门就存在着必然性。但这个必然性的历史事件是通过林则徐禁烟这个偶然性事件体现出来。

六是按年代顺序与分阶段归类相结合的原则。历史是一门时间的科学。中学历史课的内容讲述的是人类历史、人类活动总是在一定的时间和一定的地方进行的,由一定的人物"扮演"一定的事件。历史课讲的是活动于地球上的人类的历史,时间和空间是任何事物存在的形式,离开时间和空间历史也就不可能存在。

要使学生正确地掌握历史知识,中学历史就按照年代先后顺序编排教科书的内容。掌握历史时间主要是纵的方面,即要记住历史事件在时间上的先后次序,这样才能掌握历史的进程;分阶段归类则是从横的方面对历史知识进行归类,知道在同一时间之内发生哪些重要的事件,通过纵的和横的两条线索构建历史知识网络,从而能整体地把握历史的全局。

掌握历史时间,并不要求学生把教科书中每一个历史事件的确切年代全都记住,一般来说,能够记住历史事件在时间上的先后次序,重大事件的起讫或事件之间的距离大约有多少年就行。有些重要年代则必须要准确记住,例如西罗马于公元476年灭亡,公元前476年是中国历史上春秋时代的结束,可以通过画数轴的方式帮助学生记忆相对的时间。

正确运用历史教学原则,对提高历史教学的质量,提高课堂的有效性,有着积极的意义。值得注意的是,凡是历史学科所独有的这些教学原则都是互相联系、相辅相成的。一节历史课不可能也没有必要同时运用这些教学原则,运用何种教学原则应该根据教学内容确定,具体问题具体分析。

3. 初中历史的教学模式

初中历史教师可以根据历史知识的特点和教学原则,确定历史教学的模式。1972年,美国出版了乔伊斯和韦尔合著的《当代西方教学模式》。这部经典性的著作传入中国以后,中国教育界开始研究和实践教学模式。教学模式是指在一定教学思想和教学理论指导下建立起来的各种类型教学活动的基本结构或基本框架。所谓历史教学模式,是指在"先学后教,以学定教,少教多学"的教学思想指导下,围绕着学生学习历史的主题,形成相对稳定的、系统化和理论化的教学结构。历史教学模式既具有来源于教学实践的基本特征,同时又具有某种教学理论或教学思想简化表达的特点。正是这些特点,使得教学模式既能够使教学理论得以具体化,又能够使教学实践得以概括化,从而充分发挥教学理论和实践的功能。从实践主体来考察,历史教学模式经历了"以教师为中心""以学生为中心""以学科为中心"的三个发展阶段。

(1) 以教师为中心模式。

该模式主张教师在教学中居于支配地位、起决定作用,从古代韩愈到近代赫尔巴特,都认为教学必须以教师为中心。20世纪80年代,初中历史课堂主要实行"以教师为中心"的教学模式。它主要凭借教科书及教师的教学经验,构建有利于教师教学的模式,如五步教学法、四环节教学模式、自学小结模式等。

① 五步教学法。我国历史教学的课堂结构,深深地打下五步教学法的烙印。五步教学法始于赫尔巴特(Johann Friedrich Herbart)的四个阶段:明了、联想、系统、方法。后来齐勒尔(Juiskon Ziller)等人据此提出五段教学法:预备(复习),提示(讲授新教科书),联想(比较抽象),总括(规则化),应用。1902年,清政府颁行《钦定学堂章程》,采用班级教学制,五步教学法也随之传入。中华人民共和国成立后,随着凯洛夫教育体系在中国的传播,五步教学法变为历史课堂教学的五个基本环节,即组织教学、复习旧知识、讲授新知识、巩固小结、布置作业等。五步教学法规范了课堂教学的要求,有利于学生掌握系统的基础知识和基本技能,也产生了一些消极影响,即把课堂教学程式化。僵化的教学模式虽然有利于发挥教师在教学中的核心地位,但是学生在学习中的主体地位无法显现。

② 四环节教学模式。它是指通过"确立目标、自学讲练、讨论解疑、自测小结"等四环节教学,教师引导"学生会学"的一种尝试。教师通过自学引导,把方法教给学生;通过精讲启导,把时间还给学生;通过潜移、渗透,把思想传给学生。

③ 自学小结式教学模式。[①] 这种模式的目的是在有限的时间内,充分发挥教师的主导作用,重视培养学生的自学能力。它将一节课分为激发兴趣、导入新课—提出问题、自学课文—质疑问难、归纳小结—当堂练习、巩固强化等四个环节。这种模式尽管融入新课程理念,但仍没有摆脱五步教学法模式的窠臼。

(2) 以学生为中心模式。

20世纪90年代推广"以学生为中心"的教学模式,尽管该模式传递知识的实质没有变化,但开始以学生的终身学习及发展为培养目标,培养学生独立生活的能力、终身学习的能力、全人格的发展。90年代末,历史教学模式由思维、能力型教学模式研究向人格塑造型教学模式转变。1998年在南阳学术讨论会上,首都师范大学赵亚夫教授等与会代表从历史学

---

① 闫承利.素质教育课堂优化模式[M].北京:教育科学出版社,2000:34.

科的成人性特征出发,指出中学历史教学的根本任务是帮助学生建立起人生定位、定向的坐标系统,从而塑造出优秀的人格。①

① 洋思教学模式。洋思教学模式采用"先学后教,当堂训练"的历史课堂教学,教学效率明显提高。

从教师的角度而言,它由过去"重教"转向现在"重学"。洋思教学模式较好地体现了新课程新观念,彻底改变过去学生被动学习的局面。传统的教学模式中,教师疏于课前、课后的准备。运用洋思教学模式后,历史教师在课前要做足充分的案前准备。如教学目标的确定,指导学生的方法,学生练习的设计等,都来不得半点马虎。由"重教"转向"重学",促进教师把备课,特别是把讲课的功夫用到引导学生学习这方面来,不仅让学生获得知识,而且让学生爱学、乐学、会学,能力不断增强。

从学生的角度而言,学习时间分配由集中在课后回归到历史课堂。通过运用洋思教学模式,教师在课堂上必须认真落实素质教育的教学目标,并按照"先学后教,当堂训练"的教学结构,对学生进行严格训练。学生在课堂上必须集中精力,才有可能完成教师定的任务,否则是不可能达到既定的目标。

从学生的学习过程和教师的教学方法来看,它有效地实现素质教育的目标。过去的历史课堂追求课堂结构的完整性、历史知识点传授的全面性、历史知识的系统性,因此历史教师在教学时往往会舍本逐末、削足适履。现在课堂上能创造性地开发学生的创造力,培养学生的创新意识、实践能力,学生主动参与课堂教学,进行知识建构。这样,历史教师备课、讲课就会从学生的实际出发,讲究实效,杜绝形式主义。

洋思教学模式在历史教学过程中有其独到的优势,但这并不意味着我们在中学历史教学中必须全部运用洋思教学模式,因为历史教训已经告诉我们,用一种教学模式不可能去解决一门学科的所有问题。在历史教学过程中运用洋思教学模式时要灵活性和原则性相结合,不能死搬硬套。如果在一节历史课上采用完整的洋思教学模式条件受到限制,难以实行的话,教师可以把洋思模式分解后,如目标教学法、课堂精练法、自学辅导法,再把它们与传统教学重新进行优化组合。对选修课文和自读课文仍然可以运用传统教学模式或其他的教学策略。在对洋思历史教学模式进行辩证分析的同时,教师也绝对没有否定传统教学模式的优势,理性的做法是把洋思教学模式和传统的教学模式有机结合,扬长避短。

洋思教学模式较好地体现新课程改革的精神,但很不完善,有待于教师继续探索、完善。

---

① 李德藻.中学历史教学模式的研究现状及展望[J].历史教学,2001(4):30.

同时,教改意识强的教师可以继续摸索适合于历史教学的新模式,这些都是有益尝试。①

【资料卡片】
洋思教学模式的教学流程

第一阶段,"先学"(18分钟)。这阶段分四步,主要为:首先,展示目标(1分钟),讲述目标,让学生把握总体要求;其次,自学前指导(1—2分钟),运用投影仪、小黑板,要求学生做到"三个明确",即明确自学的内容和范围、明确自学的方法、明确自学的要点;再次,学生自学,教师巡视(8分钟),学生针对目标看书,教师巡视检查学生的自学情况;最后,检查学生的自学效果(7分钟),检查中下游学生,发现问题。

第二阶段"后讲"(10分钟),教师引导更正,指导运用。

第三阶段"当堂训练"(15分钟),教师出必做题、选做题、思考题。必做题完不成的开小灶,巡视基础薄弱的学生,当场批改"希望生"的作业,让学生有成功的体验。抓住非智力因素,激发学生的兴趣。

② 许市教学模式。②"五环渐进式"自主学习模式是为了保证学习进程的有序性,由湖南省岳阳许市中学在实践中创建了"五环渐进自主学习法"。其基本含义是,每堂课大致由五个环节组成,学习活动循序渐进。五个基本环节是练习回顾、自学讨论、交流提升、浏览巩固、达标测评。

在许市教学模式的课堂里,历史教师不再是课堂的主导,而是学生学习的策划者。策划主要是通过课前设计"导学案"来达到预期目标的。在准备"导学案"时,教师要换位思考,要从"教师的教"角度,转换为方便"学生学"的角度;教师要挖掘教材,设计教法,设计问题。如果教师对学生不了解或对教科书处理不到位,课堂就会变得"失控",教学效果相应地会大打折扣。这种教改模式成效显著。它彻底颠覆了凯洛夫的传统的五步教学法教学模式。这种模式是中学教师教学的基本方向,甚至在高等院校的教学过程中,也可以引进"交流讨论""展示提升"等某些环节进行教学。当然,一个模式的成熟还要不断地调整,特别是当这种模式非常符合中学新知传授课型时,在复习课、社会实践课及实验课就未必适合,因此,希望用一个模式解决所有教学问题既是不可能,也不符合客观实际。

---

① 余柏青.论洋思教学模式在中学历史教学的实践与反思[J].湖南科技学院学报.2006(5).
② 许市教学模式的资料由湖南省岳阳市许市中学江逸冰老师提供。

【资料卡片】

许市教学模式的五个环节

一是练习回顾环节。其设置的目的主要对上堂课的知识进行回顾,起到温故而知新的效果。在历史教师、课代表的组织下,通过学生在黑板上听写,采用课代表批阅、组长批阅、交叉批阅的形式,检查学生的学习效果。

二是自学讨论环节。为了充分凸显学生的主体地位,体现自主、合作、探究的新课程理念,在历史教师、课代表的组织下,学生根据导学案的提纲,进行自学与小组讨论。本环节的基本流程是:教师简明扼要点明提纲→学生浏览教科书→小组交流→完成部分学案→教师分配任务→组内讨论。

三是交流提升环节。在课代表、小组长和教师的组织下,通过讲解、板书、表演等形式,对自学与讨论成果进行分组展示、点评、释疑、小组评价、总结等流程,达到激发学生的学习兴趣,交流学习成果,提升学生分析、解决问题的能力和表达能力等综合素质的目的。

四是浏览巩固环节。为了解决上一环节中存在的问题,充分发挥"小对子"的互助作用,在组长的调节下,学生通过浏览、交流等形式完成本环节的拟定的任务。

五是达标测评环节。为了解课堂效果,找出课堂教学中存在的问题,在课代表、教师的组织下,采用报题、抽测(含书面、口头)等形式,检查抽测对象对知识点的掌握情况。

(3)以学科为中心模式。

它是指以学科知识逻辑为中心,围绕学科知识组织教学活动。华东师范大学课程与教学研究所首批终身教授高文在《教学模式论》一书中,介绍了在综合环境中四组共十种以学科为中心的自主学习模式。第一组是依据国际教育心理学等的研究成果,构建基于知识组织与表征为特点的教学模式,主要有概念获得的学习与教学模式、概念形成的学习与教学模式、基于概念网络的学习与教学模式等。第二组的一般问题解决模式、抛锚式教学……基于逼真情境的问题解决模式等,它们侧重于培养学生的问题识别与解决能力。第三组是基于情景认知与意义建构为特征的模式,包括情景认知与情景学习教学模式;认知弹性理论与基于超媒体的学习与教学模式。第四组是根据苏俄两大心理学派……维果茨基学派和鲁宾斯坦学派的研究成果形成的模式,主要有基于学习活动、基于问题情境两种教学模式。

美国温特比尔特大学匹波迪教育学院的学习技术中心(The Learning Technology Center,LTC)提倡中学生自主学习,其设计理念不再是教师传递知识给学生,而是运用抛锚式教学模式,倡导学生在综合环境中主动去学习。抛锚式教学模式是西方盛行的一种以技术为基础的教学范型。它在建构主义学习理论影响下,改变了传统教育影像作为视觉图像支持讲座的功能,运用有情节的逼真故事制作成影像,把它们作为"锚",为教与学提供一个可以依靠的"宏情境"(Macro-Context);在教师的指导下,学生通过影像,主动探索综合知识。

LTC 开发和测试了两个软件,第一个软件是《年轻的夏洛克·霍姆斯和奥立佛》(*Young Sherlock and Olive*)。这是录制在光盘上的电影,主要用于包括历史在内的社会研究和基础文化知识的教学。影片通过追踪因果联系、主人公的动机和指向目标的行动,学生有可能学习故事结构以及有关处于世纪之交的维多利亚时代英格兰生活现实的大量知识,并了解如何揭示极其多样化的故事和场景的特性和真实性。另一个软件是《杰斯帕·伍德巴瑞问题解决系列》(*Jasper Woodbury Solving Series*)。它是精心设计的一系列以与科学、历史、社会研究以及文学相关的课程,解决以情境教学为目的的历险故事,并摄制成影片。这一系列历险经历涉及距离、速度和时间等数学概念(如一次"玻思牧场的苦救任务",要求学生帮助寻找一条最佳途径,把一只受伤的鹰从汽车不能抵达的区域拯救出来),而且要注意在设计时将这些概念跟历史、科学和文学等方面的知识联系起来。① 要把诸如此类的舶来品要完全运用于中学历史教学还是有一定的困难,但历史教师要朝 LTC 开发的软件方向努力。

本章知识结构

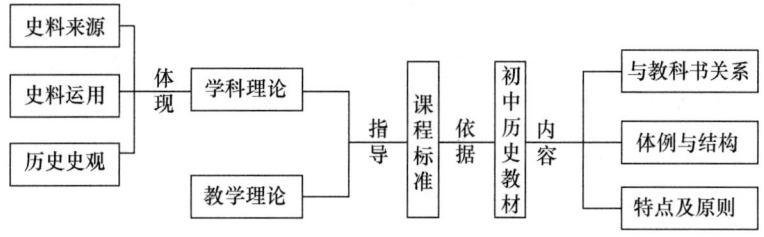

本章小结

(一) 本章的主要内容

1. 史料的分类与运用

(1) 史料的概念及分类

(2) 史料来源及史料教学策略

---

① 高文.教学模式论[M].上海:上海教育出版社,2001:250.

2. 初中历史教学理论

(1) 历史教学基本理论

(2) 历史观对人类认识世界的影响

3.《义务教育历史课程标准(2011年版)》与教材

(1) 新课标的特点及文本解读

(2) 厘清初中历史教材与教科书的关系

(3) 初中历史知识的特点及原则

(二) 本章的重点和难点

1. 重点是《义务教育课程标准(2011年版)》文本解读,要求掌握课程性质与特点,知道历史教科书体例与结构,了解史料的分类与来源;

2. 难点是运用史学与教学理论指导中学历史教学,强调理论与实践结合。

(三) 学习时要注意的问题

1. 了解史料的分类与来源,掌握史料在教学中的运用。

2. 了解历史观对人类认识世界的影响,运用多元史观指导历史教学。

3. 初步了解新课标的特点,能够较为全面地解读新三维目标;能够理解新课标与历史教科书的关系,厘清教科书与历史教材之间的区别和联系。

备考指南

本章内容在考试中主要是以选择题和简答题的形式出现,需要灵活运用相关理论指导教学设计和教学实施。在考试中主要是掌握历史学科和初中历史教学的基本理论,并能够在初中历史教学中有效地运用这些理论、知识及方法;了解初中历史课程的性质和基本理论,能够运用《义务教育历史课程标准(2011年版)》指导初中历史教学。

自测训练

一、选择题

1. 1894年9月,发生于黄海海战时期的邓世昌与其"义犬"的故事一直令国人感动并深信不疑。但亲历黄海之战的美籍军官马吉芬在回忆录中指出,"义犬救人"的故事并不存在,邓世昌和狗是一起沉下去,双双落水而死。对这一现象的理解,正确的是( )。

A. 当事人提供的资料最为可信　　B. 单一的当事人记载不符合历史真实

C. 可以相互印证的资料信度更高　　D. 传说故事不具有历史研究的价值

2. 2014年十二届全国人大常委会通过决议将12月13日设立为南京大屠杀死难者国家公祭日。下列反映历史真相的证据中,最具说服力的是(　　)。

　　A. 当年受害者的口述　　　　B. 当时拍摄的新闻照片

　　C. 侵华日军老兵回忆录　　　D. 受害者后代的描述

3. 要确定杰克逊就职典礼的有关内容是在课本的哪一页,应该使用(　　)。

　　① 文献目录　　② 导言　　③ 内容目录表　　④ 索引

　　A. ①②　　　B. ②③④　　　C. ①③④　　　D. ③④

4. 法国历史学家布罗代尔说:"一种文明的历史,就是对古代材料中那些对今天仍然行之有效的东西的探索。它有待解决的问题不在于要告诉人们关于希腊文明或中世纪中我们所知的一切,而是要告诉人们在西欧或现代中国以前的时代与今天仍旧相关的东西。"在这里,布罗代尔强调的是(　　)。

　　A. 史学是当代人的历史认识　　B. 以探索的精神研究历史

　　C. 史学无须穷尽人类文明的历史　　D. 从文明传承的角度阐释历史

5. 现代化是晚清历史发展的一个趋向,最能体现这一趋向的是(　　)。

　　A. 洋务运动—戊戌政变—清末新政

　　B. 洋务运动—戊戌变法—辛亥革命

　　C. 鸦片战争—中法战争—甲午战争

　　D. 太平天国运动—义和团运动—辛亥革命

6. 中国人自己编写的第一部历史教科书是(　　)。

　　A. 《蒙学中国历史教科书》　　B. 《支那通史》

　　C. 《历代史略》　　　　　　　　D. 《最新中学历史教科书》

7. 下面对全球史观理论理解有错误的一项是(　　)。

　　A. 从全球的角度认识人类社会发展的进程

　　B. 人类社会的历史进程是从分散到整体的发展进程

　　C. 世界史是国别史的相加

　　D. 生产力发展和人类社会交往的发展是历史发展的两根主轴

8. 初中历史课程标准要求学生掌握基本的历史知识,"基本的历史知识"包括(　　)。

　　① 历史题材的文学作品

　　② 重要的历史人物、历史事件和历史现象

　　③ 重要的历史概念　　　　　　④ 历史发展基本线索

　　A. ②③④　　　B. ①②④　　　C. ①②③　　　D. ①②③④

9. 洋思教学模式是（　　）。

　　A. 以教师为中心的教学模式　　　　B. 以学生为中心的教学模式

　　C. 以学科为中心的教学模式　　　　D. 以课堂为中心的教学模式

10. 校本教研的特点是（　　）。

　　① 从研究目的角度而言,是为了历史教学

　　② 从研究的主体而言,是在历史教学之中的教师

　　③ 从研究的对象而言,是解决历史教学中发现的问题

　　④ 从研究的内容来讲,是研究指导教学的理论

　　A. ①②③④　　　B. ②③④　　　C. ①②③　　　D. ②③

二、简答题

11. 现在有的教师坚持"教教科书",有的教师提倡"把教科书当作教学材料来教",你持什么观点？试说明理由。

12. 《义务教育历史课程标准（2011年版）》的特点是什么？

13. 运用多元史观分析鸦片战争的影响。

三、材料分析题

14. 阅读下列两则史料,回答问题：

材料一：这是2011年全国新课标高考的一道材料：唐代将品德与任职态度方面的"四善"作为考察官员最重要的内容："一曰德义有闻,二曰清慎明著,三曰公平可称,四曰恪勤匪懈。"同时规定各类职务的最佳业绩标准,称作"最"。每年考核,公示结果,考核分为九等："一最四善为上上,一最三善为上中,一最二善为上下……居官饰诈,贪浊存状,为下下。""善"是获得薪酬奖励与迅速提升的关键。

——据《新唐书》

《新唐书》的原意是："一曰德义有闻,二曰清慎明著,三曰公平可称,四曰恪勤匪懈。"同时规定各类职务的最佳业绩标准,称作"最"。每年考核,公示结果,考核分为九等："一最四善为上上,一最三善为上中,一最二善为上下,无最而有二善为中上,无最而有一善为中中,职事粗理,善最不闻,为中下。居官饰诈,贪浊存状,为下下。"

比较两则史料,回答以下问题：

两则史料有何区别？对于史料的运用,你的观点是什么？

15. 张老师准备上《三国鼎立》一课,他准备从《三国志》《三国演义》《三国志注》《资治通鉴》中去选取教学素材,请你给他提出合理的建议,并说明理由。

第二章　中国历史基本知识

考纲内容

1. 了解中国历史的发展的基本线索和总体趋势，掌握重要的历史人物、历史事件、历史现象以及人类文明的主要成果，掌握人类发展的基本规律和历史发展的时代特征。

2. 以唯物史观为指导，在教学中坚持正确的思想导向，能够运用正确的观点对历史教学内容进行分析和解释。

考纲解读

本章在严格遵循《初级中学历史学科知识与教学能力考试大纲》（以下简称《考纲》）中"学科内容与能力"第 1 条进行编写，充分考虑考生的实际需求和历史学科的复习特点，将中国史的基本知识分为中国古代史基本知识、中国近代史基本知识、中国现代史基本知识三节。其中每一节零散的知识点用基本线索串联起来，构建整体的知识体系。在进行知识点的解读时，我们不是对历史人物、历史事件、历史现象等基本史实的就事论事，而是在基本史实的基础上进行理论上的提升，把历史发展前沿研究动态嵌入其中，以提高考生的知识及理论水平。

引　子

状元献联[①]

清朝嘉庆年间，当年考上状元的李绍舫，正赶上嘉靖皇帝过生日。嘉靖皇帝吩咐大臣不送聘礼，只送一副贺联就行了。这时李绍舫以状元的身份上朝，闻知消息，写了一副嵌字联：

---

① 现代非洲起源参见 http://www.360doc.com/comtent/13/0814/15/144210.html。

顺泰康宁,雍然乾德嘉千古;

治平熙世,正是隆恩庆万年。

全联嵌入了"顺治""康熙""雍正""乾隆""嘉庆"——清代开国以来五个皇帝的年代,不但把嘉靖本人恭维得浑身舒坦,还把他的祖辈也一起歌颂了。①

我们在赞叹状元李绍舫的才学时,也不知不觉地学会了清前期皇帝的顺序。作为一名初中历史教师,掌握朝代顺序是十分必要的。学中国古代史时,我们就可以运用朝代顺序歌来掌握历史发展时序。"三皇五帝夏商周,春秋战国乱悠悠。秦汉三国东西晋,南朝北朝是对头。隋唐五代又十国,宋元明清帝王休"。时序性是历史学科的一个基本特征,因此我们主要是依照时间顺序,分中国古代史、近代史和现代史三个部分来介绍中国历史的基本知识。

第一节 中国古代史部分

一、中华文明的起源

1. 内容提要

一百多万年前,中华大地上就有人类活动的足迹。考古学发现的旧石器时代遗址为研究中国古人类提供了可靠的依据。大约在300万年前,人类告别了古猿祖先,用勤劳的双手和智慧的大脑,开始创造属于自己的历史。考古学家在中国境内发现了许多远古人类活动的遗存,生活在距今约70万年前至20万年前的北京人,就是其中的代表。

2. 知识要点

(1) 知道北京人的特征,了解北京人发现的意义,知道化石是研究人类起源的主要证据。

我国是人类发源的重要地区,也是目前世界上发现原始人类遗迹最多的国家。考古学家和古人类学家通过化石来确定远古人类及其生活的年代。在我国境内发现的远古人类有元谋人、蓝田人、北京人等,其中最具有代表性的是距今约70万年前至20万年前的北京人。生活在北京周口店的北京人过着原始的群落生活,主要依靠采集果实和狩猎野兽为生。他们能够制造和使用工具,使用的劳动工具主要是石器和木棒,北京人已经懂得用火。特别是随后又发现了石器和用火遗迹,直立人的存在才得到肯定,从而基本上明确了人类进化的序列,为"从猿到人"的学说提供给了有力的证据。

---

① 刘德宇. 状元献联[N]. 中国楹联报. 2004-11-28.

第二章 中国历史基本知识

知识拓展

现代人非洲起源说[1]

对于现代人的起源,存在两种假说,并且争议非常大。目前很多科学家支持"非洲起源说",即非洲是现代人的故乡,该观点在欧洲被普遍接受;少数科学家则支持"多地区进化说",即认为现代人是在欧亚非各自起源,尤其以东亚及中国学者的反驳声音最大。

1987年美国的两位科学家华莱士和威尔逊,他们在分别带领两个实验室通过检测细胞线粒体内的遗传物质脱氧核糖核酸时发现,现代人祖先可追溯到大约15万年前非洲的一个女人"夏娃"。"夏娃"的后裔开始由非洲大陆向世界其他各洲迁移。关于"夏娃"的后裔来到中国的时间,大约是在5万至6万年前,他们来到中国定居下来,生息繁衍,并取代了原来生活在中国大陆的原始人。

在中国,很多专家都在寻找各种证据用以反驳非洲起源说,他们认为中国现代人是由本地的直系祖先传下来。中国专家最主要的证据是,在中国目前发现的古人类化石,有巫山人、元谋人、蓝田人、北京人、南京人、和县人、长阳智人、山顶洞人等古人类遗迹。从原始人类到现代人类的演化进展是连续的,以此证明中国人是自己演化而来的,与"非洲人"无关。

(2)了解半坡居民、河姆渡居民的生活和原始农业的产生,知道考古发现是了解史前社会历史的重要依据。

距今约6000年的半坡聚落位于陕西西安半坡村。房屋居民已经能够种植粟,普遍使用磨制石器,居住半地穴式的房屋,半坡出土了大量陶器,使用的陶器底色一般为红色,上面有图案,称为彩陶。考古发现了半坡人面网纹盆,它是了解史前社会最重要的史料。

图2-1 半坡人面网纹盆

河姆渡居民种植水稻,普遍使用磨制石器,居住干栏式房屋。他们种植的农作物主要是水稻。中国是世界上最早种植水稻的国家。

(3)知道炎帝、黄帝的传说故事,了解传说与神话中的历史信息。

炎帝、黄帝是传说中黄河部落联盟的首领,他们联合打败蚩尤后走向联合,形成华夏族主体,炎帝、黄帝被称为中华民族的"人文始祖"。

尧、舜、禹成为黄河流域部落首领时,部落联盟推举领袖的办法叫"禅让制"。在古代"传说"与"史实"没有严格区别。大禹是传说时代的治水英雄。中国著名的古史辨学派创始人

---

[1] 参见 http://www.360doc.com/comtent/13/0814/15/144210.html。

顾颉刚认为禹与虫有关,他引《说文》的"禹,虫也,从内,象形"及"内,兽足蹂地也",疑禹本是古代神话里的动物。"传说"与"史实"之间的最终区别是有无文字依据。十口相传为古,但古代的神话传说凝聚着中华民族的思想和情感。

二、国家的产生和社会变革

1. 内容提要

大约在公元前21世纪,中国历史上第一个王朝——夏朝建立。迄今发现有文字记载的历史从商朝开始。夏、商、周三代,创造了以甲骨文、青铜文化和礼乐制度为代表的早期文明。西周统治者实行了分封制,取代商朝的方国联盟,又创建了礼乐制度来维系社会秩序。东周分为春秋、战国两个阶段。春秋时期,王室衰微,诸侯争霸,分封制度渐趋瓦解。战国时期,铁农具和牛耕的推广,促进了农业发展。各诸侯国的变法推动了社会进步,思想文化出现了"百家争鸣"的繁荣局面。

2. 知识要点

(1)知道夏朝的建立标志着国家的产生,知道夏、商、周三代的更替,了解西周的分封制及其作用。

公元前2070年,禹建立夏朝,夏是我国历史上第一个奴隶制国家。禹死后,他的儿子启继承父位,从此世袭制代替了禅让制,"公天下"变为"家天下。"公元前1600年,汤建立商朝,公元前1300年,盘庚迁都到殷,后代又把商朝称为殷。公元前1046年,周武王在牧野之战打败纣,建立西周。公元前770年,周平王迁都洛邑,东周开始。

为了巩固奴隶主政权,西周实行分封制。周天子把土地和人民,分给亲属、功臣和先代贵族,封他们为诸侯,建立起众多的诸侯国。诸侯必须服从周天子的命令,向天子纳贡,带兵随从天子作战,定期朝见天子。西周通过分封诸侯,加强了统治,成为一个疆域广大的国家。西周以宗法血缘关系建立起等级制度以维护统治。宗法制度的核心是嫡长子继承制,依据这些规范和准则,周朝制定礼乐征伐制度,维护周王朝的统治。

知识拓展 ▼

夏商周断代工程[①]

"夏商周断代工程"是1996年国家"九五"启动的科技攻关重点项目。它是一个以自然科学与人文社会科学相结合的方法来研究中国历史上夏、商、周三个历史时期的年代学

---

① 参见 http:/baike.baidu.com/view/129268.htm.

的科学研究项目,是一个多学科交叉联合攻关的系统工程。2000年11月9日,《夏商周年表》正式出台,这是我国迄今最具科学依据的古代历史年表。这个年表为我国公元前841年以前的历史建立起1200余年的三代年代框架,夏代的始年为公元前2070年,商代的始年为公元前1600年,盘庚迁殷为公元前1300年,周代始年为公元前1046年。其中,对夏代的始年、夏商分界年代、武丁在位年代和武王克商年代的估定具有重要创新意义。不但为进一步对夏商周的年代精确化创造了良好的条件,还为继续探索中华文明起源及早期发展,为揭示五千年文明史起承转合的清晰脉络,打下了坚实基础。而洛阳地区二里头遗址、偃师商城遗址的重要发现,为夏商周断代工程提供了可靠的物证,做出了重要贡献。

(2) 了解青铜工艺的成就,知道甲骨文是已知最早的汉字。

商代是我国青铜文明的灿烂时期,著名的有后母戊鼎和四羊方尊。殷墟出土的后母戊鼎,世界迄今出土最大最重的青铜器,重达832.84公斤,享有"镇国之宝"的美誉。商朝刻在龟甲或兽骨上的文字,称为"甲骨文"。甲骨文已经相当成熟,今天的汉字就是从甲骨文转化发展而来的。我国有文字可考的历史就是从商朝开始的。

(3) 知道春秋战国时期诸侯国之间的战争,了解这时期社会的变化。

图 2-2 后母戊鼎

公元前770年至公元前476年,是我国历史上的春秋时期,各诸侯国不断起来进行争霸战争,先后起来争霸的齐桓公、晋文公、楚庄王、越王勾践和吴王阖闾,史称"春秋五霸"。战国时期的齐、楚、燕、韩、赵、魏、秦七个主要诸侯国被称为"战国七雄"。在春秋、战国两个时期,诸侯战争不断,给社会生产和人民生活带来了深重灾难,但也在一定程度上促进了历史的发展。

(4) 秦国通过商鞅变法,认识改革使秦国逐渐强大起来。

战国时期,各国经过变法,新的制度逐渐确立起来,地主阶级和农民阶级之间的矛盾成为社会的主要矛盾。战国时期的改革中,影响最大的是秦国商鞅变法:国家承认土地私有,允许土地自由买卖;奖励耕战,生产粮食布帛多的人可免除徭役;根据军功授予爵位和田宅,废除没有军功的旧贵族的特权;推行县制,由国君直接派官吏进行治理。经过变法,秦国富强起来,国力大增,军队战斗力不断加强,发展成为战国后期最富强的国家,为以后兼并六国、统一全国打下坚实基础。

(5) 通过都江堰工程感受中国古代人民的智慧和创造力。

秦国蜀郡太守李冰在岷江中游修筑的都江堰是闻名世界的防洪灌溉工程。它通过先后修筑宝瓶口、都江鱼嘴、飞沙堰等主体部分,成功消除了岷江水患,灌溉了大片农田,使成都平原获得了"天府之国"的美称。都江堰是全世界迄今为止,年代最久、唯一留存、以无坝引水为特征的水利工程。

(6) 知道老子和孔子,初步理解"百家争鸣"对后世的影响。

春秋战国时期,社会急剧变化,促使了"百家争鸣"局面的出现。老子是中国古代哲学家和思想家,道家学派创始人。存世有《道德经》,其作品精华是朴素的辩证法,主张"无为而治",其学说对中国哲学发展具有深刻影响。

孔子是我国古代的大思想家、大教育家、儒家学派的创始人。儒家思想的核心是"仁"。"仁"包含一切美德。孔子主张"爱人",他反对苛政和任意刑杀。孔子兴办私学,广收学生。孔子主张因材施教,善于启发学生思考问题,教育学生学习态度要老实,要"温故而知新"。其言行由他的弟子整理在《论语》一书中。整理古籍,编成《春秋》,后来,孔子的学说成为封建文化的正统思想,在中国传统文化中享有重要地位,对后世影响极大。春秋战国时期出现的以儒、墨、道、法为代表的诸家学派"百家争鸣",对后世中华民族性格的形成产生了巨大影响。

三、统一国家的建立

1. 内容提要

公元前 221 年,秦吞并六国,秦始皇建立了中国历史上第一个统一王朝,创立了专制主义中央集权的国家体制。秦朝因暴政短命而亡,但它的一些制度对以后历代王朝具有深远影响。继起的西汉王朝在汉武帝时国力达到鼎盛,是当时世界上的大国。这种繁荣的景象经东汉时期得以延续,但东汉末的政治和社会危机终结了这一局面。在国力强盛、经济繁荣的基础上,两汉时期的思想学术和科学技术成就十分突出,对后世产生了深远的影响。由于丝绸之路的开通,两汉时期与西域各国,甚至与遥远的罗马帝国有了更为密切的经济、文化往来,佛教的传入也深刻影响了中国的文化与社会。

2. 知识要点

(1) 知道秦始皇统一中国,了解秦代的中央集权制度和统一措施对中国历史发展的影响。

秦王嬴政自公元前 230 年至公元前 221 年,任用李斯、蒙恬等人,先后灭掉六国,建立起我国历史上第一个统一的中央集权的封建国家——秦朝,定都咸阳。秦的统一,结束了春秋战国以来长期的分裂割据,开创了中国历史上多民族大一统的局面。

统一后,秦始皇采取一系列措施,巩固统一,开疆拓土。建立专制主义中央集权制度。最高统治者称"皇帝",至高无上,掌握中央和地方的一切大权。中央设丞相、太尉、御史大夫,分管行政、军事、监察,最后由皇帝决断。地方推行郡县制,这些制度基本上为后代封建统治者所沿用,在我国历史上影响深远。

统一文字、货币、度量衡,加强中央与全国各地区的联系,促进各地区经济和文化的交流,有利于巩固国家的统一。安定北疆,北击匈奴,收复河套地区,修筑举世闻名的万里长城。开发南疆,在越族地区设置政府,开凿灵渠,便利了中原与两广地区的经济文化交流。移民屯边,促进了边疆地区的开发。

秦朝疆域广大,东到东海,西到陇西,北至长城一带,南达南海,成为我国历史上第一个统一的多民族的封建国家,也是当时世界上的大国。秦始皇对我国历史做出过巨大的贡献,产生了巨大影响。

秦始皇统治残暴。他焚书坑儒,钳制了思想,摧残了文化;修建豪华的阿房宫和巨大的骊山墓,加上修长城和驰道,浪费了大量人力、物力、财力;繁重的徭役和赋役,使社会经济遭到严重破坏,影响了人民正常的生产和生活;他还制定了残酷的刑法,光死刑就有车裂等十多种,使人民生活在水深火热之中。暴政加速了秦朝的灭亡。

秦朝建立的君主专制中央集权制度,奠定了中国古代两千多年政治制度的基本格局,为历代王朝所沿用,且不断得到加强和完善。

(2)知道秦暴政和陈胜、吴广起义,知道秦朝的灭亡和西汉的建立。

由于秦朝的暴政,主要表现为徭役重、苛捐杂税多、刑法严酷、内乱等方面。公元前209年,陈胜、吴广在大泽乡发动了我国历史上第一次大规模的农民起义。经过项羽、刘邦四年的楚汉之争,公元前202年,刘邦建立汉朝,定都长安,史称西汉。

(3)了解"文景之治",知道汉武帝巩固"大一统"王朝。

西汉初年,经济萧条,到处一片荒凉,西汉统治者实行"休养生息"政策,注重农业生产。到文、景帝时期,经济得到恢复和发展,出现"文景之治"。

汉武帝雄才大略,为加强中央集权,采取了一系列措施。

政治上,接受主父偃的建议,允许诸王将自己的封地分给子弟建立较小的侯国,解除了诸侯国对中央的威胁。

思想上,接受董仲舒的建议,"罢黜百家,独尊儒术";还大力推行儒学教育,在长安兴办太学,以儒家五经为主要教材,培养官吏。从此,儒家学说成为中国封建社会的正统思想。

军事上,对匈奴多次展开大规模的反击战,解除匈奴的威胁。

经济上,将地方的铸币权和盐铁经营权收归中央,统一铸五铢钱,抑制了大商人牟取暴利,大大增加了中央的财政收入。治理黄河,较长时间内解除了黄河水患。汉武帝在位时,是西汉最为强盛的时期,国家高度统一,出现了"大一统"的局面,汉武帝是我国古代很有作为的皇帝。

【资料卡片】

"金屋藏娇"的典故

"金屋藏娇"的典故出自《汉武故事》。馆陶长公主是汉景帝唯一的同母姐姐,她打算将女儿陈阿娇许配太子刘荣,希望阿娇日后成为皇后。她派人问景帝的宠妃栗姬的意思,谁知栗姬恼怒长公主经常向景帝进荐美女分宠,竟然断然拒绝。馆陶长公主大发雷霆,于是与栗姬关系僵化。

图2-3 金屋藏娇

有一天,馆陶长公主抱着刘彻问:"彻儿长大了要讨媳妇吗?"胶东王刘彻说:"要啊。"长公主于是指着左右宫女侍女百多人问刘彻想要哪个,刘彻都说不要。最后长公主指着自己的女儿陈阿娇问:"那阿娇好不好呢?"刘彻于是就笑着回答说:"好啊!如果能娶阿娇做妻子,我会造一个金屋子给她住。"长公主非常高兴,于是刘彻就与陈阿娇结为夫妻。这就是成语"金屋藏娇"的由来。

(4) 通过"丝绸之路"的开通,了解丝绸之路在中外交往中的作用。

公元前138年、公元前119年,张骞两次出使西域。张骞通西域后,汉朝的使者、商人接踵西行,西域的使者、商人纷纷东来。他们把中国的丝和丝织品,源源不断地从长安运出,经河西走廊、今新疆地区,到达中亚、南亚和西亚,再转运到大秦,又把西域各国的奇珍异宝输入中国内地,形成陆上丝绸之路。汉武帝后,西汉商人又开辟了海上交通要道,形成海上丝绸之路。公元前60年,西汉设立西域都护府,今新疆地区正式归属中央政府管辖。丝绸之路加强了中国同亚欧各国的经济文化交流。

(5) 了解东汉的建立,知道东汉外戚、宦官专权造成的社会动荡;知道佛教的传入和道教的产生。

公元25年,西汉皇族刘秀称帝,定都洛阳,史称东汉。东汉中期以后,外戚和宦官交替专权,政治十分黑暗。东汉末年灾荒连年,最终爆发黄巾军起义,使东汉名存实亡。公元220年,东汉灭亡。

佛教起源于古印度,在两汉之际由西域传入我国内地。佛教主张教主与众生平等,每个人依法修身,均可立地成佛。佛教认为万法皆空,人生皆苦,因果报应。佛教宣传厌世的思想,存在断绝因果,去追求来世幸福的消极思想。

道教源于古代的民间巫术和神仙方术,是我国东汉时期土生土长的宗教。道教的基本教义是崇尚自然,淡泊名利,超越物我,追求个人自由独立。道家也存在远离社会纷争,逃避社会责任的消极思想。

（6）知道司马迁和《史记》；知道造纸术的发明对传播文化的作用；讲述张仲景和华佗的故事。

司马迁是中国古代伟大的史学家、思想家、文学家，被后人尊称为"史圣"。司马迁说"人固有一死，或重于泰山，或轻于鸿毛，用之所趋异也"。司马迁为了实现自己的理想和抱负，忍辱负重，著成《史记》，彰显了自己的崇高人格。

《史记》记载了从上古传说中的黄帝时期到汉武帝时期长达三千多年的历史。司马迁以其"究天人之际，通古今之变，成一家之言"的指导思想完成的《史记》，成为中国历史上第一部纪传体通史，被鲁迅誉为"史家之绝唱，无韵之《离骚》"，对后世影响深远。

张仲景被后世尊称为"医圣"。他的主要代表作是《伤寒杂病论》，为后世中医治疗学奠定了基础。东汉末期的名医华佗，发明了"麻沸散"，并模拟虎、鹿、猿、熊、鸟等五种动物，创制了"五禽戏"。

【资料卡片】

张仲景"以热药治热病"

张机，字仲景，河南南阳人，曾做过长沙太守。他睿智而贤德，十分体恤百姓疾苦。眼见患病的人日益增多，他便在繁忙的公事中抽出时间，每月的初一和十五都坐在大堂上给百姓治病，分文不取，这也就是"坐堂"一词的由来。为了拯救更多的生灵，解决当时的医者对病症认识不清、误治错治的情况，便动手著述了《伤寒杂病论》一书。

张仲景认为，当时人们常患的是一种"伤寒"病，虽然也是一种外感性的疾病，但全然不同于以往的普通发热性疾病。医生见到发热就用石膏、大黄这样的寒凉药，结果越治疗，病情越严重。这种疾病是因为体质下降，外界寒邪偏重，正气不能抵御，寒邪直接侵入肌肤，阻遏了气机而出现高热。他主张用辛温发散的药品发汗解表，使郁闭于内的寒邪随汗而出，热必自除。由此，他也开创了"以热药治热病"的先河。

四、政权分立与民族交融

1. 内容提要

三国两晋南北朝的绝大部分时间都处于分裂割据状态。北方少数民族大量内迁，推动了民族交往、交流、交融。而北方人口的大量南迁，带来了先进的生产技术，结合南方良好的自然条件，造就了南方地区第一次大规模的开发。这一时期的制度变革、区域开发、科学技术与文学艺术方面的成就，为新的统一局面奠定了基础。此时，农业技术不断进步，中医学已形成系统的理论和独特的治疗方法,天文学、数学也都取得了重要成就。

2. 知识要点

(1)知道赤壁之战和三国鼎立局面的形成。

200年,曹操在官渡之战打败袁绍。208年,曹操率领二十多万大军南下,想统一南北,结果却被孙权、刘备联军在赤壁打败。220年,曹操的儿子曹丕废掉汉献帝自称皇帝,国号魏,定都洛阳,东汉结束。221年,刘备在成都称帝,国号汉,史称蜀。222年,孙权称王(229年,孙权称帝),国号吴,定都建业。三国鼎立局面正式形成。

【资料卡片】

"孔明借东风"的由来

《三国演义》是我国古典文学名著,以三国时期的历史发展为线索,在史实和民间传说的基础上,通过文学加工而成。因此,它的许多内容不同于真实的历史。在《三国演义》中,诸葛亮修筑七星神坛,在坛上作法祭天"借"来了东南风,从而使孙刘联军顺利地用火攻破曹营。这属于故事情节的虚构和文学创作的夸张。《三国志》等历史文献记载:赤壁之战正值冬季,长江流域西北风多、东南风少,但诸葛亮知识渊博,熟知天文地理,其判断东南风即将到来,于是与周瑜一起精心部署了这场战斗。

(2)知道两晋南北朝的更替,初步了解人口的南迁和江南地区的开发。

263年,三国中实力最弱的蜀汉首先被魏国灭亡。266年,司马炎篡夺皇位建立晋朝,定都洛阳,史称西晋。280年,西晋灭掉吴国,结束分裂的局面。从东汉末年以来,匈奴、鲜卑、羯、氐、羌等少数民族内迁,同汉族长期杂居。316年,内迁的匈奴人灭掉了西晋。317年,西晋皇族司马睿重建晋朝,定都在建康,史称东晋。383年,前秦和东晋在淝水展开激战,结果前秦大败,前秦的统治瓦解。420年,东晋大将刘裕自立为帝,国号宋,结束了东晋的统治。

北方的长期战乱,造成人口大规模的南迁,改变南方人少地广的局面,有利于垦辟荒地,同时也带来了先进的生产技术和生产经验,促进了经济的发展。江南的经济迅速发展起来,修建了许多水利工程,大片荒地被开垦为良田。江南以种植水稻为主,稻田里开始使用绿肥,牛耕和粪肥也得到推广。小麦的种植也推广到江南。东晋、南朝时,长江中下游一带农业发展迅速,福建、广东等地也得到一定程度的开发。江南经济的开发,为我国经济重心的逐渐南移奠定了基础。

(3)通过北魏孝文帝改革,初步理解民族交往、交流、交融对中华民族发展的意义。

4世纪后期,我国东北地区的鲜卑族的一支强大起来,建立了北魏,定都平城。439年,北魏统一黄河流域。黄河流域的各族人民长期生活在一起,民族融合已经成为趋势。

北魏原来的都城平城,气候干旱,位置偏北,不利于北魏对中原广大地区的统治。北魏孝文帝迁都洛阳,洛阳迅速发展成为一座宏伟壮观的城市。在朝廷中必须使用汉语,禁用鲜卑语;官员及家属必须穿戴汉族服饰;将鲜卑族的姓氏改为汉姓,把皇族由姓拓跋氏改为姓元;鼓励鲜卑贵族与汉族贵族联姻;采用汉族官制、律令;学习汉族的礼法,尊崇孔子,以孝治国,提倡尊老、养老风气等。这些措施推动了北方民族交往、交流、交融的进程,对中华民族的发展具有重要意义。

【资料卡片】

民族的交往·交流·交融

民族交往是指民族与民族之间的接触、交流和往来以及族际关系的协调,即指民族联系中的互动和民族关系的整合过程,也就是民族生存和民族发展的一种方式。民族交流是民族关系的具体内容,民族交流是民族交往的实在内容,是民族关系涉及的领域和内容。民族交融是社会主义初级阶段民族交往交流的本质要求。民族交往、交流、交融三者关系,可以说交往是形式、交流是内容、交融是本质。这一论断有力地回应了现阶段要"促进民族融合"的提法。

(4) 知道祖冲之的数学成就,初步认识书法艺术。了解北方农业技术的成熟和农历。

南朝的祖冲之利用并发展了前人创造"割圆术",在世界上第一次把圆周率数值计算到小数点后七位数,即 3.1415926 与 3.1415927 之间,这一成就比西方早了千余年。

东汉末年,书法逐渐成为一种艺术。魏晋时期书法字体由篆书、隶书转化到楷书。草书、行书也开始流行,东晋的王羲之的《兰亭序》有"天下第一行书"的美誉,王羲之也被后人称为"书圣"。

北魏贾思勰撰写的《齐民要术》,系统地总结了 6 世纪以前黄河中下游地区农牧业的生产经验、食品的加工与贮藏、野生植物的利用等,是我国现存的第一部完整的农业科学著作,对后世生产实践和中外农学研究都产生了深远影响,在世界农学史上占有重要地位。

农历是中国长期使用的传统历法。农历属于阴阳历,它以望朔(月亮的盈缺)的周期来定月,所以月亮一次盈缺称为一个"月",又以日照时间最短的一天到下一个日照最短的一天的周期为一"岁"。根据对太阳运行规律的观测,结合黄河流域的气候与动植物生长规律,一"岁"被古人分为二十四节气,以便农事安排。

五、繁荣与开放的社会

1. 内容提要

581 年,隋朝的建立结束了数百年的政权分立状态,隋炀帝创建的科举制度逐渐成为后世选拔官员的主要途径。唐朝前期,统治者吸取历史教训,改良政治,发展生产,形成了"贞观之治"的局面。到开元年间,唐朝经济繁荣,社会稳定,文化发达,中外交流活跃,国力达到顶峰。从唐中叶爆发的"安史之乱"到唐末五代,中央再度呈现中央控制力减弱、地方割据势力膨胀的局面。但正是这一时期,南方的重要性日益凸显,区域社会的发展加快,成为宋代以后社会经济变化的过渡。

2. 知识要点

(1) 知道隋朝的统一,了解科举取士制度的创建和大运河的开通;知道隋朝灭亡的原因。

581年,隋文帝杨坚夺取北周政权,建立隋朝,定都长安。589年,隋朝灭掉陈,统一南北。

为加强南北交通,巩固隋朝对全国的统治,隋炀帝开通了一条纵贯南北的大运河,隋朝大运河以洛阳为中心,北达涿郡,南至余杭,分永济渠、通济渠、邗沟、江南河四段,全长两千多公里,是古代世界最长的运河。大运河成为南北交通的大动脉,也是南北政治、经济、文化联系的纽带。隋炀帝滥用民力,也造成百姓的困苦。618年,李渊在太原起兵反隋,隋炀帝在江都被部将杀死,隋朝灭亡,李渊以长安为都,建立唐朝。李渊就是唐高祖。

用分科考试的方法来选拔官员始于隋文帝时,隋炀帝时正式设置进士科,按考试成绩选拔人才,标志着科举制度正式形成。唐朝时期,唐太宗、武则天、唐玄宗对科举制度进行了完善。科举制的实行,改善了用人制度,使得有才识的读书人有机会进入各级政府任职,促进了教育发展,有利于唐诗的繁荣。

【资料卡片】

	秦朝	隋朝
统治时间	15年	38年
统一意义	结束了春秋战国以来长期分裂、兼并混战的局面,第一次实现全国统一。	结束了自西晋以来的长期分裂割据状态,重建全国大一统的局面。
政治制度	三公九卿制、郡县制	三省六部、科举制
伟大工程	长城	运河
灭亡原因	法律严酷、徭役繁重	骄奢淫逸、滥用民力
影响	汉承秦制,休养生息	唐承隋制,贞观之治

(2) 知道唐太宗和"贞观之治",知道唐玄宗和"开元盛世",初步认识唐朝兴盛的原因。

吸取隋亡的教训,唐太宗重视发展生产,减轻农民的赋税劳役;节制自己的享受欲望;合并州县;知人善任。他用人不计资历出身,不计亲疏恩怨,凡有治国安邦之才,都委以重任。虚心纳谏。唐太宗在位期间,进谏的大臣很多,以魏征最著名。唐太宗是中国历史上杰出的帝王,在位二十余年,政治清明,经济发展,社会呈现出安定的局面,史称"贞观之治"。这是中国古代历史的为政宽容、对外开放和国力强盛的时期。唐太宗是我国古代杰出的政治家。

唐玄宗统治前期励精图治,任用富于改革精神的姚崇等人当宰相,重视地方吏治,把优秀的官吏下放到地方任职,并亲自考核县令政绩,烧毁珠玉锦绣、不用奢侈物品。这一时期,唐朝政局稳定,经济繁荣,被誉为"开元盛世"。

(3) 以文成公主入藏、鉴真东渡、玄奘西行等史实为例,说明唐代民族和睦与中外文化交流的发展。

唐朝实行开明的民族政策,民族关系和睦。7世纪前期,吐蕃首领松赞干布统一青藏高原,定都逻些。唐太宗把文成公主嫁给松赞干布,密切了唐朝与吐蕃经济文化交流,增进了汉藏之间的友好关系。8世纪唐朝又把金城公主嫁给吐蕃的尺带珠丹。至此,吐蕃和唐朝"和同为一家"。

唐朝时期经济繁荣,文化昌盛,是世界上的强盛国家。唐朝政府采取比较开放的对外政策,加上发达的海陆交通,形成了活跃的对外交往景象。唐玄宗时,鉴真东渡日本,至第六次才成功。鉴真辛勤不懈地传播唐朝文化,使日本出现"唐风洋溢奈良城"的景象。唐朝时中国与天竺交往频繁,高僧玄奘西游天竺,专心翻译佛经,写成《大唐西域记》。该书成为研究古代中亚、印度半岛,以及我国新疆地区历史和佛学的重要典籍。

【资料卡片】

玄奘与那烂陀寺

在《西游记》最后,历经八十一难的唐僧终于来到"西天",也就是曾经的那烂陀寺。那烂陀寺初建于公元5世纪左右,经过历代君王数世纪的经营扩建,全盛时期的那烂陀寺据说藏书高达900万卷,在这里学习的僧人学生有1万多人,来自中国、蒙古、高丽、日本、波斯等地。在玄奘那个时代及前后一两百年间,那烂陀是亚洲佛教的学术中心。

玄奘来到那烂陀寺,受到了热烈的欢迎。当时已经逾百高龄的戒贤法师收他为亲传弟子,亲自教授他《瑜伽论》。玄奘勤学好问,每天认真研读经书,梵文也很优秀,说得比当地人还好。据《慈恩传》记载,当时寺内能讲二十部经书的有一千人,三十部的五百人,五十部的只有十人,其中包括玄奘法师。因为成绩优异,玄奘升任那烂陀寺副主讲,那烂陀寺还给他配备了"专车",出门可以享受乘坐大象的待遇。在那烂陀寺的岁月,可以说是玄奘一生中最精彩、最风光的时光。①

图 2-4 那烂陀寺旧址

(4) 通过经济繁荣、开放的社会风气和唐诗的盛行,了解盛唐社会气象。

唐朝时期,农业取得了很大的发展,出现了世界上第一部茶叶专著《茶经》;陶瓷业也有

---

① 高美. 玄奘曾到印度那烂陀寺拜师求学 获留校任教资格[N]. 新京报 2014-9-14.

重要发展,越窑青瓷、邢窑白瓷和唐三彩最为有名,其中唐三彩是世界工艺的珍品;长安城内分为坊和市,坊是居民区,市为繁荣的商业区,坊和市严格分开。盛唐时期形成了开放的社会风气。长安既是当时各民族交往的中心,又是一座国际性的大都市。

唐朝是诗歌发展的黄金时代。唐代影响最大、成就最高的诗人是李白和杜甫。李白的诗飘逸,想象丰富,富有浪漫主义精神,人称"诗仙"。杜甫生活在唐朝由盛转衰时期,他的诗沉郁顿挫,语言精练细腻,感情真挚动人,富有现代主义精神,诗的内容多反映社会现实生活,后人称他为"诗圣",称他的诗为"诗史"。白居易的诗通俗易懂。

(5) 知道"安史之乱"导致唐朝由盛转衰;知道唐朝灭亡后五代十国的局面。

安史之乱(755—763年)是安禄山、史思明起兵反对唐朝的一次叛乱,前后达八年之久。它是唐朝由盛转衰的转折点,唐朝后期形成了藩镇割据局面。

907年,朱温灭唐建立后梁,历史进入五代十国时期。五代是指后梁、后唐、后晋、后汉、后周五个前后相继的中原政权;十国是指前蜀、后蜀、吴、南唐、吴越、闽、楚、南汉、南平(荆南)、北汉等十几个割据政权,它们有的前后相继,有的同时并存。

六、经济重心的南移和民族关系的发展

1. 内容提要

北宋的建立,结束了五代十国的分裂局面。与此同时,周边民族的相继崛起又在更大范围内形成了民族政权并立的格局。宋朝实行重文轻武的政策,利弊兼得。女真族建立的金朝,先后灭亡了辽和北宋。到南宋时,经济重心南移彻底完成。指南针、活字印刷等重大发明,标志着宋代科学技术的发展进入黄金时期。13世纪初,成吉思汗统一了蒙古各部落。蒙古族建立的元朝结束了中国境内长期割裂的局面,重建了大一统国家,对西藏实施行政管辖,版图超出汉、唐,并为东西方的交流创造了条件。此外,元曲异彩纷呈,名家辈出,反映出独特的时代风貌。

2. 知识要点

(1) 知道北宋的建立,了解宋朝重文轻武的特点。

960年,后周大将赵匡胤在陈桥驿发动兵变,黄袍加身,建立宋朝,定都东京,史称北宋。宋太祖通过"杯酒释兵权",并将禁军掌握在自己手里;同时又大量启用文臣,掌握中央和地方的行政机构,并严禁武将干政。太祖皇帝这种军政分离的做法,得到了宋太宗等继任者的改进与完善,其结果在中央及地方实行文治,而武将的权限则大大削弱,形成了"重文轻武"的社会局面。

(2) 知道辽、西夏与北宋的对峙局面;了解女真族的崛起,知道金灭辽及北宋;知道岳飞抗金的事迹和南宋偏安。

916年，契丹首领阿保机，统一契丹各部，建立契丹国，都城在上京。1038年，党项首领元昊称大夏国皇帝，都城在兴庆，史称西夏。宋辽、宋夏先后议和，形成辽、西夏和宋并立的局面。

1115年，女真的杰出首领阿骨打起兵抗辽，在会宁称帝，建立金，后迁都燕京，改为中都。1127年金灭北宋。同年，赵构登上皇位，定都应天，史称南宋。1140年，南宋抗金名将岳飞在郾城打败金军，收复许多失地，后被秦桧以谋反罪杀害。1141年，宋金议和，南宋向金称臣，并给金"岁币"。至此，宋金南北对峙局面形成。

（3）知道宋代南方经济的发展，理解中国古代重心的南移。

两宋时期，由于南方战乱较少，中原人南迁，带去了先进的技术，增加了南方的劳动人手。加上南方自然条件的优越，江南地区的经济发展较快，逐渐超过北方。南方农业有较大发展，水稻跃居宋朝粮食作物首位，棉花种植地推广到长江流域，茶树栽培有了很大发展。南方手工业兴旺，丝织业胜过北方。棉织业在南宋已发展到东南沿海地区。江南地区成为我国制瓷业重心。宋朝造船业居当时世界首位。广州、泉州等地，都有发达的造船业。南方商业繁荣，有开封、杭州等商业都市，广州、泉州是文明世界的大商港。南宋是当时世界上从事海外贸易的重要国家。从唐朝中后期开始的经济重心南移，到南宋最后完成。

（4）知道成吉思汗的崛起以及蒙古军灭亡夏、金和南宋；知道元朝的统一。

1206年，蒙古贵族召开大会，推举铁木真为大汗，尊称他为成吉思汗，建立蒙古国。蒙古国先后灭掉西夏、金。1271年忽必烈定国号为元，1272年定都大都，1276年元军占领临安，南宋灭亡，元朝逐渐实现了对全国的统治。

（5）通过宣政院管辖西藏，知道西藏在元代正式纳入中国版图。

元朝为对全国实行有效的统治，元世祖在中央设中书省，地方设行中书省，简称"行省"。元政府专门设立宣政院，加强对西藏的管辖，西藏正式成为元朝正式的行政区。元朝还专门设立澎湖巡检司，加强对澎湖列岛和琉球的管辖。

（6）知道宋元时期商业贸易的繁荣；了解宋元时期的都市生活和宋词、元曲的流行。

宋朝时期，宋朝城市的"市"（商业区）和"坊"（居民区）没有严格界限，促进了宋朝城市经济和商业的发展，涌现出东京和临安等拥有百万人口的国际大都市；宋朝海外贸易空前繁荣，南宋的外贸所得，在财政收入中占重要地位；纸币"交子"的产生，极大地促进了商业的发展。元大都既是政治中心，又是闻名世界的商业大都市，《马可·波罗行纪》描绘了大都的繁华景象。

宋元时期商品经济繁荣，市民阶层逐渐兴起，市民文化也得到发展。画家张择端的风俗画《清明上河图》，反映了汴河沿岸商品经济繁荣的景象。

市民文化直接推动了宋代诗、词、散文和元曲的繁荣发展。北宋文学家苏轼风格气势豪迈,代表作《念奴娇·赤壁怀古》。两宋之交的女词人李清照词风委婉,感情真挚,清新自然。南宋时期辛弃疾把词的豪迈发扬光大,他的词里经常表达对山河分裂的悲痛。元杂剧和散曲合称元曲,元杂剧作家中最负盛名的是关汉卿,代表作《窦娥冤》。

(7)通过活字印刷术的发明以及指南针、火药的应用和外传,认识四大发明对世界文明发展的贡献。

宋元时期是我国古代科技发展的高峰。北宋时毕昇发明活字印刷术,促进了文化的传播。15世纪欧洲才出现活字印刷,比我国晚约400年。指南针是我国人民的伟大发明,早在战国时期,人们制成"司南",这是世界上最早的指南仪器。北宋时,制成了指南针,并开始用于航海事业。南宋时海外贸易发达,指南针广泛应用于航海。火药是我国古代炼丹家发明的,唐朝末年,火药开始用于军事上;宋元时期,火药武器广泛用于战争,主要有突火枪、火箭、火炮等。中国古代四大发明逐渐传播到世界各地,为世界文明的发展做出了巨大贡献。

七、统一多民族国家的巩固和社会的危机

1. 内容提要

明朝与清朝是两个大一统王朝,专制皇权空前强化,统一多民族国家得到进一步巩固和发展。明朝大力加强君主专制,一度出现强盛局面。郑和下西洋成为中国乃至世界航海史上的壮举。明朝最终在农民大起义和东北满族进逼的双重夹击下崩溃。清朝入关后,经过一百多年的励精图治,建立了庞大的多民族统一国家,奠定了现代中国版图的基础。吏治腐败加剧了社会矛盾,人口增长使人均可耕地面积下降。从18世纪末到19世纪前期,内部民众起事不断,外部资本主义列强虎视眈眈,清朝已经走向衰亡的边缘。

2. 知识要点

(1)知道明朝的建立。通过皇权的强化和"八股取士",初步理解皇帝专权的弊端。

1368年初,朱元璋称帝建立明朝,定都应天府。明朝前期为了加强君主专制采取了一系列措施:政治方面,中央废除丞相和中书省,由六部分理朝政;地方废除行中书省,设立三司;设立锦衣卫、东厂等特务机构,加强对臣民的监督;迁都北京,加强对北方的控制;执行"削藩"政策。思想文化方面,采取八股取士,从思想上控制知识分子。

(2)了解郑和下西洋的航海壮举;知道戚继光的抗倭斗争。

为了加强和海外各国的联系,1405—1433年,明朝政府派遣郑和先后七次下西洋,到达亚非30多个国家地区,最远到达非洲东海岸和红海沿岸。郑和下西洋促进了中国和亚非各国的经济交流,加强了我国和亚非各国的友好关系。郑和下西洋是世界航海史上的壮举,比欧洲航海家的远航早半个多世纪,郑和是我国历史上伟大的航海家。

中日两国一衣带水,但在明朝的时候,由于日本国内形势的变化,酿成了倭寇侵扰中国

沿海地区的倭患,戚继光为首的中国军民抗击倭寇。

(3) 明长城和北京城的建筑通过明长城和北京城的建筑,体会中国人民的智慧和创造力。

北京城和明长城是明清时期的建筑杰作,充分体现了中国人民的智慧与创造力。北京城由外往里有三重,依次是京城、皇城和宫城(旧称紫禁城,现叫故宫)。明长城东起鸭绿江,西至嘉峪关,蜿蜒六千余公里,是世界上的一个奇迹。

(4) 知道《本草纲目》《天工开物》《农政全书》等名著,了解明代科技的成就及影响。

明朝医药学家李时珍写的一部总结性药物学巨著《本草纲目》。明朝末年,杰出的科学家宋

图 2-5　明长城

应星写了一部《天工开物》,是总结农业和手工业生产技术的著作,外国学者称为"中国 17 世纪的工艺百科全书"。徐光启所著的《农政全书》全面介绍了农业生产的理论和科学方法,以及欧洲的水利技术。水利技术来源于欧洲传教士利玛窦,该书体现了"西学东渐"的成果。

(5) 了解李自成起义推翻明朝;知道满族入主中原。

明朝后期,女真的杰出首领努尔哈赤统一了女真各部。1616 年,努尔哈赤自立为可汗,国号为金,史称后金。迁都沈阳,后改为盛京。皇太极继承汗位后,改女真族名为满洲。1636 年在盛京称帝,改国号为"清"。由于明朝后期统治的腐朽,闯王李自成率领农民军,于 1644 年攻占北京,推翻明朝。同年,清军攻入北京,农民军败退。清朝入主中原,逐步建立起对全国的统治。

(6) 了解郑成功收复台湾和清朝在台湾的建制;知道册封达赖和班禅与设置驻藏大臣;知道西北边疆的巩固。认识台湾、西藏、新疆是中国不可分割的一部分。

明朝后期,荷兰殖民者侵占我国宝岛台湾。清初,郑成功从荷兰殖民者手里收复台湾;1683 年清军进入台湾,1684 年清朝设置台湾府,隶属福建省。台湾府的设置,加强了台湾同祖国内地的联系,巩固了祖国的东南海防。

顺治帝接见西藏的佛教首领五世达赖,并赐予"达赖喇嘛"封号。康熙帝赐予另一位西藏佛教首领五世班禅为"班禅额尔德尼"的封号。1727 年,清朝开始设置驻藏大臣,驻藏大臣代表中央政府,与达赖、班禅共同管理西藏事务,从而加强了对西藏地区的管辖。

(7) 通过清朝经济发展和人口增长的史实,了解清朝前期的兴盛。

清朝前期经济进一步发展。康熙帝采取了奖励垦荒屯田,重视兴修水利,多次减免租税等措施,促进了社会经济的恢复和发展。雍正帝继承父业,使经济继续朝前发展。到乾隆帝

时,经济发展到一个新的高峰,史称"康乾盛世"。这一时期,耕地面积不断扩大,人口不断增长,粮食产量大幅度提高,经济作物种植面积扩大。工商业进一步繁荣,南京的丝织业后来居上,北京成为全国性贸易城市。清朝的盛世持续达百余年,为中国历史上时间最长的盛世。

(8) 通过军机处的设置与文化专制的措施,认识君主专制在清代的极端强化。

为强化军权,清朝政府增设了军机处,使议政王大臣会议名存实亡,标志着我国封建君主集权进一步强化。清朝统治者还大力推行文字狱,加强了思想控制,造成了社会恐慌,摧残了人才,严重阻碍了中国社会的发展和进步。

(9) 以《红楼梦》和京剧为例,了解清代文学艺术的成就和特色。

明朝时期,小说成为中国文学的主流。清朝曹雪芹的《红楼梦》具有高度的思想性和艺术性,是我国古典小说的高峰,在世界文学史上占有重要地位。

清朝中后期,北京成为戏班荟萃之地,各种地方戏曲都在这里上演,形成百家争鸣的局面。后来,以徽剧、汉调为基础,融合吸收了其他剧种的曲调和表演方法,在 19 世纪中期形成一个新的剧种——京剧。

(10) 通过清代中期以来的腐败现象和闭关锁国政策,了解中国开始落后于世界发展潮流。

清朝前期,统治者推行"重农抑商"政策,限制民间工商业的发展,对外实行闭关锁国政策。闭关锁国使中国失去对外贸易的主动权,阻碍了手工业的进步和发展;清政府看不到世界形势发展变化,不能同外国进行科学知识和生产技术交流,中国在世界上逐步落伍了。

引 子

中国近代史始自 1840 年鸦片战争爆发,止于 1949 年南京国民党政权覆亡,中华人民共和国成立,历经清王朝晚期、中华民国临时政府时期、北洋军阀时期和国民政府时期,是中国半殖民地半封建社会逐渐形成到瓦解的历史。

中国近代史,是一部充满灾难、落后挨打的屈辱史;是一部中国人民探索救国之路,实现自由、民主的探索史;是一部中华民族抵抗侵略,打倒帝国主义以实现民族解放、打倒封建主义以实现人民富强的斗争史。要掌握这段跌宕起伏的、荡气回肠、波澜壮阔的中国近代史基本知识,请你认真落实本章知识要点。

第二节 中国近代史的基本知识

一、列强的侵略和中国人民的抗争

1. 内容提要

19世纪中期,欧美强国相继完成了工业革命,生产力获得了飞速发展。为了占有更为广阔的市场,英、法等国先后发动了两次侵略中国的鸦片战争,使中国的领土与主权独立遭到破坏,中国开始沦为半殖民地半封建社会。70年代以后,列强侵华加剧。1894年中日甲午战争爆发,清政府战败,被迫签订《马关条约》。列强掀起了瓜分中国的狂潮。1900年,八国联军为了维护其侵略权益,发动大规模侵华战争。在内忧外患之中,清朝的统治摇摇欲坠。

2. 知识要点

(1) 讲述林则徐虎门销烟的故事;列举中英《南京条约》的主要内容,认识鸦片战争对中国近代社会的影响。

1839年6月,林则徐将收缴的鸦片在虎门海滩当众销毁,英国以此为借口发动鸦片战争。战争的根本原因是率先完成工业革命的英国为打开中国的市场。1842年8月清政府被迫与英国签订了中国近代第一个不平等条约《南京条约》。其内容有:割香港岛给英国;赔款2100万元;开放广州、厦门、福州、宁波、上海五处为通商口岸;英商进出口货物缴纳的税款,中国须同英国商定;允许英国在通商口岸设驻领事。

《南京条约》的签订,严重破坏了中国领土完整和关税、司法等主权。中国从此由封建社会逐步变成半殖民地半封建社会。中国社会的主要矛盾,由地主阶级和农民阶级的矛盾开始变为外国资本主义和中华民族的矛盾、封建主义和人民大众的矛盾,而前者的民族矛盾是最主要的矛盾。中国人民担负起反侵略反封建的双重革命任务。鸦片战争是中国历史的转折点,它标志着中国近代史的开端。

(2) 讲述第二次鸦片战争期间英法联军火烧圆明园、俄国通过不平等条约割占中国北方大片领土的侵略史实。

1856年英法联军发动了第二次鸦片战争,它是鸦片战争的继续和扩大。1860年英、法联军攻入北京,火烧圆明园。其间清政府先后被迫签订了《天津条约》和《北京条约》,外国侵略势力由沿海深入到长江中下游地区,中国半殖民地化程度进一步加深。

【资料卡片】

雨果对英法联军火烧圆明园的评价

两个强盗走进了圆明园,一个抢了东西,一个放了火……这个胜利者把口袋装满,那个把箱箧装满,他们手拉手,笑嘻嘻地回到了欧洲,这就是那两个强盗的历史……在历史面前,这两个强盗,一个叫法兰西,另一个叫英吉利。

——雨果(法国)

第二次鸦片战争期间,俄国趁火打劫。1858年通过《瑷珲条约》,侵占了黑龙江以北、外兴安岭以南的60万平方公里的领土。1860年通过《北京条约》,割占了中国乌苏里江以东包括库页岛在内的大约40万平方公里的领土。1864年通过《中俄勘分西北界约记》,夺走了中国西北44万平方公里的领土。在第二次鸦片战争前后,沙俄割占中国的领土就相当于法、德两国领土的总和。

(3)知道甲午中日战争的主要战役;列举《马关条约》的主要内容,说明《马关条约》与中国民族危机加剧的关系。

1894年7月,日本在朝鲜牙山外口丰岛海面突袭中国运兵船,挑起对中国的甲午战争。

平壤之战:9月,日军进攻平壤,清军战败,主帅叶志超弃城逃跑,回族将领左宝贵壮烈牺牲。

黄海之战:9月中旬,中日两军在黄海大东沟激战,致远、经远号管带邓世昌、林永升牺牲,李鸿章弃战保船,退守威海卫基地,日军掌握黄海制海权。

威海卫之战:1895年2月,日军攻占威海卫,北洋舰队全军覆没,甲午战争以清军的失败告终。

1895年中日签订《马关条约》。割让辽东半岛直接威胁着京津地区的安全。日本割占台湾及所有附属岛屿、澎湖列岛,不仅掠夺资源宝库,而且侵略我国东南沿海的基地。赔偿日军军费白银2亿两,严重影响了中国财政,加重了中国人民的负担。增开苏州、杭州、沙市、重庆为通商口岸,使侵略势力深入内地。允许日本在中国通商口岸开设工厂,便利了帝国主义对中国的资本输出,打击了中国民族资本主义的发展。《马关条约》的签订,使中国丧失了大片领土和更多的主权,刺激了帝国主义瓜分中国的野心,中国民族危机空前严重,中国社会半殖民地化的程度大大加深。

(4)知道义和团运动和抗击八国联军侵华的史实;结合《辛丑条约》的主要内容,分析《辛丑条约》对中国民族危机全面加深的影响。

19世纪末,列强侵略激发中国人民的反帝斗争。1898年赵三多领导山东冠县人民起义,提出"扶清灭洋"口号,揭开义和团运动序幕,1900年运动迅速发展到京津地区。后来义和团在京津地区抗击八国联军,在廊坊、杨村等地狙击、围攻外国使馆,攻打西什库教堂。义和团运动最终在中外反动势力联合绞杀下失败。

1900年列强强迫清政府签订《辛丑条约》,其内容及影响是:清政府赔款白银4.5亿两,分39年还清,加上利息,共9.8亿多两,极大地加重了中国人民的负担。永远禁止中国人成立或加入反帝性质的组织,清政府完全沦为帝国主义统治中国的工具。拆毁大沽炮台,允许列强派兵驻扎北京到山海关铁路沿线地区,便利了列强对中国政治中心的控制。在北京东交民巷设使馆界,允许各国派兵驻守,不准中国人在区内居住,严重损害了中国人民的主权。《辛丑条约》使清政府完全沦为列强统治中国的工具,中国完全陷入了半殖民地半封建社会深渊。

二、近代中国救亡图存的早期探索

1. 内容提要

为了反抗列强侵略,维护民族独立,中国人民进行了英勇斗争,开始了救亡图存的探索。太平天国运动席卷大半个中国,沉重打击了清朝统治和外国侵略势力。洋务运动以"自强""求富"为目标,开始了中国早期近代化,引导了民族工业的产生和发展。资产阶级维新派为了挽救民族危亡,发动了维新变法运动。

2. 知识要点

(1) 知道洪秀全,了解太平天国运动的兴衰。

洪秀全是太平天国运动的领导人,曾创立"拜上帝教",1851年1月11日发动金田起义,成立太平天国。1853年将南京改为天京,定都天京,建立与清政府对峙的政权。1853—1856年北伐、西征、东征,太平军达到全盛。1856年天京变乱,太平天国运动由强盛转向衰弱。1864年天京陷落,太平天国运动失败。

太平天国运动是中国近代史上反封建反侵略的农民运动。它坚持斗争14年,势力发展到18个省,颁布《天朝田亩制度》和《资政新编》等革命纲领,是几千年来农民运动的最高峰。但由于农民阶级的局限性,最终被中外反动势力联合绞杀。

(2) 了解洋务派为"自强""求富"而创办的主要军事工业和民用工业,初步认识洋务运动的作用和局限性。

从19世纪60到90年代,洋务派先以"自强"为口号,创办一批近代军事工业。后以"求富"为口号,创办民用工业。建立北洋、南洋和福建海军。创办新式学校,培养人才,派人出国留学深造。

洋务运动没有使中国走上富强的道路,但它在客观上刺激了中国资本主义的发展,对外国经济势力的扩张也起到了一些抵制作用。洋务运动启动了中国近代化的进程。

【资料卡片】

洋务派创办的主要军事工业和民用工业

类别	工厂名称	创办者	地位
军事工业	安庆内军械所	曾国藩	近代最早的军事工业
军事工业	江南制造总局	李鸿章	近代最大的军事工业
军事工业	福州船政局	左宗棠	
民用工业	轮船招商局	李鸿章	最大民用工业
民用工业	汉阳钢铁厂	张之洞	近代第一个钢铁厂
民用工业	湖北织布局	张之洞	近代第一个织布局

(3) 知道康有为、梁启超等维新派代表,了解"百日维新"的主要史实。

康有为和梁启超是维新派的重要领导人。1895 年康有为发动"公车上书",上书光绪帝,提出"拒和、迁都、练兵、变法"的建议。1896 年,梁启超等在上海创办《时务报》。作为该报的最重要的撰稿人,他用通俗而富有感染力的语言宣扬维新思想,从繁华城市到偏远乡镇,吸引一大批追随者,一度"全国趋之,如饮狂泉。"

1898 年 6 月 11 日至 9 月 21 日,光绪帝发布一系列变法令,主要内容有:提倡办实业,奖励发明创造,改革财政;广开言路,裁撤冗官,精简机构;改革科举制度,开办新式学堂,设立译书局;训练和装备新式陆、海军等等。变法触动了以慈禧太后为首的顽固派利益。9月,慈禧发动政变,囚禁光绪帝,镇压维新人士,变法失败。戊戌变法前后经历 103 天,又称"百日维新"。

三、辛亥革命与中华民国的成立

1. 内容提要

1911 年,孙中山为首的革命党人发动辛亥革命,一举推翻腐朽的清王朝,创建民国,共和政治取代君主专制,政治生活发生了新的变化。在革命党人无法掌控全局的背景下,强权人物袁世凯粉墨登场,成为中华民国正式大总统。1916 年袁世凯复辟帝制,在全国声讨中,袁世凯 83 天的皇帝梦破灭,其忧惧而亡,中国进入军阀混战的时代。在新旧思想冲突中,以陈独秀、李大钊为代表的先进知识分子,高举民主和科学的旗帜,掀起了新文化运动。

2. 知识要点

(1) 了解孙中山早年的革命活动,知道孙中山是中国民主革命的先行者;了解武昌起义和中华民国成立的史实,认识辛亥革命的历史意义。

1894年,孙中山在夏威夷的檀香山创立兴中会,这是中国第一个资产阶级革命团体。

1905年8月,在孙中山推动下,兴中会、华兴会、光复会等革命团体代表在日本东京创立中国同盟会,这是中国第一个全国性的统一的资产阶级革命政党。其政治纲领是:驱除鞑虏、恢复中华(民族主义:推翻满洲贵族的统治,反对民族压迫)、创立民国(民权主义:推翻封建君主专制,建立资产阶级民主共和国)、平均地权(民生主义:逐步实现土地国有)。三民主义是辛亥革命的指导思想。孙中山是中国民主革命的先行者。

1911年10月10日,武昌起义爆发并取得胜利,史称"辛亥革命"。湖南和陕西等省最先响应,南方12个省,包括上海地区纷纷宣布独立,清王朝在全国统治土崩瓦解。

1912年元旦,孙中山在南京宣誓就任临时大总统,中华民国临时政府成立。改用公历,以中华民国纪元。颁布的《临时约法》,规定"中华民国之主权属于国民全体",体现了反对封建专制制度的进步意义,是中国历史上第一部资产阶级民主宪法。

辛亥革命史中国近代史上的一次反帝反封建的资产阶级民主革命,它推翻了两千多年的君主专制制度,使民主共和的观念深入人心。由于资产阶级不可能充分依靠和发动广大群众,这次革命没有改变中国半殖民地半封建社会的性质。但是辛亥革命的伟大历史功绩,永远闪耀着光芒。

【资料卡片】

清帝退位诏书

奉旨朕钦奉隆裕皇太后懿旨:

前因民军起事,各省相应,九夏沸腾,生灵涂炭,特命袁世凯遣员与民军代表讨论大局,议开国会,公决政体。两月以来,尚无确当办法,南北暌隔,彼此相持,商辍于途,士露于野,徒以国体一日不决,故民生一日不安。今全国人民心理,多倾向共和,南中各省既倡议于前,北方各将亦主张于后,人心所向,天命可知,予亦何忍以一姓之尊荣,拂兆民之好恶?是用外观大势,内审舆情,特率皇帝,将统治权归诸全国,定为共和立宪国体,近慰海内厌乱望治之心,远协古圣天下为公之义。

袁世凯前经资政院选举为总理大臣,当兹新旧代谢之际,宜有南北统一之方,即由袁世凯以全权组织临时共和政府,与民军协商统一办法,总期人民安堵,海宇乂安,仍合满、汉、蒙、回、藏五族完全领土,为一大中华民国,予与皇帝得以退处宽闲,优游岁月,长受国民之优礼,亲见郅治之告成,岂不懿欤?钦此。①

---

① 张謇起草的《清帝退位诏书》引自 http://baike.baidu.com/link？url=euwgoslqo5o6gc2lzu。

(2) 知道袁世凯独裁统治和复辟帝制的史实；了解北洋军阀混战的黑暗局面。

1912 年 3 月，袁世凯篡夺了辛亥革命果实，就任中华民国临时大总统，以袁世凯为首的北洋军阀政权建立。袁世凯对内镇压国民党，对外出卖国家主权，孙中山号召武力讨袁，发起"二次革命"，被袁世凯镇压。袁世凯开始复辟帝制的活动，1913 年强迫国会选举他为正式大总统。1914 年，下令解散国会，颁布《中华民国约法》，修改《大总统选举法》置自己为终身总统地位。1916 年，他当上"中华帝国"皇帝，改元洪宪，革命党人因此发起了护国运动。

(3) 知道陈独秀、胡适等新文化运动的代表人物，了解新文化运动在中国近代思想解放运动中的地位和作用。

1915 年，陈独秀创办《新青年》。胡适在《文学改良刍议》一文中，提倡白话文。鲁迅的第一篇白话文小说是《狂人日记》。新文化运动的内容是"四提倡，四反对"，即提倡民主，反对专制；提倡科学，反对愚昧；提倡新道德，反对旧道德；提倡新文学，反对旧文学。

新文化运动是中国近代史上一次空前的思想解放运动。

首先，它是一次思想革命。新文化运动中民主和科学两面旗帜的树立，使中国许多方面都发生了翻天覆地的变化，还创造了新思想、新理论广泛传播的大好机遇。民主和科学思想的弘扬，动摇了封建思想的统治地位，并且推动了中国自然科学的发展，使人们的思想尤其是青年的思想得到空前的解放。

其次，新文化运动还是一次文学革命。作为文学革命，它倡导新文学，反对旧文学，有利于文化的普及和繁荣，促进了文化平民化，推动了国民素质的提高。

但是，新文化运动的倡导者忽视人民群众，使文化运动局限在大中城市知识分子的圈子里。文学运动没有同广大群众相结合，也没有可能普及到工农群众中去。同时，新文化运动对中国古典文学的一味批判，对东西方文化的看法存在着绝对否定或绝对肯定的片面性。

四、新民主主义革命的兴起

1. 内容提要

第一次世界大战结束以后，由于英美法等国操纵巴黎和会，中国的正义要求遭到拒绝，国内爆发了规模空前的五四爱国运动。五四运动标志着中国进入新民主主义时期，无产阶级作为一支独立的政治力量登上历史舞台。1921 年 7 月，中国共产党成立，中国革命的面貌焕然一新。国民党"一大"召开，国民党和共产党开始第一次合作，标志着革命统一战线正式建立。此后，两党携手北伐，推动了国民运动的高涨。蒋介石掌握政权以后，故意制造分裂，向共产党人和革命群众举起屠刀。1927 年，蒋介石在南京成立国民革命政府。为了反抗国民党的反动统治,共产党发动一系列武装起义,创建了人民的军队和革命根据地,开辟了农村包围城市、武装夺取政权的道路。红军第五次反"围剿"失败以后,工农红军被迫进行战略转移。红军长征宣传了革命真理,保存了革命的有生力量。

2. 知识要点

(1) 知道五四爱国运动的基本史实,认识五四运动是中国新民主主义革命的开端。

巴黎和会上中国的正义要求遭到拒绝,成为五四运动的导火线。口号有"外争国权,内惩国贼""废除二十一条""还我青岛"等,其中最能体现五四运动的性质的口号是"外争国权,内惩国贼"。运动中心先在北京,1919年6月3日以后逐步转移到上海。斗争方式主要是商人罢市、学生罢课、工人罢工。北洋政府被迫释放被捕学生;罢免曹汝霖、陆宗舆、章宗祥三人的职务;中国代表拒绝在对德和约上签字。五四运动取得了初步胜利。

五四爱国运动是中国近代史上一次彻底的反帝反封建的爱国运动。在这次运动中,中国无产阶级开始登上政治舞台,表现了伟大的力量。中国先进知识分子,起了重要作用。五四爱国运动是无产阶级世界革命的一部分,推动了马克思主义的宣传。五四运动是新民主主义的开端。

(2) 了解李大钊传播马克思主义的史实;了解中国共产党第一次全国代表大会召开的史实,认识中国共产党成立的历史意义。

李大钊是在中国传播马克思主义的先驱,1918年7月,李大钊就发表《法俄革命之比较观》一文,介绍了十月革命的情况。在《新青年》撰写《Bolshevism的胜利》一文,疾呼:"试看将来之环球,必将是赤旗的世界。"1919年,他发表了《我的马克思主义观》一文,介绍了唯物史观、剩余价值论和阶级斗争学说。

五四运动推动了马克思主义在中国的传播。1920年,李大钊和陈独秀分别在北京和上海成立马克思主义研究会,为中国共产党的成立作了理论上的准备。

1921年7月23日,中国共产党第一次全国代表大会在上海秘密举行,最后的一天改在浙江嘉兴南湖的一条游船上举行。"一大"通过了第一个《党纲》。《党纲》规定:党的名称为中国共产党;党的奋斗目标是推翻资产阶级政权,建立无产阶级专政,实现共产主义;确定了党的中心工作是组织和领导工人运动;选举陈独秀为中央局书记。中共"一大"宣告了中国共产党的成立。

意义:中国共产党成立,中国从此有了代表整个中华民族利益的新型的无产阶级革命政党。自从有了中国共产党,中国革命面貌就焕然一新。

(3) 简述第一次国共合作和北伐战争胜利进军的主要史实；了解南京国民政府成立的主要史实。

在大力发展工人运动中，中国共产党认识到建立革命统一战线的重要性。1924年，孙中山主持召开国民党"一大"，标志着第一次国共合作的实现。两党合作的政治基础是新三民主义。在国共合作的推动下，反帝反封建的国民大革命蓬勃开展。同年，在广州黄埔建立黄埔军校。总理孙中山、校长蒋介石、党代表廖仲恺、政治部主任周恩来。黄埔军校实行政治教育和军事训练并重的方针，培养了一大批优秀的政治和军事人才，为国民革命军的建立和北伐战争的胜利进军奠定了基础。

1926年开始北伐，主要对象是吴佩孚、孙传芳、张作霖，主要战场在湖南、湖北。北伐军在不到半年的时间里，从珠江流域打到长江流域，声震全国。1927年初，国民政府也从广州迁到武汉。国共两党合作，北伐军的英勇善战，工人农民运动的大力支持，作战方针的正确性，这些是北伐军取得胜利的主要原因。

1927年，以蒋介石和汪精卫为代表的反动势力先后发动"四一二"和"七一五"反革命政变，屠杀共产党人，国共合作破裂，国民革命失败。1927年4月，蒋介石在南京成立国民政府。

(4) 知道南昌起义，讲述毛泽东、朱德在井冈山会师的故事，认识中国共产党创建工农红军和农村革命根据地的意义。

1927年8月1日，周恩来、贺龙、叶挺、朱德、刘伯承等领导的南昌起义，打响了武装反抗国民党反动派第一枪，标志着中共独立领导武装斗争、创建人民军队和武装夺取政权的开始。同年9月，毛泽东领导的湘赣边界秋收起义，第一次公开打出工农的旗帜，有广泛的工农群众参与。

1927年10月，创建的井冈山革命根据地是第一个农村革命根据地。最大的根据地是以瑞金为中心的中央革命根据地。在革命实践中毛泽东形成了武装斗争、土地革命和根据地建设三者结合的"工农武装割据"的思想，走出了一条向农村积蓄力量，实现农村包围城市，最后夺取全国政权的正确道路。

(5) 讲述中国工农红军长征的故事，体会红军的革命英雄主义精神；知道遵义会议，认识其在中国革命史上的地位。

王明"左"倾错误导致红军第五次反"围剿"失败。1934年10月，红军被迫长征。1935年1月的遵义会议，结束了"左"倾错误在中央的统治，确立了以毛泽东为核心的党中央的正确领导，扭转了长征初期被动挨打的局面。遵义会议在关键的时候，挽救了党，挽救了红军，挽救了中国革命，是党从幼稚走向成熟的重要标志。

1935年10月，中央红军与陕北红军会师。1936年10月，红军第一方面军、第二方面军和第四方面军等三大主力在甘肃会宁胜利会师,标志着长征的胜利结束。长征的胜利粉碎了国民党军队的"围剿",实行了战略大转移。长征保存了红军的基本力量,使中国革命转危为安。

长征精神的主要内容是不怕牺牲、独立自主、不怕困难、团结协作、革命意志高于天等。

五、中华民族的抗日战争

1. 内容提要

1931年,日本关东军制造了"九一八事变",日本开始侵略中国东北。由于蒋介石实行"攘外必先安内"的政策,导致东北沦陷,华北危机。在中华民族到了最危险的时候,张学良、杨虎城发动西安事变,逼蒋抗日。西安事变的和平解决,成为当时就扭转时局的关键,促使抗日民族统一战线的形成。

"七七事变"爆发后,"地不分南北,人不分老幼",实行全民族抗战。国民政府组织了四次大规模的战役,在正面战场抗击日军。共产党深入敌后,建立敌后抗日根据地,发动和依靠人民群众,成为抗日战争的中流砥柱。在抗日民族统一战线的旗帜下,在国共两党的领导及全国人民、所有爱好和平人士支持下,中国人民终于取得最后的胜利。

2. 知识要点

(1) 1931年9月18日夜,日本关东军策划炸毁了南满铁路沈阳北郊柳条湖附近的一条路轨,反诬是中国军队所为,随即炮击东北军驻地北大营。为避免事态扩大,东北军实行不抵抗政策。19日,日军占领沈阳城,中国局部抗战开始。

随着中国民族危机空前严重,张学良和杨虎城在中国共产党的抗日民族统一战线的感召下,接受了中共"停止内战,一致抗日"的主张,要求蒋介石联共抗日。1936年12月12日清晨,张学良、杨虎城派兵到华清池逮捕了蒋介石,囚禁了西安城内一些国民党高级将领。他们向全国发出通电,提出抗日救国八项主张,呼请停止内战,联共抗日。这次逼蒋抗日的行动,历史上称作"西安事变"。

中国共产党促成了西安事变的和平解决,为国共第二次合作、抗日民族统一战线的建立和全民族抗日局面的形成打下重要基础。和平解决西安事变,标志着国共十年内战基本结束,促进了国共合作抗日局面的出现。

(2) 简述"七七事变"的史实,认识国共第二次合作的实现和全民族抗战的意义。

1937年7月7日,日本侵略军借口一个士兵失踪,向驻北平西南卢沟桥的中国军队发动进攻,挑起了全面侵略中国的战争。这就是"七七事变",又称"卢沟桥事变"。"七七事变"是日本全面侵华战争的开始,也是中国全民族抗战的开端。

【资料卡片】

"七七事变"中"失踪"的士兵

日本称为"失踪的士兵"名字叫志村菊次郎,他在1937年7月7日一次军事演习中的失踪,成为日本发动战争的借口。日本自己收藏的档案记录了真相:志村菊次郎只是迷路,很快归队。日本上级长官明知如此,仍挑起战争,炮轰宛平,此后中华民族陷入空前灾难。

"七七事变"后不久,志村菊次郎便退出现役,被遣送回国,但很快又再次入伍,加入日军第18师团,参与了"南京大屠杀"。1944年10月,第18师团在缅甸孟拱被孙立人将军率领的中国远征军新一军彻底击溃,志村菊次郎被击毙。至此,这名在7年前北平"失踪"的日寇,终于在距事发地点万里之遥的泥泞沼泽中找到了自己最后的归宿。

为促成国共合作,1937年7月,中国共产党领导的红军改编为八路军、新四军。1937年9月国民党发表中国共产党提交的国共合作宣言,蒋介石在庐山发表承认中国共产党及人民军队的合法地位,这些标志着抗日民族统一战线的正式形成。

(3) 以侵华日军南京大屠杀等罪行为例,认识日本军国主义凶恶残暴的侵略本质。

抗战期间,日军肆意杀害中国人民。1937年12月,日军攻陷南京后,进行长达6个星期灭绝人性的大屠杀。被日本屠杀的南京和平军民达30万人以上,制造了震惊世界的南京大屠杀。2014年2月,十二届全国人大常委会第七次会议经表决通过了将12月13日确定为南京大屠杀死难者国家公祭日。

图2-6 侵华日军731部队遗址

1932年,日本731部队在哈尔滨设立研究中心,拥有多名细菌专家和研究人员,负责实验和生产细菌武器,并残忍地进行活人实验和解剖,惨遭杀害的中国人达3000人以上。

(4) 列举正面战场和敌后战场的抗日史实,体会中国军民在抗日战争中的英勇顽强、不怕牺牲的精神。

抗战初期的国民党正面战场积极组织防御。淞沪会战粉碎日本三个月灭亡中国的计划。在太原会战中,国共两党精诚合作进行了一场忻口战役。徐州会战中的台儿庄战役,歼敌1万余人,是抗战以来的正面战场取得的最大胜利。

武汉会战是抗战初期规模最大的战役,日军先后投入兵力达35万,中国参战的部队约100万。这场以"保卫大武汉"为口号的大规模战役主要在武汉外围展开,虽以放弃武汉告终,但使日军力量受到很大消耗。这次会战,延缓了日本灭亡中国的计划,但由于敌强我弱,中国丧失了华北、华中和华南的大片领土。1938年10月,武汉、广州沦陷,抗战进入相持阶段。

中国共产党领导的敌后战场实行全面抗战路线,八路军、新四军深入敌后,开展游击战,建立抗日根据地。晋察冀抗日根据地是第一个敌后抗日根据地。1937年9月,八路军115师在平型关东北的山地设伏,歼灭日军1000余人,是中国抗日军队的第一次胜利。1940年的百团大战是中国主动出击的规模最大的战役,极大地振

图 2-7　平型关战场遗址

奋了人民的抗日精神。抗战相持阶段,敌后战场多次粉碎日军的"扫荡",为抗战胜利做出了重要贡献。

【资料卡片】

肠流体外浴血奋战　少将牺牲前称无上光荣

1937年12月12日的拂晓时分,雨花台阵地危在旦夕。国民革命军第88师262旅少将旅长朱赤的对手是臭名昭著的日军第六师团师团长谷寿夫。30多辆装甲车和大编队的红头飞机狂轰滥炸,雨花台顿时硝烟弥漫。

朱赤知道,只有与日军搅在一起,对手的重武器和飞机空中优势才无法发挥威力,因此他命令特务连长郭学礼组织敢死队带着机枪和手榴弹杀入敌群。出征前,朱赤把军旗升上去再降到一半,敢死队提前向军旗志哀,这一去,活着回来的可能十之无一。一个多小时后,100名"敢死队员"仅4人生还,其中就有郭学礼。上午10点多,朱赤全身多处受伤,被日军的炮弹片击中,肠子流了出来,鲜血直淌。

他头戴钢盔,手持两把德国驳壳枪,自己将肠子塞回去,用子弹带绑紧继续战斗。

当时,朱赤身上捆着10个弹夹,每个弹夹装20发子弹。打完8个弹夹160发子弹时,战壕里的朱赤几近流尽鲜血,体力不支倒地。上午11点左右,朱赤呼吸困难,他躺在郭学礼的怀里断断续续地说:"为国牺牲,无上光荣!"在牺牲前几分钟,他交代了郭学礼两句话:第一,把他公文包里的作战地图和文件全部销毁;第二,不能让自己的遗体

落入日军手里。随即,英雄离去。

这不是电影,这是历史。2011年,郭学礼的后人向南京大屠杀纪念馆讲述此事,并将朱赤的遗物捐献给纪念馆。

(5)知道中国共产党第七次全国代表大会的主要内容;了解日本投降的史实;探讨抗日战争胜利的原因及历史意义。

1945年4月,中共"七大"在延安召开。主要内容:毛泽东作《论联合政府的报告》;制定党的政治路线,即放手发动群众,壮大人民力量,打败日本侵略者,解放全国人民,建立一个新民主主义的中国;通过新党章,确立毛泽东思想为党的指导思想。选举了以毛泽东为主席的新的中央委员会。

1945年8月15日,日本天皇裕仁以广播"终战诏书"的形式宣布接受波茨坦公告,无条件投降,中国人民取得抗战的最后胜利。9月2日,日本向盟军投降。3日,国民政府下令全国庆祝。2014年2月,十二届全国人大常委会第七次会议经表决通过了决定,将9月3日确定为中国人民抗日战争胜利纪念日。10月25日台湾回到祖国的怀抱。

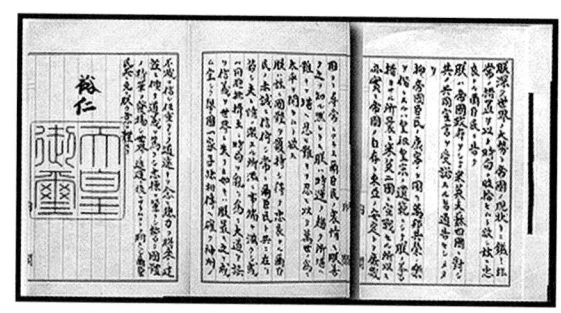

图2-8 日本天皇裕仁的"终战诏书"

中国抗日战争胜利的原因:

中国共产党在抗战中发挥了中流砥柱的作用。中国共产党吹响了挽救民族危亡的第一声号角,举起了全民族奋起抗战的第一面旗帜,担当了武装抗击日本侵略者的先锋队;倡导、促成、维护并领导了抗日民族统一战线;广泛建立了抗日根据地,开辟了广阔的解放区战场,为抗战胜利做出了巨大贡献。共产党人为了民族和人民的利益不怕牺牲、奉献一切的崇高精神和模范行动,忠实代表着中华民族和中国人民根本利益,提出了全面抗战路线和持久战的战略总方针。

中国人民巨大的民族觉醒、空前的民族团结和英勇的民族抗争,是抗战胜利的决定性因素。伟大的抗日战争唤起了全民族的危机意识和使命意识。在抗日民族精神的激励下,在需要付出自我牺牲以求得民族的生存和光荣的时候,人们敢于赴汤蹈火,把觉醒变为行动,将精神化为抗争,使救亡图存成为不屈不挠的英勇卓绝的斗争。在中华民族反抗外来侵略的历史上,从来没有像抗日战争这样,民族觉醒如此深刻,动员程度如此广泛,战斗意志如此顽强,使日本侵略者陷入了人民战争的汪洋大海之中。

世界所有爱好和平和正义的国家和人民、国际组织以及各种反法西斯力量的同情和支持。国际支持主要是实行军事合作,与中国军队并肩作战;真实报道和宣传中国抗战业绩;开展医疗活动,救助抗日军民;以多种物质方式援助中国;为中国难民提供帮助等。

中国抗日战争胜利的历史意义:

中国抗日战争是近现代历史上中国人民反对帝国主义侵略第一次取得完全胜利的民族解放战争。他彻底打败了日本侵略者,捍卫了中国的国家主权和领土完整,使中华民族避免了遭受殖民奴役的厄运。他使中国收回了由于不平等条约而失去的一部分主权,使被日本侵占半个世纪的台湾回到祖国的怀抱。

中国抗日战争促进了中华民族的觉醒,使中国人民在精神上、组织上的进步达到了前所未有的高度。中国共产党倡导建立的抗日民族统一战线,是凝聚抗日民族精神与民族力量的政治形态和重要途径,不仅有力地提高了全民抗战的动员程度和组织程度,而且为民族精神的振奋和民族素质的提高注入了新的活力。不甘做亡国奴的人们,在抗日民族统一战线的旗帜下,找到了抗日救亡这个集合点。中国人民通过抗战的实践认识到,中国共产党是领导中国各族人民争取民族独立和人民解放的坚强核心。"七七事变"发生后,日本政界的一些人就意识到,"国民政府所拥有的武力,恐怕并不是多么地了不起的问题,而与支那民族阵线的全面抗日战争相冲突,才是更为严重的问题"。

中国抗日战争促进了中华民族的大团结,弘扬了中华民族的伟大精神。抗日战争中展现了中国人民坚决维护国家和民族利益、誓死不当亡国奴的民族自尊品格;万众一心、共赴国难的民族团结意识;不畏强暴、敢于同敌人血战到底的民族英雄气概;百折不挠、勇于依靠自己的力量战胜侵略者的民族自强信念;开拓创新、善于在危难中开辟发展新道路的民族创造精神。

抗日战争也对世界各国夺取反法西斯战争的胜利、维护世界和平的伟大事业产生了巨大影响。中国人民在强大的日本侵略者面前爆发出一种以民族精神空前觉醒、爱国激情空前高涨、民族凝聚力空前增强为突出特征的抗日民族精神,进而创造出弱国打败帝国主义强国的战争奇迹。

中国抗日战争独具特色的游击战理论和卓有成效的斗争实践,丰富了世界反法西斯战争的理论宝库,为世界其他反法西斯战场树立了以弱胜强的榜样。抗日战争的胜利,使中国成为参与发起成立联合国和5个常任理事国之一,与美、英、法、苏同享否决权,中国的国际地位和国际影响显著提高。

六、人民解放战争的胜利

1. 内容提要

抗战胜利后,中国共产党坚持反内战和争和平。1945年8月的重庆谈判,由于国民党的独裁专制的立场,谈判没有取得实质性的成果。1946年1月政治协商会议召开,政协决议提出坚决避免内战。6月,国民党公然撕毁政协决议,悍然进攻中原解放区,全面内战爆发。

解放战争期间,中国共产党领导的解放军民粉碎了国民党的全面进攻和重点进攻,实行"三军突进两翼牵制"的战略,由防御开始转入反攻。经过三大战役和渡江作战,人民解放军占领南京,国民党结束了其在大陆的统治,退守台湾。新中国成立,中国进入一个崭新的发展阶段。

2. 知识要点

(1) 知道重庆谈判,理解中国共产党为争取和平民主做出的努力,认识国民党实行独裁、发动内战的本质。

重庆谈判是抗日战争结束后中国政治舞台上举世瞩目的头号事件。1945年8月,为争取和平、揭露蒋介石阴谋,毛泽东等赴重庆谈判。双方签订了《双十协定》,确定和平民主建国方针,并促成1946年初重庆政治协商会议的召开,中国共产党在政治上占据了主动。

(2) 了解中共中央转战陕北和刘邓大军挺进大别山的史实;知道辽沈、淮海、平津三大战役和南京解放。

图2-9 重庆谈判

1946年6月,国民党公然撕毁政协决议,大举进攻中原解放区,全面内战爆发。中国共产党领导的人民解放军面对强敌,集中优势兵力,各个击破,先后粉碎了国民党的全面进攻和重点进攻。

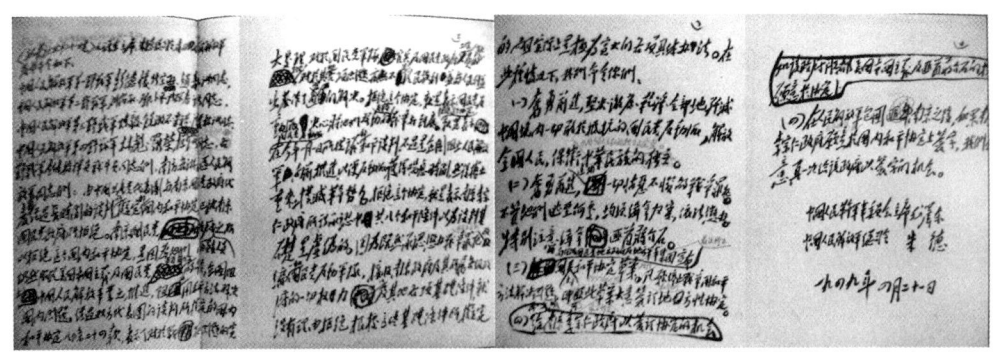

图2-10 毛泽东、朱德发布的《向全国进军的命令》

1947年6月,刘邓大军挺进中原,千里跃进大别山,标志着解放战争由战略防御转为战略进攻。它揭开战略进攻的序幕,是整个解放战争的转折点。

从1948年9月至1949年1月,人民解放军连续发动了辽沈、淮海、平津三大战役,歼灭或改编国民党军队150多万人,基本上消灭了国民党军队的主力。

1949年4月21日,毛泽东、朱德发布《向全国进军的命令》。人民解放军第二、第三野战军在东起江阴,西至湖口,长达1 000多里的战线上强渡长江天险,一举摧毁国民党的长江防线。4月23日,人民解放军占领南京,宣告延续了22年之久的国民党反动统治的覆灭。

(3) 知道解放区的土地改革;简析国民党南京政权覆亡和人民解放战争迅速取得胜利的主要原因。

1947年,中国共产党召开全国土地会议,制定了《中国土地法大纲》。它规定没收地主土地,废除封建剥削的土地制度,实行耕者有其田的土地制度,按农村人口平均分配土地。经过一年多的土改,解放区有1亿多农民获得了土地。为保卫胜利果实,翻身农民踊跃参军,积极支援前线,成为解放战争迅速取得胜利的可靠保证。

帝国主义、封建主义和官僚资本主义的残酷压迫是中国革命发生和发展的社会根源;工人、农民和小资产阶级是中国革命胜利的雄厚的群众基础;各民主党派和无党派民主人士、各少数民族、爱国的知识分子和华侨等,是中国革命胜利的重要力量;中国共产党正确的领导是中国革命胜利的根本原因;国际无产阶级和人民群众的支持是中国革命胜利的重要基础。

国民党政治孤立、失去民心;经济崩溃、物价暴涨;军队厌战、士气低落;贪官横行、统治腐败;美援断绝、蒋桂分裂。

七、中国近代社会经济和文化

1. 内容提要

近代以来,在救亡图存、追求实现近代化的艰苦环境中,中国人民不断进行着经济和思想文化方面的变革,涌现了一大批杰出的人物,有实业救国的企业家张謇,以笔为武器的文化名人鲁迅,还有聂耳、冼星海等伟大的音乐家。

2. 知识要点

(1) 以张謇兴办实业为例,初步认识近代民族工业的曲折发展。

张謇是中国近代著名的实业家,1894年考中状元。清政府的腐朽,外国资本主义的入侵,洋货的倾销等,使他产生了"实业救国"的思想。19世纪末到20世纪初,他先后创办了大生纱厂、面粉厂和海通垦牧公司等企业。

从19世纪六七十年代起,中国部分商人、地主和官僚纷纷投资于新式企业,中国近代民族工业产生了。第一次世界大战期间,民族资本主义发展出现了"短暂的春天"。第一次世界大战结束以后,帝国主义的经济侵略卷土重来。1937年日本发动侵华战争,民族工业遭到灭顶之灾。抗战胜利后中国又陷入了内战,美货泛滥,使中国民族工业遭到前所未有的打击。

(2)以京师大学堂的开办和科举制度的废除为例,了解近代新式教育发展的主要史实;以《申报》、商务印书馆等为例,了解近代新闻出版事业的发展。

1862年,洋务派创办的京师同文馆是中国近代第一所新式学堂。在19世纪90年代兴起的维新变法运动中,维新派在全国各地设立新学堂。1898年光绪帝在北京设立京师大学堂,其办学方针为"中西并用",宗旨是"广育人才,讲求实务"。1905年,清政府宣布废除历时1300多年的科举制度。辛亥革命后,京师大学堂改为北京大学。1917年蔡元培任校长,奉行"兼容并包""思想自由"的方针,使北京大学成为新文化运动的中心和五四运动的发源地。

中国近代的报刊,最早是由在中国的西方传教士创办的。1858年,中国人自办的第一份报纸是在香港出版的《中外新报》。在大量发行的报刊中,以1872年在上海创办的《申报》最为著名。戊戌维新期间,中国民营的近代出版业出现,其中以1897年创办于上海的商务印书馆最负盛名。近代出版业的出现,在广泛传播西方先进思想和科学文化,保护中国传统文化和促进教育的发展上,起到十分重要的作用。

(3)知道鲁迅、矛盾、齐白石、徐悲鸿、聂耳、冼星海等人的成就。

鲁迅的小说《呐喊》《彷徨》,主要内容是揭示封建制度的黑暗。文学家茅盾的代表作《子夜》《林家铺子》,生动深刻地反映了当时中国社会和民族资产阶级的历史命运。艺术家齐白石擅长写意国画、花鸟画,将中国画的精神与时代精神统一得完美无瑕。画家徐悲鸿的代表作《愚公移山》《奔马》《田横五百勇士》,蕴含对国家民族能早日强盛的希望。音乐家聂耳的代表作《义勇军进行曲》《大路歌》《毕业歌》,激发了中华民族的抗日斗志。音乐家冼星海的代表作《黄河大合唱》被周恩来赞誉为"为抗战发出怒吼,为大众谱出呼声"。

引 子

中国现代史是指1949年10月中华人民共和国成立至今的历史,分为新民主主义社会与社会主义社会两大历史阶段。这一时期也是中国人民建立政权、巩固政权、探索与发展中国,使中国走向富强、民主、自立的一段发展史。学习这段历史,了解新中国的成立和国民经济恢复与发展、社会主义建设的探索、文化大革命及改革开放等具体内容,弄清楚"毛泽东使中国人站起来了""邓小平使中国人富起来了"的基本道理,从而更好地投身于国家的基础教育事业。

第三节　中国现代史基本知识

一、中华人民共和国的成立和政权的巩固

1. 内容提要

1949年10月1日,中华人民共和国宣告成立。从此,占世界人口总数四分之一的中国人民站起来了。新中国成立之初,千疮百孔,百废待兴,主要任务是巩固人民民主政权,恢复国民经济。经过三年的努力,中国取得了抗美援朝的胜利,在全国完成了土地改革,国民经济秩序得到恢复。

2. 知识要点

(1) 讲述开国大典,认识新中国成立的意义。

1949年10月1日下午2时,政务院召开会议,决定周恩来担任政务院总理兼外交部部长。下午3时,开国大典在天安门广场举行,毛泽东向全世界庄严宣告中华人民共和国中央人民政府成立。

多年的英勇斗争,终于推翻了帝国主义、封建主义和官僚资本主义的统治,取得新民主主义革命的胜利,中国人民从此站起来了,成为国家的主人,中国的历史进入一个新纪元。新中国成立标志着中国从此走上了独立、民主、统一的道路,开始了向社会主义过渡的新时期,成为中国现代化历史进程中的一个转折点和新起点。占世界人口四分之一的大国,冲破了帝国主义的东方战线,壮大了世界和平、民主的社会主义的力量,鼓舞了世界被压迫民族和被压迫人民争取解放的士气,增强了他们的信心。改变了世界政治力量对比,中国在世界政治舞台上的作用有了一个质的飞跃,而且作用日益增强。

(2) 认识抗美援朝、保家卫国的正义性,理解土地改革运动。

为援助朝鲜、保卫中国安全,1950年10月25日,中国人民志愿军赴朝参战。中国人民志愿军连同朝鲜人民军与美军连续进行了五次战役,把美军赶回到"三八线"附近。1953年7月,中国与美国签订《关于朝鲜军事停战的协定》,抗美援朝战争宣告结束。抗美援朝战争的胜利,增强了中国人民的民族自尊心,坚定了世界人民保卫世界和平、反对侵略的意志和决心,打出了中国的国威和军威,提高了中国的国际地位。

1950年,中华人民共和国中央人民政府颁布了《中华人民共和国土地改革法》。土地改革法废除了封建剥削的土地制度,实行农民的土地所有制。到1952年底,除西藏等少数地区外,土地改革在全国农村胜利完成。土地改革使三亿多农民分到了土地,彻底废除了封建

土地所有制。广大农民翻身做了主人,解放了农业生产力,进一步巩固了工农联盟,为国民经济的恢复和发展,以及国家社会主义工业化和农业社会主义改造创造了条件。

二、社会主义道路的探索

1. 内容提要

为适应历史发展的客观要求,中共中央提出了"一化三改"的过渡时期的总路线。1956年底,国家对全国大部分地区的农业、手工业和资本主义工商业三大改造完成,标志着社会主义制度在中国确立,我国开始进入社会主义初级阶段。人民代表大会制、中国共产党领导的多党合作和政治协商制度和民族区域自治制度的确立,具有中国特色的民主政治制度也得到逐步完善。与此同时,外交上中国坚持独立自主的和平外交政策,以积极的姿态活跃在国际舞台。

1956年中国共产党第八次全国代表大会召开,确定了既反保守,又反冒进的综合平衡稳步发展的经济政策,开始了我国社会主义建设的探索时期。在探索过程中,出现了"大跃进""人民公社"和总路线等三面红旗的错误。随之而来的就是国民经济的严重困难。党和国家召开"七千人大会",提出了"巩固、充实、调整、提高"的方针,国民经济得到逐步的恢复。1966—1976年为"文化大革命"时期。

2. 知识要点

(1) 了解"一五计划"和"三大改造",知道中国1956年进入社会主义初级阶段。

1953年,我国开始执行第一个五年计划。它的基本任务是:集中所有力量发展重工业,建立国家工业化和国防现代化的初步基础。"一五"计划于1957年超额完成。"一五"期间建设的项目,以苏联帮助中国设计的156项建设单位为中心的工业建设和以鞍山钢铁公司为中心的东北工业基地形成了。沿海原有的工业基地得到加强,华北和西北也建立了一批新的工业基地。制造出第一辆汽车、第一架飞机,武汉长江大桥,青藏、川藏、新藏公路也建成通车,奠定了中国社会主义工业化的基础。

1953年开始的社会主义三大改造,对农业的社会主义改造,实现自愿互利的原则,实行农业生产合作社;对手工业的合作化采取积极引导、稳步前进的方针;对资本主义工商业采取和平改造的方针,通过代购代销、统购包销、公私合营等多种形式,把资本家私有制逐步改造为社会主义的全民所有制。1956年,国家对农业、资本主义工商业和手工业进行的社会主义改造基本完成,标志着我国基本上实现了把生产资料私有制转变为社会主义公有制,所有制方面的社会主义事业取得了决定性的胜利,我国初步建立了社会主义的基本制度。从此,我国进入社会主义初级阶段。

(2) 了解人民代表大会制度和政治协商会议制度,知道中国特色社会主义的民主政治。

第二章 中国历史基本知识

1949年9月21日,为筹建新中国,中国人民政治协商会议第一届全体会议在北京隆重举行,这是我国多党合作政治协商制度建立的标志。这次大会通过了关于国都、纪年、国歌、国旗的决议。毛泽东被选为中央人民政府主席。事实上,在新民主主义革命中,无产阶级及其政党,在全国人民的拥护下稳固地掌握了中国革命的领导权。

中国共产党与各民主党派合作的方针是长期共存、互相监督、肝胆相照、荣辱与共。各民主党派是参政党,不是在野党,也不是反对党。政治协商制度体现了我国社会主义民主具有广泛的群众基础。政治协商制度和人民代表大会制度是中国特色社会主义的民主政治。

1954年,第一届全国人民代表大会在北京召开,制定了《中华人民共和国宪法》,这是新中国第一部社会主义类型的宪法。它规定了国家的性质和根本政治制度,规定了中国的性质是人民民主专政,根本政治制度是人民代表大会制度。中华人民共和国的一切权利属于人民,人民行使国家权利的机关是全国人民代表大会和地方各级人民代表大会。宪法贯穿了民主原则和社会主义原则,初步奠定了中国特色社会主义的民主政治基础。

(3)通过民族区域自治制度,认识各民族共同团结奋斗、共同繁荣的重要意义。

新中国成立后,党和政府实行民族平等、民族团结、共同繁荣政策。在少数民族聚居的地方实行区域自治,由少数民族管理本民族内部事务。1952年公布实施《中华人民共和国民族区域自治实施纲要》,1954年将其载入《中华人民共和国宪法》,民族区域自治制度成为我国的基本政治制度之一。1984年我国颁布了《中华人民共和国宪法民族区域自治法》,标志着我国民族区域自治制度发展到了一个新的阶段。民族区域自治制度对于推动各民族人民进行社会主义建设,实现民族平等,增强民族团结,巩固祖国统一,具有十分重要的意义。

(4)知道"大跃进"和人民公社化运动的失误。

"大跃进"运动是指1958年至1960年间,中国共产党在全国范围内开展的极"左"路线的运动,使得以高指标、瞎指挥、浮夸风和"共产风"为主要标志的"左"倾错误泛滥开来,严重地破坏了国民经济各部门的综合平衡。

人民公社化运动实质上是一场农村生产关系变革的"大跃进",希望通过"一大""二公",通过人民公社早日过渡到共产主义。"大跃进"和人民公社化运动是社会主义建设过程中的一次严重失误,由于极大脱离了中国历史发展阶段,不但没有达到预期的目标,反而使国民经济遭受巨大的挫折,给人民的生活带来了很大的困难。

(5)了解这一时期以王进喜、雷锋、邓稼先、焦裕禄等为代表的广大干部群众艰苦奋斗的精神。

1956—1966年社会主义建设运动中,许多英雄模范人物为改变国家贫困落后的局面,无私奉献、艰苦创业,全心全意为人民服务。石油工人王进喜、解放军好战士雷锋、党的好干部焦裕禄、"两弹元勋"邓稼先等,这些楷模极大地鼓舞了广大干部群众建设社会主义的热情。

(6)了解"文化大革命"的严重危害及主要教训。

"文化大革命"给党、国家和各民族人民带来严重灾难的内乱。在国家政治制度上、法制上造成了极大的混乱和破坏,社会秩序遭到严重破坏,国民经济受到严重影响。其中,破"四旧"使中华民族数千年的优秀文化遗产遭受了不可弥补的损失。

"文革"的教训是沉重的。在社会主义改造基本完成后,必须把全国工作的中心转移到经济建设上来,主要任务是发展社会生产力,实现经济的现代化和政治的民主化。必须健全社会主义民主和社会主义法治,建立高度民主的社会主义政治制度。必须保障公民个人的权利和自由,并使其享有管理国家的民主权利。

三、建设中国特色的社会主义

1. 内容提要

1978年,中国共产党十一届三中全会实现了历史性伟大转折,中国进入改革开放和社会主义现代化建设的新时期。中国共产党开辟了中国特色社会主义道路,创立了中国特色社会主义理论体系。

2. 知识要点

(1)了解中国共产党十一届三中全会、农村改革和深圳经济特区的发展,认识邓小平对改革开放所起的重要作用。

1978年12月,中共共产党在北京召开了十一届三中全会。会议内容是重新确立了马克思主义思想路线、政治路线和组织路线;做出把党和国家的工作重心转移到现代化建设上来,实行改革开放的战略决策;形成了以邓小平为核心的党的第二代中央领导集体。意义:党的十一届三中全会从根本上冲破了长期"左"倾错误的严重束缚,端正了党的指导思想,实现了国家发展战略的根本转变,因而成为开辟有中国特色社会主义道路,开创中国特色社会主义事业发展新时期的伟大起点。

我国的改革首先从农村开始,1979年安徽凤阳小岗村农民首先实行分田包产到户,自负盈亏,农民有了生产自主权,生产积极性大大提高了。这种家庭联产承包责任制度逐步在农村实行,农村开始富裕起来。我国的对外开放从沿海开始。80年代初,建立了深圳、珠海、汕头和厦门等经济特区。深圳的经济得到了快速发展,被称为"一夜崛起的城市";深圳发展速度很快,又被誉为"深圳速度"。

邓小平是改革开放的总设计师。邓小平以一个伟大政治家的胆识、思想家的敏锐、战略家的气魄、实干家的智慧,领导了中国的"第二次革命",完成了社会主义发展史上的第三次飞跃,创立了中国特色社会主义理论,使其成为指引中国人民胜利前进的旗帜。他对改革开放以来的战略决策、社会主义基本路线的形成、社会主义市场经济体制的建立,起到了重要的作用。

(2)了解社会主义市场经济体制的建立和完善,认识改革开放对于中国发展的重大意义。

1992年,中国共产党第十四次全国代表大会明确我国经济体制改革的目标是建立社会主义市场经济体制,进一步解放和发展生产力。1997年中国共产党第十五次全国代表大会确立了公有制为主体、多种所有制共同发展的基本经济制度,实现了思想理论上的突破,推动改革向纵深发展。

改革给当代中国带来了巨大的发展和进步。正是在改革的推动下,我们这样一个人口众多的发展中大国,以世界上少有的速度持续快速发展起来,经济实力、综合国力不断增强,基础设施和城乡面貌发生了巨大变化,人民生活总体上达到小康水平。改革开放是决定当代中国命运的关键抉择,是发展中国特色社会主义、实现中华民族伟大复兴的必经之路。只有改革开放才能发展中国、发展社会主义、发展马克思主义。

(3)认识中国特色社会主义理论体系的重要性;认识中国坚持科学发展、实现社会和谐的重要性。

改革开放以来,我们取得一切成绩和进步的根本原因归结起来就是:开辟了中国特色社会主义道路,形成了中国特色社会主义理论体系。2007年10月,中国共产党第十七次全国代表大会正式提出"中国特色社会主义理论体系"。中国特色社会主义理论体系,就是包括邓小平理论、"三个代表"重要思想以及科学发展观等重大战略思想在内的科学理论体系。邓小平理论,提出并回答了"什么是社会主义、怎样建设社会主义",创造性地回答了"建设什么样的党、怎样建设党";科学发展观正确回答了"实现什么样的发展、怎样发展"这一关系到中国未来前途和命运的重大问题。中国特色社会主义理论体系为深入探索和把握社会主义发展规律提供了根本指导方针;为全党全国各族人民团结奋斗提供了共同思想基础;为中国发展进步、实现中华民族的伟大复兴提供了强大思想武器。

科学发展观的第一要义是发展,核心是以人为本,基本要求是全面协调可持续发展,根本方法是统筹兼顾。科学发展观是指导发展的世界观和方法论的集中体现,是我国推进经济建设、政治建设、文化建设、社会建设必须长期坚持的根本指导方针。

四、祖国统一及国防建设成就

1. 内容提要

新中国成立以来,特别是改革开放以来,我国的经济建设、政治建设、文化建设、社会建设、生态文明建设,以及国防和军队建设、祖国统一大业、对外交往等都取得了巨大成就,综合国力大幅度增强,中国在国际舞台上发挥着越来重要的作用。

2. 知识要点

(1) 了解中国恢复在联合国合法席位和中美建交等史实,知道中国独立自主的和平外交政策。

1971年10月25日,在第26届联合国大会上恢复了中华人民共和国在联合国的一切合法权利,这是中国外交的重大胜利。1972年,美国总统尼克松访问中国,中美双方在上海发表《中美联合公报》,结束了中美两国二十多年的对抗,两国关系开始走向正常化。1979年,两国正式建立外交关系,打开了我国外交的新局面。

中国在联合国的合法席位的恢复,是国际社会对新中国建设成就的确认,是中国综合实力提高的必然结果。中国政府长期坚持奉行独立自主的和平外交政策,积极发展同世界各国的友好关系,赢得了世界上所有爱好和平的国家的尊重。

党的十一届三中全会以后,独立自主的外交原则具体表现为不结盟政策。20世纪90年代,随着苏联解体,两极格局已经终结,世界正朝着多极化方向发展。在国际舞台上,中国正在为世界的和平与发展发挥日益重要的作用。

(2) 了解香港、澳门回归和海峡两岸关系改善的史实,认识祖国统一是历史的必然趋势。

改革开放时期,邓小平提出"一国两制"的构想,就是在一个中国的前提下,国家的主体坚持社会主义制度。香港、澳门、台湾是中华人民共和国不可分离的部分,它们作为特别行政区保持原有的资本主义制度长期不变。

"一国两制"的构想,首先在解决香港问题上得到成功运用。1997年7月1日,中国正式恢复对香港行使主权,香港回到了祖国的怀抱。1999年12月20日,中国恢复对澳门行使主权,澳门也回到了祖国的怀抱。

十一届三中全会后,在和平统一、"一国两制"的方针下,党和政府采取了一系列具体的政策和措施,促进海峡两岸的缓和和交流。1980年以来,随着通航、通邮、通商等"三通"的开启,两岸交流日益频繁。台湾和祖国大陆的统一,是海内外中国人的共同心愿。随着海峡两岸同胞的共同努力,祖国统一大业,必将实现。

(3) 通过新中国成立60周年庆典阅兵仪式上展出的武器装备,了解国防和军队建设的成就。

1949年，中国人民解放军海军部队和空军部队先后建立，人民解放军由单纯的陆军向多军种、多兵种发展。1966年，中国人民解放军第二炮兵部队组建。同年我国首次导弹核武器试验成功。改革开放初期，我国裁军百万，人民解放军走上中国特色的精兵之路，从数量规模型向质量效能型、由人力密集型向科技密集型转变。在新中国成立60周年阅兵仪式上，展出了我国国防和军队建设的最新武器装备。

五、科技教育与文化生活

1. 内容提要

新中国成立以后，科学技术突飞猛进，取得了举世瞩目的成就。人们的衣、食、住、行、用等方面发生了很大的变化，人民生活水平得到极大的提高。

2. 知识要点

（1）了解"两弹一星"和杂交水稻等科技成就的基本史实，认识科学技术的重要作用。

1964年，中国第一颗原子弹爆炸成功，这加强了中国的国防能力，我国由此跨入核国家行列。1964年，中国自行设计制造的中国近程导弹试验成功。1967年，第一颗氢弹爆炸成功。1970年4月，随着我国第一颗人造卫星"东方红一号"发射成功，中国成为世界上第五个发射卫星的国家。

"两弹一星"在国防和科技上取得的巨大成就，维护了国家安全，为国内经济建设提供了和平的环境，极大地增强了民族凝聚力，激发了人们振兴中华的爱国热情，也促进了中国国际地位的提高。

农业科学家袁隆平在国际上首先培育成功"籼型杂交水稻"，这项技术被推广到世界各地，为中国农民增收、农业发展和解决世界粮食问题做出了杰出的贡献。他被称为"杂交水稻之父"。

（2）从人们衣、食、住、行、用等方面的变化，了解经济的快速发展和人民生活水平的提高。

改革开放后，党和政府把建设小康社会作为经济建设的奋斗目标。随着现代化建设和发展，人们的衣、食、住、行、用等发生了翻天覆地的变化。到1987年，中国已经基本解决了温饱问题。到20世纪末，人民生活水平总体达到小康水平。

人们的住房状况得到很大改善，人均居住面积逐年增加。1995年，国家在城镇启动安居工程，让低收入的家庭也能买到合适的住房，居住不仅讲究宽敞，对室内环境的要求也大有改进。交通运输业快速发展，公路铁路里程大大增加，航空飞速发展，私家车也越来越多。通讯发达，手机普及，网络技术普及。改革开放以来，政府延长了人们的节假日和休息时间，休闲娱乐成为人们日常生活的一部分。环保、卫生、赈济灾区的社会风尚也逐步形成。菜篮子工程的实施,百姓餐桌上出现了丰富的蔬菜、肉蛋、海鲜。

(3) 知道中国共产党第十六次代表大会以来我国取得的新成就,以 2008 年北京奥运会为例加以说明。

中国共产党第十六次全国代表大会以来,以胡锦涛同志为总书记的党中央,在全面建设小康社会、开创中国特色社会主义事业新局面的新阶段,面对经济体制改革,社会结构深刻变动,利益格局深刻调整,思想观念深刻变化。在政治上,提出科学发展观,坚持科学发展,建设和谐社会,努力推进中华民族的伟大复兴。在经济上,2010 年,中国经济总量跃居世界第二。2008 年北京奥运会、2010 年上海世博会的成功举行,都说明中国的综合国力和国际地位不断提升。

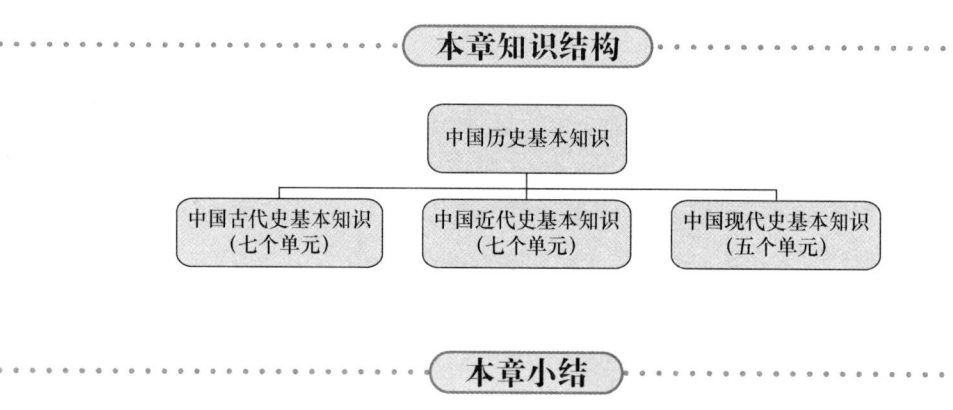

本章小结

(一) 本章的主要内容

本章为中国历史的基本知识,它由三部分组成。第一部分为中国古代史,上迄我国境内人类产生,下至 1840 年鸦片战争爆发前夕。根据古代史的阶段特征,我们将它大致分为七个阶段。即史前时期:中华文明的起源;夏商西周时期:国家的产生和社会变革;秦汉时期:统一国家的建立;三国两晋南北朝时期:政权分立与民族融合;隋唐时期:繁荣与开放的社会;宋元时期:经济重心的南移和民族关系的发展;明清时期:统一多民族国家的巩固和社会的危机。

第二部分为中国近代史,它以 1840 年鸦片战争为开端,到 1949 年新中国的成立。四个阶级领导了五场运动,历史被演绎得波澜壮阔,荡气回肠。

第三部分为中国现代史,它从 1949 年新中国成立至今。主要叙述了中华人民共和国的成立和政权的巩固;中国对社会主义以及建设有中国特色社会主义道路的探索。

(二) 本章的重点和难点

重点是中国古代两大矛盾,即君主与宰相之间的矛盾、中央与地方的矛盾;中国古代经济重心南移等。

难点是中国人民对近代化的探索与现代化的崛起。一方面是中国人民对近代化的探索。开明地主阶级发起的洋务运动；农民阶级领导的洋务运动；资产阶级领导的戊戌变法和辛亥革命；无产阶级领导的新民主主义革命。另一方面是抗战胜利以后中国现代化的崛起。1945年，抗日战争胜利，它是中华民族从衰败到振兴的转折点。1949年新中国成立，中国获得了独立，中国人民翻身做主人。由于受革命经验主义的影响和马列经典理论局限的影响，新中国出现反右倾扩大化和"文化大革命"，使中国失去一个发展的机遇。改革开放以后，提出建设有中国特色的社会主义，并及时提出社会主义市场经济的理论，中国逐步变得繁荣富强起来了。

(三) 学习时要注意的问题

1. 《义务教育历史课程标准(2011年版)》有些新的提法要注意，如北魏孝文帝改革的意义不再提民族融合，而是提民族交流、交往和交融；

2. 原来教科书没有强调知识的完整性和系统性，现在再次强调要指导学生掌握基本线索，构建完整的知识体系等。

3. 八年级下册的历史内容有点抽象，一定要结合具体的史实进行学习。

备考指南

依据考纲，这一章要求了解中国历史发展的基本线索和总体趋势，掌握重要的历史人物、历史事件以及人类文明的主要成果，掌握人类社会发展的基本规律和历史发展的时代特征。本章的考点较多，在历年的考试中以选择、简答、材料等多种形式出题。中国古代史的古代政治制度、经济社会生活和科技文化成就是考查的重点；中国近代史以列强侵华与反侵略斗争为主线，重点考查中国近代化历程；中国现代史以新中国成立后所取得的巨大成就为主要考查点。

自测训练

一、选择题

1. 复旦大学校训"博学而笃志，切问而近思"出自中国某典籍，全句是"博学而笃志，切问而近思，仁在其中矣"。你认为该典籍是(　　)。

A. 《韩非子》　　　　　　　　B. 《孙子兵法》

C. 《道德经》　　　　　　　　D. 《论语》

2. 改革是社会进步的推动力。经过商鞅变法,秦国发展成为战国后期最富强的封建国家。商鞅变法的内容中,对秦国封建制度的确立起决定作用的是( )。

　　A. 国家承认土地私有　　　　　B. 奖励耕战

　　C. 废除旧贵族特权　　　　　　D. 建立县制

3. 2012年2月14日,著名建筑学家吴良镛荣获2011年度国家最高科学技术奖。自古以来我国在建筑方面有许多杰出成就,右图是现存世界上最古老的石拱桥,它是( )。

　　A. 康桥

　　B. 赵州桥

　　C. 卢沟桥

　　D. 钱塘江大桥

4. 元朝时形成了"回族遍天下"的局面。据考证,湖南桃源著名历史学家翦伯赞的先人就是元明时期迁徙到内地的畏兀儿(维吾尔)族。这反映了元朝时期( )。

　　A. 经济重心南移　　　　　　　B. 行省制度的实行

　　C. 湖南影响力增强　　　　　　D. 民族交融不断加强

5. 陈旭麓在《近代中国的新陈代谢》中指出:"这场战争,自西方人1514年到中国起,是他们积325年窥探之后的一逞。对于中国人来说,这场战争是一块界碑,它铭刻着中世纪古老的社会在炮口逼迫下赶往近代的最初的一步。"这场战争对中国的影响是( )。

　　A. 使中国开始沦为半殖民地半封建社会

　　B. 开启了中国的近代化进程

　　C. 使中国完全沦为半殖民地半封建社会

　　D. 推翻了中国的封建制度

6. 《马关条约》签订后,西方政界议论纷纷。下列( )议论符合史实:① 美国:中国,你的一个孩子走了。② 英国:我们可以在东交民巷设大使馆了。③ 法国:我们的机器也可以搬到中国去了。④ 德国:我们的军队可以驻扎山海关了。

　　A. ①②　　　　B. ②③　　　　C. ③④　　　　D. ①③

7. 有人认为,从洋务运动到戊戌变法是革新道路上的"量变",辛亥革命是个"飞跃"。这里的"飞跃"指的是辛亥革命( )。

　　A. 推翻了封建制度　　　　　　B. 推翻了帝国主义在中国的统治

　　C. 结束了两千多年的封建帝制　D. 完成了反帝反封建的革命任务

8. 清末状元实业家张謇在"实业救国"的口号下,创办了( )。

 A. 江南制造总局 B. 福州船政局 C. 汉阳铁厂 D. 大生纱厂

9. 某中学八年级同学进行"周恩来的外交活动"的主题探究,下列各项中与此主题有关的是( )。

 ① 出席雅尔塔会议   ② 提出和平共处五项原则

 ③ 出席万隆会议   ④ 参加中国加入WTO的谈判

 A. ①② B. ③④ C. ②③ D. ②④

10. 历史上的今天:1967年6月17日,中国第一颗氢弹爆炸成功。下列图片中为此做出过重大贡献的人物是( )。

 A   B   C   D

二、材料分析题

阅读下列材料,回答问题:

11. 阅读下列材料。

材料一 《贞观政要》卷八:"始皇暴虐,至子而亡。"

材料二 孔夫子有些好处,但也不是很好的。我们应该讲句公道话,秦始皇比孔子伟大得多。孔夫子是讲空话的。秦始皇是第一个把中国统一起来的人物,不但政治上统一中国,而且统一了中国的文字、中国各种制度,如度量衡,有些制度后来一直沿用下来。中国过去的封建君主还没有第二个超过他,可是被人骂了几千年。

——《毛泽东选集》

材料三 时下,我们对秦始皇是少骂一些,还是少赞一些?从历史学上来说,这不是个问题,只要把史实考证清楚,当赞处则赞,当骂处则骂就是了。……但从当今社会的现实情况来看,我以为还是少赞些为好。因为,我们要建设先进文化,就必须与韩非、秦始皇的那一套专制主义政治文化彻底决裂。所以,我说对秦始皇要少赞。

——2007年第6期《随笔》

请回答：

(1) 材料一中,唐太宗否定秦始皇的理由是什么？其根本目的何在？

(2) 材料二中,毛泽东为什么肯定秦始皇？

(3) 材料三评价秦始皇的基本倾向是什么？据材料三说明其理由。

(4) 综合上述材料,你认为评价历史人物的基本原则是什么？

12. 阅读下列材料。

材料一 樊迟问仁。子曰："爱人"。

——《论语·颜渊》

夫仁者,己欲立而立人,己欲达而达人。

——《论语·雍也》

子贡问曰："有一言而可以终身行者乎？"子曰："其恕乎！己所不欲,勿施于人。"

——《论语·卫灵公》

材料二 《春秋》大一统,天地之常经,古今之通谊(义)也。……臣愚以为诸不在六艺之科孔子之术者,皆绝其道,勿使并进。辟邪之说灭息,然后统纪可一,而法度可明,民知所以从矣。

——《汉书·董仲舒传》

材料三 吾将以教主尊孔子。……而教主不足以尽孔子。教主感化力所及,限于其信徒……举中国人,虽未尝读孔子之书者,而皆在孔子范围中也……吾将以教育家尊孔子。……而教育家不足以尽孔子。教育家之主义及方法,只能适用于一时代、一社会,而孔子之教育,则措四海而皆准,俟(等待)百世而不惑也。

——梁启超《世界伟人》

请回答：

(1) 据材料一,指出孔子的核心主张是什么？援引材料一中的一句原话说明如何来实现这一主张？

(2) 据材料二,结合所学知识指出董仲舒提出了什么主张？该主张产生了什么影响？

(3) 材料三中梁启超是怎样评价孔子的？提要指出其评价的主要依据。

(4) 20世纪在哪两个时期孔子地位下降？简要说明当今彰显孔子地位的原因？

第三章　世界历史基本知识

考纲内容

1. 了解世界历史发展的基本线索和总体趋势,掌握重要的世界历史人物、历史事件、历史现象,以及人类文明的主要成果,掌握人类发展的基本规律和历史发展的时代特征。

2. 以唯物史观为指导,在教学中坚持正确的思想导向,能够运用正确的观点对世界历史教学内容进行分析和解释。

考纲解读

本章在严格遵循《初级中学历史学科知识与教学能力考试大纲》(以下简称《考纲》)中"学科内容与能力"第1条进行编写,充分考虑到考生对世界史内容相对陌生的现实,将世界史的基本知识分为世界古代史、世界近代史、世界现代史三个部分。其中世界古代史用文明史观把零散的知识点串联起来,世界近现代史运用全球史观,把知识点按照分散到整体的基本线索构建知识体系。考生对世界历史有一个整体的认知,有利于他们对知识的理解和深化。

引　子

世界历史是历史学的重要分支学科,它是对人类历史自原始、孤立、分散的人群,发展为全世界统一的密切联系整体的过程,进行系统探讨和阐述。中国与世界的关系日益密切,多了解世界历史的发展,了解国内外世界历史学界最重要的理论前沿和发展动向,可以帮助我们认识中国,也可以了解整个现代世界。

第一节 世界古代史的基本知识

一、上古人类文明

1. 内容提要

文明出现以前,人类经历了漫长的史前时期。随着生产力的发展,阶级分化的加剧,国家产生了。大约从公元前4000年起,北非的尼罗河流域、西亚的两河流域、南亚的印度河流域、中国的黄河流域和长江流域、欧洲的爱琴海地区,诞生了多姿多彩的古代文明。公元前800年以后,希腊各地建立了城邦国家。罗马则在公元前1世纪后建立了一个地跨欧、亚、非三洲的大帝国。希腊、罗马古典文明对后来的西方文明有很大的影响。

2. 知识要点

(1) 知道金字塔,初步了解古埃及文明。

古埃及文明发源于北非的尼罗河流域。公元前6000—前5000年,古埃及人在尼罗河谷地种植大麦、小麦、亚麻、葡萄等农作物,饲养猪、牛、羊等牲畜,并已使用青铜器。约公元前3100年,埃及形成了统一了奴隶制国家。

金字塔是古代埃及国王的陵墓,是权力的象征,是古埃及文明的象征,是古埃及人民劳动和智慧的结晶。胡夫金字塔是埃及金字塔中最大的金字塔。古埃及金字塔现在还存有约90座。

(2) 通过《汉谟拉比法典》,初步了解两河流域文明。

图3-1 埃及金字塔和狮身人面像

两河(幼发拉底河和底格里斯河)流域是上古文明的发源地之一。约在公元前3000年出现了许多城市国家。公元前18世纪,古巴比伦国王汉谟拉比统一两河流域,建立了统一的奴隶制中央集权国家,即古巴比伦王国。

为维护统一王国的统治和奴隶制社会秩序,汉谟拉比制定了《汉谟拉比法典》,它比较全面地反映古巴比伦王国的社会面貌,是世界上现存的古代第一部比较完备的成文法典。法典刻在黑色的玄武岩上,岩柱上部分是太阳神沙玛什授予汉谟拉比的浮雕,象征王权神授的至高地位。浮雕下面镌刻法典铭文。法典共282条,内容涉及诉讼、财产、债务、奴隶、婚姻、赔偿等方面的法律规定,分为前言、正文和结语三部分。法典严格保护奴隶主的利益,把奴隶看做主人的工具和财产,不属于人的范围,因而不予保护。

汉谟拉比死后,国家长期动荡不安,公元前16世纪古巴比伦王国被北方民族所灭。公元前6世纪初,新巴比伦王国兴起并强盛一时。

(3) 通过种姓制度和佛教的创立,初步了解古代印度社会。

古印度历史上是指喜马拉雅山以南的整个南亚次大陆。约公元前2500年开始出现小国。公元前15世纪后,雅利安人入侵古代印度后,征服当地居民并把他们变为奴隶,先后在印度河流域和恒河流域建立起许多国家。

雅利安人进入古印度后,逐渐产生不同等级,形成严格的等级制度,史称"种姓制度"。根据这个制度,社会从高到低分为四个等级。第一等级婆罗门掌管宗教祭祀,享有崇高地位;第二等级刹帝利充当武士,掌管军、政大权;第三等级吠舍是一般平民,以农、牧、工、商为职业,多数人无政治权利;第四等级首陀罗是被征服的土著和沦落的雅利安人,主要从事低贱的职业。各个等级之间高低贵贱有别,下一等级的人没资格从事高一等级的职业,不同等级的人不得通婚。种姓制度激化了当时的社会矛盾,并对后来印度社会的发展产生了不良影响,严重阻碍了古代印度社会的发展。

佛教是世界三大宗教之一。公元前6世纪,古代印度社会矛盾尖锐,佛教在这种背景下诞生了。佛教的创始人为乔达摩·悉达多。佛教宣扬"众生平等",反对婆罗门的特权地位。它认为世间万物发展都有因果缘由;人的生老病死都是苦,人必须消灭欲望,刻苦修行。统治者利用它的"忍耐服从"的说教,大力扶持佛教。公元前3世纪,阿育王在位时,佛教有了很大发展,并逐渐冲出国界弘扬天下,变成世界性宗教,对世界文明,尤其是东方文明产生了深远影响。

(4) 知道希腊城邦和雅典民主,初步了解亚历山大帝国对东西方文化交流的作用。

希腊半岛山峦起伏,海岸线曲折,东邻爱琴海,海山岛屿星罗棋布,著名的克里特岛就是其中一个大岛。公元前8世纪,希腊半岛和小亚细亚西海岸出现希腊人建立的城邦,雅典是其中最重要的城邦之一。雅典近海,交通便利,工商业发达。公元前6世纪,它成为著名的奴隶制共和国。

公元前5世纪后半期,伯利克里执政期间,雅典达到全盛,经济繁荣,文化昌盛,民主政治发展到古代世界的高峰。伯利克里扩大公民的权利,很多公民担任了政府公职。全体成年男性公民可以参加最高权力机构公民大会,决定内政、外交、和平、战争等重大问题,他们在行政和司法机构中也发挥着重要作用。伯利克里鼓励学术研究,发展文艺,重视教育。公民家庭的男孩,在学校里练习乐器演奏、跑步、角力、拳击,学习诗歌、天文、史地,锻炼当众演讲,开展自由讨论,从而增强体魄,提高素养,为将来成为合格的公民做准备。公民家庭的女孩除担任家务以外,也在家练习读写,演奏乐器。伯利克里时期,雅典基本实现了公民在法律面前人人平等,公民左右着国家政权,民主政治达到了顶峰。但是,这种民主是建立在奴隶主对奴隶专政的基础之上的,奴隶和妇女都没有政治权利,真正享有民主权利的只是公民权的少数雅典人。

公元前334年春天,亚历山大继承其父的遗志,挥师东征,击败波斯帝国。此后近10年的远征最直接的结果是在欧、亚、非三洲的辽阔土地上,建立了一个前所未有的庞大帝国,其范围西起希腊、马其顿,东至印度河流域,南临尼罗河第一瀑布,北抵多瑙河。

亚历山大的远征实质上是一场非正义的侵略战争,给东方各国人民带来了深重灾难;远征在历史上第一次把东、西方世界联为一体。亚历山大东征的特色是沿途建立希腊化城市,其中最大的是埃及的亚历山大里亚,它日后成为地中海地区最重要的商业和文化中心。

(5) 知道罗马城邦,了解罗马帝国的征服与扩散。

罗马城邦是指公元前7世纪末至公元前6世纪末形成的罗马城,这里的城邦即罗马城。公元前8世纪,在意大利的台伯河畔,罗马城邦逐渐建立起来。公元前509年,罗马建立了奴隶制共和国。罗马共和国建立后,逐步征服了意大利半岛。公元前3世纪至公元前2世纪,罗马为争得地中海霸权,掠夺资源与奴隶,同地中海西部强国进行了三次战争,最终取得胜利。罗马还向东远征。公元前2世纪,罗马成为地中海霸主。公元前49年,恺撒夺取政权。不久,恺撒被罗马元老贵族刺杀。公元前27年,屋大维开始独揽国家大权,成为实际的皇帝。罗马共和国被罗马帝国取代。罗马帝国延续了约五百年(公元前27—公元476年),它与秦朝和西汉时期的中国一样,是当时世界上最强大的帝国之一。

(6) 以建筑艺术、公历等为例,初步理解在罗马帝国废墟上逐渐产生的新的文明。

古代罗马建筑是建筑艺术宝库中的一颗明珠,它承载了古希腊文明中的建筑风格,凸显地中海地区特色,同时又是古希腊建筑的一种发展,它以建筑的对称、宏伟而闻名世界。

罗马广场是罗马市民社会、政治和宗教生活的中心。

图 3-2　古罗马广场

古罗马的另外一个传奇性建筑就是斗兽场。它也是遵循对称的典范,充分体现了帝国的强大国力。

君士坦丁凯旋门主体是由几根分开的圆柱及刻有铭文的顶楼所构成,设计类似位在古罗马广场的塞维鲁凯旋门。而拱门的下半部则被认为是建筑师参考更古老的纪念碑来设计的,也许是来自于哈德良皇帝时代。

图 3-3　古罗马斗兽场

图 3-4　君士坦丁堡凯旋门

古罗马恺撒修订的儒略历是公历的前身。根据儒略历的规定,每 4 年有 1 个闰年,闰年为 366 天,其余 3 年(称为平年)各有 365 天。公元年数能被 4 整除的是闰年。儒略历 1 年平均长 365.25 天,比实际公转周期的 365.2422 天长 11 分 14 秒,即每 400 年约长 3 天。这样到公元 16 世纪时已经积累了 10 天的误差。

二、中古亚欧文明

1. 内容提要

公元 5 世纪以后,随着古典文明的衰落和日耳曼民族的迁徙,在罗马帝国的废墟上形成了法兰克王国等新国家。法兰克王国信奉基督教,并发展出以庄园为基础的封建制度。罗马帝国分裂后,在东部建立了拜占庭帝国。拜占庭文化对东欧各国的文化产生过重大影响,并为西方文化的复兴提供了许多素材。从 14 世纪起,西欧各国在政治、经济和文化方面萌发了新的生机,近代西方文明的曙光开始浮现。

公元 7 世纪,日本通过向中国学习和一系列改革,使社会政治经济获得发展。7 世纪初,穆罕默德创立了伊斯兰教,在传教和征战过程中统一了阿拉伯半岛,建立政教合一的政权,8 世纪发展为地跨欧、亚、非三大洲的阿拉伯帝国。阿拉伯—伊斯兰文化有自己的特色,并在保存、传播古典文明,沟通东西方文化方面做出了重要贡献。

2. 知识要点

(1) 了解西欧庄园生活,知道庄园是西欧中世纪社会的基础。

庄园指封建主用劳役地租剥削依附农民,并独立经营及核算的一个地段,它是中世纪西欧封建农业经济的基本组织形式和封建制度的基础。在庄园中,耕地分为领主自营地和农民份地两部分。依附农民每周用3—4天无偿为庄园主耕地,其收获全归庄园主。各户农民小块份地上的收获则归他们自己支配。庄园的领主可以是国王、大贵族,也可以是一个骑士。一个领主至少控制一个庄园,大领主可以拥有几百个甚至几千个庄园。庄园的领主对庄园内的农奴享有司法权、征税权和政治统治权。庄园主人的领主地位和农奴的人身依附,都是不可改变的身份,世代承袭。自给自足的自然经济是中世纪西欧庄园的显著特征。

(2) 知道西欧中世纪城市既是工商业者的聚集地,也是一个相对自治的共同体。

西罗马帝国灭亡后,西欧的城市衰落。到了10世纪以后,开始出现作为手工业和商业中心的城市。意大利、法国、英国、德意志等都有许多著名的城市。随着城市的发展,阶级冲突日益尖锐。西欧城市是在教会或世俗封建主的领地上产生。随着商品经济的发展,封建主日益贪婪,对城市市民加紧剥削。11—12世纪,法国一些城市的市民展开了与封建主的斗争。最终有的城市用金钱赎买、有的通过武力赢得了自治权。

(3) 知道《查士丁尼法典》,初步了解拜占庭帝国的历史地位。

罗马人对世界文化做出的最为重要的贡献就是保存了希腊和中东地区的文化成果。为了确保帝国境内各民族都能和平共处,罗马人制定出公平合理的法律,赋予公民以许多权利,罗马人的所有法律后来都被收进《查士丁尼法典》。

东罗马帝国定都君士坦丁堡。君士坦丁堡原称拜占庭,因此东罗马帝国又称拜占庭帝国。拜占庭帝国位于欧洲东部,领土曾包括亚洲西部和非洲北部,是古代和中世纪欧洲历史最悠久的君主制国家。拜占庭帝国通常被认为开始于公元前395年,至1453年结束。在其上千年的存在期内,它一般被人简单地称为"罗马帝国"。在整个中世纪,拜占庭都是东方与西方、欧洲与亚洲经济文化交流的桥梁。在政治上,拜占庭是保护西方的盾牌,使盾牌后面的西方能自由发展自己的文明;在文化上,拜占庭文化保护了古希腊罗马的文化遗产,并使古典文化在拜占庭的土壤结出中世纪的硕果。

(4) 知道大化改新,初步了解日本古代社会。

6—7世纪时,日本的社会矛盾十分尖锐,大贵族奴隶主势力强大,政局混乱,改革势在必行。7世纪中期,改革派发动的宫廷政变成功,新上台执政的孝德天皇于646年以天皇的名义发布诏令,效仿中国隋唐的封建制度实行改革,史称"大化改新"。改新的主要内容有:政治上,建立中央集权的天皇制封建国家,废除贵族世袭制,以才选官;经济上,把很多贵族土地收归国有,部民转为国家公民,国家定期把土地分给农民耕种,向他们征收赋税;文化上,仿照唐朝的教育制度,在中央设太学,在地方设国学。大化改新标志着日本从奴隶社会过渡到了封建社会。

三、世界古代思想文化

1. 内容提要

在古代世界相对孤立闭塞的状况下,随着经济、政治的发展,在欧洲、亚洲和非洲的国家与国家之间,地区与地区之间,逐渐出现较多的交往,既有战争的暴力形式,也有商旅往来、文化交流的和平形式,而后者对推动人类进步起着更为重要的作用。正是由于这些交往,儒家文化、印度文化、希腊罗马的古典文化、阿拉伯-伊斯兰文化都在向外扩散,而佛教、基督教、伊斯兰教更形成古代世界的三大宗教。世界历史的发展是不平衡的,这种不平衡在古代尤为突出。

2. 知识要点

(1) 知道基督教的传播,了解基督教在欧洲中世纪历史发展中的作用。

基督教在1世纪时产生于巴勒斯坦一带,它是一种崇拜、信仰上帝和上帝之子救世主的宗教。4世纪,罗马皇帝确定基督教为国教,大大促进了基督教的传播。后来,基督教传遍全欧。在之后的发展演变过程中,基督教逐渐成为西欧中世纪重要的精神支柱。在政治上,罗马教皇被视为是上帝在人间的最高代表;在经济上,教会是西欧最大的封建主;在思想文化上,教会是西欧最顽固的封建精神堡垒。教会的统治,严重阻碍了西欧社会的进步。

(2) 以巴黎大学、牛津大学的兴起为例,初步认识欧洲的早期大学。

西欧的中世纪被历史学家称为"黑暗时代",正是在这一封闭、落后的时期萌发了人类文明史上的娇艳之花——大学。欧洲中世纪大学在教育理念和课程内容等许多方面,继承了古代东西方,特别是古代希腊、罗马及阿拉伯世界的教育遗产,形成了早期大学的特征。这对世界近现代大学和高等教育机构基本原型的构成产生了深远的影响。最早的大学产生于意大利,法国的巴黎大学始建于12世纪末,由原巴黎圣母院大教堂学校发展而来,正式形成于13世纪初。继意大利和法国之后,英国于1168年设立牛津大学,1209年从牛津大学分出的部分师生又设立了剑桥大学。

(3) 了解伊斯兰教的传播,初步认识阿拉伯帝国在文化上的贡献。

7世纪初,穆罕默德在阿拉伯半岛的麦加创立了伊斯兰教。他号召大家都信仰唯一的神"真主",说自己是"真主"的使者。622年,穆罕默德在麦地那建立了政教合一的国家。穆罕默德既是伊斯兰教的宗教领袖,也是政府首脑和军事统帅。630年,穆罕默德把麦加确定为伊斯兰教的宗教领袖,并把麦加城中的克尔白神庙改为伊斯兰教清真寺。到632年穆罕默德去世时,阿拉伯半岛的统一大体完成。

661年倭马亚王朝的建立标志着阿拉伯社会进入帝国时代。到8世纪中叶,阿拉伯帝国的版图西临大西洋,东至印度洋,成为地跨亚、非、欧三大洲的庞大封建军阀帝国。

阿拉伯帝国是一个幅员辽阔的、多民族的集合体,阿拉伯文化是各族人民共同劳动和集体智慧的结晶。阿拉伯人不仅擅于吸收希腊、印度等文化的优秀成果,而且还在钻研的基础上加以发展,在数学、天文学、医学、物理、化学、建筑学、文学、地理等领域,都取得了巨大成就,如《一千零一夜》等。

第二节 世界近代史的基本知识

一、世界市场形成的雏形和拓展

1. 内容提要

世界近代史的起讫时间大约是从16世纪初至19世纪末。在这一历史阶段中,世界各地区前资本主义文明的相对孤立和相互隔绝状态,被日益发展的资本主义世界市场和血腥的殖民扩张所打破,人类逐渐步入相互联系、相互依赖的阶段,进而产生了真正意义上的世界历史。从14世纪到17世纪,地中海和大西洋沿岸地区出现了资本主义手工工场和租地农场,而文艺复兴运动、新航路的开辟和早期的殖民掠夺,则促进了资本主义的发展。

2. 知识要点

(1) 知道《神曲》、莎士比亚的戏剧等,初步理解文艺复兴对人的思想解放的意义。

但丁是意大利人,是文艺复兴的先驱,他创作了长诗《神曲》。在诗中,他无情揭露了教会的黑暗,表达了自己对天主教会的厌恶,对封建社会进行了有利的批判,热情地歌颂现世的生活。但丁是由旧时代走向新时代的第一位诗人。

莎士比亚是英国文艺复兴时期伟大的剧作家、诗人,文艺复兴时期人文主义文学的集大成者,一生创作了三十多部剧本和许多脍炙人口的诗篇。这些作品深刻批判了封建道德伦理观念和社会陋习,集中体现了人文主义精神。他的代表作有《哈姆雷特》《仲夏夜之梦》《威尼斯商人》《罗密欧与朱丽叶》等。

文艺复兴的核心是人文主义,主张以人为中心而不是以神为中心,认为人是现实生活中的创造者和主人,要求肯定人的价值和尊严。文艺复兴时期的思想家们虽然信仰宗教,但他们反对教会宣扬的禁欲苦行,抨击教会的腐败,提倡追求自由、幸福和物质享受,鼓励发财致富和冒险精神,崇尚理性和科学,追求知识。这就猛烈冲击了封建神学,促进了人们思想的解放。

(2) 从手工工场和租地农场的产生,初步理解近代早期西欧社会经济的重要变化。

手工工场14世纪出现在地中海沿岸和大西洋沿岸的某些城市,如意大利的佛罗伦萨、法国的佛兰德尔等地,在英国农业中出现了租地农场生产情况。手工工场和租地农场为代表的新的经济体与封建经济的本质不同:拥有大批雇佣劳动者,他们脱离了对土地的依附,成为自由劳动者,并引起国内市场的扩大;他们生产的产品主要是为了供应市场,因此他们从事的是商品生产;这种生产方式需要大量的资本。这三点是资本主义生产方式形成的基本要素。

手工工场和租地农场形成了资本主义生产方式,标志着欧洲近代早期的资本主义萌芽出现。这种新的生产方式提高了生产效率,新兴的商人和资产阶级对资本原始积累的迫切要求,也成为探索到东方的新航路的重要动力,并促成了新航路的开辟。

(3) 通过哥伦布发现美洲、麦哲伦环球航行,初步理解新航路开辟的世界影响。

15世纪,追求财富的欧洲人梦想去东方发财,开始探寻前往东方的航路。葡萄牙、西班牙最先开始探寻新航路。意大利航海家哥伦布相信地球是球形的,从欧洲一直向西航行一定能到达东方。1492年,哥伦布受西班牙王室的资助,率领船队从西班牙启程,横渡大西洋,最终达到今天美洲的古巴、海地等地方。他坚信自己到达的地方是亚洲的印度,所以称当地居民为印第安人。1519—1522年,麦哲伦船队奉西班牙国王之命,率领船队,穿越大西洋、太平洋和印度洋,返回欧洲,完成了环球航行。

影响:新航路开辟后,从欧洲到亚洲、美洲和非洲等地的交通往来日益密切,世界开始日益联系成一个整体;欧洲大西洋沿岸的工商业经济繁荣起来,促进了资本主义的产生和发展。但是,它也为西欧国家的殖民掠夺开辟了道路。

(4) 知道"三角贸易",了解资本原始积累的野蛮性和参考性。

"三角贸易"具体是指新航路开辟以后,欧美商人以廉价工业品(如枪支等)运到非洲换取奴隶,把黑奴运到美洲卖掉,从美洲购回生产原料(金银、工业原料),制成商品再运到非洲以换取奴隶的循环贸易活动。因其贸易涉及欧、美、非三洲,故称"三角贸易"。最先开始经营三角贸易的国家是葡萄牙和西班牙,英国和法国后来居上。三角贸易是西方资本主义资本原始积累的重要方式,促进西欧国家资本主义发展,同时造成了亚非拉国家的贫穷和落后。

二、世界市场体系的初步形成

1. 内容提要

从17世纪到19世纪,资产阶级通过革命或改革,相继在欧美主要国家和亚洲的日本取得了政权,资本主义制度得以确立。在此期间,以牛顿、达尔文等为代表的科学巨匠的产生,极大地丰富了人类的自然科学知识,为工业革命和其他科技创新提供了重要前提。从18世纪中叶开始,主要资本主义国家先后开始或完成的工业革命,使生产力获得迅猛发展,社会面貌发生翻天覆地的变化,文学艺术空前繁荣。在工业化带来经济大发展的同时,对人类生存环境的破坏问题已经显现。

2. 知识要点

(1)通过1640年革命和1688的"光荣革命",初步理解英国君主立宪制创立的意义。

17世纪初,英国的资本主义已经有了较大的发展,出现了新兴资产阶级和按照资本主义方式从事经济活动的新贵族。资产阶级不但在经济上日益强大,而且在议会中发挥着越来越重要的作用。同时,斯图亚特王朝厉行专制,经常干涉工商业的生产经营,阻碍了资本主义的发展。他们要求限制王权,同国王展开斗争。1640年新议会的召开标志着英国开始革命。以克伦威尔为代表的议会势力打败王军,国王查理一世被送上断头台。议会通过决议废除君主制,宣布英国为共和国。但是,统治者内部争权夺利不断,政局动荡,查理二世趁机复辟,恢复了旧的统治秩序,引起资产阶级和新贵族的不满。1688年,英国资产阶级与新贵族和部分封建贵族妥协,联合发动宫廷政变,邀请荷兰执政威廉到英国继承王位。这次不流血的政变,史称"光荣革命"。

光荣革命以后,议会权力大大增加。为了限制国王的权力,资产阶级和新贵族在议会上通过了旨在限制国王权力的法案。尤其以1689年通过的《权利法案》影响最为深远。它以明确的条文,限制国王的权力,保证议会权力。议会的权力日益超过国王的权力,国王开始逐渐处于"统而不治"的地位,英国的君主立宪制确立起来。

英国资产阶级通过革命推翻了封建君主专制,确立了自己的统治地位,为发展资本主义扫清了道路,推动了世界历史进程。英国资产阶级革命标志着世界近代史的开端。

(2)通过华盛顿、《独立宣言》和1787年宪法,理解美国革命对美国历史发展的影响。

英国的殖民统治严重阻碍了北美资本主义经济发展。以波士顿"倾茶事件"为导火线,1775年来克星顿打响了北美独立战争的第一枪,13个殖民地代表组成大陆会议,决定组建大陆军,华盛顿就任大陆军总司令。

1776年7月4日,美国大陆会议发表《独立宣言》,痛斥了英国国王对殖民地的暴政,宣布一切人生而平等,人们有生存、自由和追求幸福等不可转让的权利。同时,宣告北美13个殖民地脱离英国独立。

1777年,在萨拉托加战役中,美军打败英军,迫使英军5000多人投降。萨拉托加战役是美国独立战争的转折点,此后,法国开始援助美国。1781年,在约克镇地区,美法军队猛烈攻击英军,英军投降,美国取得约克镇战役的胜利。1783年英国被迫承认美国独立。

独立战争胜利后,1787年美国制订了《宪法》,即《1787年宪法》。《宪法》规定美国是一个联邦制的国家,规定总统既是国家元首,也是政府首脑,享有行政权;国会和最高法院分别掌握国家的立法和司法大权。1789年,华盛顿当选为美国第一任总统。

美国独立战争使美国摆脱了英国的殖民统治,获得了国家独立,它既是一场反抗殖民压迫的民族解放运动,又是一场资产阶级革命。美国的独立为美国资本主义的发展开辟了道路。

(3)通过法国大革命和拿破仑帝国的活动,初步理解法国革命的历史意义。

18世纪时,法国君主专制制度严重阻碍了法国资本主义的发展,资产阶级强烈要求冲破封建制度的束缚。1789年7月14日,攻占巴士底狱标志着法国大革命爆发。1789年法国制宪会议颁布了《人权宣言》,宣布自由、平等是天赋人权,国家的主权属于人民,在法律面前人人平等,私有财产神圣不可侵犯。《人权宣言》是法国资产阶级革命的纲领性文件,它否定了封建专制和封建等级制度,具有进步意义。1792年法国废除了君主制度,建立了共和国,历史上称为法兰西第一共和国。不久,法国国王路易十六被推上断头台,欧洲一些国家以此为借口,侵略法国。1793年巴黎人民第三次起义,推翻了吉伦特派统治,以罗伯斯庇尔为代表的雅各宾派上台。1794年"热月政变"标志雅各宾派统治结束。

法国大革命是世界近代史上规模最大的资产阶级革命;它扫荡了国内的封建势力,推翻了法国的封建制度,为法国资本主义的发展扫除了障碍,同时,动摇了欧洲其他国家的封建制度的基础。

1799年,拿破仑通过"雾月政变"夺取了法国政权;1804年,拿破仑称帝,建立法兰西帝国。他颁布了《法典》,确立了资本主义社会的立法规范;采取发展资本主义工商业的系列措施。对外多次发动战争,打败欧洲反法同盟;1812年远征俄国失败,1814年帝国覆灭。

拿破仑的对外战争具有双重性,既打击了欧洲的封建势力,又损害了被侵略国家人民的利益。前期以革命战争的手段,维护了资产阶级利益,巩固了大革命成果;后期又因战争失败而葬送了帝国,使封建王朝得以复辟。

(4)通过珍妮纺纱机、蒸汽机、铁路和现代工厂制度等的出现,初步理解工业化时代来临的历史意义。

18世纪中期,英国商品越来越多地销往海外,手工工场的生产供不应求。为了提高产量,人们想方设法改进生产技术。在棉纺织业部门,人们先是发明了一种叫飞梭的织布工具,大大加快了织布速度,同时也刺激了对棉纱的需求。1765年,织布工哈格里夫斯发明珍妮纺纱机,标志着工业革命的开始。珍妮机的发明引发了棉纺织生产领域一系列的发明,出现了更多先进的纺织机器。后来,其他如冶金、采矿等生产部门也纷纷发明、制造机器。为了带动机器,人们常靠近河流,借助于水力带动机器。但是,随着机器数量的增多,人们开始寻找更加方便,更加有效的动力。英国机械师瓦特借鉴前人的研究成果,经过多年的研究,成功研制改良的蒸汽机。1784年,改良的蒸汽机开始用做纺织的动力机,其他工业部门随后也广泛使用蒸汽动力。随后,美国人首先造出了蒸汽机做动力的轮船,随后,英国工程师史蒂芬孙利用蒸汽机发明了火车机车,1925年,这列名为"旅行者号"的机车在英国试车成功。火车的发明引起了路上运输业的飞跃,使世界进入了"铁路时代"。铁路运送乘客和货物更快,效率更高,加快了人流物流的流通速度,加速了社会经济的发展。19世纪上半期,英国大机器生产已经成为工业生产的主要方式,工业革命完成。

工业革命极大促进了生产力的发展。使英国以机器生产为主的工厂基本取代手工工场,促进了现代工厂制度出现。19世纪后半期,美国开始了标准化生产,20世纪初,美国人福特首先采用流水线生产方法,大批量生产汽车。工业革命创造的巨大生产力,使社会面貌发生了翻天覆地的变化。工业革命以后,资本主义最终战胜了封建主义,率先完成工业革命的西方资本主义国家逐步确立起对世界的统治,东方开始从属于西方,成为原料产地和商品市场,资本主义世界市场体系最终形成。

三、世界市场体系的完全形成

1. 内容提要

到19世纪末,随着拥有先进技术的欧美人对大洋洲和太平洋岛屿的殖民,世界完全联系成一个整体,以西方资本主义国家为核心和主宰地位的世界市场不断扩大,初步形成了西方先进、东方落后的局面。

2. 知识要点

(1)知道彼得一世改革、亚历山大二世废除农奴制法令,理解改革促进俄国历史的进步。

俄国农奴制严重阻碍了俄国资本主义的发展。为了改变俄国落后面貌,沙皇彼得一世在1689年实行了改革。政治上削弱了贵族的势力,加强中央集权;军事上引进先进军事技术,建立海军和新式陆军;经济上鼓励发展工业;文化上推行学校教育,重视科学技术,提倡西方的生活方式。彼得一世的改革增强了俄国的经济、军事实力,使俄国成为欧洲强国,为进一步侵略扩张创造了条件。

19世纪中期,受俄国农奴制的影响,俄国的资本主义发展缓慢,落后于其他主要的资本主义国家。1861年,沙皇亚历山大二世签署了废除农奴制法令。法令规定:农奴在法律上是"自由人";地主再也不许买卖农奴和干涉他们的生活;农奴占有动产和不动产、从事工商业活动等权利;农奴解放时,可从地主那里赎买一块份地。

1861年的改革是沙皇政府推行的自上而下的资本主义性质改革。它废除了农奴制,促进了俄国资本主义的发展,但是改革不彻底,保留了大量的封建残余。1861年成为俄国历史上一个重要的转折点。

(2)知道《解放黑人奴隶宣言》的主要内容,理解南北战争在美国历史发展中的作用。

美国独立以后，北方资本主义经济和南方种植园经济都发展起来。南方种植园使用了大量奴隶。19世纪中期，围绕着奴隶制的存废问题，北方和南方之间的矛盾再也无法调和。1861年3月，主张废除奴隶制的林肯就任美国总统，成为美国南北战争的导火线。1862年9月，林肯颁布了《解放黑人奴隶宣言》，规定从1863年元旦起，废除叛乱各州的奴隶制，并允许奴隶作为自由人参加北方军队。宣言的发表，在全国引起巨大反响。广大黑人欢庆解放，踊跃报名参军，北方军队因此获得雄厚的兵源。1865年，南北战争以北方的胜利告终，美国的统一最终得到维护。

美国南北战争是美国历史上第二次资产阶级革命。经过这场战争，美国废除了奴隶制度，基本解决了农民的土地问题，扫清了资本主义发展的又一障碍，为美国经济迅速超过英、法等国家创造了条件。

【资料卡片】

林肯进入里士满

《林肯进入里士满》这幅画是艺术家根据当时的历史情景所创作的。里士满是美国弗吉尼亚的首府，在美国南北战争期间是南方十一个州所建立的叛乱政府所在地。

图3-5　林肯进入里士满

1865年4月4日，林肯从弗吉尼亚的西蒂波因特村（在这个村外停泊的船上，林肯曾召开军事会议，讨论攻打里士满的问题），乘轮船驶往里士满。快到里士满时，轮船搁浅了，后来改乘小划艇在一个叫克罗茨地方上岸。骑兵队赶到以后，他们护送林肯一行来到叛乱政府的总统府。稍事休息后，由骑兵护卫，乘马车巡视了市区。因此，画家画的是林肯乘马车巡视市区的场面：林肯坐在马车里，马车夫微微举起赶马的鞭子。在图画里，我们看到里士满群众向林肯欢呼的场面，许多人脱帽挥舞；一些人抑制不住心中的兴奋，干脆把帽子抛向空中；有人把小孩举在空中；有人左手指着林肯，右手扶着同伴或拉着孩子，好像在说：快来看呀，这是林肯总统，是黑人奴隶的解放者。画的右上角是由群众举着美国国旗，象征着里士满回到联邦政府手中。[①]

（3）知道明治维新的主要政策，理解明治维新在日本历史发展中的作用。

19世纪中期的日本，仍是闭关锁国、落后的封建国家。天皇大权旁落，实际权力掌握在

---

① 严志梁.世界历史四幅彩图的说明[J].历史教学，1982(12)：48.

幕府将军手中。同时,外国势力的渗透,激化了日本的国内矛盾,幕府的统治岌岌可危。一部分中下级武士逐渐放弃了排斥西方的做法,开始接受西方的先进技术和思想,主张以武力推翻幕府的统治,并取得成功。

推翻幕府以后,明治天皇政府试行了一系列资产阶级性质的改革。政治方面,"废藩置县",加强中央集权;经济方面,废除重重关卡和行会制度,兴办工商业,允许土地买卖,引进西方先进技术,鼓励发展近代工业;文化教育上,采用欧美学制,设立新式学校,实行小学义务教育,发展中等和高等教育;革除旧习,提倡欧美生活方式,穿西服、吃西餐;军事上,废除武士制,实行征兵制,建立效忠天皇的"皇军";社会生活方面,提倡"文明开化",即向欧美学习,努力发展教育。这些改革是在明治年间进行的,因此被称为"明治维新"。

明治维新使日本从一个闭关锁国的封建国家,逐步转变为资本主义国家,摆脱了沦为半殖民地国家的命运,是日本历史上的重大转折点。日本强大起来以后,很快就走上了对外侵略扩张的军国主义道路。

(4) 通过电的利用,内燃机与汽车、飞机诞生等史实,了解第二次工业革命,理解工业革命带来的社会进步和社会问题。

19世纪70年代,电力作为新能源进入生产领域。由于发电机和电动机的发明和使用,电气的应用日益广泛。电力逐步取代蒸汽,成为工厂机器的主要动力,人类历史进入了"电气时代"。

1831年,英国科学家法拉第发现电磁感应现象并提出电磁学理论,电磁学理论很快被应用于生产实践,为电力的大规模应用奠定了基础。1876年,定居美国的英国人贝尔发明了电话。19世纪90年代,意大利工程师马可尼发明无线电报,成功实现了横穿英吉利海峡的无线电报。在电器发明领域,美国科学家爱迪生最为著名。他在1879年研制成功耐用的碳丝灯泡,为世界带来了光明,人们称赞他是"打开电气时代的领袖"。

19世纪80年代,德国人卡尔·本茨等人设计出内燃机。以内燃机为动力,1885年,德国人卡尔·本茨试制汽车成功。此后,汽车经过不断改进,成为一种大众化的交通工具。汽车的大量使用,增强了人们的生产能力,改变了人们的生活方式,扩大了人们的活动范围,加强了人与人之间的交流。

20世纪初,人们制造出飞艇。1903年12月的一天,美国的莱特兄弟经过不断努力,终于制成飞机,并试飞成功。后来,飞机的载重不断增加,速度不断提高,航程越来越远,今天它已经成为人们便利、快捷的空中交通工具。

第二次工业革命推动了生产力的发展,大大促进了资本主义经济的发展,出现了电力工业、化学工业、汽车工业、石油工业等新的工业部门。随着生产的发展和资本的集中,产生了垄断,资本主义进入到帝国主义阶段。加剧列强对世界的瓜分和争夺,引发了列强之间的新矛盾。

四、马克思主义的诞生与殖民地人民的抗争

1. 内容提要

资本的残酷剥削和列强疯狂的殖民扩张,使资产阶级和无产阶级的阶级矛盾、资本主义列强与殖民地半殖民地国家的民族矛盾空前激化,工人运动、社会主义运动和民族解放运动蓬勃发展。19世纪中期,马克思主义的诞生为国际共产主义运动指明了方向。

2. 知识要点

(1) 了解马克思、恩格斯的革命活动和《共产党宣言》的发表,理解马克思主义诞生的历史意义。

工业革命给人类巨大财富的同时,也给社会造成了前所未有的两极分化,资产阶级越来越富有,工人却待遇很差。19世纪三、四十年代,广大工人改善劳动和生活条件,提高政治地位而积极斗争,工人运动在欧洲蓬勃兴起。19世纪30年代到40年代,欧洲英国、法国、德国等爆发几次大规模工人运动。同时,一些优秀的思想家在揭露、批判资本主义制度的同时,开始探索改造社会的方法,德意志人马克思和恩格斯是其中杰出的代表。

马克思、恩格斯吸收了空想社会主义等优秀成果,创立了科学社会主义。1848年,马克思、恩格斯为国家无产阶级组织——共产主义者同盟起草的纲领《共产党宣言》发表。《共产党宣言》分析了阶级斗争在阶级社会历史发展中的作用,揭示了资本主义必然要被社会主义代替的客观规律,号召全世界无产者联合起来,为获得自己的解放而斗争。《共产党宣言》末尾留下了至理名言。全句为:"让统治阶级在共产主义革命面前发抖吧。无产者在这个革命中失去的只是锁链,他们获得的将是整个世界。全世界无产者,联合起来!"

图3-6 《共产党宣言》

《共产党宣言》的发表,标志着马克思主义诞生。从此,在科学理论的指导下,国际工人运动进入一个新的历史时期。

(2) 知道玻利瓦尔领导的反殖斗争等史实,理解殖民地人民反抗斗争的正义性和艰巨性。

在美国独立战争和法国大革命影响下,拉丁美洲爆发了摧毁西班牙、葡萄牙等殖民统治的独立运动。1791年,海地发动反抗法国殖民统治的起义。1804年,海地宣布独立,成为拉美第一个独立国家。玻利瓦尔是19世纪拉丁美洲独立运动最杰出的领袖。他领导了1810—1830年间委内瑞拉、哥伦比亚、厄瓜多尔、秘鲁等地的独立战争,建立了联合委内瑞

拉、哥伦比亚和厄瓜多尔的大哥伦比亚共和国及秘鲁、玻利维亚等国家,是南美洲共和制度的奠基者。为了永远纪念这位功勋卓著的革命者,他被授予了"解放者"的称号。美洲有很多城市以"玻利瓦尔"为名字来纪念他。

(3) 知道印度民族大起义等史实,理解殖民地人民反抗斗争的正义性和艰巨性。

19世纪上半期,印度完全成为英国的殖民地,印度土兵由于受到英国殖民者的民族压迫和歧视,成为核心反抗力量。1857年,印度士兵拒绝使用涂有猪油牛脂的子弹而判刑入狱,点燃了起义的导火线。起义军解放德里,席卷中部和北部地区。在占西保卫战中,占西女王拉克西米·芭伊英勇作战,英国派大军镇压,起义失败,占西女王壮烈牺牲。印度民族大起义,展现了印度人民为反对殖民统治,争取民族解放的决心和勇气,打击了英国殖民统治。

五、世界近代科学与文化

1. 内容提要

随着经济的发展,世界近代的科学家和文化巨匠群星灿烂,特别是物理学家牛顿、生物学家达尔文、文学家巴尔扎克、音乐家贝多芬等,在各自的领域都做出了卓越的贡献,取得了辉煌的成就。

2. 知识要点

(1) 通过牛顿、达尔文等人的成就,了解科学在近代社会发展中的重要作用。

牛顿是英国的科学家,著有《自然哲学的数学原理》,提出运动三大定律和万有引力定律,创造性地建立了经典力学的完整体系。理论极大地丰富了人类的自然科学知识,为工业革命和其他科技创新提供了重要的前提。

达尔文是英国生物学家,1859年著有《物种起源》一书。该书确立了完整的生物进化学说。达尔文的进化论第一次把生物学放在了科学的基础之上,在科学和社会领域引发了一场革命,为生物学和其他科学家的科学研究奠定了基础。但达尔文的生物进化论认为,生物进化是一个渐进发展的过程,宣称自然界无跳跃,否认自然界存在物种形成的突变。

(2) 通过巴尔扎克等人的成就,了解文化在近代社会发展中的重要作用。

巴尔扎克是法国19世纪伟大的批判现实主义作家。代表作《人间喜剧》,包括91部长篇小说和中、短篇小说,描绘了19世纪上半期法国社会与历史场景,揭示出封建主义必然为资本主义所取代的规律,深刻反映了资本主义制度的某些弊病。

(3) 通过贝多芬等人的成就,了解音乐在近代社会发展中的重要作用。

贝多芬是德国近代伟大的音乐家。他深受启蒙思想和法国资产阶级革命的影响,毕生追求平等、自由、博爱。他的许多作品都反映了民主的革命精神,《英雄交响曲》是他的代表作品之一。作品以法国大革命为背景,抒发了人们渴望光明,为争取解放而英勇斗争的激情。

第三节 世界现代史基本知识

一、第一次世界大战及战后世界新秩序

1. 内容提要

20世纪上半期,发生了两次世界大战。第一次世界大战中爆发的俄国十月革命,在世界上建立了第一个社会主义国家,将社会主义的理想变成了现实。一战结束后,战胜国对战后世界的安排,为第二次世界大战埋下了祸根。资本主义在经历了短暂的和平与繁荣之后,于1929年爆发了空前的经济大危机。在应对危机的过程中,美国实行了以国家调控经济为主要内容的罗斯福"新政";德、意、日等国家则力图以对外扩张寻求出路,并最终发动了第二次世界大战。战争以法西斯国家的彻底失败而告结束。

2. 知识要点

(1) 知道"三国同盟"与"三国协约"、萨拉热窝事件、凡尔登战役等;分析第一次世界大战爆发的原因,了解世界大战给人类社会带来的巨大灾难。

第一次世界大战是在第二次工业革命后,19世纪末到20世纪初各主要资本主义国家为重新分割世界,争夺世界霸权而发起的一场战争,它开始于1914年6月,结束于1918年11月。

在第二次工业革命的推动下,19世纪末到20世纪初,主要资本主义国家进入帝国主义阶段,出现了资本主义政治经济发展的不平衡,后起的帝国主义国家如德国要求重新瓜分世界,与英、法等老牌帝国主义国家展开了激烈的争夺。争夺霸权的结果,形成了两大敌对的帝国主义侵略集团——德国、奥匈帝国、意大利组成的三国同盟和英国、法国、俄国组成的三国协约。这两大军事集团展开疯狂的扩军备战,世界大战一触即发。1914年6月的萨拉热窝事件成为第一次世界大战的导火线。1914年7月,德国、奥匈帝国向塞尔维亚宣战,第一次世界大战爆发。

第一次世界大战交战双方主要是同盟国(德国、奥匈帝国、土耳其等)与协约国(英国、法国、俄国、意大利、日本、美国、中国等)。战场以欧洲战场为主,共有西、东、南三条战线,其中西线、东线起决定作用。第一次世界大战主要战役以1916年西线的凡尔登战役最为著名。凡尔登战役持续10个月,是第一次世界大战中具有决定意义的一战,战役中双方伤亡总人

数达到七十多万,因而被称为"凡尔登绞肉机"。战争后期,意大利背叛盟国,俄国发生革命且退出战争,美国加入协约国作战,奥匈帝国解体。1918年德国宣布投降,标志着第一次世界大战的结束,以同盟国的失败告终。

中国是第一次世界大战的参战国。1917年,中国北洋军阀政府对同盟国宣战,参加第一次世界大战,是战胜国之一。第一次世界大战期间,日本对德宣战,出兵中国山东,夺取德国在山东的权益,侵犯了中国主权。

第一次世界大战是一场非正义的帝国主义掠夺战争,对交战双方而言,都是非正义的。第一次世界大战给欧洲带来了深刻的经济和政治危机。它给交战国人民带来深重灾难,造成了重大的物质损失和人员伤亡,打击了帝国主义国家,改变了各帝国主义国家的力量对比。同时第一次世界大战也促成了世界上第一个社会主义国家——苏联的诞生。

(2) 了解《凡尔赛条约》《九国公约》的基本内容,知道战胜国建立了战后世界新秩序。

第一次世界大战以德国为轴心的同盟国失败结束。1919年1月至6月,就如何处理战后遗留问题,战胜的协约国各国代表举行了巴黎和会。英、法、美等大国主导了巴黎和会。为了惩罚和削弱德国,会上战胜国迫使德国签订了《凡尔赛条约》。

条约的主要内容包括德国及其各同盟国应承担罪责;重新划定德国疆界,归还法国领土,承认奥地利、波兰独立;德国放弃其全部海外殖民地;限制德国军备;德国须向战胜国支付巨额赔款等。

《凡尔赛条约》是战胜国强加给德国的十分苛刻的条约,在国际关系中埋下了罪恶的种子。《凡尔赛条约》签订以后,各战胜国又相继同其他战败国签订了一系列条约。《凡尔赛条约》及其随后签订的对奥、匈、保、土的各项条约一起,构成了战后国家关系新秩序——凡尔赛体系。它建立了帝国主义在欧洲、西亚、非洲、东亚以及太平洋地区的统治秩序,是第一次世界大战后帝国主义国家重新瓜分世界的体系,对战后欧洲以及国家关系的发展有着重大影响。

《凡尔赛条约》对战败国进行掠夺性惩罚,加深了战败国与战胜国之间的矛盾。这些条约是战胜国之间暂时互相妥协的产物,分赃不均使得这种国际新秩序潜伏着深刻的危机。1921—1922年,与远东地区有重大关系的各国召开了华盛顿会议,签订了《限制海军军备条约》《九国公约》等诸多条约,调节了帝国主义国家在远东太平洋地区的矛盾,形成了"华盛顿体系"。华盛顿会议是巴黎和会的继续,最终形成了帝国主义战后国家关系的新格局——"凡尔赛—华盛顿体系"。新成立的国际联盟在英法的控制下,是维系这一体系的工具。

(3) 知道甘地领导的印度非暴力不合作运动和凯末尔领导的土耳其革命,了解印度和土耳其人民争取民族独立斗争的不同特点。

第一次世界大战后,英国对印度实行镇压政策。1919年英国公布罗拉特法案,授权可以随意逮捕印度人。不久,在旁遮普省,英国殖民军向集会群众开枪,制造"阿姆利则惨案"。

1920年,印度国大党采纳甘地的"非暴力不合作计划"。不合作运动使英国经济遭受严重打击,提升了印度的民族自尊心和自信心。甘地被尊称为"圣雄",1922年运动突破非暴力限制,甘地停止运动,使印度民族解放运动走向低潮。

第一次世界大战后,战败国的土耳其成为列强宰割对象,土耳其成为西方的半殖民地。为挽救民族危机,在凯末尔领导下进行资产阶级革命,建立政府,打败素丹政府军、赶走外国军队,建立土耳其共和国,结束了几百年奥斯曼帝国的封建统治,实现国家和民族独立。建国后,土耳其实行改革,走上民族复兴的道路。

二、苏联社会主义道路的探索与美国罗斯福新政

1. 内容提要

十月革命是人类历史上第一次胜利的社会主义革命。苏俄实行战时共产主义政策,集中全国人力、物力、财力应对国内外危机。1921苏俄实行新经济政策,使经济得到较快的恢复与发展,基本恢复到战前1913年的水平。此后,苏联实行社会主义工业化和农业集体化,社会主义建设取得辉煌的成就,但是高度集中的计划经济体制弊端逐步显现。

在社会主义国家欣欣向荣之际,资本主义国家在1929—1933年出现了严重的经济危机。罗斯福力挽狂澜,运用国家干预经济的新政,使美国经济缓慢地恢复,人民生活得到一定的改善。

2. 知识要点

(1) 通过彼得格勒武装起义的胜利,理解列宁领导的世界上第一个社会主义国家诞生重要的历史意义。

第一次世界大战激化了俄国的各种社会矛盾,俄国成为帝国主义链条上最薄弱的环节,一场革命不可避免。1917年,俄国爆发"二月革命",俄国人民推翻了沙皇罗曼诺夫王朝的专制统治。在这次革命中,首都彼得格勒的工人和士兵建立了新政权——工兵代表苏维埃,并建立了自己的武装。俄国出现了苏维埃和资产阶级两个政权并存的局面。4月,列宁发表了著名的《四月提纲》,制定了从资产阶级民主革命向社会主义革命过渡的路线,明确提出"全部政权归苏维埃"的口号。1917年11月7日(俄历10月25日),俄国首都彼得格勒的工人和士兵首先举行武装起义,资产阶级临时政府被推翻。第二天,组成了以列宁为主席的第一届苏维埃政府——人民委员会,世界上第一个社会主义国家诞生了。

十月革命是人类历史上第一次取得胜利的社会主义革命,第一个社会主义国家由此诞生。十月革命成功地在资本主义世界体系上打开了一个缺口,沉重打击了帝国主义的统治,推动了国际社会主义运动的发展,鼓舞了殖民地半殖民地人民的解放斗争。十月革命将社会主义理论变为现实,开创了国际社会主义运动的新局面。

【资料卡片】

列宁是苏维埃政权的缔造者

这幅油画是苏联画家 B.谢洛夫创作的。尽管油画安排的细节与实际情况不完全一致,但这幅油画反映了一个主题:列宁是苏维埃政权的缔造者。在图画里,我们看到一个质朴和伟大的革命者列宁。他的手势简单、有力而富有表情,他的演讲吸引了全场人注意。站在讲台上的还有斯维尔德洛夫,他站在列宁背后,身穿黑色皮夹克,是布尔什维克党中央书记,十月革命后,被选为全俄中央执行委员会主席。讲台上还有波兰最著名的革命家捷尔任斯基(最右边的站立着),他是布尔什维克党中央委员,十月革命后任全俄肃反委员会(简称契卡)主席。他们两人都参与了十月武装起义的组织工作。在会场内,有人打着革命的红旗,有人举着有"全部政权归苏维埃"字样的旗帜。全场的工人赤卫队员、革命士兵和水兵正聚精会神地听着列宁的演讲,脸上的表情告诉我们,大家决心按照列宁的指示,向着美满幸福的社会主义前进。①

图 3-7 列宁是苏维埃政权的缔造者

(2)从新经济政策、社会主义工业化和农业集体化,了解苏联社会主义建设的成就和主要问题。

国内战争结束后,苏俄继续执行"战时共产主义"政策,引发了严重的经济和政治危机。1921年,苏俄开始实行新经济政策。新经济政策的主要内容是:以固定的粮食税代替余粮收集制;解除了大部分小企业和 部分中小企业的国有化,允许私人开办小企业;对一些国家暂时无力开发的矿产、森林、油田等,政府以租让的方式让外国资本家经营;改变由国家垄断贸易的做法,恢复货币流通和商品交换;废除实物分配制。新经济政策的实施,提高了人民的生产积极性,促进了经济的迅速恢复,有利于稳定政治形势。新经济政策是列宁对生产力落后的国家如何建设社会主义的一次富有创新意义的探索。

1925年,苏联确立社会主义工业化方针。1928年,开始有计划地进行经济建设。到1937年二五计划完成,苏联已从落后的农业国变成强大的工业国,工业总产值居欧洲第一、世界第二。苏联经济建设的主要问题是片面发展重工业,造成农业和轻工业的落后。1927年苏联实行农业集体化的方针,把个体小农经济改造为大规模的集体农庄。几年后完成集

---

① 严志梁.世界历史四幅彩图的说明[J].82(12):49.

体化,并初步实现农业机械化。主要问题是急于求成,强行推进,破坏农业生产。

(3) 知道世界经济大危机,了解罗斯福新政,理解国家干预政策对西方经济发展的影响。

经济大危机是1929—1933年资本主义世界的经济危机。经济大危机根源于资本主义制度的基本矛盾,即生产社会化与生产资料私有制之间的矛盾。直接原因是生产的相对过剩。经济大危机开始的标志是1929年,美国纽约证券交易所股票市场崩溃。它的特点是时间长、范围广、破坏性强。经济大危机带来了严重的危害,它加深了各主要资本主义国家的社会危机;德国法西斯上台,世界局势动荡不安。

1933年罗斯福就任美国总统后,为挽救美国的经济大危机而实行的一系列政策措施,在历史上被称为"罗斯福新政"。罗斯福

图3-8 罗斯福总统

实行新政的目的,是在资本主义制度内部进行调整,加强国家对经济的干预和指导,消除经济危机。为此,罗斯福制定和颁布了系列政策。新政的中心措施是对工业的调整。罗斯福还大力整顿银行,迅速恢复银行的信用,使私人现款存入银行,重新流通。在农业方面,让农民缩减大片耕地,屠宰大批牲畜,由政府付款补贴。危机期间,政府还大力兴建公共工程。

新政的实质是在维护资本主义制度的前提下,对资本主义生产关系的局部调整,以适应社会生产力的发展。罗斯福新政开启了国家干预经济的新时代,新政实施后,美国的经济缓慢地恢复过来,人民的生活得到改善,资本主义制度得到调整、巩固和发展,资本主义国家对经济的宏观控制与管理得到加强,美国联邦政府的权利明显增强。新政在美国和世界资本主义发展史上具有重要意义。

【资料卡片】

炉边谈话

在华盛顿的罗斯福广场,我们可以看到这样一个塑像:一个穿着平常服装的平民,坐在房间一角,侧着脑袋,正全神贯注地听着什么,原来他是在听罗斯福的"炉边谈话"。

1933年3月12日,即罗斯福就职总统后的第8天,他在总统府楼下外宾接待室的壁炉前接受美国广播公司、哥伦比亚广播公司和共同广播公司的录音采访,工作人员在壁炉旁装置扩音器。总统说:"希望这次讲话亲切些,免去官场那一套排场,就像坐在自己的家里,双方随意交谈。"哥伦比亚广播公司华盛顿办事处经理哈里·布彻说:"既然如此,那就叫'炉边谈话'吧",于是就此定名。罗斯福在其12年总统任期内,共做了30次炉边谈话,每当美国面临重大事件之时,总统都用这种方式与美国人民沟通。在罗斯福上任后雷厉风行地推动第一次新政时,这种方法的作用表现得最为突出。

三、第二次世界大战

1. 内容提要

第二次世界大战简称二战,亦可称世界反法西斯战争。1939年9月1日—1945年9月2日,以德国、意大利、日本法西斯等轴心国为一方,以反法西斯同盟和全世界反法西斯力量为另一方进行的第二次全球规模的战争。

从欧洲到亚洲,从大西洋到太平洋,先后有多个国家和地区、20亿以上的人口被卷入战争。第二次世界大战最后以美国、苏联、中国、英国等反法西斯国家战胜法西斯侵略者,赢得世界和平与进步而告终。

2. 知识要点

(1) 了解日本对中国的侵略、纳粹德国对外扩张;知道德国、日本、意大利侵略集团是发动第二次世界大战的罪魁祸首。

1931年,日本发动了侵略中国东北的九一八事变。1932年,日本侵略军侵略中国上海,制造了一二八事变。同年3月,日本帝国主义扶植清废帝溥仪做傀儡,在中国东北建立了伪满洲国。1935年,日本帝国主义为侵占中国华北而蓄意制造了一连串事件,总称"华北事变"。1937年7月7日,日本发动卢沟桥事变,标志日本全面侵华的开始。

1933年,希特勒掌握国家政权。1938年,德国吞并了奥地利,强行割占捷克的苏台德等地区。

通过对外侵略,法西斯国家获得了巨大的物力、人力资源,占据了许多战略要地,实力大增。形成了以德国、日本为核心的欧亚两个战争策源地。1937年,德、意、日三国轴心形成,初步形成一个最富侵略性的法西斯国家集团,世界大战迫在眉睫。

(2) 知道第二次世界大战的主要进程、《联合国家宣言》和雅尔塔会议,理解世界人民反法西斯战争的艰巨性和胜利原因。

1939—1941年是二战的爆发阶段。1939年9月1日,德国突袭波兰。9月3日,英法对德宣战,第二次世界大战全面爆发。1940年4月,德国先后攻占丹麦、挪威。1940年6月,德国入侵法国,法国不久投降。7月,德国入侵英国。同年,意大利在北非和东非发动进攻。

1941年6月—1942年6月是第二次世界大战的扩大阶段,主要战场为苏德战场、北非战场和亚洲、太平洋战场。1941年6月,德国撕毁《苏德互不侵犯条约》,对苏联发动突然袭击。苏德战争爆发,第二次世界大战进一步扩大。日本于1941年12月对美国太平洋舰队基地珍珠港发动突然袭击,之后,美国向日本宣战。这一阶段,苏、美等世界大国先后卷入战争。

1942年1月,26个反法西斯国家在华盛顿举行会议,签署了《联合国家宣言》,这标志着国际反法西斯同盟的正式形成。

1941年6月—1943年6月是第二次世界大战的转折阶段。1943年斯大林格勒战役的胜利,使苏德战场发生根本转折,也推动了世界反法西斯战局的变化。1942年,美国取得中途岛战役的胜利,日本丧失太平洋战场的战略主动权,太平洋战场出现转折。另外,英国取得北非战役的胜利。斯大林格勒战役、阿拉曼战役和中途岛战役的胜利,使世界反法西斯同盟开始掌握战场主动权。

1943—1945年是二战的胜利阶段。1943年,反法西斯联盟国家开始反攻。1943年11月,美、英、中三国签署《开罗宣言》,宣布日本所窃取中国的领土应归还中国。之后,苏、美、英三国首脑举行德黑兰会议,决定盟军在欧洲开辟第二战场。1945年初,美、苏、英三国首脑举行雅尔塔会议,决定战后德国由美、苏、英等国分区占领;决定在欧洲战场结束三个月之内,苏联必须对日作战;组建联合国。1945年5月8日,德国签署无条件投降书,欧洲战争结束。同年9月2日,日本正式签署投降书,标志反法西斯的第二次世界大战胜利结束。

第二次世界大战充分体现了法西斯主义反和平、反人类的本质,因此,它昭示人类警惕法西斯主义死灰复燃。和平与发展是当今世界的两大主题。第二次世界大战使国际舞台上大国之间的力量对比和地位发生巨大变化。

【资料卡片】

一张有关雅尔塔会议的照片

这幅照片摄于雅尔塔会议期间(1945年2月4—11日)。前面就座的是苏、美、英三国首脑,右边的是斯大林、中间的是罗斯福、左边的是丘吉尔。在三国首脑后面站立三国代表团的第二号人物,站在罗斯福背后的是苏联当时的外交部部长莫托洛夫,在罗斯福背后的是美国当时国务卿退丁纽斯,在丘吉尔背后的是英国当时的外交大臣艾登。

照片的背景是宏丽的利瓦季亚宫,这座白色花岗岩建筑物从前是沙皇在雅尔塔避暑的行宫,十月革命后成为疗养院。雅尔塔会议期间,是美国总统罗斯福及美国代表团下榻的地方。为了照顾罗斯福总统的行动不便,这里被用作三国首脑会议的会址。

图 3-9 雅尔塔会议

> 这幅照片不是会议过程中工作情景的照片,而是象征三国在法西斯斗争中团结合作的留影。这次会议虽然有矛盾和争论,但是始终保持着愉快的气氛。东道主苏联尽一切努力使代表们住得舒适。为了弥补战争严重破坏造成的不便,他们从莫斯科用火车运来了三家旅馆的人员和设备。会议的组织方式也很特别,三个巨头对每个问题都没有作具体规定,他们只是把问题提出来,讨论一下,然后交给外长或军事首领去处理。这种经常由一个议题转移到另一个议题的办法使大家能够心平气和。在会议期间的一次宴会上,三国首脑互相祝酒时,相互间对对方在法西斯斗争的贡献作了很高的评价。在雅尔塔会议期间,三国首脑协调了他们的军事计划,标志着他们在反对法西斯希特勒德国的战争中军事合作达到了最高峰。①

四、战后世界格局的演变

1. 内容提要

第二次世界大战后,社会主义从一国发展到多国,开创了世界历史的新局面。人类维护世界和平的意识和能力大大提高。尽管二战结束后不久便进入"冷战"时期,但是世界在整体上保持了和平状态。在这种和平环境中,现代资本主义国家通过一系列自我调节措施,经济在高科技的推动下迅速发展,社会生活发生了巨大变化。苏联和其他社会主义国家的建设也在改革中曲折前进。东欧的剧变和苏联的解体,只是社会主义一种已经僵化的模式的失败,并非整个社会主义制度的失败。世界殖民体系在民族民主运动的冲击下最终全面崩溃,这是人类历史的巨大进步。独立后的民主国家在维护国家主权、振兴民族经济、促进社会发展和改变旧的、不合理的国际政治经济秩序方面进行着不懈的努力。

2. 知识要点

(1) 知道杜鲁门主义、德国分裂、"北约"与"华约",了解美苏"冷战"对峙格局的形成。

1947年3月12日,美国出台了"杜鲁门主义",公开宣称要领导"自由世界"去反对"共产主义威胁"和"苏联扩张",对苏联实行"遏制"。杜鲁门主义的出台标志着美苏关系正式破裂,冷战全面展开。

1949年,在美国和苏联的支持下,德国东部和西部分别成立德意志联邦共和国和德意志民主共和国,首都柏林分裂为东、西两个部分。1961年德国政府沿西柏林筑起了一条封锁线。这条封锁线被称为"柏林墙",成为德国分裂的标志。德国分裂是冷战的典型表现。

---

① 严志梁.世界历史四幅彩图的说明[J].历史教学,1982(12):49.

第三章 世界历史基本知识

1949年，美、英等12国外长在华盛顿签订了《北大西洋公约》，北大西洋组织建立。这个政治军事集团被称为战后初期美国控制西欧、"遏制"苏联、推行冷战政策的工具。1955年，苏联与东欧7国代表缔结了《华沙条约》。华约的成立标志着欧洲正式形成了与北约相对峙的另一大军事集团。北约与华约的成立标志着两极格局的正式形成。

（2）知道苏联模式社会主义的推广，了解苏联的改革与变化以及苏联解体和东欧剧变。

1936年，苏联颁布新《宪法》，宣告了第一个社会主义国家基本制度的建立，这也标志着斯大林创建的高度集中的政治经济体制（即苏联模式）的形成。

苏联模式具有"一切经济活动按国家计划运行，采用行政命令管理经济"和"国家权力高度集中，党政不分"两大特点。苏联模式开辟了一条不同于市场经济的计划经济体制和新兴的工业化模式，苏联迅速实现工业化，经济实力的迅速增长，为后来苏联取得反法西斯战争的胜利奠定了物质基础。

但苏联模式具有严重的弊端。经济上，它否定市场机制作用，片面发展重工业，使轻工业和农业长期处于落后状态，对农民剥削太重，挫伤了农民的生产积极性；忽视消费品的生产，导致人民的物质生活长期没有得到重大改善；长期执行指令性计划，严重削弱了企业的生产自主权，不利于发挥企业的生产积极性，制约了苏联经济的持续发展。政治上，权力过于集中，民主法治被忽视，形成个人集权。

1985年，戈尔巴乔夫上台，按照"新思维"，在政治、经济、外交上全面改革。首先进行经济体制改革，在改革出现问题时，把改革的重点转向政治领域，最终导致1991年苏联解体。

从20世纪80年代起，东欧各国陷入了严重的经济困境，政治局势发生了激烈的动荡。一些国家执政四十多年的共产党和工人党在短时间内纷纷丧失政权，社会制度也随之发生根本性变化。波兰是第一个发生剧变的国家，接着，除罗马尼亚以外的东欧国家，都通过自有选举的和平方式发生了剧变。政权更迭后，民主德国并入联邦德国；多民族的南斯拉夫一分为五，在原来的领土上爆发激烈的地区性战争，捷克斯洛伐克一分为二。1991年，戈尔巴乔夫的政治改革引起了八一九事件，其被迫辞职，各加盟共和国纷纷宣布独立。至此，苏联完全解体。

（3）初步了解冷战后世界多极化的发展趋势。

20世纪90年代初，东欧剧变和苏联解体，标志着冷战结束，两极格局结束，美国成为世界上唯一的超级大国。冷战结束后，世界上各种力量出现新的分化和组合。美国企图独霸世界；日本积极谋求建立政治大国；欧洲一体化进程的加快使欧洲的地位和实力进一步提高和增强，在国际格局中占有重要的位置；随着综合国力的增强，中国正在发挥着越来越重要的作用；不结盟运动的兴起，第三世界在国际舞台上发挥独立的作用，这些因素促进了世界格局向多极化方向发展。

(4) 初步理解联合国和世界贸易组织的宗旨和作用。

联合国是第二次世界大战的产物。它于1945年10月成立,总部设在纽约,主要机构有联合国大会、安全理事会等。《联合国宪章》是各成员国共同遵守的法规。联合国的宗旨是维护世界和平与安全,促进国际合作与发展。联合国在一定程度上促进了国际合作以及各国人民平等独立事业的发展,也有利于克服一系列的国际危机。

世界贸易组织(WTO)是由《关税及贸易总协定》发展而来的,1955年1月1日,世界贸易组织正式形成,被称为"经济联合国"。它的宗旨是促进各国市场的开放,调解贸易纠纷,实现全球范围的贸易自由化。世界贸易组织的成立标志着以贸易自由化为中心,规范化、法制化的世界贸易体系开始建立起来。

2001年11月多哈会议上,中国被正式批准加入世界贸易组织。中国加入世界贸易组织,这有利于参与国际经济合作和国际分工;有利于扩大出口和利用外资,并在平等条件下参与世界竞争;有利于进一步完善社会主义市场经济体制;有利于改革开放,并在平等条件下参与世界竞争;有利于进一步完善社会主义市场经济体制;有利于改革开放、社会主义市场经济发展和人民生活水平的提高;有利于促进世界经济的增长。

五、战后主要资本主义国家的发展变化与亚非拉国家的振兴

1. 内容提要

持续近半个世纪的冷战,以苏联解体为标志而结束。当今世界正处在大变革大调整之中。世界多极化和经济全球化的趋势在曲折中发展,和平与发展仍然是时代的主题,成为世界人民的共同追求。联合国在捍卫世界和平、发展全球经济中发挥着越来越重要的作用。中国作为联合国安理会常任理事国,积极参加联合国的活动。

2. 知识要点

(1) 知道欧洲联合的趋势和日本经济的发展,知道社会保障制度的建立,初步了解战后资本主义发展的新特点。

文艺复兴以来的西欧国家有着相似的文化传统。随着近代民族国家的诞生,欧洲国家陷入持续不断的冲突和战争之中,从反面激起欧洲人对欧洲统一的强烈愿望。二战后,西欧国家普遍衰落,美苏两极格局的形成使欧洲人认识到国家联合的重要性,开始了经济一体化进程。

1951年,法、意、荷、比、卢和联邦德国六国成立欧洲煤钢联营;1957年,六国又签订了《欧洲经济共同体条约》和《欧洲原子能共同体条约》。1967年,三个机构合并,统称欧洲共同体。欧共体的成立,大大增强了西欧国家的经济实力。

1992年,欧共体成员国建立欧洲经济货币联盟和欧洲政治联盟。1993年,欧洲联盟成

立,标志着欧共体从经济实体向经济政治实体过渡。1999年,欧盟单一货币欧元正式问世。欧盟在经济领域已经取得了突出的成就,成为当今世界经济格局中的重要力量。

第二次世界大战后,美国在日本进行了社会改革,推行非军事化政策。20世纪50年代,美国出于本国的战略需要,开始扶植日本。当时,朝鲜战争爆发,美军在日本大量采购军用物资,刺激了日本经济的繁荣。同时,日本制定了适当的经济政策,引进最新的科学技术成果,发展教育和科学技术,促进了经济的迅速发展。20世纪50年代中期以后的近20年间,日本经济持续高速发展,成为仅次于美国的世界第二号资本主义经济大国。在钢铁、汽车、船舶、电器等许多重要生产领域,日本都名列世界前茅。1987年,日本经济规模超过苏联,仅次于美国。

二战后,在民主与进步的潮流和第三次科技革命推动下,发达资本主义国家实施具有社会规模的福利制度,成为"福利国家"。这项制度的社会保险主要有老年退休保险、失业保险、医疗保险、残废保险等,此外还有福利补贴等。

战后资本主义国家的发展整体上具有以下特点:国家垄断资本主义的空前发展;建立福利制度;第三产业蓬勃发展,成为国民经济的重要支柱;20世纪90年代,首先在美国出现"新经济"的新趋势,推动了美国经济长达十年的持续增长。

(2)通过万隆会议、"非洲独立年"、巴拿马收回运河主权等史实,知道战后殖民体系的崩溃和亚非拉国家为捍卫主权、发展经济所进行的斗争。

二战后,亚非拉国家民族解放运动蓬勃发展,许多殖民地半殖民地国家,取得了民族独立,1960年非洲有17个国家独立,被称为"非洲独立年"。1990年纳米比亚独立,标志着世界殖民体系结束。

1955年,有共同遭遇的29个国家的政府首脑在印尼的万隆召开国际会议。会上主要讨论了保卫和平、争取民族独立、发展民族经济等共同关心的问题。周恩来同志在会上提出了"求同存异"的方针,促进会议取得圆满成功。万隆会议的召开,反映了亚非人民团结一致反帝反殖的共同愿望。

1956年,埃及总统纳赛尔从英法殖民者手中将苏伊士运河收归国有,捍卫了国家主权。

六、人类社会发展所面临的挑战

1. 内容提要

人类在享受高科技带来的丰富多彩的现代社会生活的同时,也面临着各种日益严重的全球性问题。这些问题只有通过国际合作才能得到克服和解决。

2. 知识要点

以计算机网络、生态与人口等问题为例,了解现代人类社会的发展及面临的挑战。

20世纪四五十年代开始的第三次科技革命,主要在原子能、电子计算机和空间技术生物工程等领域取得突破。1945年美国成功试爆第一颗原子弹,1946年第一台电子计算机在美国问世。苏联1957年首次人造卫星上天和1961年首次宇宙飞船太空飞行成功,1969年美国人登上月球。计算机网络技术发展,大大缩小了全球空间,深刻地影响人类文明进程。第三次科技革命推动了社会生产力的发展,使人类从工业社会步入信息社会,20世纪末,知识经济出现了。

随着工业化发展,人口、资源、环境和发展不协调使人类的发展面临着巨大的挑战。人口增长过快、自然资源短缺、全球气候变暖、土地荒漠化、酸雨等关系到人类社会生产与发展的问题。实施可持续发展战略,加强国际合作是面对挑战的选择。

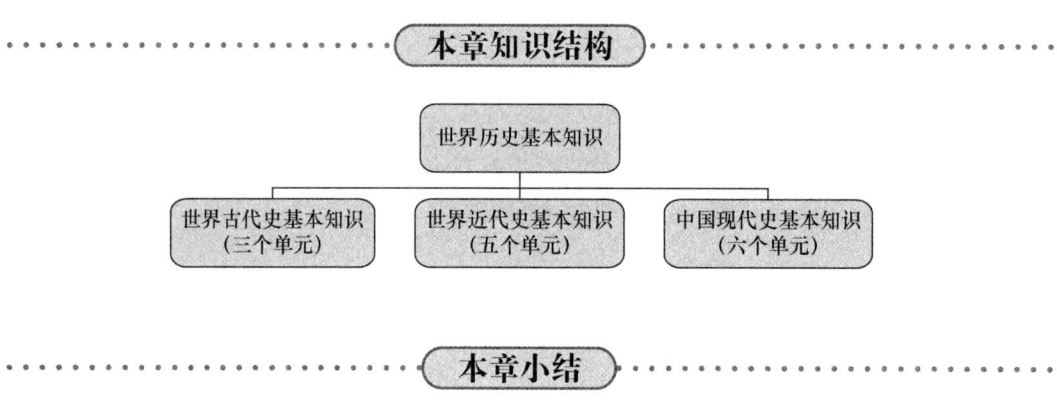

本章小结

(一) 本章的主要内容

本章为世界史的基本知识,它主要由世界古代史、世界近代史和世界现代史构成。

第一部分为世界古代史,包括从早期人类出现的三、四百万年前直到公元15世纪末期的世界历史。这部分,我们大致分为三个时期:上古人类文明;中古亚欧文明;世界古代思想文化。

第二部分为世界近代史,主要是指资本主义的产生和发展,并逐步形成世界资本主义体系向帝国主义过渡的历史。这部分的内容,主要包括:世界市场形成的雏形及拓展;世界市场体系的初步形成;世界市场体系的完全形成;马克思主义的诞生与殖民地人民的抗争;世界近代科学与文化这五个部分。

第三部分为世界现代史,即进入20世纪以来的世界历史。在这个阶段,人类社会取得了空前的进步和巨大的发展,但也经历了前所未有的苦难。这部分主要叙述了第一次世界大战及战后世界新秩序;苏联社会主义道路的探索与美国罗斯福新政;第二次世界大战;战后世界格局的演变;战后主要资本主义国家的发展变化与亚非拉国家的振兴;人类社会发展面临的挑战。

（二）本章的重点和难点

1. 葡萄牙和西班牙是西欧最早开辟新航路的国家，16世纪上半叶依靠殖民掠夺，成为势力遍布全球的殖民帝国，成为当时世界强国。

2. 通过17世纪资产阶级革命确立新体制后，英国在历史性的转变中抢占先机。15世纪率先完成了工业革命，成为世界上最早的工业国，在长达两个世纪的时间里傲视全球。

3. 工业化专题：工业化是现代化的核心。

美、德在第二次工业革命后来居上，率先实现电气化；日本通过明治维新开始工业化，成为亚洲第一个工业化国家。二战后，形成了第三次现代化浪潮。20世纪80年代以来，第三次科技革命推动知识经济出现。我国正处于工业化中期阶段，改革开放使工业化加速发展，走新型工业化道路（就是坚持以信息化带动工业化，以工业化促进信息化，使科技含量高、经济效益好、资源消耗少、环境污染少、人力资源优势得到充分发挥的工业化）。工业化既提高生产力，推动工业化国家经济发展，世界联系加强，深刻影响人类生活方式、生产方式，也带来城市病及各种社会问题，解决办法主要是走可持续发展道路。

（三）学习时要注意的问题

1. 考生抓住线索，落实好基础知识。

2. 工业革命、第二次工业革命与第三次科技革命的科技成就不要混淆。

3. 由于高中的战争史作为选修内容，是考生知识的薄弱环节，考生在复习中，要在知识掌握方面查漏补缺，多关注战争史。

备考指南

依据考纲的要求，本章要求了解世界历史发展的基本线索和总体趋势，掌握重要的历史人物、历史事件以及人类文明的主要成果，掌握人类社会发展的基本规律和历史发展的时代特征。

本章知识点较多，在以往考试中以选择、简答、材料等多种形式出题。世界古代史中几个重要的古文明需要掌握；世界近现代史中的考点较多，每次考试都有一道与它相关的材料题，是考查的重点。

自测训练

一、选择题

1. 某校历史兴趣小组探究古尼罗河流域文明形成了下列初步的认识，这些认识中正确的是(   )。

  A. 世界现存最早的成文法典诞生于此地

  B. 基督教产生于此地

  C. 古代该地区人们使用象形文字

  D. 西方文明发源于此地

2. 沙特阿拉伯王国的国旗上写着"万物非主,惟有真主,穆罕默德是安拉的使者"。这说明在沙特阿拉伯王国主要信奉的宗教是(   )。

  A. 伊斯兰教　　　B. 基督教　　　C. 佛教　　　D. 道教

3. 梯也尔曾这样评价拿破仑:"这是一位同亚历山大及恺撒一样的天才人物,长于指挥军队……竟还有立法家们具有的才能……"最能说明拿破仑"竟还有立法家们具有的才能"的是(   )。

  A. 拿破仑多次打败反法同盟对法国的进攻

  B. 拿破仑创办了法兰西大学

  C. 音乐家贝多芬为拿破仑创作了《英雄交响曲》

  D. 颁布了拿破仑《法典》,确立了资本主义社会的立法规范

4. "起来,饥寒交迫的奴隶……到明天,International 就一定能实现。"这首无产阶级战歌产生于(   )。

  A. 法国大革命时期

  B. 1848年《共产党宣言》发表时

  C. 巴黎公社失败后

  D. 十月革命胜利后

5. 古希腊是历史上著名的文明古国。下列关于古希腊的叙述,正确的是(   )。

  A. 颁布了世界上第一部成文法典

  B. 建立过地跨欧亚非三大洲的帝国

  C. 是西方文明的发源地

  D. 实行种姓制度

6. 美国某纪念塔内有一块中国人赠送的石碑,上写"开疆万里,乃不僭位号、不传子孙,而创为推举之法……"请判断石碑上的话是对哪位美国总统的评价(   )。

  A. 华盛顿　　　B. 林肯　　　C. 罗斯福　　　D. 杜鲁门

7. "三百年前,人类的思想还充斥着迷信和恐惧,水为什么会往低处流?太阳为什么会升起落下?这些今天看来简单至极的问题,在当时却是根本无法认识和把握的。"材料中的问题被人类破解的标志性科学成就是(   )。

A. 阿基米德浮力定律 B. 牛顿力学
C. 达尔文进化论 D. 陈国达地洼学说

8. 右面这幅画作于1996年,艺术地表达了作者对世界经济的看法。以下各项中,最能反映这一看法的是( )。

A. 世界政治格局呈现多极化

B. 世界经济和谐发展

C. 经济全球化存在着风险

D. 世界经济的发展有利于发展中国家

平衡的世界经济?

9. 右图是关于"世界资本主义工业生产发展图",其中对A处的描述正确的是( )。

A. 人类进入到"蒸汽时代"

B. 发明了汽车、飞机等交通工具

C. 电子计算机广泛应用

D. 生活中人们普遍采用电灯照明

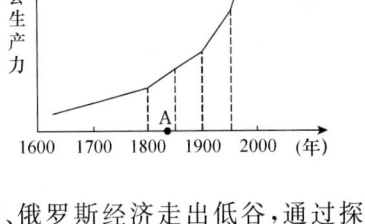

10. 某同学在网上搜集了如下关键信息:两极格局结束、欧盟成立、东方巨龙腾飞、日本的崛起、俄罗斯经济走出低谷,通过探究得出如下结论,你认为正确的是( )。

A. 大国力量保持均衡

B. 当今世界多极化格局已经形成

C. 世界政治格局朝着多极化方向发展

D. 美国建立起了单极世界霸权

二、材料分析题

11. 阅读下列材料,回答问题:

材料一 19世纪初期,拿破仑攻占意大利;1814年,拿破仑被赶下台。一位意大利人就此事写道"没有人比我更懂得滋润意大利土壤并使之恢复生气的每一滴慷慨的法国人鲜血的价值,但是,我必须说一句话:看到法国人离开,有一种由衷的、说不出的快乐。"

材料二 拿破仑说:"我真正的光荣并非打了40次胜仗,滑铁卢之战抹去了这一切的记忆。但有一样东西是不会被人忘却的,它将永垂不朽……它就是《法典》。"

材料三 拿破仑个人的影响诚然是可贵的,但是只有顺应正在推进的欧洲文明的那些潮流,他的影响才能起作用。

(1) 材料一中,"法国人鲜血的价值"具体指什么?为什么"法国人离开"这位意大利人感到快乐呢?

(2) 材料二中拿破仑自认为"永垂不朽"的《法典》有什么作用?

(3) 材料一中作者说的"潮流"指的是什么?与拿破仑一样顺应了这股潮流的历史人物还有很多,请举出一位。

12. 阅读下列材料,回答问题:

材料一 17世纪的英国……取得一项伟大的成就,它是世界上第一个取得这一成就的国家。环顾当时的世界,法国正处在君主专制的鼎盛时期;……而中国,大清王朝268年的江山才刚刚坐了44年。但是英国,这个地处边缘的小国,却在历史性的转变中抢占了先机,已经率先到达现代文明的入口处,即将一步步稳健地走向世界的中心。

材料二 1770年到1840年间,英国每个工人的日生产率平均提高20倍,国内建成了纺织、钢铁、煤炭、交通运输和机器制造五大工业部门。到19世纪50年代,英国取得了世界工业和贸易的垄断地位。

材料三 19世纪中期,英国生产能力情况表如下:

项目	生产能力情况
煤产量	占世界总产量的2/3,是美国的7倍,德国的8倍,法国的近10倍
蒸汽机产生的能量	占欧洲的一半以上
生铁产量	已经超过世界上其他国家的产量总和,是德国的10倍

(1) 根据材料一中提供的时间说出"这是一项伟大的成就"指的是什么事件?这一成就完成的时间是哪一年?

(2) 材料二中使"每个工人的日生产率平均提高20倍"的重要历史事件是什么?变革后的主要生产方式是什么?

(3) 材料三表明这一历史事件的什么影响?这一事件是如何引起中国历史发生转折的?

(4) 材料二和材料三所述事件及其影响对于今天中国的发展有哪些值得借鉴的经验?

第四章 初中历史教学设计

考纲内容

1. 能够恰当地确定并准确、具体地表述教学目标。
2. 能够根据学生已有的知识水平和学习经验,分析学生的学习需求。
3. 能够恰当地确定教学的重点和难点,并采取有效的教学策略以突出重点和解决难点。
4. 能够对历史教材的内容进行梳理和分析,合理地组织教学内容;能够设计出合理的教学过程及完整的教学环节。
5. 能够选择适当的教学方法和手段,开展教与学的活动。
6. 能够合理选用多种历史教学资源。

考纲解读

运用叶小兵教授等研究成果,对新课程的知识与能力、过程与方法、情感态度与价值观目标分门别类地进行了具体表述。根据学生的知识背景和学习经验,分析学生的学习需求,指导考生按照"先学后教,以学定教"的原则进行教学设计。指导考生了解教学重点和教学难点的基本原则,特别要求考生掌握突出重点和突破难点的措施。分析知识点之间的逻辑联系,运用多种历史教学资源,选择合适的教学方法和合理的教学环节,开展教与学的活动。

引 子

目标导致结果

《战国策·魏策四》里有一个《南辕北辙》的寓言故事。寓言讲述了一个人要乘车到楚国去，由于选择了相反的方向又不听别人的劝告，只能离楚国越来越远了。这则寓言告诉我们，无论做什么事，都要首先看准方向，才能充分发挥自己的有利条件；如果方向错了，那么有利条件只会起到相反的作用。

什么样的选择决定什么样的生活，什么样的目标导致什么结果。教师生涯就是教学，教学要有目标才有意义；过程是生命，更重要的是享受过程。在教学中，想要有一个充实、快乐、幸福和完美的教学过程，你就必须选择正确的目标。只要制定了明确的教学目标，你的努力才有方向，才有机会享受具有生命力的教学过程。

第一节 教学目标的制定

一、新三维教学目标

1. 历史教学目标的发展

明确中学历史的教学目标，是从事历史教师工作的首要问题。在改革开放以后，中学历史教学目标经历了从"双基——三项任务——三维目标"的发展过程。20世纪80年代初，中学历史教育总结"文化大革命"以来的经验，提出中学历史课程的"智育任务"和"思想教育任务"。智育任务包含传播基础知识、培养和训练基本技能两个方面，也就是传统的"双基"任务。80年代后，历史教育在强调基础知识的同时，开始注重能力培养，因此教育部门把能力培养作为单独的一项任务，与历史知识教学、思想教育，构成历史教育的三项任务。

教学参考书对传统的教学目标进行了系统的诠释。传授历史的基础知识，是培养学生能力、提高学生思想觉悟的基础和前提；通过历史知识的传授，达到培养学生智力、提高学生能力目的；同时也必须把学生能力的培养和思想教育寓于传授历史知识的过程之中。因此，基础知识、培养能力、思想教育三者相辅相成、互相补充、缺一不可。传统的教学目标突出了历史教育在素质教育中的作用，拓展了以往历史教育的目标，注重培养学生正确的"历史意识""国际意识""公民意识""创新意识""人文素养"等，但存在教学目标教条化、成人化倾向，割裂了知识与能力、知识与情感态度价值观培养的关系；注重知识的传授和灌输，忽视对历史学习的体验和感悟，压抑学生的个性和创新意识，轻视对学生社会责任感、道德品质、个性发展的培养。

21世纪之初，课程标准针对教学大纲的缺陷，对教学目标进行重新定位与设置，将传统的课程目标调整为新三维目标。新三维目标具体为知识与能力、过程与方法、情感态度与价值观三个方面。传统教学目标中的基础知识与能力培养两项任务,合并为"知识与能力"一目。它说明由过去单纯注重传授知识,改变为知识与能力并重。在思想情感教育目标上,大力突破历史教育层面,注重培养人文素养和科学精神,把历史教育的社会功能与人的发展教育功能两者有机结合起来。新课标的教学目标改变过去重结果、轻过程的做法,为了突出学生的学习的主体地位和学习过程,关注学生学习方式的转变,在新三维目标中,专门增加"过程与方法"。

传统的历史教学主要是向学生传授具体的知识,现代教育新理念是向学生传授学习方法。信息社会的到来,互联网技术的广泛应用,学生获得知识技能的渠道大大拓宽,意味着教师未必先知于学生,有些时候教师与学生站在同一起跑线上,教师帮助学生掌握学习知识技能的方法,特别是终身学习的方法,比传授具体的历史知识更重要。在树立教学目标时,教师一定要设身处地地为学生着想,凡是便于学生建构知识的方法和措施都可以采用。"教是为了不教""方法比史实更重要""授之以鱼,不如授之以渔"要成为每位历史教师教学的指导思想。

2. 初中新三维目标的内容

(1)知识与能力的内容与特点。知识与能力的内容是"知道重要的历史事件、历史人物及历史现象,知道人类文明的主要成果,初步掌握历史发展的基本线索。了解历史的时序,初步学会在具体的时空条件下对历史事物进行考察,从历史发展的进程中认识历史人物、历史事件的地位和作用。提高历史的阅读能力和观察能力,形成符合当时历史条件的一定的历史情景想象。初步学会从多种渠道获取历史信息,了解以历史材料为依据来解释历史的重要性;初步形成重证据的历史意识和处理历史信息的能力,逐步提高对历史的理解能力;初步学会分析和解决历史问题。学会用口头、书面等方式陈述历史,提高表达与交流能力"。[①]

《义务教育历史课程标准(2011年版)》的知识与能力目标具有以下明显特点:

一是对历史的时序提出明确的要求,要求九年制义务阶段的学生初步学会在具体的时空条件下对历史事物进行考察的能力。实验稿课标只要求学生计算年代、识别和使用图表等简单的历史技能。21世纪初,九年制义务教育阶段提倡问题教学,不刻意追求历史知识的完整性和系统性,而是突出课堂的有效性,要求学生能够在课堂中产生新的问题。初中阶段学生的时序性没有掌握好,高中打破了按时序编写教科书的传统,而是采用模块加专题的形式组织教学内容,因此高中学生在时序性方面出现了较为严重的问题。课标编制专家发现这些学生由于历史的时序性掌握较差,导致时空观不强,因此2011版新课标再次对时序

---

① 中华人民共和国教育部. 义务教育历史课程标准(2011年版)[M]. 北京:北京师范大学出版社,2012:5.

性提出具体的要求。

二是要求学生了解历史呈现方式的多样性,提高学生的历史阅读能力和观察能力。在新世纪的教改实践中,以学生为主体的教育理念深入人心,但课堂主要运用文献材料进行史料教学,显得形式比较单一,教学内容较为薄弱。新课改增加遗址、影像、口述、历史文学作品等内容,较大地丰富了教学的内容和教学手段,使历史的呈现方式多姿多彩。

三是增加学会用口头、书面等方式陈述历史,特别提出要培养学生的"交流能力",以提高学生适应社会的能力。历史学科不是一门封闭性学科,要贴近社会生活,贴近学生的实际,在培养学生的问题意识、思维能力的同时,还要培养学生核心素养等各种能力。

四是要求学生形成符合当时历史条件的一定的历史情景想象。实验稿课标要求学生"形成丰富的历史想象力",在历史教学实践中许多教师指导学生违背历史条件去创设情境,他们创设的情境与当时历史背景不同,形成了许多违背事实的历史想象。受课标"丰富想象力"的影响,有部分研究者为迎合情境创设而使用"人造史料",有些教师为活跃课堂而热衷于课本剧等,这些做法严重影响了历史教学的科学性和有效性。因此《义务教育历史课程标准(2011年版)》对"想象力"做出了一定程度的限制,强调要符合"当时的历史条件",形成"一定的",而不是"丰富的"历史想象力。

(2)过程与方法的内容与特点。过程与方法的内容是"通过多种途径感知历史,学会从当时的历史条件理解历史上的人和事,并经过分析、综合、概括、比较等思维过程,形成历史概念,进而认识历史发展的时代特征和历史发展的基本趋势。在学习历史知识的过程中,逐步学会运用时序与地域、原因与结果、动机与后果、延续与变迁、联系与综合等概念,对历史事实进行理解和判断。在了解历史事实的基础上,逐步学会发现问题、提出问题,初步理解历史问题的价值和意义,并尝试体验探究历史问题的过程,通过搜集资料、掌握证据和独立思考,初步学会对历史事物进行分析和评价,并在探究历史的过程中尝试反思历史,汲取历史的经验教训。逐步掌握学习历史的一些基本方法,包括计算历史年代的方法、阅读教科书及有关历史读物的方法、识别和运用历史地图和图表的方法、查找和收集历史信息的途径和方法、运用材料具体分析历史问题的方法等。初步掌握解释历史问题的方法,力求在表达自己的见解时能够言而有据、推论得当;学会与教师、同学共同对历史问题进行探究与讨论,能够积极汲取他人的正确见解,善于与他人合作,交流学习心得和经验"①。

《义务教育历史课程标准(2011年版)》的知识与能力目标具有以下明显特点:《全日制义务教育历史课程标准(实验稿)》对过程目标的阐述不清晰,在方法目标方面提得有些抽

---

① 中华人民共和国教育部.义务教育历史课程标准(2011年版)[M].北京:北京师范大学出版社,2012:6.

象,不具体,而新课标将这一领域的目标明确分为过程目标和方法目标,尤其是对方法的目标要求得更为具体,操作性更强。

(3) 情感态度与价值观的内容与特点。新课标具体列出了情感态度与价值观的内容,其基本精神比实验稿课标论述得更为清晰,以下四个方面新的提法值得关注。

在民族观的培养要求方面,特别强调要"认识统一的多民族国家和中华民族多元一体,认识在漫长的历史进程中,我国各民族人民密切交往、相互依存、休戚与共,形成了中华民族多元一体的格局,共同推动了国家发展和社会进步"。

。在认同感方面,明确提出要"认识中国共产党在中国革命、建设和改革事业中的决定作用,树立中国特色社会主义理想信念;继承和弘扬以爱国主义为核心的民族精神,认识到国家统一、民族团结和社会稳定是中国强盛的重要保证"。

在国际视野方面,提出要"了解人类社会历史发展的基本趋势及人类文化的多样性,理解和尊重世界各国、各民族的文化传统,学习汲取人类创造的优秀文明成果;认识和平与发展是当今时代的主题,逐步形成面向世界的视野和意识"。

在人生观方面,提出要"初步理解个人与群体、个人与社会的关系,提高对是与非、善与恶、美与丑的识别判断力,逐步确立积极进取的人生态度,形成健全的人格和健康的个性品质"[1]。

从上面的表述可知,《义务教育历史课程标准(2011年版)》对情感态度与价值观目标的要求,比《全日制义务教育历史课程标准(实验稿)》课标提得更为具体,指向更为明确。

3. 新三维目标的解读

新三维目标不是三种目标,而是具有三个维度的一个整体目标,如一个人要由肌肉、骨骼,还要有神经系统、血液系统以及思想和精神组成,三者不可或缺。在教学的各个环节中,历史教师要始终如一地贯彻和落实新三维目标整合的理念。

新三维目标写在备课纸上是容易的,但是要落实在教学过程中却非易事。因为有些目标是显性的,如历史教科书中的知识目标一般而言是具体的,因此执行起来相对较为容易;但是有些目标是隐性的,如历史课程中的情感态度价值观目标。这些目标一般具有模糊性、弥漫性和渗透性的特点,有时在教学过程中自然生成,因此很难在备课过程中具体列举出来,因此只能要求教师在实际操作过程中结合教学内容,根据教学对象随机应变。[2] 同时在不同的教学对象,新三维目标中维度的重心是不断变化的。如在初中一二年级,教师主要落

---

[1] 中华人民共和国教育部. 义务教育历史课程标准(2011年版)[M]. 北京:北京师范大学出版社,2012:8.
[2] 余文森. 有效教学十讲[M]. 上海:华东师范大学出版社,2009:65—68.

实知识与能力目标,附带落实情感态度价值观目标;但是到了初三,甚至高中历史阶段,历史教师在讲授知识目标的同时,特别要强调情感、态度与价值观目标的渗透。

(1)"知识与能力"目标的解读。强调新三维目标并不是否定"双基"。传统的"双基"教学内容主要是指在教学过程中,教师重视基础知识、基本技能的传授,追求基础知识的记忆和掌握,其终极目标就是"背多分"。这样会带来严重后果:学生缺乏思考,迷信于教科书中的观点,容易形成盲从思想,发展的后劲会严重不足;同时过分强调"双基"的强化训练,导致学生的负担过重,无法调动学生学习历史的兴趣。

新三维目标并不否定"双基",而且把"知识与能力"目标摆在第一位,说明该目标在新三维目标中的重要性。传统应试教育的实质就是把教学活动局限于基础知识的传授、基本技能的训练方面,以一个维度代替三个维度,因此新课程理论主要是纠正传统教育中出现的偏差。新课程新理念倡导历史教师用多种思路解同一道题,提高学生的思维量及分析问题、解决问题的能力;坚决反对用同一种思路解多道题,通过"题海"战术,反复强化学生的记忆,以提高学生的分数。

(2)"过程与方法"目标的解读。"过程与方法"目标是指在教师的引导下,让学生学会学习,培养学生学习的能力。从学习的角度来说,要把学会和会学统一起来;从教学的角度来说,就是要把结论和过程统一起来。教师既要重结论,也要注重过程,二者要统一。"过程与方法"是新课程改革着力强调的教学环节,它的主体是学生。

(3)"情感态度与价值观"教育的构想与要求。关注情感、态度和价值观,是以人为本思想在教学中的体现,它的实质是关注人,关注人在学习过程中的情感变化。关注情感态度价值观,与关注过程方法构成了一个完整的学科教学体系。从教师的角度来说,它表现为教书与育人的关系,教师既要教书,同时又要育人。从教学的角度讲,就是认识与情感的关系。教师要关注学科,但现在更要强调人,强调对人的关注。传统的以学科为本位的教学其实是"目中无人"的教学,它就是重认知轻情感的具体体现。

情感领域主要涉及一个人的情感、态度、兴趣、价值观。情感领域恰好对应了我国课程目标中的"情感态度价值观"。历史教育界更多的是重视历史认知目标的研究,但对情感领域的研究不够,表述大而空,纯粹的形式主义,在教学中无法体现或者根本没准备去体现。如通过对某历史事件的学习,培养学生的历史唯物主义观;通过对某问题的分析,培养学生运用阶级的观点来分析社会问题。由于情感领域目标制定含糊笼统,对其评价也有一定的难度,结果形成用认知目标代替情感目标的习惯。用布卢姆的话来说,情感目标被"销蚀"掉了。因此,落实情感、态度与价值观目标是初中历史教学的当务之急。

二、初中学生学习的需求

确定教学目标的主要依据是初中学生学习的需求。对学生的学情进行全面具体的分析，是历史教育教学的起点。正如美国教育心理学家奥苏伯尔所说："假如让我把全部教育心理学仅仅归纳为一条原理的话，那么，我将一言以蔽之，影响学习的唯一最重要的因素就是学生已经知道了什么，要探明这一点，并应据此进行教学。"

1. 要了解初中学生的心理特征

心理特征是指学生受非智力因素的影响而形成的心理、生理及社会的特点，主要包括学习者的意志、兴趣、动机、情感、性格、心理等认知倾向和班级的特性。学生的心理特征直接影响到教学方法及教学媒体的选择。

初一的学生正处在形象思维形成，抽象思维萌芽的阶段，初一的历史教学主要是培养学生对历史学科的兴趣。教师要尽量结合学生的兴趣开展教学，但是也要适当地引导学生进行理性思考，不能一味地迎合学生的不良兴趣。有些教师看到社会不公平的现象，喜欢上课发泄愤懑情绪，初中学生模仿能力强，他们也会不顾场合发泄自己心中的不满。因此，教师要站稳自己的讲台，严格执行相关规定。

部分初三的学生开始由抽象思维向辩证思维转变，初三的教师可以培养学生的独立性、发散性、批判性和创造性思维，不但要把历史知识讲到"位"，还要讲出历史课特有的"味道"，让学生在轻松的氛围中感受历史，融入历史。例如，在初三历史教学中，如何让学生理解新航路开辟的概念呢？要帮助学生理解新航路开辟的概念，就必须提到一个大学问家雷海宗。1927年，他从美国芝加哥大学毕业获博士学位；1952年，他调任南开大学历史系世界史教研室主任。他硕学高德，学贯古今中外，学术研究自成体系。雷海宗认为，"地理大发现"一词出自纯欧洲立场，且含有浓厚的侵略及轻蔑的意味，把欧洲以外的地方看作发现、开发、剥削的对象。他建议在世界史中只用"新航路的发现"或"新航路开辟"一类的词句，不能将"地理大发现"一词作为世界史一章一节的题词，这就是新航路开辟一词的由来。教师这样讲解，不但加深了学生对"新航路开辟"概念的理解，而且通过与"地理大发现"比较，学生最终会发现历史中藏有很多奥秘和玄机，从而扩大了知识视野。

2. 要了解学生的知识基础

知识基础是指在学习新的历史内容之前，学生已经具备的有关知识、技能基础及相应的学习内容。初中教师应该根据学生的基础确定教学起点，并设计教学任务的深度、难度和广度。经验丰富的教师还要对"学优生"和"待优生"的情况进行深入分析，制定具体的可以操作的方案，保证"学优生"能"吃饱"，"待优生"能跟上班级的历史教学进度。

【资料卡片】

学生"岳飞抗金"基础知识分析

一位教师在讲授"岳飞抗金"的内容时,对学生的基础知识进行了如下分析。

毛泽东曾说过:"没有调查,就没有发言权;没有正确调查,就没有正确发言权。"对学生基础知识分析,我们不能想当然认为学生应该知道这个或那个知识,也不能把其他学生的基础照搬直接为教学服务。为了解与研究学生对"岳飞抗金"实际掌握情况,我们选择了一个教学班进行了调查。百分之九十以上的学生对岳飞有所了解,信息主要是通过电视、网络等途径获得;还有少数学生看过《说岳全传》,极少数学生还接触过根据《说岳全传》改编的连环画。但相当多的学生在脱离历史的情形下来评价岳飞。学生A说:"岳飞好是好,就是太忠于皇帝了。把金兀术的拐子马打败了,皇帝招他回朝他就去了,人民留他都留不住"。学生B说:"岳飞太蠢,为什么不带兵把皇帝和秦桧杀掉!"还有其他各种各样的看法,如风波亭里的迷信思想等。另外,学生对岳飞之所以能打败金兵的认识,主要归功于纪律严明的岳家军,对于岳飞与抗金人民的结合这一点,学生认识不清,有的甚至认为是岳飞的一人之功。

由于学生对南宋整个抗金斗争形势不了解,因而看不出人民是抗金的主力。通过扎扎实实地对学生学情分析,教师就可以制定更加具体明确的教学目标,在教学中就会有的放矢,逐条逐项地解决学生心中的疑虑。在教学过程中,教师要着重分析英雄人物在历史中的伟大作用,同时还要注意讲解人民群众在历史上的伟大作用与英雄人物之间的辩证关系。如果教师不了解学情,讲"岳母刺字"、谈"撼山易,撼岳家军难",老是重复学生已经熟悉的故事,学生肯定不愿意听,他们心中的问题也没有解决,教学效果就会大打折扣。

3. 要了解学生的生活环境

这就要求我们要根据学生所处的社会环境,适当调整教学的内容。如农村的学生对"纺织"一词比较容易理解,城区的学生认识比较模糊。有关网络方面的知识,城区的学生一般水平都比较高,甚至一些阅读单元,学生可以自己制作课件来上课;但是对于农村的学生来说,则要教师传授一些上网的基本知识,引导学生能通过网络,获取历史相关知识。

【资料卡片】

"纺"与"织"是两道工序

有一次,我在某示范性中学上课,讲中国自然经济逐渐解体,其中提到"纺"与"织"的分离。我讲得很投入,而且很有逻辑性,认为学生对这个难点的理解很到位了。下课时,一个成绩很优秀的学生来到讲台,有点不好意思,怯生生地问:"老师,为什么'纺'与'织'分离啊,纺织不是一个专有名词吗?"我听到这个问题以后,马上给她补充一个幼年我在乡下的故事。小时候,我父母都要去生产队挣"工分",邻居老奶奶代母亲看管我。老奶奶是一个小脚女人,她把棉花捻成条,然后摇动着纺车,把棉条纺成纱。纱比较多以后,把纱的线头穿在"梭"上,"梭"在织布机上来回穿梭,纱就织成布。有了布,再请裁缝师傅到家里来做,布就变成了新衣服。

学生问的这个问题,真实地反映学生由于社会环境不同而带来的不同认知。农村初中生了解"纺"是"纺纱","织"是"织布","纺纱"与"织布"是两道不同的工序,学生就比较容易理解自然经济逐渐解体中的"纺"与"织"的分离,"织"与"耕"的分离。而城区学生确实不知道,这就要求教师把两道工序用图片展示出来,给学生以直观印象,引导学生对"纺织"概念的理解。

三、教学目标的设计

教学目标是指学生通过一段时间学习后,所产生行为变化的最低表现水准或学习水平,它一般以评价学习表现或学习结果所达到的程度来体现。

1. 历史教学目标的分类

一般而言,历史教学目标可以分成这样六层,它们的关系大致是:根据教育方针或教育目的进行顶层设计,确定国家教育目标;根据国家教育目标,具体分解到历史学科,确定历史课程标准;根据历史课程标准的内容,具体到初中学段目标;相关专家根据学段目标制定学年或学期目标;任课教师依据学年目标或学期目标确定单元目标;根据单元目标,确定课时教学目标。

第一层:国家教育目标。历史学科是人文与社会领域课程重要课程之一,其主要目标旨在对学生进行公民教育和人文素质教育,培养创新精神、社会实践能力和社会责任感,促进学生的社会性发展,为学生形成正确的世界观、人生观、价值观,成为社会主义国家的合格公民奠定基础。① 历史学科在提高公民素质、培养创新精神、增强社会责任感等方面发挥着独特的作用。新课程希冀历史课程的设计灵动、精彩,以真正达到全面培养学生的思维能力、创新能力和实践能力的目的。

第二层:历史教学目标。初中历史教学目标就是《义务教育历史课程标准(2011年版)》三维目标中呈现的内容,在本章新三维目标解读中有详细的论述,这里不再赘述。

第三层:初中学段目标。以增强学生对历史,尤其是中华优秀传统文化的理解力为重点,提高对中华优秀传统文化的认同度,引导学生认识我国统一多民族国家的文化传统和基本国情。具体表现为知道中国历史的重要史实和发展的基本线索,理解国家统一和民族团结的重要性,认识中华文明的历史价值和现实意义。

第四层:初中学年或学期目标。初中三年都要学习历史,初中一年级主要学习中国古代史内容;初二年级主要学习中国近现代史的内容;初三年级主要学习世界史,还有一个更迫切的任务是迎接中考。当然,每一个学期的教学目标也有所侧重,如初中一年级第一学期,在学习文化任务的同时,还要对学生进行常规教育。历史教师反映学生变化最大的是初中二年级第二学期,第二学期教学任务是中华人民共和国史,时间与现实接近,教学内容单薄,要上好这部分内容真不容易,加之学生这个学期两极分化严重,因此,更需要教师细心和慎重地处理教科书的内容。根据每个学期学生的发展特征及教学任务,教师要制定相对应的对策,在学生健康成长的前提下,达到课堂教学的高效性。

第五层:初中单元目标。原来初中历史教科书采用单元加课时的模式,来构建教学的基本框架,但是《义务教育历史课程标准(2011年版)》教科书取消以单元编写的基本模式,而是依照历史发展顺序,运用点线模式构建历史教学的框架体系。在教学实践中,教师还是可以按照过去的单元内容,形成一个个小的知识结构,如秦汉史、三国两晋南北朝史、隋唐史、宋元史、明清史等。在学完某个单元后,教师应对单元的共同目标有清晰而全面的整体把握,能够形成大体一致的学科能力,培养历史学科素养。同时,把一个时期的历史分为若干单元,对单元内的几个课时的课文进行深入分析,使教师在备课过程中能从纵与横的线索中分析课文,并最大限度地加强单元内各内容之间的联系和沟通,在学科课程的背景下实现教学内容的综合化和整体化。

第六层:历史课时目标。在目标的分解过程中,必须采取一种能够传递确定意义的行为目标陈述方式。通过这种方式,提出教学过程中的具体要求,使相关内容在方向、程度和范围的把握上有所限定,并通过学生的外显行为表现出来。就目标陈述而言,它是综合性的,包含了知识与能力、过程与方法、情感态度与价值观等三个维度;就水平要求而言,它是

---

① 钟启泉,崔允漷.新课程的理念与创新——师范读本[M].北京:高等教育出版社,2007:281.

具体的、可把握的。凡新课标没有规定去做的内容,均不属于目标之列,这本身就体现对范围和程度的一种把握。因为在目标实施过程中,无论哪类目标要素的隐形要求,都是以个性化的具体行为这种外显方式表现出来的。

2. 历史教学目标的表述

(1) 知识与能力目标的表述。一是要对新课标有具体而全面的分析。教师把新课标中"了解""理解""运用"这类抽象的要求,转化为全面的、可理解和可检测的操作行为。

用"了解""知道""讲述""列举"等行为动词表示识记层次的知识点,如新课标中规定"知道金字塔,初步了解古埃及文明""知道罗马城邦,了解罗马帝国的征服与扩张""讲述林则徐虎门销烟的故事""列举中英《南京条约》的主要内容"等。

用"理解""阐述""概述""说明"等行为动词表示知识点要达到理解层次,如新课标中规定"通过彼得格勒武装起义的胜利,理解列宁领导的世界上第一个社会主义国家诞生的重要意义"。在同一个课程内容,新课标对知识点的层次也有具体规定,如"知道经济大危机,了解罗斯福'新政',理解国家干预政策对西方经济发展的影响。"教师在确定教学目标时,知识点"经济大危机""罗斯福'新政'"只是识记层次,学生对它们作一般性了解;"国家干预政策对西方经济发展的影响"就要运用史料进行教学,引导学生达到理解层次。

用"分析""认识"或"初步认识"等行为动词表示对知识点掌握要达到"运用"层次,如"结合《辛丑条约》的主要内容,分析《辛丑条约》对中国民族危机加剧的关系""以张謇兴办实业为例,初步认识近代中国民族工业的曲折发展""了解中国共产党第一次全国代表大会召开的史实,认识中国共产党成立的历史意义"等。新课标对理解层次知识点的描述特点是先强调基本史实,然后通过运用史实得出历史结论。在教学中,教师要做到"论从史出,史论结合",坚决反对"以论代史"和乱塞结论等违背历史学科特点的教学。

二是要对知识与能力目标进行准确表达。教学目标的表述主要存在两个问题,一是目标的行为主体没有明说,但实际上是指教师,而不是学生;二是表达比较空泛,大而不当,实际上难以落实和评价,因此很难按照教学理论进行教学。知识与能力目标的表达一定要具体,便于操作,目标的行为主体肯定是学生,而不是教师。应包括 ABCD 四个基本要素,A 是 Audience,即学习的主体,在目标表述中学生应是主语;B 是 Behavior,即行为,在目标表述中说明学生对知识点要掌握的程度;C 是 Conditions,即条件,说明 B 是在什么条件下产生的;D 是 Degree,即程度,表明 B 的内容。这四个要素构成了教学目标表述中的行为主体、行为动词、行为条件和表现程度,体现了学习者通过教学所要求达到的行为上的变化。在实际的教学设计中,要完全按照这四个要素来表达还是有一定的困难。目标表述中,主体必须明确,在一定条件下的行为及内容要具体地表示出来。① 如郑和下西洋的知识与能力目标可以这样表述。

通过教师讲解郑和下西洋的经过,学生‖能够了解郑和下西洋的基本史实。
　　　　　C　　　　　　　　　　A　　B　　　　　　D

提供郑和下西洋的有关资料,学生‖能够从多方面分析郑和远航的影响和意义。
　　　　　C　　　　　　　　　A　　　B　　　　　　　　D

除了行为动词体现程度的差异外,还可以用其他方式表明所有学生学习的共同程度,如五代十国,要求学生写出前蜀、吴、闽、吴越、楚、南汉、南平、后蜀、南唐、北汉等十国,难度较大,我们可以转换一种陈述方式,"至少写出五个国家的名称"。教师可以在学生的认知目标方面有意识地进行分类,并提炼出重点、难点等,从而引导学生明确学习目标。

教师对"知识与能力"目标要做到心中有数,达到如数家珍的熟练程度。"双向细目表"的设计有利于教师更加明确知识与能力目标,如表 4-1。

表 4-1　人教版八年级上册《鸦片战争》教学目标双向细目表

课题	学习内容		学习水平		
	内容	具体知识点	识记	理解	运用
第1课 鸦片战争	1. 林则徐虎门销烟	时间	√		
		地点	√		
		领导人	√		
	2. 中英《南京条约》的主要内容	时间	√		
		割地	√		
		赔款	√		
		开埠通商	√		
		协定关税	√		
	3. 鸦片战争对中国近代社会的影响	性质	√	√	√
		影响	√	√	√

(2)过程与方法目标的表述。该目标的行为主体必须是学生。传统"历史教学大纲"的目标陈述习惯于采用"使动句"或动宾结构句式,如"使学生……""提高学生……""培养学生……"等,这就把学生完全置于被动学习的地位。新课程教学目标主要是评价学生的学习结果,而不是评价教师的工作业绩,因此教学目标必须站在学生角度,设身处地为学生着想,因此行为主体只可能是学生,教师不能喧宾夺主地去充当行为主体。②

---

① 叶小兵.目标的表述.历史教学(J).2006(10):67,在原来的基础上稍有改动。
② 陈伟国,何成刚.历史教育测量与评价[M].北京:高等教育出版社,2003:47-48.

> **链接阅读**
>
> ### "过程与方法"的活动个案
>
> 活动主题:"五四运动时期的陈独秀"课堂讨论会
>
> 活动目标:陈独秀是新文化运动的发起人之一,是五四运动时期的风云人物。五四运动时期也是陈独秀一生最辉煌的阶段。通过学生搜集素材,自主学习新文化运动时期的代表人物陈独秀,学生可以更深入具体地了解五四运动,进一步认识其在中国近代史上的重要地位。
>
> 活动过程:
>
> 步骤一:教师引导学生明确课堂讨论的目的,提出发言稿写作要求,指导学生搜集资料和撰写发言稿的方法。
>
> 步骤二:学生自主查阅相关资料、撰写讨论稿。
>
> 步骤三:课堂上进行讨论交流。写得好的发言稿向相关刊物进行推荐。[①]

(3)运用体验性语言体现情感态度价值观目标。例如,"通过参观历史博物馆和历史遗迹,感受历史文物、遗址对历史学习的重要意义"。相对于具体的知识与能力目标来说,情感态度与价值观目标具有明显的模糊化特点。教师还要特别注意,知识与能力目标是每堂课应该能达成的目标,情感态度与价值观的特点决定一节课是很难达成情感目标的,而是要经过一个较长时期的渗透和熏陶,才有可能达到预期目标。如《义务教育历史课程标准(2011年版)》要求,学生通过抗日战争史实的学习,体会中国军民在抗日战争中英勇顽强、不怕牺牲的精神。只有经过长时期的积累,经过情感、态度与价值观的渗透,学生才能从内心深处体会到英勇顽强、不怕牺牲的精神。

教师在教学过程中,实现上述课程目标不是一个独立发展的过程,而是一个不可分割、相互交融、相互渗透的连续过程和有机整体。在掌握历史知识的过程中,既要有能力的训练,也要有对史学方法的了解和运用,更要有态度、情感和价值观的体验与培养。掌握历史知识不是历史课程学习的唯一和最终目标,而是全面提高人文素养的基础和载体。

---

① 韩震,梁侠.全日制义务教育历史与社会课程标准(一)[M].北京:北京师范大学出版社,2002:185.

历史学科知识与教学能力（初级中学）

引 子

木匠的故事①

一个上了年纪的木匠准备退休。他告诉雇主，他不想再盖房子了，想和他的老伴过一种更加悠闲的生活。雇主看到这位老木匠要走，感到非常惋惜，就问他能不能再建一栋房子，就算是给他帮个忙。木匠思考再三，还是答应了。可是，木匠的心思已经不在干活上了，不仅手艺退步，而且还偷工减料。木匠完工后，雇主来了。他拍拍木匠的肩膀，诚恳地说："这栋房子归你了，这是我送给你的礼物。"木匠感到十分震惊，悔不当初。

其实，有些经验丰富的教师与那位木匠有惊人的相似之处。教师每天备备课，找学生谈谈心，为学校做些事，但往往没有竭尽全力。最终，会吃惊地发现，你将不得不像那位木匠一样，住在自己建的房子里。如果可以重来，该多好！可世上没有后悔药可买。教书就是一项良心工程，我们今天教书的态度，决定了明天我们的境遇。历史教师应该从现在开始做起，扎扎实实地走好每一步。

第二节　教学重点、难点的确定

中学历史教师为进行课堂教学或综合实践活动课教学前的一切准备都可称为教案。撰写教案是教师最基本的业务工作，也是对教师职业的一项基本要求。

一、撰写教案的重要性

备课是一名教师的基本功，备好课也是对教师职业的一项基本要求，特别在新课改实施的过程中，教案的设计尤为重要。在教学实践中，有些教师对待教案设计主要有三种不同的态度和方法：欢迎新课改、有高度责任感和事业心、有着丰富教学经验的老教师和充满活力、善于接受新事物、敢于实验的青年教师一般精心设计推陈出新的教案。有些教师对新课程改革的认识尚不深刻，认为课改不外乎教科书的改变，用旧观念对待新课改，用老教案备新课，甚至出现不备详案、只写提纲的现象；有些历史教师干脆直接从网上下载教案。还有一些刚参加工作的新教师或准备参加教育实习的师范学生，尽管工作很努力，但面对新课程、新教科书不知如何设计体现新课程改革理念的教案。

---

① http://wenku.baidu.com/link? url，有改动。

新课程实施过程中,新理念特别强调"学案"概念。教案中要贯彻"学案"的观点,这是教育观念上的重大突破,目的是要使历史教师改变传统观念:过去教案是从教师角度考虑便于教师教的方案;现在要突出学生的主体地位,要根据学生的特点,设计出便于学生学的教学方案。设计教案的重要性主要体现在以下三个方面。

1. 职业道德的具体体现

认真准备教案是历史教师事业心和责任感的具体体现。教案是否具有广度、深度,基本上是由教师的投入来决定的。教学是教师的天职,准备好教案才能做好教学。在准备教案过程中,工作敷衍的教师,他们的职业良心应从其内心深处感到愧疚。

2. 提高课堂效果的基本前提

高质量的教案是提高历史课堂教学质量的基本前提。历史教师准备教案是一个系统的工程:从熟悉历史新课程标准到教学目标的确定、教科书的把握到教学环节的设计,都要在准备教案的过程中进行巧妙的处理、科学的安排。倘若准备教案的工作做得充分,就可以基本避免课堂教学的盲目性、随意性,充分保证课堂教学的合理密度,从而保证课堂教学的质量。即使经验丰富的教师,如果在准备教案的环节草率从事,在课堂教学中就会出现挂一漏万的现象。

3. 学生参与知识建构过程的关键

根据学生的知识背景准备教案是保证课堂效果的关键性环节。传统的教学是以传授基础知识为核心,教师在传授知识过程中做到准确无误,便可大功告成。新的教学理念是以学生为核心,教师传授的知识必须与学生的已有知识进行重新建构。教师在准备教案的过程中,要对学生的兴趣、特点、爱好及知识背景摸透,选择最适合学生的教学方法,要学生主动参与学习的过程,从而帮助学生完成知识建构。

写教案是历史教师的基本功,写教案的认真与否,它所反映的不仅是教师的教学态度问题,而且是教师的职业操守问题,因此历史教师要高度重视写教案环节。教师要养成撰写详细教案的良好习惯,要精心设计好课时教案。

二、初中历史教案的内容

根据新课程改革的要求及中学历史新课程标准,中学历史教师写教案的内容主要有备社会、备学生、备教科书、备学法等四个方面。

1. 初中历史教案要备社会

历史教学要坚持科学发展观,要保证学生在求知过程中能持续地全面发展,每一个学习阶段能为下一个阶段的健康发展提供必要的动力和智力的支持。同时,历史教学要为构建和谐社会承担历史学科应该承担的责任。学生在学校所受的教育必须与社会大环境接轨,以维持学生求知的内在环境与学生生存的外在环境的大体平衡,因此历史教师在准备教案时,要把学校置于整个社会大环境下去研究。每位历史教师都要为学生的下一阶段服务,初中历史课就要坚持史料教学,培养学生的论从史出和用逻辑思维分析问题的能力。

链接阅读 ▽

死记硬背与史料教学

我当过初中、高中历史教师,现在是大学历史教学法专职教师。高一的学生要段考了,我指导学生如何从材料中获取有效信息。一个学生讲:"老师,你这个太麻烦了,直接把答案告诉我们,我们自己去填就是了。"我哭笑不得,因为我教初中学生应付中考时就运用"死背"的方法。怪谁呢?

到了大学我指导学生写毕业论文。一位学生在我的千呼万唤之下,终于把论文交上来了。我一看,傻眼了。论文的每个段落内部还是有逻辑性的,但是段落与段落之间、第一部分与第二部分之间,根本无法衔接,尤其令我震惊的是全篇论文没有一个注释,标点符号也是一逗(,)到底。怪谁呢?我教高中时,就是这样教学生的。学生分数是上去了,但能力却没有达到大学应有的水平。平时教学,只关注自己的眼前利益,不考虑学生未来的发展,结果是搬起石头砸自己的脚,害人终害己啊!

2. 初中历史教案要备学生

从整体角度而言,教师根据教学班级的整体学生的不同情况及不同的教学内容应采取合理的教学方法。教师应根据某个学生个体的多元智力的特点及教学内容的不同,而采取最科学有效的教学方法。从新课程、新理念的角度而言,对备学生提出了更高的要求。要求历史教师遵循"先学后教,以学定教"的原则,构建以学生为中心的教学体系。根据不同的培养阶段,教师大致设计以下三种教案。

第一种"形似"教案(如链接阅读教案1)。这种教案有两个特点:一是要素齐全,形式上像教案;二是能完整地表达教科书中所体现的历史知识。

链接阅读 ▽

岳麓版新课标教科书七年级第10课《变法时代》教案1

一、各国的变法运动

1. 魏国李悝变法

2. 楚国吴起变法

二、秦国商鞅变法

1. 商鞅变法的背景

2. 商鞅变法的内容

(1) 奖励耕织；(2) 奖励军功；(3) 编制户籍；(4) 推行县制；(5) 统一度量衡。

3. 商鞅变法的意义

这种教案完全根据教科书来处理的，知识点全面，板书也十分清晰。问题是这种教案只是便于"教师教"，不便于"学生学"，更不便于学生构建历史知识。

第二种"神似"教案（如链接阅读教案2）。教案设计不再是单纯的知识点的传授，而是设计通过学生自己阅读教科书得出结论。教案要求教师要想方设法地站在学生角度设计教学思路。如果传统教案一般用陈述句进行表达的话，那么这种教案一般要求用设问句进行表达，每个问题的设计能引发学生思考和共鸣。因此，设计教案的关键点是把句号（。）变成问号（？）。

链接阅读

岳麓版新课标教科书七年级第10课《变法时代》教案2

探究一：战国时期各国为什么进行政治改革？

1. 战国时期哪些国家进行了改革？

2. 战国时期这些国家为什么要进行改革？

探究二：商鞅变法为什么取得最大的成功？

1. 商鞅是一个怎样的历史人物？

2. 商鞅变法的内容有哪五个方面？

其中，哪一条变革内容最关键？为什么？

哪一条内容极大地提高了军队战斗力？为什么？

哪两条内容直接冲击着西周以来的分封制？请说明理由。

3. 商鞅变法为什么会失败？

探究三：战国时期各国变法的特点

1. 李悝、吴起和商鞅变法有什么共同点？请从教科书中找出根据。

2. 如何评价改革的成功与失败？结合中国改革开放的历程，认识改革在历史进程中的重大作用。

> 运用这种以学生为主的教案进行教学，即使教师组织教学的能力有欠缺，但课堂中师生互动一定会相当得好，而且都是深层次的交流。但是这种教案不能写一次、两次就改弦更张，必须要形成一种习惯，否则一到真实的教学环境中，传统教案又会重出"江湖"。

第三种是"形""神"皆备的教案。在教学对象是真实的，教学环境是自然生成的背景下，初中历史教师要坚持撰写这种教案。在实践过程中，有些教师由于不自信，对真实的教学环境胆怯，不敢对学生提问，不敢把课堂放开，与其在课堂上彻底失败，还不如继续充当一个传统教学的教师。因为有这样的心理，所以一般教师都不敢运用以学生为主的教案进行教学。因此，引导教师走出这第一步是非常重要的。如果他们开好了头，走稳了步，后面的新理念教学是水到渠成的事。我们要制定严格的教学制度，既要保护教师的自尊心，同时必须"强迫"他们在教学实践中运用第三种教案。

3. 初中历史教案要备教科书

教科书是教师的工作对象，又是学生获得知识的载体。我们坚决反对教科书中心论，但也不赞成脱离教科书而天马行空地教学。备教科书是准备教案的中心环节，历史教师要依据新课程标准确定课堂教学目标，融"三维"目标于一体，钻研课程内容，细化课标于课堂教学之中。我们要本着源于教科书、源于生活，高于教科书、贴近生活的原则来处理教科书的内容。

4. 初中历史教案要备学法

教育部《基础教育课程改革纲要（试行）》中要求在第八轮课程改革中要逐步实现学生的学习方式、教师的教学方式和师生互动方式的变革。在传统的历史课堂教学中，教学是以教师为中心展开的，教师始终是课堂主角，学生总是被动地接受知识，因此学生学习历史是乏味的，课堂气氛始终是压抑和沉闷的。历史教师要在教学方式上来一堂"颠覆性的变化"。

在历史教学新理念中，学生是学习的主体，教师在上课过程中如何引导和改进学生的学习方法，这是历史教师亟待探索和解决的课题。设计教案时不能再像以往那样，只有以教师活动为中心的教学过程，而要双向设计，既要有教师的活动，又要有学生的活动，师生互动、师生互补，使历史课堂回归到应有的和谐氛围。学生在这样的氛围中，积极思考、自由交流、主动探究、大胆质疑，课堂不仅是教师的讲台，更是学生学习的场所。教师在教学过程中，凡是学生能说的、学生能做的、能自己学会的，都要学生自己独立完成。学生通过自主学习、合作学习不能完成的，教师也要及时点拨，指明思路，而不可以越俎代庖、包办代替。[①]

[①] 参见江苏省南通市教学研究室陈康衡.新理念引领 新方式呈现[A].中国教育学会历史教学专业委员会2006年年会交流论文.

三、初中历史教师的导学案

随着新课改的深入,导学案的撰写已经提到了议事日程。相对于高中而言,初中历史教学内容的较少,要求学生对历史知识掌握的程度不高,相对于高考而言,初中学生的升学压力较小,初中历史课堂出现许多以学生为主的教学模式。初中历史教师除了写教学执行方案以外,还要求依照教学模式,撰写引导学生学习的导学案。

1. 导学案的概念及基本原则

(1) 导学案的概念。导学案是历史教师引领、指导、辅导、教导学生自主学习的方案。引领就是教师运用恰当的方式引导学生沿着一定的学习路径到达目标;指导主要是针对学生在学习过程中出现的或遇到的问题进行有针对性的点拨;辅导主要是针对学生在学习过程中出现的困难给予辅助;教导主要是针对学生因为基础或其他原因不能正常学习,教师就要给予有效的讲解。

(2) 导学案的依据和基本原则。导学案的设计最直接的依据是教学模式。不同的教学模式一定会有不同的导学案。运用洋思教学模式或许市教学模式进行历史教学,导学案会相应地发生变化,因为每个模式都有特定的教学环节。为了高效地完成每堂历史课的教学任务,根据教学目标以及学生的基本情况,确定教学流程。历史教师先要研究新课程标准,根据其标准确定教学目标,然后把教学目标分解到几个具体的教学环节,形成教学模式,再把对教学模式的设计写成引导学生学习的方案。这样,符合新课程、新理念和富有执行力的导学案就产生了。

在设计导学案的过程中,要注意体现以下基本原则。

一是体现以学生为中心的原则。素质教育的根本特征就是学生主体教育观。调动学生学习的主观能动性,学生能主动参与历史教学的过程,是设计导学案最重要的出发点和最终目的。全国教育心理学研究发现,运用不同的教学方式,学生的学习有效性有天壤之别。通过教师讲授的学习方式,学生的掌握程度只有5%;通过学生阅读的学习方式,学生的掌握程度为10%;通过学生视听并用的学习方式,学生的掌握程度为20%;通过教师演示的学习方式,学生的掌握程度为30%;通过学生讨论的学习方式,学生的掌握程度为50%;通过学生实践的学习方式,学生的掌握程度为70%;通过学生教别人,学生充当"小老师"的学习方式,学生的掌握程度达到95%。由此可见,教师构建以学生为中心的教学模式的重要性。

二是体现学习的层次性原则。课程标准对历史知识点的要求是有层次之分的,如哪些知识是识记层次,哪些是理解层次,哪些是运用层次等。对每个层次的知识点掌握程度的设计,教师应该拿捏到位,把识记层次的知识点用理解的方法去落实,学生的学习负担会过重;把理解和运用的知识点用识记的方式去处理,学生就会感觉到浮光掠影,课堂缺乏应有的深度。学生的学习情况也有层次性。有些学生擅长记忆,在思维方面有欠缺;有些学生喜欢思维,却不愿夯实基础。设计导学案时,既要重视学生的思维,又要引导学生在理解的基础上进行记忆,以满足不同层次学生的需要。

三是体现自主合作的学习原则。传统教育强调学生"静听",作业、练习及考试都要独立完成,在学生学习的阶段缺乏合作学习的训练与培养,这种方式培养的学生长大成人以后,一般都是"单打独斗",不知道与团队成员怎样合作,没有团队意识与团队精神。导学案要求设计一些如自主讨论、成果展示等环节,在小组长的管理下,分工合作、有商有量地完成历史教师指定的学习任务,有意识地培养学生的合作意识。

四是体现问题引领的原则。在教学实践中,学生愿意读书、背书,不愿意看完书后提问题,特别是高质量的、深层次的问题。在分组讨论阶段,如果缺乏问题引领,学生自主学习容易迷失方向,对一些理解能力较为缺乏的学生而言,尤其如此。在分组时,教师针对性地给每组下达学习任务,用问题的形式呈现,学生自主学习时目标明确,解决问题的思路较为集中,教学的有效性就会大为提高。

2. 设计导学案的流程

(1) 导学案的设计流程。一个完整的课时导学案的设计,大致可分初案、共案、个案、续案、补案等五个流程。初案是指教师依据教学要求提前完成本周以课时为单位,体现任课教师思路的方案;共案是指历史备课组内集体讨论后,对初案提出修改意见,综合各位同行的建议,形成集体的导学案;个案是指任课教师参考修改意见,结合自己所任教班级学生的实际情况,进行再完善的导学案;续案是指在上课过程中依据实际情况,教师凭借教学智慧及时对个案进行调整和补充的导学案;补案是指教师在上课结束以后,根据实际授课和学生的教学反馈情况,对续案进行修改完善。撰写导学案的五个流程其实是一个精益求精的过程,准教师在训练和实习阶段应该严格按照流程来处理上课的导学案,但是随着教学经验的积累,在保证导学案质量的前提下,可以根据实际情况省略其中一到两个环节。

(2) 设计导学案基本信息和内容。下面结合湖南省岳阳市许市中学江逸冰老师提供的导学案,来具体介绍导学案的基本信息和内容。

导学案的基本信息包含课题、时间、姓名、设计者、审核者、激励语言等。教师上课的课题为:第13课　六王毕　四海一;时间主要包括备课的日期和教出的日期;设计者是任课教师,审核者有的学校为备课组长,有的学校由教研组组长审核。导学案一般都有激励语言,如"学求精深,志存高远"等。通过这种日积月累的方式,可以潜移默化地影响着学生的思想和行为。

导学案的基本内容主要涵盖学习目标、重难点、学习进程、方法与措施、注意事项等五个方面的要素。学习目标主要是是指课时的教学目标,一定要反映出课本中的基本知识、基本思想方法以及知识的背景与发生过程。学习重点是秦始皇加强中央集权的具体措施,难点是探讨统一国家建立的意义、对秦始皇的评价。还应该补充突出重点和突破难点的具体措施。学习过程主要体现为练习回顾、自学讨论、交流提升、浏览巩固、达标测评等基本环节。在推进教学的进程中,辅之以方法与措施,至于实行教学模式的注意事项如前所述,不再重复。

> 链接阅读 ▼

湖南岳阳许市中学七年级历史导学案

学求精深　志存高远

备课日期：　年　月　日　　教出日期：　月　日　　设计：江逸冰

课　题：第13课　六王毕　四海一		
学习目标	1. 了解秦兼并六国和秦始皇加强中央集权的史实,探讨统一国家建立的意义。 2. 掌握秦统一的时间及秦朝疆域图。 3. 试着评价秦始皇。学会评价历史人物的方法。	
学习重点：秦始皇加强中央集权的具体措施。		
学习难点：探讨统一国家建立的意义。对秦始皇的评价。		
学习程序		
方法与措施	时间	学习内容
一、课前反馈 要求：所有学生在小黑板上听写知识点,课代表报题目。学生听写结束后,小组交叉批改。正组长批改,副组长统分。	3分钟	一、练习反馈 1. 公元前221年,秦王_____建立了秦朝。 2. 秦朝统一的字体为_____,统一的货币为_____。 3. 秦长城西起临洮、东到_____。 4. 秦朝疆域：东到东海、西到陇西、北到_____,南到_____。
二、自学讨论 以小组为单位针对本组任务进行讨论。先统一答案,再由小组长组织分配展示任务。最后,小组内部小展示。	10—12分钟	二、自学讨论

续表

方法与措施	时间	学习内容
三、展示提升 以分组展示的形式进行。 展示组展示时，要求其他小组的同学认真倾听，在每组展示结束后，其他各组针对展示的实际情况，可以提问质疑。各组的表现纳入小组的评价。 展示细节要求： 　　同学们，在本课展示时，你们可以把自己当作小老师，把知识讲给其他同学听。要做到：不胆怯，有自信，勇于展示自己。展示时，站姿准确，声音洪亮，表述清晰。只要大胆地走上讲台，迈出第一步，你就已经很棒了。相信自己，展示自己，提升自己，"我最棒"。 　　评价人物时要以一分为二的态度去评价，既要看到人物的优点也要看到人物的缺点。评价历史人物要看到他所处的时代，并结合其时代背景，评价他的功绩和他的过失。	23分钟	三、展示提升（分组展示） 1. 秦统一六国，建立统一的国家有何历史意义？ 2. 秦朝建立后，秦始皇为了巩固自己的统治，分别在政治、经济文化、思想、军事方面采取了哪些措施并对其措施进行评价？ | 方面 | 具体措施 | 措施评价 | |---|---|---| | 政治 | | | | 经济文化 | | | | 思想 | | | | 军事 | | | 3. 有人说，秦始皇功过千秋，有人说，秦始皇是有名的暴君。 你如何评价秦始皇呢？ 功绩列举： 过失列举：
四、梳理巩固 要求：记忆本课主要的知识点。	4分钟	四、梳理巩固
五、达标抽测 不看教材，独立完成达标抽测的内容，检测一下，学完本节课你的收获吧！	4分钟	五、达标抽测 1. 秦朝是我国历史上第一个统一的多民族的中央集权制的_____国家。 　A. 奴隶制　　　　B. 封建制 2. 秦朝实行君主专制的中央集权制度，请问国家的实际权利掌握在_____的手中。 　A. 皇帝　B. 丞相　C. 太尉　D. 御史大夫 3. 以下措施中，属于秦始皇加强统治的经济措施的是_____。 ①统一文字货币　②统一度量衡　③焚书坑儒　④统一车轨 　A. ①②③　　　　B. ①②③④ 　C. ②③④　　　　D. ①②④ 4. 以下对于"焚书坑儒"的评价不正确的是_____。 　A. 焚书坑儒客观上有利于秦始皇加强对人民的思想控制 　B. 焚书坑儒给我国古代思想文化造成了巨大的损失 　C. "焚书"焚毁了大量的医药、占卜、种植类的书籍 　D. "坑儒"反映了秦始皇统治的残暴
反思		
审核		

3. 设计导学案要注意的问题

在设计导学案时,历史教师要注意以下四个方面问题。

(1) 导学案不能设计成"教案"。导学案只是帮助学生自主学习的工具,也是教师了解学生,以学促教的平台。学生既可以自主地使用学案进行有效的预习和课内学习;教师也可以利用学案,充分了解学生的预习和课堂掌握情况,以便做出相应的教学调整。

(2) 导学案不能设计成练习册。导学案设计了练习,但这种练习要注意分级、分类。历史具有"知识杂""层面多"的特点,而教师所面对的学生也参差不齐,因此选编的习题必须注意分门别类,从而使每节课堂有所得、每组学案有所得、每位学生有所得。导学案中的练习主要功能是引领学生思维,它侧重于培养学生分析问题、解决问题的能力,对于参加中考或高考的学生而言,这些题目达不到考试所需求的训练量。

(3) 导学案需要高素质的学生。适应自主学习方法的学生会如鱼得水,进步神速;学习能力有欠缺的学生很难跟上班级学习的步伐,学生两极分化的情况有可能加大。历史教师要未雨绸缪,作好解决学生两极分化的预案。

(4) 导学案需要高素质的教师。好的导学案容易产生大量生成性问题,需要教师的专业素养和教学机智来灵活处理课堂中出现的问题。好的导学案能彻底激发了学生参与课堂教学的热情,对教师的组织能力是一种挑战。

教科书从教材向学材发展是课程改革发展的必然趋势,导学案的编写是其中的一个重要环节。历史教师要结合自身的实践,创造出更多符合有效、实用、美观、有保存价值的导学案,推动历史教学向深层次发展。

4. 对导学案的评价

与传统教学相比,运用导学案进行历史课程的教学,具有明显优势。

(1) 有利于教学目标转化为学习目标,提高课堂教学的效率。教学目标没有转化成学习目标之时,历史教师很容易回到传统的老路上去,通过"教"的方式达成学生的学习目标;教学目标转化成学习目标之后,教师必须引导学生自主学习,达成学习目标。教师要求学生先学习再辅导,根据学习主体的需求,确定教学方法。

(2) 有利于改善师生之间的紧张关系,造就师生之间朋友式的合作关系。在"应试教育"背景下,很多教师不管学生理解力及个性的差异,而是强调学生整齐划一地达成学习目标。有些"待优生"无法达到学习的要求时,教师采用延长学习时间的办法,"逼"着学生完成学习任务,造成教师与学生之间矛盾的尖锐化。运用导学案教学法时,学生的理解程度有多深,掌握知识的程度就有多深。当学生自主学习遇到困难时,经常能得到教师的指导与帮助,师生之间就容易建立起朋友式的合作关系。

(3) 有利于培养学生自主学习的能力,在一定程度上减轻了学生的课余负担。通过学生自主学习,学生对知识的掌握程度了然于胸。学生理解了学习的内容,作业可以在课堂内完成,减少了课外学习的时间。当学习的内容较难时,学生在课外用一定时间去消化没有理解的知识即可。

导学案使"教"变为"诱","学"变为"思",以"诱"达"思"。它彻底改变了传统教学模式中教师"灌"、学生"装"的弊端。导学案使学生既学到了知识,又学会了学习,促使学生从"苦学、死学、难学、学会"变为"乐学、活学、易学、会学"。

四、教学重点、难点和疑点的确定

备教科书首先要求教师明白所教章节在整个历史学科体系中的地位;要明白所教章节知识点学生应掌握的程度。其实,最重要还是解决"三点"问题,即在备课环节中突出重点、突破难点、解决疑点。

1. 突出教学重点

教学重点是指教学的核心和关键所在,它体现了教学的要求,集中反映了教学的本质内容。教学重点是教科书中最主要的内容,在知识结构中起纽带作用的知识点,包括基本概念、基本理论、基本技能等。一节课的内容,如果没有重点,就会面面俱到,平淡无奇;如果都是重点,等于没有重点,还是"一锅粥"。

(1)教学重点的确定。根据教学目标确定教学重点。课程标准规定了教学目标的基本内容,《义务教育历史课程标准(2011年版)》是确定教学重点的重要依据。如岳麓版新课标教科书七年级上册第9课是《社会经济的变动》,该课有"生产技术的提高""水利工程的兴修""城市与商业的繁荣"等三项内容;课程标准规定的知识目标是"通过都江堰工程感受中国古代人民的智慧和创造力"。因此,有关都江堰的教学内容就成为第9课的教学重点。

根据具体内容在整体课时内容中的地位确定教学重点。如人教版新课标教科书七年级上册第11课是《西汉建立和文景之治》,该课有"西汉的建立""休养生息政策""文景之治"等三项内容。从逻辑关系分析,西汉的建立、休养生息政策都是"文景之治"出现的基本前提;从历史发展脉络分析,"文景之治"是中国古代历史中出现的第一个盛世局面。因此,"文景之治"就是第11课的重点。

由知识内容的时代性、现实性和教育意义来确定教学重点。如人教版新课标教科书七年级上册第18课《北魏政治和北方民族大交融》中的"北魏孝文帝改革",这部分内容能引导学生初步理解民族交往、交流和交融,对培养学生民族团结、为维护国家统一观念具有重要的现实教育意义,因此这目内容肯定要作重点处理。在历史长河或某一历史事件发展过程中,处于重要地位的历史事件或历史人物要作为教学重点,如孙中山、毛泽东、邓小平等;对学生情感、态度与价值观的培养起重要作用的重大历史事件也要作教学重点处理,如红军长征等。

（2）重点突出的措施。教学目标方面，应把教学重点置于首要位置，对教学重点进行深入的阐释，以引起学生的高度关注。在教学过程中，应围绕教学重点补充相关的材料，引导学生对重点知识学懂、学深、学透。在教学方式上，要围绕教学重点设问，引导学生思考。围绕教学重点组织课堂活动，促使学生进行探讨。利用情境创设及多媒体辅助教学等手段突出重点，使学生对重点知识能进行全方位的多层次的理解。在教学时间分配方面，时间予以充分保证，在讲述重点内容时至少要花掉课堂的三分之一以上的时间。在课堂训练方面，教师围绕重点设计题目，真正把重点的基础知识落到实处。总之，教师要采取有效策略活化重点，强化重点。

（3）判断重点是否突出的标准。重点突出与否，不是由任课教师说了算的。通过课堂检测，学生如果掌握了重点知识，而且能较好地运用这些知识，说明教学目标基本达成，教师在课堂教学中突出了重点。同时，还可以从时间上作初步判定。如果一节历史课，教师引导学生学习新知识的时间只占课时的 50% 左右，一般可以肯定，这是一节重点没有突出的课。相反，如果按照新课程标准，本来一个课时能够完成的教学内容，教师可能要用两个课时才能完成，甚至还要延期下课，一般可以肯定，这种情况的出现是因为教师把不是重点的知识点当作重点来讲述，导致真正的重点与其他知识点"平起平坐"，这也造成重点不突出。

2. 突破教学难点

所谓难点，就是指由于学生已有的知识经验储备不足或知识本身的难度，在实现教学目标过程中所出现的障碍。

难点形成的原因之一是，学生因历史概念模糊而造成的理解障碍。历史教师要引导学生对概念进行完整的把握，最终达到的目的是使学生能准确无误地掌握概念。

链接阅读 ▼

南北战争的根本原因是制度之间的矛盾不可调和吗？

美国南北战争的根本原因就是南北矛盾，即南方种植园制度与北方工业制度之间产生的矛盾。部分教师对"南方种植园奴隶主制度"的概念不理解，望文生义地认为，南方种植园奴隶主制度意指南方是奴隶制度，因此很容易得出南北矛盾是南北之间制度之间的矛盾。其实，南方种植园奴隶主制度与北方工业制度本身不存在根本矛盾，因为它们都同属于资本主义制度，只是南北生产方式不同而已。南方种植园的制度生产资料来源于资本主义市场,产品也销往资本主义市场,因此也属于资本主义经济制度。

　　历史教师可以激疑设问,引导学生思考:北方资本工业制度与南方种植园奴隶主制度两者水火不相容,导致南北矛盾激化,对不对?学生经过讨论以后,他们会准确回答:南北矛盾的核心不在于制度方面,双方矛盾焦点而在于黑人奴隶制的存废问题上。

　　教师没有理解的问题,一般而言学生基本不能理解。其实,教学实践中学生最怕对概念的理解,因此教师在有关概念的教学中要多花工夫,多想办法突破因概念模糊而形成的难点。

　　难点形成的原因之二是,学生对知识点的认识停留在问题表面,没有把握知识点的核心要素。每个具体的历史知识,都有其基本的、核心的要素。备课时教师不但不能忽略核心要素,而且要把这些核心要素加以梳理,引导学生理解难点。

链接阅读 ▼

如何把握"经济特区"这个知识点的核心要素①

　　在讲经济特区时,有位教师运用地图,先讲设立了四个经济特区,然后讲开放了十四个沿海城市,再讲设立海南特区及上海浦东经济开发区。这个知识点表面上讲得很到位、很全面了,但实际上这个问题还是没有讲透,学生对这个知识点的理解仍然是一知半解,问题在于教师没有把握经济特区的核心要素,没有说明经济特区到底"特"在何处?

　　"经济特区"核心要素包括过程要素、政策要素和格局要素三个方面。对于过程要素,教师一般落实得比较好;对于多层次、宽领域和全方位的开放格局要素,教师都会讲到,但对政策要素方面把握得较弱。教师应该重点引导学生掌握经济特区在引进外资、设备和经营方式方面的具体特点,要帮助学生理清经济特区在税收、出口等方面的优惠政策,而这些核心知识往往又是历史教师容易忽视的。

　　难点形成的原因之三是,受学生的认知水平的局限。在历史教学中不能一味地停留在学生认知水平的范围,教师应走在学生认知水平之前的一个合理范围,引导学生在已有知识区域和能达到的知识区域之间找到学生的"最近发展区"。在获得知识可望可及的前提下,学生的学习潜能和求知渴求得到全面的激发。

---

　　① 案例根据首都师范大学叶小兵教授讲座课件《从教学案例看初中历史教学设计时需要注意的问题》整理。

> 链接阅读 ▽
>
> **教师如何讲述欧美资产阶级的代议制**
>
> 教师要讲清英国、法国、德国、美国四国为代表的欧美资产阶级的代议制，它是一个颇有挑战性的问题。可以首先比较英国和德国国王的权力、首相的地位、议会的作用，得出英国是君主立宪制、德国是二元制君主立宪制的基本特征；接着讨论美国、法国在总统的权力、首相的作用、议会的产生等进行比较，得出法国是以议会为中心的共和制，美国则是以总统为核心的共和制。最后，四国制度进行比较，以突出西方代议制在西方政治发展过程中的伟大作用。

难点形成原因之四是，知识点多、体系庞杂，学生难以理清。教师要加强学法指导，帮助学生理清思路，便于学生知识体系的构建。整体原则是化抽象为具体，化复杂为简单，变生疏为熟悉，其目的都是为了化难为易。

3. 解决教学疑点

疑点是教师和学生对知识点的理解尚存在疑虑的地方。传统教师的角色就是"传道授业解惑"，是帮助学生解决所有问题的角色。按照新课程、新理念，教师在教学的进程中，不断地激疑设问，学生在不断思考问题、不断解决问题的过程中完成知识建构。

在这里需要说明的是，重点与难点、难点与疑点在概念的外延上存在着交叉和重叠的地方。重点与难点的关系存在三种情况。一是难点与重点重合。这种现象在初中出现较为普遍，教学突出重点，难点也相应地得到解决。二是难点与重点交叉。如"工农武装割据"的理论是该节的难点，也是该节重点的一部分。对这种类型的难点，教师必须讲透、讲深、讲活。学生能突破难点，对其他重点问题的解决也起到推动作用。三是难点与重点分离。如人教版七年级（上）"隋唐统一多民族国家的发展"一节，重点是隋唐时期的少数民族政策，该节的难点却是因为如"彝""靺鞨"难写，学生不容易掌握而形成难点。

难点和疑点也存在交叉之处。有些难点的形成就是因为教师在处理教科书或学生在建构知识时存在疑虑而形成的。教师对此要因势引导，激发学生带着疑虑去解决教学中的难点。当然，并不是每堂课都存在疑点，没有疑点不必挖空心思找疑点，而有疑点就要正确引导，科学地解决疑点问题。

4. 编写教案的流程

第一，研究课程标准；

第二，确定教学目标；

第三，选择教法学法；

第四,写好课堂教学流程;

第五,精心设计课堂练习;

第六,准备教具、教学用图或制作CAI课件;

第七,设计板书。

链接阅读 ▽

战后初期西欧经济的恢复与发展片段教学设计[①]

内容	战后初期西欧经济的恢复与发展		授课人	肖 红
教具	多媒体课件	课时 10分钟	授课年级	九年级
教学目标	知识与能力	1. 知道西欧经济恢复与发展的主要史实; 2. 分析二战后西欧经济迅速恢复与发展的主要原因; 3. 培养学生逐步掌握运用史料、图表、数据分析说明历史现象的能力		
	过程与方法	1. 创设情境,再现历史,进行情感体验; 2. 运用图表,整合教材,引导学生利用图表学习历史; 3. 分组合作,自主学习,进行探究实践		
	情感态度与价值观	通过学习二战后西欧经济恢复与发展的主要原因,使学生认识到科技是第一生产力,社会生产的发展离不开科技的进步,以此培养学生崇尚科学的意识,确立求实创新的科学态度,并激发他们努力学习科学文化知识,振兴祖国的热情		
教学重点		战后西欧经济迅速恢复与发展的主要原因		
教学难点		利用图表讲述经济发展历程,对初三学生来说有一定难度		
教学方法		创设情境,再现历史,引导活动,现实参与		
学法指导		情感体验,自我教育,分组合作,探究实践		
教学过程				
教学内容	教师活动及学法指导		学生活动及能力培养	
新课导学	一、探索第一站——战后初期西欧经济的恢复发展 1. 战后初期西欧经济恢复发展的历程 情境创设:展示战后初期和今天西欧的对比图片。 过渡:从战后的一堆瓦砾到人间天堂,短短几十年,西欧是怎样恢复发展的? 活动探究:请利用教科书中《西欧经济发展示意图》,结合课本,为大家讲解一下西欧经济恢复和发展的历程。 方法指导:结合课本,观察图表,注意图中不同时期的发展情况。先独立思考,再在小组内交流。鼓励学生指图大胆讲解。 过渡:从图表中可以看出战后西欧经济出现了哪两段快速发展时期?其中发展最快的是哪个时期?经济基本恢复是什么时候?发展最快的是哪个国家?		观看图片,情境体验,直观了解第二次世界大战至今西欧的巨大变化。 小组讨论,合作学习,教师提供《西欧经济发展示意图》的PPT,引导学生寻找有效信息,培养学生自主合作学习能力。 学生独立思考后,大胆指图讲解,互相补充。	

[①] 该教学设计为湖南师大2014年国培班肖红老师提供,设计曾荣获2014年湖南省湘潭市湘乡市历史教学片段比赛特等奖。

续表

教学内容	教师活动及学法指导	学生活动及能力培养
2.西欧经济恢复发展的原因	情境创设：20世纪50—70年代是西欧经济发展的黄金时期。这一黄金时期出现的原因是什么？让我们请出两位经历过这一时期的欧洲老人，听听他们是怎么说的。 活动探究：听了老人的讲述后，你认为西欧经济快速恢复和发展的原因有哪些？ 方法指导：提取老人发言中的关键词，结合课本，小组合作探究。鼓励学生大胆发言。 活动探究：西欧经济快速恢复和发展的诸多原因中，你认为哪一点最为关键？学生畅所欲言。然后教师出示补充材料。	通过音像资料，倾听欧洲老人的讲述，提取有效信息，结合课本，独立思考后，组内交流。大胆阐述自己的观点。 独立思考，发表观点，引导学生认识到科技、教育为西欧经济插上腾飞的翅膀，认识到科技是第一生产力，明确当代青少年所肩负中华民族复兴的使命。

引　子

教学有法，但无定法，贵在得法。传统的"读死书""死读书""读书死"的时代一去不复返了。在新课程理念下，探索课堂教学的方法与技巧，充分利用课堂时间，通过教师自身素质的展示，新颖的教学方式，多媒体技术的灵活运用等手段，把丰富的历史再现于学生面前，使学生受到感染，使课堂教学变得生动活泼、主题鲜明，直接激活学生的学习兴趣，充分发挥学生的主观能动性，从而提高课堂教学效率。

第三节　初中历史教与学的方法

初中历史教学方法是初中历史教学过程中的一个重要因素。历史教学过程具体表现为：首先激发学生学习历史的兴趣和积极性；其次是感知历史知识，在感知的基础上理解并巩固历史知识；最后是科学合理地运用历史知识。要完成这个教学过程，需要发挥两个主体的作用，即教师的教学主体作用，学生的学习主体作用。因此，从实践操作、历史学科知识、跨学科、组织课堂教学及教育技术等五个角度，来探讨初中历史教的方法；同时，从自主、合作、探究的角度，探讨学的方法。

一、初中历史具体的教学方法

1. 讲述法

它是指教师运用语言具体形象地讲述史实的教学方法，主要由叙述、概述和描述三种方法组成。讲述法是历史课堂教学基本方法中最重要的方法之一,它解决的主要是学生感知阶段的任务,即认识历史事实和历史表象的问题。

> 链接阅读
>
> ### 课堂讲授的重要性
>
> 　　有一次听课,教学内容是人教版第10课五四爱国运动和中国共产党的成立。任课教师只讲了20分钟,然后就让学生讨论中国共产党成立的历史意义。学生们的发言不太踊跃,课堂气氛也显得沉闷。课后,我问任课教师:这节课的教学内容应该说是十分丰富的,为什么你只是讲了20分钟?这位教师说:我也想具体介绍这些成就,但学校规定一节课上教师的讲授不能超过20分钟,否则就是灌输,就是没有体现学生的主体地位。
>
> 　　这个例子反映出的问题就是在历史课上教师不重视讲授。教师在课堂上讲授历史,不一定就是"满堂灌"、"一言堂",这关键在于教师是怎么进行讲授。如果教师的讲授内容是具体的,教师的讲解分析是深刻的,教师的教学语言是简明形象、生动幽默的,就能够调动学生的学习积极性,引发学生进行积极的思维。教科书有句话,"自从有了中国共产党,中国革命的面貌就焕然一新了。"教师必须要对意义中的"新"进行深入探究。"新"主要体现在三个方面,即新的指导思想马克思主义;新的领导阶级是无产阶级;新的奋斗目标是实现共产主义。如果不要教师讲授,这个难点是无法突破的。因此,课堂讲授是学校历史教学的主要方式,是历史课堂高效的可靠保证。

2. 讲解法

它是指教师对教科书中需要理解的部分,通过分析、综合、比较和概括等途径,并加以讲授的教学方法。讲解是在掌握史实的基础上,引导学生认识历史发展规律,揭示历史本质的过程。

理解就是寻找事物之间的联系。它在历史学习中有着极为重要的地位和作用,在适应环境、认识事物、创造未来方面也有着重要的意义。

(1)理解历史教科书。运用理解式学习方式时,要求学生具有独立的主体意识,有明确的学习目标和自觉的学习态度,能够在教师的启发和指导下独立地感知教科书、学习教科书、深入地理解教科书,把书本上的知识变成自己的精神财富,并能够运用于现实生活。

(2)理解历史知识的内在联系。在学习历史知识的过程中,弄清历史事件的来龙去脉,找到历史知识之间的逻辑联系,是理解历史知识的关键所在。

(3)理解历史现象背后的动因。新课标选择题的备选项大都为正确的历史事实,但如果没有理解历史事实背后的动因的话,靠"死记硬背"不能解决问题,即使把书打开,也可能找不到正确答案。其中的"症结"在于学生对历史知识一知半解,没有真正理解历史知识背后的动因。

(4) 对同类的历史现象能触类旁通,举一反三。对同一历史事件和人物我们要深层次地挖掘,但是对同类的历史现象,则要学会"知识迁移"。

链接阅读

讲解鸦片战争后中国自然经济逐渐解体

中国自然经济是自给自足的传统经济,形象地说,中国农民过着"种田吃饭,杀猪过年,养鸡生蛋换油盐"的日子。但是,英国侵略者用坚船利炮打开中国大门以后,这种静谧的田园式生活就被打破了。

首先,英国商人把大量的廉价"洋纱"运到中国,中国的部分家庭妇女就放弃了"纺纱",主要在家织布。"纺"与"织"分离,导致"土洋布"的产生。接着,英国商人把大量的廉价"洋布"运到中国进行倾销,中国部分的妇女不得不放弃织布,被迫节衣缩食买"洋布"。"织"与耕分离后,农村妇女不得不走出家门从事摘茶、养蚕、缫丝等,以弥补家用。继而当茶叶、丝绸等越来越多,部分农产品开始商品化。但农产品的价格中国没有定价权,中国逐步转入到资本主义世界市场体系。鸦片战争后,中国自然经济就是这样逐渐走向解体的。

小贴士

讲解法与讲述法

讲解法与讲述法有着密切的联系。讲述法是讲解法的基础,它在叙述、概述和描述史实的时候,应该已经"寓论于史",为讲解法做了很好的准备;而讲解法又是讲述法的必然发展和升华,只有通过讲解法使学生理解历史的本质和规律,学生才有可能更好地掌握讲述法所讲授的史实。[1]

3. 谈话法

这种教学方法是教师在课堂上提问题,让学生回答,通过师生"谈话"的方式,让学生掌握历史知识的方法。谈话法可以在复习旧知、导入新课环节或新课讲授环节运用,也可以在

---

[1] 张利明,陈立春. 中小学教学质量监控与保障[M]. 南京:南京大学出版社,2009:5.

讲完新课的"小结"环节运用，对讲述法、讲解法起到重要的辅助作用。

> **链接阅读**
>
> **谈话法讲"甲骨文"**
>
> 一位优秀的历史教师在向初中学生讲"甲骨文"这个知识点时，设计了一系列问题。
>
> 教师提问："同学们，这是什么？"（多媒体展示甲骨文图片）
>
> 学生回答："这是甲骨文。"
>
> 教师问："什么叫甲骨文？"
>
> 学生回答："古代刻在龟甲和兽骨上的文字。"
>
> 教师问："甲骨文是怎样发现的？"
>
> 学生回答："是清朝王懿荣发现的。"
>
> 教师补充讲解：王懿荣发现甲骨文的故事。
>
> 教师问："发现甲骨文有什么意义？"
>
> 学生按照教科书内容照本宣科读答案。然后教师把十二生肖的甲骨文用多媒体展示，在课堂上顿时掀起认甲骨文字的小高潮。
>
> 问题环环相扣，层层递进，单从问题设计角度而言，是无可挑剔。但在"提问—回答—反馈"的环节中，都是由教师发起提问，学生都是在被动应付。也就是说，教师总是为进攻方，学生则每次是"守方"。学生回答一个问题后，下一步要干什么，或者怎样去干，根本不是由学习的主体决定的，而是由教师所决定的。这一系列的问题就成了一根缰绳，学生的鼻子被教师牢牢地牵住。通过大量的课堂观察，我们发现越是经验丰富的教师，对提问的控制越严密。素质教育的基本特征就是要发挥学习者的主观能动性，如果提出问题的一方只是教师，学生就俨然成了一个答题的机器，创新和主动学习就无从谈起。爱因斯坦曾说过"发现问题比解决问题"更重要。历史教师要想方设法鼓励学生提问题，要将学生的问题集中起来，进行系统研究，努力做到针对性强，切实帮助解决学生提出的问题。

4. 史料教学法

自希罗多德开始，史学就成为材料史学。西方人称希罗多德为"历史之父"，其原因就在于以后的史学家都向他学习，重视材料的搜集和对史实的分析研究。所谓史料教学，它是指根据历史教学任务和学习目标，借助史料理解来认识历史、感悟历史，并在解读历史过程中生成新知、建构知识、还原客体，从而实现预设课堂学习目标的过程。史料教学已经成为初中历史教学的常态，可以说基本达到"无史料不教学"的程度。在教学实践中，史料教学在理解上有较为偏离的行为,主要表现在史料引入贪大求多,缺乏灵魂的统摄;史料解读浅尝辄止,缺乏深入的品读;史料运用孤立突兀,缺乏逻辑的贯通;史料延展主观随意,缺乏理论的支点。[1] 初中历史教学一般运用史料较浅,教师应当从史料中获取有效信息,并用言简意赅的语言进行准确表达。

链接阅读 ▽

《一个贞烈的女孩子》

20年代《新青年》杂志中一篇题目为《一个贞烈的女孩子》的文章,描写一个14岁的望门寡,被她父亲关在屋里强迫自杀。她的父亲循循善诱地说:"阿毛,你怎么这样的糊涂?我自从得了吴家那孩子的死信,就拿定主意叫你殉节。又叫你娘苦口劝你走这条路,成你一生名节,做个百世流芳的贞烈女子。又帮你打算叫你绝粒。这样殉节,要算天底下第一种有体面的事,祖宗的面子,都添许多的光彩,你老子娘沾你的光,更不用说了。你要明白,这样的做法,不是逼迫你,实在是成全你!"[2]《新青年》这篇关于礼教吃人的稿件,让学生认识封建礼教的危害,认识到当时打倒孔家店的必要性。

5. 直观教具演示法

它是指在初中历史课堂教学中,由教师演示历史直观教具或使用现代化教学手段,使学生更好地感知和理解历史知识的教学方法。使用这种教学方法可以增强历史教学的直观性,对于学生形象地认识和理解历史,有较大的辅助作用。历史直观教具的种类很多,既包括历史教科书中的历史图片和历史地图,也包括历史地图册、实物、模型、教学挂图、图表等。通过地图等学习历史,是一个优良传统。但是,近年来历史教师淡化地图教学的倾向比较明显,需要教师高度重视直观教学,尤其是重视运用历史地图进行教学。

6. 角色扮演法

它是情境创设法中的一种。历史是不可再现的,在学习某些历史知识时,教师可以通过创设情境,由学生扮演历史人物,再现当日的历史现象和历史事件。这种方法可以最大限度地调动学生的积极性,同时又可以使学生更好地理解知识,并在大脑中留下深刻的记忆。

---

[1] 何成刚,等.史料教学案例设计解析[M].北京:北京师范大学出版社,2012:3.
[2] 湖南省长沙市长郡中学周禄丰老师在《新文化运动》教学中引用的史料。

二、初中历史一般的教学方法

1. 按学科知识分类的教学法

按学科知识分类,教学方法主要有历史目标训练法、SQ3R 学习法、知识串联学习法和阶段特征分段学习法。

(1)历史目标训练法。目标训练法是指运用自己的目标来指引自己的元学习历史过程的一种训练模式。一般认为,学生能够确立自己的学习目标,能够意识到不同的学习方法产生不同的学习效果;能够随时意识到自己当前的学习情况,监视自己的心理活动;能够对学习的效果进行自我诊断,做出准确的评价等,都属于元学习能力的范畴。

链接阅读

> **实现历史目标训练法四步**
>
> 一是确定目标。目标体系是分层次的,可分长远目标、中期目标、近期目标。长远目标是职业定向,中期目标是阶段性目标,近期目标是中期目标的分解,就是眼前的阅读学习历史的任务。
>
> 二是选择方法。目标体系确定以后,要选择适合于目标的学习策略和思维策略,以提高训练效率。
>
> 三是及时调节。学生在学习历史的过程中要善于运用所确定的目标检测自己的学习效果,并充分利用反馈的信息来调节自己下一步的学习。如果发现历史知识储备不足,就要进行查漏补缺;如果不够熟练,就要补充练习;如果策略欠佳,就要及时改进;如果目标过高或过低,就要适当调整。这样学生的学习方法体系才会逐步完善。
>
> 四是善于总结。当某一学习目标达到后,学生应善于总结自己达到目标的成功手段,特别注意总结自己成功的学习与思维方法,在发展和完善的过程中,建立适合自己的高效阅读与思维方法。[①]

(2)SQ3R 法。SQ3R 学习法是美国学者鲁宾逊提出的,对历史学科的学习特别适宜。SQ3R 法是英语 Survey(浏览)、Question(提问)、Read(阅读)、Recite(复述)、Review(复习)这五个单词的第一个字母的缩写,简称为 SQ3R 学习法。它比较符合人的思维特点,有助于学生理解和记忆文章的内容。

[①] 陶本一. 学科教育学[M]. 北京:人民教育出版社,2001:158.

【资料卡片】

读历史书籍的方法

拿到一本历史书后,第一步是浏览该书的目录、提要,使自己对该书有一个大致的了解;第二步是提问,一边粗读,一边提问;第三步是阅读,边读边思考,划出重点,写出眉批,记下读书心得;第四步是复述,看自己提出的问题能否得到正确的答复;第五步是复习,在巩固学习收获中获得新的认识,得到新的体会。[①]

(3)知识串联法。所谓知识串联法,就是抓住历史线索。这线索犹如网之纲,纲举目张,基本知识就会一网而尽。历史知识由基本要素构成,历史课必须要把这些基本要素讲清楚,这是历史课与其他课程的最大区别。这些要素又可演化成历史的基本线索,并以这些基本线索把相关历史知识串联起来,好像用线串珠子一样。

如以时间的推移为线索,列出大事年表;以空间的转移为线索,按一定的地点、区域或国别范围来讲授历史;以人物的活动为线索,一个重要的历史人物(无论是正面的还是反面的),往往贯穿了整个时代;以历史事件的发展为线索,讲清起因、经过和结果,了解每一种历史现象的兴衰过程。

此外,还可以以社会矛盾为线索,分清历史发展阶段的主要矛盾和次要矛盾,对抗性矛盾和非对抗性矛盾,矛盾的主要方面和次要方面,解决矛盾的基本方式(改革和革命),以及矛盾产生、发展、激化和消失的过程。用马克思主义的矛盾论原理来分析历史问题,我们就会发现一切历史事件都是由一定的社会矛盾引发的,而历史事件又是由人的活动构成的,评价历史事件和历史人物都必须同一定的社会矛盾联系起来,如评价历史事件的性质要看其主要方面,评价历史人物作用要一分为二。

历史教学抓线索是非常重要的。教学线索反映了教师的教学思路,教学思路又是由教学内容、教学对象及教学条件来决定的。一个成熟的教师,其教学思路必然符合学生的认识水平和思维方式,对不同的教学内容要采用不同的思路来组织教学。

(4)阶段特征分段法。历史知识呈现阶段特征,抓住特征有利于记忆。例如,1949年以后的历史一般分为四个时期:1949—1956年为国民经济恢复与发展时期;1956—1966年为社会主义建设探索时期;1966—1976年为"文化大革命"时期;1978至今为全面建设社会主义时期。

---

① 陶本一.学科教育学[M].北京:人民教育出版社,2001:159.

2. 跨学科的分类的教学法

跨学科分类的教学方法主要有历史教学语文化、政史相互渗透法、历史体现地理特征等。

(1) 历史教学语文化。文史不分家。一方面,历史与文学的关系是内容与形式的关系,任何文学作品都产生于一定的历史背景并反映某一个方面的社会现实。贾谊在《过秦论》中说:"然秦以区区之地,致万乘之势,序八州而朝同列,百有余年矣……一夫作难而七庙隳,身死人手,为天下笑者,何也?仁义不施,而攻守之势异也。"我们就可以从这些文学作品中了解秦朝灭亡的历史原因。在讲辛亥革命失败的根本原因是因为得不到人民群众的理解和支持时,有经验的历史教师一般用鲁迅的小说《药》来加以证明。华老栓为治好儿子华小栓的痨病,不惜动用一辈子的积蓄去买通刽子手,希望得到沾满烈士鲜血的馒头来治病。小说的情节尽管是虚构的,但反映了辛亥革命前后老百姓麻木不仁,不理解革命,也不可能支持革命的社会现实。通过加强历史同语文之间的横向联系,使知识互相迁移,适当渗透,有利于学生对知识的理解与掌握形成完整的知识结构,有利于提高历史教学质量和巩固语文学科的知识、技能。

另一方面,历史课堂教学可以运用语文教学方法。历史教师可指导学生围绕历史材料的每个段落,归纳大意,写出要点,有效地培养学生的阅读、理解及语言表达能力。讲述历史事件和历史人物,运用记叙文和小说的表现手法,按照时间、地点的顺序,或按照序幕、发展、高潮、结局的场景和情节,再现历史的过去,激发学生的学习兴趣。讲述历史场景及历史文物,则采用议论文、说明文的方法,摆事实、讲道理,做到史论结合,打开学生的思路,培养学生的联想能力,用小论文的形式体现学生的思维和结果。在指导学生做材料分析题时,从每段材料中获取有效信息。实践证明,历史教学参考语文的教学方法,是很有益处的。

(2) 历史教学与政治结合。历史与政治学科都面临着同样的机遇和挑战。历史古老而有趣,政治有些枯燥又紧扣时代脉搏,两者可以互相补充,相得益彰。我们讲"抗日民族统一战线"时,肯定要联系到爱国统一战线和"一国两制"的伟大构想,结合"台独分子"提出的所谓"两国论",揭露其分裂祖国的阴谋。这样结合历史内容进行教学,有利于学生对统一战线的基本概念形成整体认识。我们从历史角度讲邓小平理论时,自然要追溯到为党的建设和社会主义建设指明方向的中共"八大",从而揭示邓小平理论是对毛泽东思想的继承与发展。

其实,许多知识点既是历史内容,又属于政治范畴。历史教师不必沉溺于"故纸堆",张口闭口"之乎者也",带着隔行如隔山的狭隘观念,抛开政治的内容或观点来教历史。历史教师不仅不能关上政治这扇大门,而且还要承担起帮助学生分析当前政治现象,剖析政治现象背后带本质性的历史规律。在综合考试中,经常出现政治与历史结合的题型。政治教师要审时度势,与历史教师通力合作,找到带有共性的行之有效的容易操作的教学模式和方法。

（3）历史教学与地理结合。历史与地理关系也非常密切，人类的一切活动都是在地理环境（如地域）中进行的。历史地理学就脱胎于附属历史学的沿革地理。其中人文地理部分着重研究经济、人口、城市、军事等，这些内容也是历史要学习的，只是侧重点和研究角度不同而已。通过人文地理的途径来学习历史在理论上完全具备条件，实践上也确实如此。如历史教师讲秦、明两朝的长城，就可以结合地图，帮助学生建立空间概念，强调东西两至，使学生不致混淆。我们也很难想象，一个地理知识不能过关的历史教师，能够有条不紊地讲清楚第二次世界大战中的欧、亚、非三大战场，能够生动地描绘"三大战役"，并让学生较好地接受。

【资料卡片】

丝绸之路

有些知识，既是历史，又是地理，如丝绸之路等。它开始于长安，经过河西走廊，今天的新疆地区，到达安息和大秦。这里需要让学生对亚洲的地理有一个概念。长安就是今天的陕西西安。河西走廊介于南山（祁连山和阿尔金山）和北山（马鬃山、合黎山和龙首山）间，长约900公里，宽数公里至近百公里，形如走廊，位于黄河以西，因此被称为河西走廊。[①] 今天的新疆地区属于汉代西域的一部分。安息相当于今天的伊朗，大秦则是当时的罗马帝国，前者属于西亚，后者属于欧洲和近东的一部分。

（4）历史教学中渗透数学知识。历史会讲到勾股定理和《周髀算经》。北师大版八年级《数学》上册的第一章是《勾股定理》。[②] 在讲授历史教科书中的《周髀算经》时，提前跟学生介绍书中的"勾三，股四，弦五"。七年级《历史》提前将勾股定理介绍给学生，既能提高历史课的含金量，又能将勾股定理提前介绍引发学生的思考。最重要的是了解我国古代科学家的成就，增强民族自豪感，学习这些科学家注意实践、刻苦钻研的科学精神，这又属于历史教育中的情感和价值观内容。

历史也会提到一元二次方程和《九章算术》。历史教科书中的《九章算术》介绍了一元二次方程，但七年级数学学习的是一元一次方程。[③] 历史课上不是介绍一元二次方程的解法，但可以将一元二次方程的概念介绍给学生，稍稍涉猎什么是"元"？什么是"次"？虽然是"点到即止"，但可以活跃历史课堂的气氛。

---

① 课本编写组.地理[M]八年级下册.长沙：湖南教育出版社，2002：84.
② 课本编写组.数学[M]八年级上册.北京：北京师范大学出版社，2005：6.
③ 课本编写组.数学[M]七年级上册.北京：北京师范大学出版社，2005：166.

链接阅读

运用数轴讲公元纪年法

在讲授公元纪年时可应用数学数轴。在人教版《数学》七年级上册中第二章学到数轴。① 用数轴表示距离和负数。在《历史》的第5课《夏商西周的更迭》介绍了公元纪年法,数轴在讲授公元纪年时有很多可以借鉴的地方。正方向代表时间发展的方向,原点代表公元元年,正数就代表公元后的时间,负数代表公元前的时间,由于负数的负号不能省略,那么"公元前"就相当于负号,这是不能省略的。按照数学的计数方法,-1与1之间有两个数字单位,但是由于没有公元0年这个概念,公元元年与公元前1年之间只有一个数字单位,这就是为什么一个在公元前40年出生,到公元40年去世的人,其寿命只有79岁的原因。教学中,如果引入数轴作解释,学生心中的疑虑就会迎刃而解。

(5)历史教学中渗透化学知识。青铜和黄铜的概念,学生很容易混淆。在历史教科书的第九课《甲骨文与青铜器》讲到了青铜,这属于合金。在《化学》九年级下册的第八单元也讲到了合金的概念。而青铜是"铜、锡、铅"的合金,黄铜是"铜、锌、铅"的合金。② 将化学中的合金和历史中的青铜结合起来,学生会清楚地区分这两个概念。

【资料卡片】

生铁和熟铁的区别

生铁是含碳量大于2%的铁碳合金,它的特点是:坚硬、耐磨、铸造性好,但生铁脆,不能锻压。③ 熟铁是用生铁精炼而成的比较纯的铁,含碳量在0.02%以下。熟铁质地很软,延展性好,可以拉成丝,强度和硬度均较低。这可以与《历史》教科书中的灌钢法相联系,南北朝时期的古人已经通过灌钢法完美地解决了它们的缺陷,制造出来的农具既能像生铁一样坚硬耐磨,又如熟铁一样有韧性。

3. 组织课堂教学角度分类

从组织课堂教学方法角度分类历史教学方法主要有辩论对抗赛、历史故事演讲、课堂讨论、学生质疑等。

---

① 课本编写组.数学[M]七年级上册.北京:北京师范大学出版社,2005:43.
② 课程教材研究所,化学课程教材研究开发中心.化学[M]九年级下册.北京:人民教育出版社,2006:4.
③ 课程教材研究所,化学课程教材研究开发中心.化学[M]九年级下册.北京:人民教育出版社,2006:4.

（1）辩论对抗赛。历史教师可以从电视台播放的大学生辩论对抗赛节目引起轰动效应中受到启发，把这种形式引入历史课堂教学之中。一位初中一年级的历史教师组织过一次"唐玄宗主要是明君还是昏君"的辩论对抗赛。历史教师拟正方观点主要是明君，反方观点主要是昏君。在较为充分地占有历史资料的基础上，学生辩论得有声有色。反方辩手在佐证唐玄宗主要是昏君时，引用了杜牧的诗句，"一骑红尘妃子笑，无人知是荔枝来"。历史教师事后才知道，这是该班班主任语文老师指导的结果。学生的分析综合能力、逻辑思维能力、语言表达能力在辩论的过程中得到了淋漓尽致的发挥，学生在思想认识的深度方面也得到了较大的提高。

链接阅读 ▼

历史教学中辩题的选取

历史教学中的辩论题目，应该选择那些具有历史的复杂性、多样性、争议性的论题，包括：对历史人物的功过评价，如秦始皇、武则天、曾国藩、李鸿章、拿破仑等；对历史事件的正面与反面的分析，如洋务运动的得与失、义和团运动的正义性与落后性、辛亥革命的成功与失败、抗日战争中国民党战场的地位等；对历史制度的评论，如西周分封制的利与弊、科举制度的功效与失缺、古希腊雅典的民主政治是真正的民主还是虚假的民主等。这些辩题都具有可辩性，都可以从正反两个方面找到相应的事实及材料支撑论点，并能加以发挥。从教学的角度上讲，确定历史的辩论主题还应考虑：一是辩题所涉及的内容应尽可能围绕教学的重点。二是辩题应是多数学生所关注的问题，是学生想要进一步探讨的问题。三是辩题不应是虚拟性、假想性的，没有发生过的事不宜作为历史辩论的题目，像"如果戊戌变法成功了，中国的民主革命是否还有必要""假设你是谭嗣同，在听到政变的消息后是逃跑还是就义"[1]。

（2）历史故事演讲。历史故事演讲课型既符合历史学科的特点，又能较好地发挥初中学生学习历史的积极性。它既能扩大学生的知识面，又能解决学生的一些知识的科学性问题和思想疙瘩。历史故事演讲题材非常丰富，但历史故事必须是真人真事，不宜采用虚构的传说、文学作品、民间故事等。国会纵火案、中山舰事件、斯大林格勒保卫战、胡林翼怒斥夏侯淳等属于真实历史故事；柳毅传书、卧冰求鲤等是民间故事传说；小说《三国演义》中的曹操与历史上真实的曹操也大相径庭。历史教师应该强调历史故事取材的真实性。假如学生

---

[1] 叶小兵.辩论的展开[J].历史教学，2006(9)：67-68.

讲卧冰求鲤的故事,历史教师不要横加指责,而应在引导的基础上,结合中小学生不孝敬父母的现象进行德育渗透,要求学生发扬孝敬父母、友爱兄弟的传统美德。

(3)课堂讨论。传统的教学方法是教师讲,学生听,学生获得的是现成的答案。课堂讨论是过去历史教师经常运用的教学方法,但现在运用这种教学方法的历史教师越来越少。课堂讨论不但意味着教师把主导权归还给学生,而且对教师的业务素质,如课堂调控能力提出了更高的要求,同时教师的课前工作要比常规课做得更加充分细致。

如课堂讨论"西安事变为什么要和平解决?"学生可以围绕蒋介石是"杀"还是"放"的焦点展开讨论。有的学生认为蒋介石是民族败类,该杀!有的学生认为倘若杀了蒋介石,蒋的追随者对共产党会变本加厉,对中国"停止内战、一致抗日"的形势会不利,因此蒋介石杀不得。教师还可以引导学生对当时的国际形势进行分析,如苏联、日本、英国、美国等国的态度进行分析,以加深学生对这段历史的理解。学生讨论结果表明,中国共产党提出的和平解决方针是英明的。

平时教师只是把观点塞给学生后就万事大吉,至于学生是否理解和接受则不会认真去考虑。课堂讨论这种教学方法强调学生就是学习的主体,课堂知识不是外界强加的,而是学生在自我探究过程中自我生成的,教师不是历史知识的主宰,而是把学生引入到知识殿堂的引路人。这些正是历史新课程新理念所追求的目标。

(4)学生质疑。学生质疑就是学生提问,这是老生常谈的方法,但这里是旧瓶装新酒,在方式上稍有议争。在复习旧知导入新课的过程中,一般是师问生答,但我们可以反其道而行之,让学生针对上节课所讲的内容向任课教师或同学提问,教师对回答不完整的进行补充,同时,对问得好或回答得好的同学要加以表扬和鼓励。

它能比较有效地打破教师在教学中的思维定式,加深学生对历史知识的印象,提高学生在课堂上的积极性。新课讲授完以后,一般由教师小结,我们可以让学生就新讲授的内容提问,教师可采用学生讨论的结果进行总结,有效地避免教师的"一言堂""满堂灌",把学习的主动权真正归还给学生。

此外,可以运用历史课本剧激发学生学习历史的兴趣,可以开辟"历史第二课堂",如组织"我当一次导游,带你游故宫"的活动,扩大学生历史知识面。"历史知识竞赛""历史园地""历史游戏"等诸如此类的教学方法都可以运用。

4. 教育技术方法分类

历史教师主要是通过投影仪、录音机、VCD、录像机、放映机、多媒体、网络视频、微格教学等现代技术手段,设计出先进的教学方法,以赋予历史学科新的生命力,让这门古老的学科焕发出新的光彩。

（1）投影仪、录音机。教师通过制作胶片，把历史由抽象转化为具体，静态转化为动态，教学效果也会由死气沉沉变得生动活泼。如讲"三大战役"，历史教师可制作三张胶片，逐一介绍战役的特点、路线、规模、战果等，突出辽沈战役"关门打狗"、淮海战役"围攻打援"、平津战役"先打两头、再取中间"等战略特点；历史教师在讲授大生产运动的内容时，可以用录音机放《南泥湾》的磁带。这些教学方法可以增强历史的现实感，拉近历史与现实的距离，充分挖掘学生的听觉功能，从而增强历史学科的吸引力。

（2）VCD、录像机、放映机、多媒体教学。历史教师向学生介绍开国大典时，可以把毛泽东等党和国家领导人在天安门城楼及毛泽东亲自升起第一面五星红旗的画面，通过VCD显示在荧屏上，增强历史的凝重感，使学生对新中国的成立有一种身临其境的感觉。有条件的学校要充分发挥电教中心的作用，组织学生观看《巍巍昆仑》《大决战》《大转折》等影片，使学生从活生生的画面中获取生动的历史知识。

三、初中学生历史的学习方式

要充分利用课程资源，教师就要倡导新课程新理念下的学习方式。《基础教育课程改革纲要（试行）》指出，在教学过程中应培养学生的独立性和自主性，引导学生质疑、调查、探究，倡导学生主动参与、乐于探究、勤于动手，培养学生搜集和处理信息的能力，大力开展探究性教学。其中自主学习、合作学习和探究学习等，都是历史新课程提倡的新的学习方式。

1. 自主学习方式

在新课程改革过程中，许多历史教师对于自主、合作、探究性学习这类活动性很强的学习方式，想尝试但不知如何操作。他们倡导"自主学习"，结果学生漫无目的，犹如瞎子摸象，课堂变成放任自流，效率每况愈下；有的历史教师常规课坚决"满堂灌"，公开课则实施前后同学的假合作学习，课堂气氛表面热闹，结果学生却一头雾水；探究有时则急功近利，希望一个课时把探究的所有问题彻底解决。

"自主学习"是一种由学习者自主确定学习目标、制订学习计划、选择学习方法、监控学习过程和评价学习结果的学习活动。具体而言，它就是"自我导向、自我激励、自我监控"的学习。我们在强调学生学习的自主性的同时，对教师的指导水平也提出了更高的要求，因为只有高水平的学习指导，才有可能带来高质量的学习。

自主性学习不是一时的学习方式，而是要把它培养成终身的学习方式和阅读习惯。上海市晋元中学的历史特级教师李惠军曾建议过，学生一进中学，就要培养学生自学的习惯，要学习自主阅读历史教科书的方法。对于历史课堂的常规教学，要保证自主性学习的有效性，最有效的方法是要使学生明确学习目的。教师可以把要学生解决的问题用投影仪打出来，学生学习时就会有很强的针对性，这种方法对学习能力较差的学生效果明显。

2. 合作学习方式

"合作学习"主要是指学生在小组或团队中为了完成共同的学习任务,而明确责任分工的一种互助性学习。合作学习效果不佳的主要原因是合作学习的偶然性、分组的随意性、问题的盲目性等。部分教师不会在每堂课都尝试合作学习方式,只是在有领导或同行听课时才偶尔为之,学生如果对这种学习方式不熟悉,效果肯定要大打折扣。分组是合作学习模式成功与否的关键环节之一,要根据学生的意愿,结合学生学习历史的水平进行分组。

历史学习是一个从感知历史到不断积累历史知识,进而不断加深对历史和现实的理解的过程;它也是学生主动参与学习、学会学习的过程。新课程新理念强调学生是学习的主体,提倡学生参与确定学习目标、学习进度和评价目标,在学习中积极思考,在解决问题中学习,在学习过程中有情感投入。它使学生由过去被动的知识接受者、服从者转变为积极主动的参与者、有强烈求知欲的探索者。学生角色的转变,也直接导致学生学习行为方式的转变。

3. 探究学习方式

探究性学习是学生在比较广泛教育资源的背景下所开展的自主的、开放的、探究式的学习活动。所谓探究性学习,它是一种模拟性的科学研究活动,它强调教师要创设一个以"学"为中心的智力和社会交往环境,让学生通过探究发现来解决问题,以达到把学生培养成为有科学素养公民的目的。它既重视结果,又强调知识的获得过程;它既关注意义建构又注重应用,突出以学生为中心和全体参与,有利于素质教育及创新教育的有效实施。①

自主学习强调的是培养学生主动、独立的学习品质和习惯;探究学习、合作学习则强调的是一种探索未知世界的过程与能力,以及在此过程中所表现出来的协作和团队精神。这三种方式互相交融,优势互补,在促进学生全面发展方面有重要意义。② 实施探究性学习方式,主要从以下三个方面着手。

第一,必须精心设计学习计划。制定明确的学习目标,使学生既能准确地掌握相关的历史知识,又能在探究学习中发展自己的能力,形成探究精神和态度。教师不应当在历史基本常识的基础上进行所谓的"探究"。

第二,根据课程安排和进度,及时调整教学组织形式。与传统的学习方式不同,探究学习是以小组活动为基本形式的一种学习活动。教师启发引导仍然是探究学习策略中必不可少的组成部分,也并不是所有的历史学习内容都要进行合作学习,也不是所有的学习领域都需要用探究的方式来进行。对于一些学习内容来说,除了个体的学习必不可少,接受性学习

---

① 宋乃庆,等. 基础教育课程改革的十大创新[M]. 海口:海南出版社,2003:30.
② 姬秉新,李稚勇,赵亚夫. 理解与实践高中历史新课程——与高中历史教师的对话[M]. 北京:高等教育出版社,2005:62-63.

也是必要的。

第三,在探究过程中,教师要随机做出各种策略决断。应该什么时候改变讨论方向,如何集中个别学生的注意力,在什么环节及时把教学活动转移到有待学习的新内容上,并及时对讨论中产生的问题进行个别指导等。①

在历史教学中,要全面推广自主、合作和探究性学习方式有相当大的难度。在历史教师的指导下,义务制教育阶段开展一到两个课题研究还是可行的。中学生开展历史研究性学习主要是通过做课题的形式进行。历史教研组要集中全组的科研力量和智慧,精心设计出一些学生既感兴趣,又有一定实际意义的课题,供学生选择。如辛亥革命的历史意义及价值;世界经济趋势和人民币贬值;希腊神话与中国古代神话传说研究;中国历代人才的文学成就;学校历史研究;岳麓山与辛亥革命烈士墓的调查及研究等。

引 子

教师要开发和利用课程资源

要给学生一滴水,原来说教师要有一桶水,现在说一桶水可能还不够,教师要拥有一条源源不断的溪流。因此,课程资源是教师成长与发展的重要条件,"对历史课程资源的积极开发与充分利用,是历史教学顺利进行的基础条件。历史学科所具有的独特性质,使其有丰富的信息资源。在历史课程的实施中,教师要强化历史课程资源意识,因地制宜地开发和有效利用各种课程资源"。②

第四节 历史教学资源的开发与利用

一、课程资源的概念

课程资源是指课程要素来源以及实施课程的必要而直接的条件。课程资源包括校内课程资源和校外课程资源。重要的校内课程资源有教科书、教师、学生。师生本身不同的经

---

① 姬秉新,李稚勇,赵亚夫.理解与实践高中历史新课程——与高中历史教师的对话[M].高等教育出版社,2005:71-72.
② 中华人民共和国教育部.义务教育历史课程标准(2011年版)[M].北京:北京师范大学出版社,2012:45.

历、生活经验和不同的学习方式、教学策略等都是非常宝贵的非常直接的课程资源,校内各种专用教室和校内各种活动也是重要的课程资源。校外课程资源,主要包括校外图书馆、科技馆、博物馆、网络资源、乡土资源、家庭资源等。①

1. 校内课程资源

(1)教科书。历史教科书是开展历史教学活动的重要依据,是历史教育资源的核心部分。初中历史教科书实行"一标多本",人教版、岳麓版、上海版及川教版等,都有自己的鲜明特色。学校要选择适应本地特点的教科书,教师要研究教科书栏目的特点和用途,充分利用教科书里的资源,为教学突出重点、难点,设计导入语或过渡语服务。

(2)教师、学生等人力资源。课程资源是静态的知识,要开发和运用这些资源必须依赖教师和学生等人力资源。教师应重视学生资源的开发与利用,积极利用学生已有的社会阅历、知识经验及认知基础,调动学生积极参与教学活动,在师生的共同努力下,完成历史教学的任务。② 历史教师只有不断提高自己的史学素养与教学素养,才能在历史教学活动中发挥最重要的人力资源的作用。历史教师通晓古今中外、博识天文地理的人格魅力,有时比任何教学资料的展示更具潜移默化的影响力。学生资源一般是指学生在课内外表现出来的,可被教师利用的有利于教学的资源,它不仅包括学生已有的知识、经验、经历、情感等,还包括在课堂教学中来源于学生、通过师生互动而生成的资源。③

(3)历史专用教室。条件较好的学校成立了历史专用教室,历史专用教室的特点是古朴与现代化相结合,知识和形象演示融为一体。教室独具历史特色,教室的左右两边一般设置了仿古工艺展柜,一些古代文物的复原模型如四羊方尊、一号铜车马模型等,摆放在展柜里,方便教师在教学中使用。教室的四周挂满了历史图片,既有历史地图、年代简表,还有中国史和世界史各个时期的挂图,它们充分展示中国历史文化的源远流长和博大精深,使略显枯燥的历史传统教学变得更丰富生动而充满趣味性;同时,历史教室又充满现代气息。教室一般配备有电子白板,通过声光电可以单独演示,激发学生的学习兴趣。

历史专用教室的设置,为师生的互动教学在空间上准备了条件,同时营造了一个优雅、轻松的学习环境,其整体构思的先进性和前瞻性代表了学科最前沿的理念,提升了学校整体的竞争力。尤其重要的是,这种教室为学生学习提供了课程资源,不仅在教学时可以充分利用,平时亦可供学生观摩,它使学生在潜移默化中获得历史知识。

---

① 课程资源的概念参见百度百科:http://baike.baidu.com/link? url.
② 中华人民共和国教育部.义务教育历史课程标准(2011年版)[M].北京:北京师范大学出版社,2012:46.
③ http://www.teacherclub.com.cn/tresearch/a/520782956cid00049.

【资料卡片】

厦门大学附中历史专用教室简介[①]

厦门大学附中的历史专用教室设置得非常有特色。教室正中间整齐地摆放着两排四人实木桌椅,桌椅设计古色古香。教室前面除现代化教学设备以外,在活动黑板的上方,挂着一幅长方形的《清明上河图》,教室的后墙则是一面硕大恢宏的浮雕壁面,展现了郑成功收复台湾的史实,气势磅礴。教室左右两边的展示橱柜中按照十六个专题摆放着教具模型,如:古钱币、唐三彩、郑和下西洋的船只、《独立宣言》文书复制品、埃及法老图坦卡蒙黄金面具等。在展示橱柜上方的墙壁上悬挂着十块展板,如"中国十大文臣展板""影响中国历史的十大人物展板""世界古今七大奇迹展板""三大宗教展板""历史地图展板"等。教室左侧走廊正中间是我国古代著名的思想家及教育家孔子的塑像,让学生肃然起敬的同时也立志成为知书达理之人。抬头望向教室的吊顶,仿真的藤蔓织成了绿色的"天空",与明亮的顶灯交相辉映,它预示着历史不是一个死记硬背的科目,而是一个充满生命活力的学科。在教室后方的教师准备室中还有大量教具模型,如:半坡遗址复原模型、都江堰古水利工程模型、四羊方尊模型、长信宫灯模型、陶器符号甲骨文展示框、历代名人肖像(仿古铜胸像)、秦兵马陶俑模型等。专用教室体现了学校对学生文史知识的重视,也增加了学生的学习兴趣,拓宽了学生的知识视野,拉近了现实与历史的距离,为学生的全面发展提供了良好的环境。

2. 校外课程资源

(1)乡土资源。它是指以地域为范围,记载该区域里发生的历史人物和历史事件方面的资料。我们补充乡土资源,与现行教科书配合,弥补教科书内容的不足,丰富教学内容。乡土历史讲述改革开放后的成就,可以用初中生熟悉的具体事实来说明社会的变化,可以向初中生进行爱家乡、爱祖国的教育。

[①] 历史专用教室简介资料由厦门大学附中历史教师邵子艳老师提供。

(2)图书馆。学校图书馆是课程资源的重要组成部分。学校应该有意识地调整图书馆或资料室的藏书结构和规模,合理配置人文社会科学方面的书籍,如通史著作、历史刊物、历史文物图册、历史地图、历史图表、通俗历史读物、历史小说、科学技术史、文学艺术史、考古和旅游等方面的读物,以供学生查阅,丰富学生的社会、人文知识,加深他们对课程内容的理解。①

(3)期刊与网络资源。历史教师常用的中学历史教学教育的刊物主要有:《课程·教材·教法》(北京)、《中学历史、地理教与学》(人大复印资料)、《历史教学》(天津)、《历史教学问题》(上海)、《中学历史教学参考》(西安)、《中学历史教学》(广州)等。

中学历史教学教育常用的网站主要有:

史学研究网(http://www.3hresearch.com)主要进行史学理论、史学史、海外中国学史方面的研究。着重发布这一研究领域和研究方向的前沿学术成果和最新学术信息。转载以往曾经发表过的有学术留存价值的史学信息和论文。

历史资源网(http://www.fed.cuhk.edu.hk/history)提供香港、世界及中国历史资料及教学资源,包括相片、视听教材等。

中学历史教学资源在线(http://hhdts.51.net)为中学历史教师提供历史文字、图片、教案、课件、题库等教学资源的教学网站。

中国基础教育网历史频道(http://www.cbe21.com/subject/history)设有史学动态、多媒体资源、备课手册、考试对策等栏目,并设立另类视野和历史论坛供读者们开阔眼界,互相交流。

历史教育网(http://www.lishi.xueke.cn)主要包括:学科课件、教案、试题、素材、论文、教育资讯等。

中国历史课程网(http://hist.ccrsp.com)一个历史教育网站,有课程建设、试题精选、教学研究、教材研究、教学设计、测量评价、历史研究、教材资源、图说历史、历史论坛、历史博客等栏目。

中学历史教学园地(http://www.zxls.com/index.html)是历史学科门户网站,资料丰富、原创性强。网站主要有高一新课标、历史flash、历史视频、历史课件、教师论文、历史教案、试题交流、高考中考、学生园地、历史百科、活动探究课等栏目。

(4)家庭、社会课程资源。这些资源能在不同层面,从多种角度为学生提供历史素材和历史见解。在这方面我们应该积极引导帮助学生走出教科书,走出课堂和学校,在社会的大环境里学习和探索。家庭也是历史学习的一种资源,家庭所收藏的照片、图

---

① 中华人民共和国教育部.义务教育历史课程标准(2011年版)[M].北京:北京师范大学出版社,2012:45.

片、实物、家谱或族谱,以及长辈对往事的回忆和记录,都会在不同程度上有助于学生的历史学习。[1]

【资料卡片】

何光岳和他的家谱

何光岳是著名的中华民族源流史研究专家,长期从事远古历史和炎黄文化的研究,在"中华民族源流史""中国姓氏源流史""炎黄历史文化"专业研究方面具有专长和突出成就,填补了中国学术上的一些空白。20世纪80年代以来,出版了20多部历史专著,发表了300篇研究文章,约计910万字。2005年建成1949年以来海峡两岸第一个4层楼的中式个人藏书楼,个人藏书数量达到10.3万册。其中收藏有清朝民国族谱43000册,被评为湖南省十大藏书家之首。家谱提供的历史资料对了解家族发展源流,增强对家族、民族和国家的认同感,有着重要的意义。

二、课程资源的开发与利用

1. 要充分地开发和利用教科书

课程标准指出:"历史教科书是历史教育资源的核心部分。"它是进行历史教学的主要依据之一,其开发和利用的重点是研究如何处理和整合教科书的内容,使教育资源得到最合理的优化配置。历史教学既要立足于教科书,但是又不能停留在教科书的表面,而是要发掘历史表象背后的历史规律和历史观念。

围绕课标和考纲挖掘教科书的内容。课标是教科书的灵魂,也是教学的灵魂。在教学中,教师应依托课标和教科书,敢于跳出教科书看教科书,多思考课标、教科书、教参相互衔接是否合理,可探索、选择、创造性地运用教科书和教参。

一方面,通过知识迁移,教师要弥补知识结构中存在的漏洞,理清模块间、专题间的关系,掌握历史的阶段特征、基本规律和基本史实、概念、观点。

另一方面,通过多角度思考教学内容,加深学生对教科书的理解,培养学生的发散性思维。

---

[1] 中华人民共和国教育部. 义务教育历史课程标准(2011年版)[M]. 北京:北京师范大学出版社,2012:46

链接阅读

多角度对"中国社会主义建设发展道路探索"的思考

从中国历史的角度，它体现了中国共产党探索适合中国国情的社会主义建设道路的历程。从走"日本人的路"到走"美国人的路"，再到走"苏联的路"都没有成功，只有在共产党的领导下，走有中国特色社会主义道路才取得成功。

从世界各国经济发展的角度看，通过展示20世纪世界经济史上三次改革调整的机遇，给我国以历史的启迪：经济体制的不断创新和调整，是一个国家持续发展的重要保证，是大国崛起的重要基础。

2. 要充分开发和利用学生课程资源

在当今"以学生为主体"的课堂教学模式的影响下，学生已成为了课堂教学中最丰富、开发效果上最突出的教学资源。学生与课程接触时，用独有的眼光去理解、去体验课程，并创造出属于自己的经验，在这个意义上说，学生是课程的创造者和开发者。

中学生资源的开发和利用主要应走好三步。第一步，课前要抓好学生资源的开发。建构主义和经验本位理论重视学生的经验和知识储备，积极引导学生主动地有创造性地利用一切可用资源，让他们的经验再现，为实施新课程提供环境。第二步，课堂教学过程中促成学生资源的创新。教师要善于利用课堂创新教学的特殊组织结构与课堂结构形式这种特殊教学资源，让学生循序渐进地学会学习、学会合作、掌握学习方法，通过有步骤地训练，形成学生学习能力。第三步，课后反思要使学生资源转化为储备知识。

知识拓展

"文艺复兴"一课学生课程资源的开发

有关"文艺复兴"的知识，学生通过网络等，获得一定的经验和知识。在开发学生课程资源时，主要有以下三个步骤。

第一步：事先布置一份研究性作业。主题是"我眼中的文艺复兴巨匠"。要求：结合文艺复兴巨匠的作品或事迹进行赏析；篇幅短小精悍；把研究成果制成PPT。形式新颖的作业激起了学生的兴趣，学生PPT所展示的内容，给我留下深刻的印象。有的学生讲"文坛三杰"中的但丁、彼特拉克、薄伽丘等，有的则讲述列奥纳多·达·芬奇、米开朗琪罗、拉斐尔等，他们的代表作极富有传奇色彩，更加激发了学生的兴趣。

第二步：在课堂中对学生提供的独特课程资源，教师要及时进行点拨，把学生的思维引向深入。一位学生提到了达·芬奇的代表作《蒙娜丽莎》，我就引导学生对蒙娜丽莎这个人物身份进行探讨。通过网络上搜集的资料，有的学生认为她是一个威尼斯商人的妻子，有的学生认为她是达·芬奇的自画像，有的研究者通过运用高科技手段证明蒙娜丽莎已经怀孕几个月了。我补充总结说，现在专门有一个学术流派称之为"蒙派"，专门研究蒙娜丽莎画像。学生纷纷表示，课后会更加关注蒙娜丽莎画像，去感受蒙娜丽莎的微笑。

第三步：在课堂结束时布置一份课后反思。课堂的时间有限，很多学生意犹未尽，教师要求学生写下本节课的感悟，是公共的课程资源与学生的知识背景结合，重构一个关于文艺复兴的知识体系。这份反思作业进一步挖掘了学生潜在的能量，为学生的长远发展提供了持久的动力。

3. 要充分开发和利用乡土资源

我国各个地方都有自己特色的历史遗迹、遗址、博物馆、纪念馆以及蕴含历史内容的人文景观和自然景观等，这是学生身边可以眼观手触的资源，可以增强学生直观的历史感受，培养学生考察和探究的能力。乡土历史都是发生在学生家乡的重要历史事件、本地区的文物遗址和英雄业绩等，学生比较熟悉，一提起来容易产生亲切感和自豪感，能够引起思想上的共鸣，因此乡土史更加能触发初中学生的求知兴趣和学习激情。

乡土资源的教学可以配合历史教学进度穿插讲授，也可以抽几节课时间专门讲授，还结合参观遗迹遗物，现场讲授。但由于教学时间和进度的限制，较复杂较详细的乡土素材，就只能留到课外，通过课外活动形式进行。在课外活动方面，一方面指导历史小组创办"乡土历史学习资料"专刊，把搜集和整理好乡土历史资料通过专刊的形式发表出来；另一方面，可以发动学生一起动手，广为收集。教师可以拟出若干专题，然后将学生分组，每组承担一个专题。在教师指导下，学生调查访问，搜集资料，让学生自己进行宣讲。这样不仅能丰富和加深学生的乡土历史知识，而且让学生在活动中受到生动深刻的思想教育，培养学生学习历史的兴趣。

4. 要充分开发和利用图书馆资源

图书馆资源应该是历史教师和学生历史知识的重要补充渠道，但在中国这方面做得还很不够。很多学校的图书馆或资料室在课程资源建设方面有所欠缺，表现为图书资料更新缓慢、图书资料内容较为陈旧、学生对图书资料不感兴趣，中学负责人对图书资料室不重视，资料室建设缺乏图书情报等专业人才。学生考试压力大，仅有的几节自习课时也被科任教师挤占；尤为突出的原因是教学方式基本以教科书为主，没有设置利用图书馆或资料室的驱动性教学任务。这些综合因素导致图书资料室利用率低。

教师在指导学生利用图书馆资源时，一方面必须帮助学生树立起自主开发利用图书馆资源的意识，适当向学生介绍一点文献检索的基础知识，如怎样利用二次文献（包括目录、索引、文摘）和三次文献（包括年鉴、综述）等。另一方面，教师有必要针对一定的教育目标选择一些图书馆资源，推荐给学生，同时制定一些具有开放性的阅读要求。建议借鉴外国先进经验，多设计一些驱动性教学任务，引导学生进入图书馆搜寻资料，切实提高学生的实践操作能力。

【资料卡片】

一堂上了两个月的"城堡"课

英国的中学大多采用启发式教学。教师上课时并不讲授太多的基础知识，而是讲授学习的方法，然后让学生自学并收集有关资料。一位英国历史教师就曾上了一堂两个月的"城堡"课。

中世纪是英国历史上重要的时期，而城堡是中世纪的标志，因此了解城堡也成为初中历史课的重点之一。在讲述罗马帝国时期有关问题后，教师将一份参考书目清单发给学生，具体要求是将经过整理摘录的知识用自己的语言表达出来；每提到一种事物，都要附上一张图片，做到图文并茂；选用的资料要严密准确，凡引用的资料和图片都要说明来源。最后，学生完成一篇关于城堡的论文，并上交一个用纸制作的城堡的模型，才算完成作业。学生通过查阅大量的与城堡有关的书，不仅获得很多的历史知识，而且将学生的学习积极性充分调动起来，逐渐培养多方面的能力，如观察事物的能力、独立思考的能力、论文写作的能力以及严谨的工作方式。[①]

5. 要充分地开发和利用家庭、社会的课程资源

在历史课堂教学中，教师可以利用家庭里的照片、实物等物质资源，引导学生了解自己身边的历史。如讲"近现代社会生活的变迁"时，可以布置作业，让学生回家把20世纪90年代以前的照片找出来，按时间排序，看每个时期人们的服饰、发型等有什么变化。有些发黄的20世纪40年代的老照片展示的长袍、旗袍、女性长辈的小脚等，都给学生留下了深刻的

---

① 余伟民.历史教育展望[M].上海：华东师大出版社,2002：232-234.转引自吴松第.素质教育在英国[M].南宁：广西民族出版社,2000.

印象。

同时，家庭里还有家长、亲属等人力资源。如"大跃进""人民公社化运动""文化大革命"这些历史事件学生不易理解，可以让学生回家询问长辈，了解当时的情形，感受社会主义建设的曲折发展。

三、课程资源开发的历史意义

1. 激发学生的学习历史的兴趣

长期以来，人们往往把历史教科书视为唯一的课程资源。在这样的狭隘课程资源观支配下，历史课被学生看成"死背"而无趣的科目。这种状况与我们对历史课程资源的错误理解密不可分。历史教学要运用教科书以外的课程资源，包括来自于图书馆的文字资料、影视资料、来自于乡间田野的调查资料等。这些资料与教科书内容紧密结合，可以大大激发学生学习历史的兴趣。

链接阅读 ▼

用图片课程资源讲欧洲联盟[①]

在讲欧洲联盟时，我补充了十几幅图片，展示欧洲经济区域一体化的进程，其内容从"人物"到"护照"，从"行政区划"到"欧盟旗帜"，从"货币"到"条约文本"等，简直无所不包，其效果就是枯燥的文字内容"活了起来"。为了增强学生的主体性，我还设计了让学生自己动手填空白图等教学内容。在多种课程资源的共同作用下，很好地激发了学生学习历史的热情。

---

2. 培养师生的创新精神和实践能力

历史新课程突出了发展性的精神，为师生的教与学发展留下了广阔的空间。教师要充分运用课程资源，转变教育观点，培养创新意识；营造教学氛围，提供创新舞台；训练创新思维，培养创新能力；掌握研究方法，提高实践能力。[②] 学生要主动参与教学，主动参与课程资源的开发，培养创造思维能力，创造想象能力，创造性的计划、组织与实施某种活动的能力。

[①] "用图片课程资源讲欧洲联盟"案例，参见历史学网站网络论文，高密市凤城中学唐绍刚.历史课程资源整合过程中文本资源的开发和利用.

[②] http://baike.baidu.com/view/1280150.html.

成功的教学不仅在于教师授课的妙趣横生、见地的独到新颖,还在于教师的精神和人格的魅力。学生通过教师所获得的不仅仅是历史知识,而更重要的是学习历史的方法,和对过去的思考、对自己的人生规划及对未来的思考。

本章知识结构

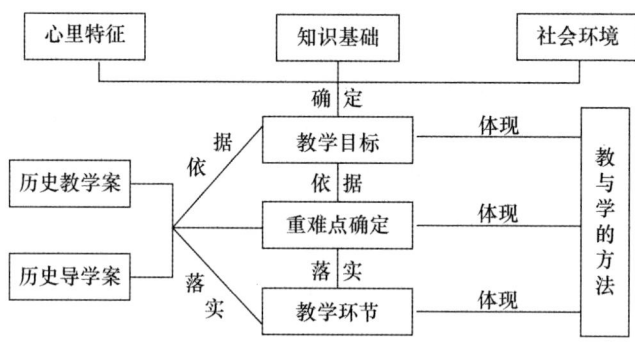

本章小结

(一) 本章的主要内容

1. 根据初中学生的心理特征、知识基础和生活环境确定初中历史教学目标。

2. 教学目标决定着课堂教学中的重点、难点。

3. 教师在备课或设计导学案时,要突出重点、突破难点和解决疑点,并在教学环节中落实教与学的方法。

(二) 本章的重点和难点

重点是教学目标的确定与表述;教学重点和难点的确定,以及突出重点、突破难点的具体措施。

难点是教学目标的表述和重点的确定;在备课与教学环节过程中要落实新课程新理念,并且要把社会主义核心价值观贯穿教学始终。

(三) 学习时要注意的问题

1. 了解历史教学目标的发展及目标内容之间的关系,掌握根据初中学生学习的需求制定教学目标的方法,同时能对教学目标进行准确的描述。

2. 知道备教案或导学案的基本要求,掌握确定重点和突破难点的措施;掌握课堂提问、板书、语言等基本技能;掌握初中历史具体的教学方法和学习方法;了解课程资源的运用。

备考指南

考试主要考查的知识点有课程标准、教学目标及教学设计之间的关系;教学目标的表述、组织教学内容、选择教学方法、制定教学策略、选用课程资源等。能够准确地确定和表述教学目标,正确选定教学的重点和难点,合理选择和运用多种教学资源;对教学内容和教学过程进行合理的设计,选择恰当的教学策略、教学方法和手段,调动学生积极参与学习过程。

自测训练

一、选择题

1. 校外课程资源主要包括( )。

   ① 科技馆　　　② 博物馆　　　③ 乡土资源　　　④ 家庭资源

   A. ①②　　　B. ③④　　　C. ①③④　　　D. ①②③④

2. 初中历史有多种呈现方式,主要包括( )。

   ① 文献材料　　　　　　② 图片、图表

   ③ 实物、遗址　　　　　④ 口述及历史文学作品

   A. ①②③④　　　B. ①③④　　　C. ①②　　　D. ③④

3. 不属于历史课程中的情感态度价值观目标特点的是( )。

   A. 模糊性　　　B. 弥漫性　　　C. 神秘性　　　D. 渗透性

4. 初中历史教案要求"备学生",主要从( )角度进行考虑?

   ① 根据教学班级学生的整体情况

   ② 根据教学内容的特点

   ③ 根据个体学生的多元智力特点

   ④ 根据新课程新理念

   A. ①③④　　　B. ①②③④　　　C. ①②③　　　D. ②③④

5. 教学重点的确定主要依据是( )。

   ① 教学目标　　　　　　② 课时内容在整个教学内容中的地位

   ③ 知识的时代性　　　　④ 知识的现实性和教育意义

   A. ①③④　　　B. ①②③　　　C. ①②③④　　　D. ②③④

6. 在讨论板书与讲述的关系时,关于"边写边讲"说法错误的选项是( )。

　　A. 能吸引学生的注意　　　　B. 教学层次清晰

　　C. 比较容易掌握　　　　　　D. 学生能较好地跟上教学进度

7. 下列教学方式中,学生掌握程度最高的方式是( )。

　　A. 教师讲授方式　　　　　　B. 学生实践

　　C. 教师演示　　　　　　　　D. 学生当"小老师"

8. 导学案设计的原则是( )。

　　① 以学生为中心的原则　　　② 层次性原则

　　③ 自主合作学习原则　　　　④ 问题引领的原则

　　A. ①②③④　　B. ①②③　　C. ②③④　　D. ①③④

9. 历史教育资源的核心部分是( )。

　　A. 学生　　　B. 历史教科书　　C. 教师　　D. 校外课程资源

10. 平时历史教师讲的教学目标主要是( )。

　　A. 国家教育目标　　　　　　B. 历史教学目标

　　C. 历史学段目标　　　　　　D. 历史课时目标

二、简答题

11. 突出教学重点的措施有哪些?

12. 设计导学案的基本原则是什么?

13. 中学历史课程资源的内容有哪些?

三、教学设计案例

14. 在《工农武装割据与红军长征》一课中,新课标规定要"知道南昌起义",请你根据新课程标准,对"南昌起义"这个教学目标进行设计。

15. 以下是某教师在讲述北宋早期出现"交子"的历史意义的教学片段。

教师说:"交子的出现,说明北宋商品经济和货币经济达到一个相当高的水平,开启了纸币取代金属货币的时代,在世界经济史上具有重大意义。"

这位教师的做法是否合适?请说明理由。

16. 教学设计要对教学内容进行合理挖掘。有一次,叶小兵教授去听两位青年教师的课,课题都是"春秋战国时期的文化"。他们在讲孔子是教育家时,所用的方式基本一样,都是通过孔子的教育言论(如"三人行,必有我师""不耻下问""举一反三""温故知新""学而不厌,诲人不倦"等),引导学生认识孔子对教育所做的贡献。

这种教学设计出现了什么问题?解决这些问题的建议是什么?

17. 以下是某教师讲授鸦片战争的背景的教学片断。

教师："苹果为什么会烂？"

学生："有虫子咬。"

教师："鸦片战争前，中国就是一个苹果，英国就是一只虫子。虫子为什么要咬苹果呢？"

学生："英国饿了。"

教师："19世纪英国进行工业革命需要什么？"

学生："原料。"

教师："生产出来的产品要怎样？要卖出去。卖出去的话，需要什么？市场。所以英国这只虫子需要的就是两个：原料和市场。"

这位教师的做法是否合适？请说明理由。

18. 一位老师在上《破解生命起源之谜》一课时，让学生谈谈达尔文生物进化论的影响。一位学生说："生物进化论认为生物进化是一个渐进发展的过程，宣称自然界无跳跃，否认自然界存在物种形成的突变。"学生的话还没有说完，教师马上打断他的话说："你这个问题太深奥了，涉及生物学领域的知识，不是我们这节历史课要解决的内容。下面我们来讨论怎样学习达尔文的精神。"

请评述这种教学现象。

第五章　初中历史教学实施

考纲内容

1. 能够运用合理的组织形式开展初中历史教学,恰当地运用教学策略和教学方法,完成教学任务。
2. 能够创设合理的历史情境,促进学生对历史的感悟和体验,引导学生积极思考。
3. 能够准确、清晰地表述历史教学内容,对历史概念进行正确的阐释,合理地对历史进行评析。
4. 能够有效地组织学生的学习活动,注重培养学生的历史学习兴趣与能力,对学生进行学法指导。
5. 能够坚持正确的思想导向,以正确的历史观、人生观和价值观引导学生。
6. 能够合理整合多种教学资源,运用现代教育技术进行历史教学。

考纲解读

　　为了体现教学策略和教学方法,第一节初中历史教学实施策略具体体现了教学目标、教学设计的三个层次及教师的思维拓展。为了促进学生对历史的感悟和体验,第二节历史情境的创设具体阐述了历史情境的特点及创设历史情境的基本策略。第三节是历史概念的阐释与人物评价。历史概念是构成历史科学理论体系的基本单位,学生要学习和掌握历史知识,必须重视对历史概念的理解和掌握。人物是历史教学中最活跃的因素,如何评价历史人物,本节将会为考生提供一个较为全面的评价策略。第四、五节主要是运用现代教育技术进行课件说课、微格及片段教学,整合多种教学资源,努力提高学生的实践操作能力。

第五章 初中历史教学实施

引 子

蝴蝶的启示

有人发现已经裂开了一条缝的茧中,蝴蝶正在痛苦地挣扎。他于心不忍,便拿起剪刀把茧剪开,帮助蝴蝶破茧而出。可是这只蝴蝶却因身体臃肿、翅膀干瘪,根本飞不起来,不久便死去了。蝴蝶必先在痛苦中挣扎、直到把翅膀练强壮了,再破茧而出,才能飞得起来。省去了过程,看似为其免除了痛苦,但结果却是适得其反。

学生学习也与破茧成蝶一样。当我们在重视过程的前提下探究得出结论时,一般来说会给学生留下深刻印象。这种方式不仅给学生提供了一种方法,而且给学生提供了一种切身体验。但是,如果我们重结论轻过程,排斥学生的思考和个性,把教学过程庸俗到无需智慧,学生不需要思考、诘问、批判、创新,就可以轻松地获得高分,轻而易举地成为优秀的学生,这种看似成功的教学方式,实际上是对学生智慧的扼杀和个性的摧残。[①]

第一节 初中历史教学实施策略

一、初中历史教科书处理的目标

1. 提高学习历史的兴趣

兴趣是最好的老师,这是乌申斯基的至理名言。问题的关键在于,历史专业教师不知道历史课怎样去讲,才能提高学生的兴趣。传统的课堂就像一具骷髅,教师的讲述只是对死尸的临摹,缺乏生命的律动。初中学生有一个感觉,教师讲历史总是干巴巴的,总是年代、时间、事件、经过、历史意义,没有一点新意。其实,教师可以围绕重点选择一些有趣的素材,穿插在讲述中。

链接阅读 ▼

用民歌讲述地雷战

《晋察冀诗抄》中的有一首这样的诗:

地雷像一个大西瓜,

---

① 余文森.有效教学十讲[M].上海:华东师大出版社,2009:73.

掘出鲜土埋上它。

浇上鬼子的血和肉，

让它开一个大红花。

在讲到地雷战时，历史教师除了尽量使讲述的内容生动形象和口语化之外，也可引用这些朗朗上口的诗使学生对历史发生兴趣。因此，在课堂教学中，在符合课程标准的前提下，生动形象地把历史事件讲成活的东西，是提高教学质量的重要途径。

要提高高年级学生学习历史的兴趣，简单讲几个历史故事，学生可能并不满意。因此，在历史教学实践中，教师必须要关注细节，可以说无细节不历史。所谓历史细节，就是对有历史依据的人物、事件过程、事件真相等事实性的内容进行具体化描述。历史课堂中如果没有了历史细节的渲染，那么历史将会变得死气沉沉。注重细节的描述，历史将不再是宏大的叙事，而是一个个鲜活的人物。小故事或历史中的"细节"，正是传达历史知识、让学生乐于接受的一项利器。"细节"不是考过即忘的枝节琐事，而是永留心中、难以忘怀的背景、故事。① 五四运动有广泛的民众参与，平时即使我们讲得口干舌燥，学生也只是听得云里雾里，对这个观点印象也不可能深刻。五四运动研究专家彭明曾举过一个典衣刊布的案例，事实的细节不但激发了学生学习的兴趣，而且有利于学生理解难以讲明白的历史知识。

链接阅读

典衣刊布

在当时天津各界印发的传单中，有一些传单的落款是"李孟氏典衣刊布"，就是说一位不富裕的家庭妇女，依靠典当衣服换来的钱，印刷的这种传单。传单的大意是：山东的青岛行将归于日本了，国家眼看就要灭亡了。我们如果要像朝鲜那样，变为亡国的人，真叫人伤心落泪。怎样才能免难呢？只有"维持国货、国家发达，子孙可以享福"。传单的最后，呼吁说："最亲最爱可敬可畏之同胞乎！大难将临，以上的话都是免难的法子，千万莫忘，千万莫忘，并希见了这个传单之后阅毕就交给别人看。"一个家庭妇女，能够"典衣刊布"，制作这样一种宣传单，可见爱国运动的广泛。

---

① 张元.老师读通鉴——图像与细部、鸿门宴叙事中的紧要文字 [J]. 历史教学，2007(10)：55

2. 培育学生的历史意识

历史意识是人类对自身发展变化的本质认识。凭着人类特有的意识,历史学家为培养合格公民,慎重地选择着历史知识。历史知识是人类社会的一种心理需求,也是构建包括国家在内的人类政治共同体的精神要素。每一代人都渴望了解自己的过去,都希望对过去做出解释,并通过这种了解和解释,来表达对未来的期盼,施展对未来的想象。正是这种个人和集体的心理需求,为史学研究和历史教学提供了源源不断的动力。① 就初中历史教师而言,主要把握好时序、证据和问题三种意识。

(1) 课堂教学中要渗透时序意识。历史是一门时间的科学,由于《全日制义务教育历史课程标准(实验稿)》没有强调历史知识的系统性和完整性,在一定程度上淡化了时序这条基本线索,导致部分学生对历史缺乏明确的时序观念,在理解历史方面存在诸多困惑。

历史教师在设计课时教案时,要特别注意历史的时序性。例如在讲述人教版八年级(上)"洋务运动"的内容时,教师按照教科书内容安排的顺序,一般先讲军事工业,再讲民用工业,最后讲文化教育事业。其实,1861年第一个军事工业安庆军械所成立,第二年北京同文馆也成立了。这些要求教师在教学过程中,要特别强调历史事件之间的逻辑联系,向学生渗透历史的时序意识。

在初中中考复习过程中,教师也要把历史知识分为中国史和世界史按时序进行整理,对标志性事件的时间要落实到位,便于学生构建一个较为完整的知识系统。世界史建议按照国别史的时间发展顺序进行梳理,如美国史、日本史、苏联(俄国)史、英国史、法国史、德国史等。

(2) 课堂教学中要有证据意识。历史是以史实为基本核心的,这就要求我们在课堂教学中注意史料的甄别,重视历史证据。

【资料卡片】

美洲历史形成过程中,非洲人和土著美洲人是重要的参与者

土著美洲人和非洲人不是被动和停滞的人群,也不是等着先进的欧洲人揉捏的大量生面团。传统观点认为印第安人社会是由游牧猎人和食物采集者构成,规模不会很大,但随着考古发现,人们对500年前土著美洲社会能够支撑大型社会的复杂农业技术有了更为透彻的理解。印第安人的文明与欧洲文明不同,印第安人缺乏发展轮式交通

---

① [美]埃里克. 给我自由[M]. 方纳, 王希译. 北京:商务印书馆,2008:4.

> 工具的动力,但新世界有许多农作物,如印第安农业生产者培养出来的玉米和马铃薯,而这在哥伦布之前的旧世界闻所未闻。美洲历史形成过程中又是复杂的跨文化的"新世界"诞生过程的一部分,非洲人和土著美洲人在美洲历史形成过程中是相当重要的参与者。

(3)课堂教学中要有问题意识。《义务教育历史课程标准(2011年版)》提倡"通过收集资料、建构论据和独立思考""勇于从不同角度提出问题",它们有利于引导学生对问题进行探究性思考,学会质疑,培养问题意识。长期以来,教科书被中学师生奉为金科玉律,没有人敢怀疑,更谈不上提修改建议。学生"唯书""唯师",坚信书上写的、教师讲的、流行的理论观点都是正确的,他们觉得没有什么问可以提,没有什么疑可以质了。那么,到底应该怎样培养学生的问题意识呢?

其一,引导学生认识真理的相对性。教师要逐步引导学生认识任何真理都是相对的,只有实践才是检验真理的唯一标准,从而敢于提出问题,学会质疑。如读史书时,就要引导学生思考:该书什么时候写的?为什么而写?是写给哪些人看的?作者的目的是什么?这有助于将学生培养成为批判性阅读者和思考者。还要引导学生思考:该书提出了什么观点?作者位于什么社会阶层?所讲的话表达了哪些阶层的利益诉求?得到谁的拥护,谁的反对?有了这样的思考,学生可能会产生站在另一层面或另一视角来重新审视所学的历史事件或历史人物的欲望,自觉查看其他历史书籍,来进行甄别历史真假与正误,学会全面、客观地看待历史问题。

其二,引导学生改变思维定式,敢于质疑。敢于打破对专家的迷信,可给学生提供对同一事件不同专家看法的两篇文章,让学生辨析其不同论点的优劣性,得出自己的看法。敢于打破对教科书的迷信,可以用多媒体展现两种教科书的不同观点,让学生从中发现问题、追问为什么,不盲从教科书的说法,形成质疑问难的习惯。也可以让学生学会查找资料,充实教科书的内容,使学生意识到教科书容量有限,只能有重点地选编一些事件和人物,且只能介绍其概要,难以形成对历史的全面认识。

其三,创设民主、平等教学环境。课堂上鼓励学生提问质疑,用原始资料激发学生思考,教师切忌包办学生思维;组织学生讨论,让学生充分发表自己的看法;创造宽松的课堂文化环境,尊重学生的个性化思维,激励学生"敢问",引导学生"会问",让学生克服思维依赖性,激活创造性思维。

> **小贴士**
>
> **问题意识培养的方法**
>
> 儿子读小学时,我要他把当天学的语文课文读五遍,他朗读时声如洪钟、抑扬顿挫,每次都能兴高采烈地完成任务。我发现他愿意接受这项任务,是因为朗读时可以不用思考。于是,我改变策略,只读一遍书,但是每篇课文要他自己提五个问题。儿子首先闹情绪,很抵触,愿意读,但不愿意提问题。经过几次训练后,儿子的思维能力得到明显提高。
>
> 我就把这项"发明成果"很快运用到初中历史教学过程之中去。在讲述戊戌变法分析谭嗣同这个人物时,我设计了三个问题:
>
> (1) 戊戌政变发生后谭嗣同能不能逃走?理由是什么?
>
> (2) 戊戌政变发生后谭嗣同有没有逃走?理由是什么?
>
> (3) 对谭嗣同这种行为怎样评价?
>
> 教师引导学生提出问题、分析问题、解决问题,培养学生的问题意识,有利于培养学生的创新能力。

3. 培养学生的思维能力

(1) 培养学生的形象思维能力。形象思维能力具体表现为"敏锐精细的形象感受能力,丰富牢固的形象储存能力,独特新颖的形象创造能力,达意传情的形象描述能力"[1]。赵恒烈认为,历史教科书与历史教学要克服呆滞刻板、枯燥干巴的弊端,必须问鼎于形象思维。形象包括景物形象、人物形象和场面形象三大类。在历史"二度还原"的形象中建成的"形象"是"思维形象",是客观历史在人脑中的反映。再现历史形象的过程是人脑思维的过程,其思维过程是有序可循的。记录下来的历史形象必须是合理的形象,不是毫无根据的臆测。记录下来的形象是真实历史和史家手笔撞击下的产物,渗透着史学家的史学眼光、笔墨才情和想象能力。合理的想象在严肃的历史学科中不仅是允许的,而且是不可避免的。历史的合理形象主要表现在:史实铺陈中的空档需要合理的想象来连接和补充;历史氛围和境界的开拓需要合理的想象来增添厚度;历史形象的"活化"和情感激励需要合理的想象来做催化剂。[2]

---

[1] 王传福. 传记是对生命的鉴赏[N]. 光明日报,1992—4—19.
[2] 赵恒烈. 形象思维与历史教学[J]. 历史教学,1993(12):23—25

知识拓展

对李煜《虞美人》的历史想象

春花秋月何时了？往事知多少。小楼昨夜又东风，故国不堪回首月明中。

雕栏玉砌应犹在，只是朱颜改。问君能有几多愁？恰似一江春水向东流。

历史教学不可能像语文教学那样重视词意的分析，而是根据词的大意赋予合理的历史想象，设身处地地揣摩李煜的感情和思绪。借助百度百科的相关内容，我们在教学中可作如下陈述。

李煜，南唐最后一位君主，世称李后主，正如前人评价李煜所说："作个才人真绝代，可怜薄命作君王。"作为一个"好声色，不恤政事"的亡国之君，没有什么好说的，可是作为一代词人，他给后代留下许多惊天地泣鬼神的血泪文字，千古传唱不衰。这首《虞美人》就是最为人所熟知的一篇，在这首词里，我们看不出比较猛烈的反抗意识，没有"长使英雄泪满襟"，没有"卷土重来未可知"，只有那种沉郁的哀思。人言"不畏金刚怒目，只怕菩萨低眉"，这样自怨自艾的哀愁，一下子惹恼了宋太宗，招致杀身之祸。

诗词要求混沌，史实要求确切。在混沌和确切之间，一定要有合理的想象。赵恒烈教授对这种历史想象提出三条要求：要与客观发展的历史进程相合拍；要与学生思维的心理需求相结合；要与历史教学逻辑相呼应。

（2）培养学生的历史阅读能力。阅读是人类特有的最普遍最持久的学习方式。根据学生的年龄特征及学习发展，对初中阶段学生的历史阅读能力要进行渐进性培养。初中一年级学生学习中国古代史内容时，要通过阅读教科书和通俗历史读物，提高历史阅读能力；初中二年级学生学习中国近现代史内容时，在阅读教科书的基础上，初步综合、归纳所学重要问题的史实，找出它们之间的因果逻辑关系；初中三年级学生学习世界史时，体现为对历史资料的阅读和理解，根据教科书及课外读物所提供的史实，说出自己的观点。①

---

① 叶小兵.论中学历史学科的阅读理解能力[J].历史教学，1998(5)：31.

> **小贴士**
>
> **激发学生阅读的原则**
>
> 美国的学者曾提出,在社会学科教学中,激发学生阅读的基本原则是:"1.运用与学生兴趣相关的材料与方式;2.注意到与阅读材料相关的争论与有价值的问题;3.进行阅读技巧上的指导,帮助学生改变消极态度和增强他们的信心;4.强调阅读是与其他语言行为进行交流的过程的一部分。"

(3)培养学生的历史学科能力。中学历史教学要在历史唯物主义的指导下,培养学生五个方面的能力,即历史事实的再认和再现能力、历史材料的搜集和鉴别能力、历史材料的领会和诠释能力、历史问题的分析和评价能力、历史知识的知往和鉴来能力。再认和再现的实质就是用语言表述历史事实的能力;搜集和鉴别指的是搜集各方面的史料并进行鉴别,以加深对教科书及历史本身的理解;对历史材料不但要辨别真伪,而且对材料要领会和诠释,大致可以通过形式逻辑的方法来完成,如分析、综合、比较、归纳、演绎等;历史问题的分析和评价是对重大历史事件的认识或人类历史发展过程的总体性认识;知往与鉴来的能力主要是指历史的应用能力,历史学科它是研究过去,立足现在,展望未来的学科,我们要学以致用。①

(4)培养学生创造性思维能力。培养学生的创造性历史思维能力是培养历史思维能力的核心。赵恒烈教授认为历史的教育活动在于开发历史学习的创造性,要注重对学生创造性历史思维能力的培养。创造性历史思维的基本过程由四个阶段构成:第一阶段是进行多维历史联想。这是创造性思维的酝酿阶段,在联想中寻找新视觉,提供接近历史灵感点的多种可能性。第二阶段是具有历史灵感,在多维历史联想的基础上,触发潜意识中的悟性和灵气,进入"顿悟"境界,这是创造性历史思维的高潮阶段。第三阶段是历史思维的假设和论证,先由假设对历史灵感加以梳理定型,形成预设的新观点,再由论证加以验证取舍,这是创造性思维的成熟阶段。第四阶段是创造性思维的放射性成果和类推,由对某一问题的焦点突破,达到对整个历史教学、历史学习的整体晕染,实现对创造性思维方法、思维能力的培养。②

二、初中历史教学书处理策略

中学历史教科书的处理大致分为三个层次:第一个层次强调重、难点处理,第二个层次是重视历史学科的思想和方法,第三个层次关注历史学科文化与价值取向。

---

① 赵恒烈.形象思维与历史教学[J].历史教学,1995(11):36.
② 赵恒烈,冯习泽.历史学科的创造教育[M].济南:山东教育出版社,1997:241-243.

1. 历史教学重点、难点的处理

一堂课,能突出重点、突破难点,它的教学框架就基本形成了。这里列举一些教学案例,期待初中历史教师能更加重视重点、难点问题的处理。

链接阅读

课例片段:洋务运动"一课三备"

在本科学生教育实习前夕,我用三种不同授课方法给学生上同一内容《洋务运动》。

第一种方法,我按照学生的套路处理教科书内容。洋务运动依旧按照背景、时间、人物、内容、结果、影响等六个方面进行讲述。学生听完后不以为然。

第二种方法,我抓住"变动"二字处理教科书内容。原来有的经济结构开始出现新的变化。洋务运动中的军事工业是封建性质的企业,我就没有详细讲述,而是重点介绍具有的资本主义色彩的民用工业,及其发展的基本方向,为下节课讲民族资本主义产生打下基础。学生听完以后,有些启发,认为处理教科书要有所侧重,不能眉毛胡子一把抓。

第三种方法,我用近代化史观处理教科书内容。我首先向学生介绍现代化史观的概念,然后提问,请学生结合本课的教学内容谈中国经济近代化、军事近代化、人才及教育近代化,并得出历史结论。关于经济近代化,我补充自然经济解体、重点讲资本主义色彩的民用企业的出现、顺便提到民族资本主义的产生;关于军事近代化,我主要讲洋务运动前期的军事企业、洋务运动中期建立的海军、甲午中日战争北洋水军全军覆没;关于人才及教育近代化,我补充"西学东渐",然后再讲设立新式学堂及向美英等国派遣留学生等。最后得出洋务运动启动了中国近代化进程的结论。学生听完以后,颇为感叹,历史课还可以这样教?

分析:以上三种教学方法,大致可分三种层次。第一种属于合格层次。它主要特征是照本宣科,不知道或者是不想花工夫去处理教科书,对教学内容没有进行心灵加工。长此以往,教师很容易形成职业倦怠,学生也会对这样的历史教师敬而远之。

第二种属于良好层次。它主要特征是能对教科书进行科学加工,能关注知识点之间的逻辑联系,能把零散的知识有机结合,能加深学生对知识的理解。

第三种属于优良层次。它主要特征是对教学内容理解透彻,能够从深层次挖掘其内涵。如果有这样的教师长期熏陶,学生会受益终身。但是,这种大开放的课堂适宜于基础很好的学生,它不能放之四海而皆准。

2. 重视历史学科思想、方法

历史教师不但能把历史知识讲到"位",还能讲出历史课的"味"道,能使历史学科的情感、态度及价值观目标发挥到极致。

链接阅读

《两汉与匈奴的和战》的教学设计

该课讲了三个内容:一是冒顿单于统一蒙古草原;二是卫青、霍去病反击匈奴;三是昭君出塞。这些内容看起来毫无关联,有的教师也省事,轻率地处理这些内容,用"第一目讲完了""好,我们开始讲第二目""现在讲最后一目"等过渡语,来串联起本课的三个内容。

深入分析,我们会发现其中存在着逻辑联系。从表面上看,冒顿与汉武帝,卫青、霍去病与王昭君的关系是矛盾的。冒顿与汉武帝分别是两个处于战争状况下的民族的代表,而卫青、霍去病与王昭君则分别是汉族处理与匈奴关系的两种相反方式的典型代表。而从本质上看,冒顿与汉武帝、卫青、霍去病与王昭君的关系却是基本相似的,他们都为中华民族的发展和统一做出了贡献。四者之间关系的示意图如下:

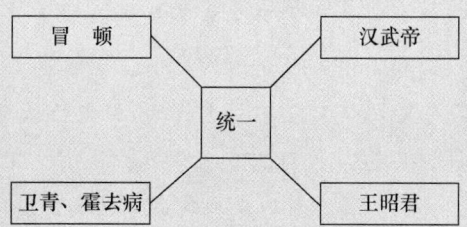

因此,在进行教学设计时,我们紧紧抓住"民族统一"的主旋律,把这些看似分散的内容链接在一起,使本课的教学处理能在原来的基础上得到升华。

知识拓展

《美国内战》的教学设计

历史教师讲授《美国内战》时,认为讲清四个关键点,即"西进运动"与南北矛盾之间的关系、南方种植园经济是资本主义生产方式、北方战争的转折点、南北战争是美国历史上的第二次革命等,就万事大吉,高枕无忧了。有一位历史教师与学生学习《美国内战》时,增加了下面三个事例:

一是同窗情。南北战争爆发后,西点军校的毕业生们在战场上各为其主拼命厮杀。拉姆索尔将军是南军的一名年轻的将领,在松雪溪战场他的胸膛左右各中一枪,战友趁着夜色把他安置在一辆救护车上。北军骑兵拦住了拉姆索尔的救护车,并质问车中所载何人。在黑暗中,拉姆索尔用微弱、沙哑的声音说:"别告诉他!"他的同班同学北方的卡斯特将军一听到这个非常熟悉的声音惊叫:"拉姆索尔!是你吗?"待他爬进救护车一看,拉姆索尔已经奄奄一息,卡斯特立即将他送到北军总部进行救治。他的同班同学及校友闻讯纷纷赶到,南北双方合成的医疗小组全力抢救。遗憾的是,子弹穿过肺部,医生也无力回天。最后,同学护送着他的遗体在北卡罗来纳林肯顿安葬。

解读:通过一个小故事让学生感受到残酷的生死战场上依然闪耀着人性的光芒。南北人民暂时是敌人,但更是手足同胞,尤其是同窗友谊更显纯洁神圣。

二是师生情。1865年3月,南军弹尽粮绝,北方统帅格兰特给南方统帅李将军写信,信中说:"我们之间的种种难题,全都可以在不再死人的情况下解决。"两位主帅不谋而合,双方约定,在弗吉尼亚的一个村子会见。李将军在下午一时抵达,他像往常一样,穿着一身笔挺的军服,雪亮的长筒马靴,佩上镶着玉石的指挥刀。格兰特显得风尘仆仆,军服及长筒马靴上还沾满尘土。师生两人的谈话非常愉快,格兰特将军几乎忘记会谈的主要目的。在李将军的提醒下,格兰特这才写下联邦军队投降的条件:在放下武器之后,他们就可以返回家园,美国政府当局不追究任何人的责任。李将军还提出,能否允许士兵保留他们的马匹?格兰特回答说,根据规定是不能允许的,但是他认为,大多数士兵都是小农,如果不让这些士兵带走他们的马匹,他们是否能够回家,并在下一个冬季能否有收成养家活口,都会成问题。因此,格兰特答应让士兵们带走他们的骡马。就这样,南军骑上他们的马,带着属于他们的荣誉、军服、勋章回去了,没有一个战俘、囚犯。当南军投降的讯息传到格兰特阵营时,一阵欢声雷呼,四处鸣枪以示庆祝。格兰特获知此事后,立即传令制止,并且指示"战争已经结束,叛军又再度成为我们的同胞。"①

解读:李将军率部投降的故事,让学生看到一种有别于"成者为王、败者为寇"的结局,明白尊重对手是力量和文明的表现。

三是元首情怀。战后,林肯政府颁布《大赦和重建宣言》:一切参加过叛乱的人,只要停止对抗行为,宣誓忠诚并捍卫美国宪法和联邦政府,都可以免罪。不仅如此,在著名的葛底斯堡公墓,同时埋葬着双方阵亡的将士。林肯政府的宽容和善待,消弭了战争给南北方带来的仇恨,不仅在形式上拯救了联邦,而且给社会带来了持久的安宁、和睦与繁荣。

解读:林肯政府战后对南方的政策重塑了一个统一的美国,使学生理解宽容是造就和谐的前提,不管南北双方过去存在什么矛盾,战后还是同胞,还是一家人。

---

① 王英姿.初中九年级《美国南北战争》的教学设计——以故事、材料和问题为思路[J].历史教学,2009(6):18.

3. 关注历史学科文化与价值取向

2014年3月26日,教育部专门颁发了《完善中华优秀传统文化教育指导纲要》(以下简称《纲要》)。纲要强调"加强中华优秀传统文化教育,是深化中国特色社会主义教育和中国梦宣传教育的重要组成部分";"加强中华优秀传统文化教育,是培育和践行社会主义核心价值观,落实立德树人根本任务的重要基础";"加强中华优秀传统文化教育,对于引导青少年学生增强民族文化自信和价值观自信,自觉践行社会主义核心价值观具有重要作用"。

《纲要》要求分学段有序推进中国优秀传统文化教育。初中阶段,以增强学生对中华优秀传统文化的理解力为重点,提高对中华优秀传统文化的认同度,引导学生认识我国统一多民族国家的文化传统和基本国情。《纲要》对初中历史做出具体规定,这就是历史学科的文化和价值取向。它要求"知道中国历史的重要史实和发展的基本线索,理解国家统一和民族团结的重要性,认识中华文明的历史价值和现实意义;引导学生尊重各民族传统文化习俗,珍视各民族共同创造的中华优秀文明成果,培养作为中华民族一员的归属感和自豪感。"

我国历史上是一个多民族的国家,各民族都对祖国历史的发展做出了贡献。1949年以前,教科书称契丹、女真为"异族""外族",把他们发动攻宋的战争称为"入侵中国",这些观点是错误的。20世纪80年代的教科书在内容上既讲辽、金自身的发展,又讲了辽、金同宋的关系,以及辽、金对统一的多民族大家庭的贡献。1004年、1141年历史的情况惊人的相似。[①]如何评价"澶渊之盟"后的宋辽关系呢?任崇岳做出了科学的回答。

链接阅读 ▼

"澶渊之盟"后的宋辽关系

宋辽在澶渊一役中,双方势均力敌,宋真宗在并未败北的情况下,于公元1004年,以每年输银十万两、绢二十万匹的代价,同辽圣宗签订了弭兵敦好的"澶渊之盟",从而结束了双方兵戎相见的对抗局面,揭开了宋辽历史关系的新篇章,但也为后世史学家訾议。如何评价这段民族史?

从表面上看,宋朝以偌大的代价换来的只是辽尊宋为兄的空名,当然不体面;但实际上,宋朝的损失从另一条渠道——榷场得到了补偿,因而勿须背盟;辽方由此得到宋的资助的一大笔财富,大大发展了本国的经济文化,自然也不想毁约。因此,共同维护对双方有好处的和平环境,完全是在情理之中。[②]

---

① 王宏志.辽、金史在中学历史教材中的地位[J].历史教学,1984(3):53.
② 任崇岳.论"澶渊之盟"后的宋辽关系[J].历史教学,1984(1):21.

对宋辽关系的这种分析,既强调了国家统一和民族团结的重要性,又引导学生珍视宋、辽及各民族共同创造的中华优秀文明成果,同时有利于提高对中华民族传统文化的认同度,这就是历史学科的基本价值取向。

中国近现代史是坚定"三个选择"(即选择马克思主义、选择中国共产党、选择社会主义道路)的最好素材。初中历史教师讲中国近现代史总是很困惑,因为这段历史一般都是战争开头,条约结尾,教师讲得憋屈,学生听得难受。但是,教师只要转换一个角度,从传统文化教育的途径设计教学思路,既突出了学科的价值取向,同时教学上又会进入一个新的境界。

在中国近现代史教学中,教师进行传统教育的线索主要有:近代中国的爱国主义是中华民族爱国主义传统的继承和发展;反帝救亡是中国近代爱国主义的基本特点;向西方学习和御侮图强、社会变革相结合,是近代中国一些爱国人士所提出的重要内容;从民主革命时期的爱国主义到社会主义爱国主义,是近代中国历史发展的基本规律。

如何在教学中落实中国近现代史传承文化的措施?它要求做到三点:一要面广,即从祖国的大好河山被割让,到民族英雄们的反侵略战争,以及汉奸卖国贼民族败类的鞭笞,都应全部包括到爱国主义教育范围之内;二要线清,即紧紧围绕近代中国人民反帝反封建这条线,连中国近代史上的一些优秀人物也应该重点叙述他们为国争光的一面;三要点实,即对重点爱国人物、重点爱国运动、爱国事迹应铺开细讲。

三、初中历史教师的思维拓展

初中历史教师在处理教科书时,不能只以教科书为纲,不敢越雷池一步;也不能脱离教学目标,海阔天空地按照自己的思路去设计教学思路。在《义务教育课程标准(2011年版)》的指导下,在立足于教科书的基础上,教师可以适当进行思维拓展。这就要求教师具有较高的素质。

1. 历史教师是心理学家

苏联教育家赞可夫说过一句话:"课本知识如果没有经过教师情感的加温,那么这种知识传授越多,你的学生就会变得越冷漠。"教师把书本的知识,通过心灵加工,变成学生乐于接受的知识。教师对学生有深刻的认知,他们对不同知识背景的学生有着不同的处理方案。在历史教学中,教学只有适应学生的学习特点,满足学生对特定学习情景的问题、需要、兴趣,历史学科才具有真正的课程意义。因此,中学历史教师要研究学生的心理特点和认知水平,编写出易于理解、易于接受的、提纲挈领的导学案。学生知道的知识点会少讲,甚至不讲;学生半懂不懂的地方,教师会想方设法,指导学生抓住本质,使学生对模糊的问题有清晰的了解；学生不懂的地方，在学生已有知识背景的基础上慢慢渗透，将新知识"润物细无声"地融入学生的知识结构，构建成新的知识系统。

2. 历史教师是史学家

一般水平的教师最缺乏的技能是如何处理教科书的内容，成熟教师最需要学习的是如何在处理教学内容中创新；一位历史教师经常从网站上下载教案和课件，工作变得异常轻松，心情却变得异常沉重，因为他厌倦这份赖以生存的职业。

一位教师在过去的经验上不断超越，工作变得非常充实，心情变得非常愉快，因为他的工作得到越来越多的学生的理解和认同。历史教师要成为名师，先要成为历史学家，他不但自己有扎实的史学功底，而且能及时吸收新成果。在讲义和团运动时，还有教师运用"义和团、起山东，不到三月遍地红"的歌谣，把歌谣作为史料进行教学。义和团起于山东直隶边界地区的观点已被学界公认，因此义和团运动强调起于山东有悖于史实。如果教师有扎实的基本功，这种运用史料的"硬伤"就不复存在。在教学中，教师如果遇到没有把握的史料，一定要经过甄别后再运用。

3. 历史教师是思想家

历史教师要用思想去点亮课堂，用智慧的声音去叩开学生的心扉。他们拥有平和的心态去安抚学生愤世嫉俗的心灵，用深邃的理论指导学生超越自我，奋发向上。教师应该引导学生具有真正的爱国情怀，国家落后挨打，不是对国家的憎恨与排斥，而是对自身的反思，是自我在改进中的自尊、自强和崛起，能够用辩证的观点指导学生认识历史现象背后的实质。

【资料卡片】

如何评价道光帝和咸丰帝

第一次鸦片战争期间的道光帝，他每天吃饭不超过四两银子，穿过打补丁的裤子，比较勤政。第二次鸦片战争的皇帝是咸丰帝，他的座右铭是防止大兴土木，禁止大吃大喝。为什么皇帝那么勤政，清朝还会落后挨打？愚昧落后被动挨打，激起了你的什么思考？

勤政、节俭是衡量一个皇帝清廉的标准之一，但是清朝要强大单靠勤政与节俭无法解决问题。清朝要建立先进的政治制度，要实行改革开放政策，而不是"闭关政策"。根本的问题是政治改革要顺应时代潮流，与时俱进。

引 子

在美国，有这样一堂历史课。老师一上课就宣布了刚刚进行过的考试的结果。当他发现一些考得不好的学生垂头丧气时，便说："如果要想加分数，就给我10美元。但是，只能是白种人的学生。"学生们一听便都愤怒喊叫,拼命跺脚,把课本、书包扔向教师,表示抗议。老师则像变魔术一样,拿出早已准备好的盾牌来抵挡,并用水枪向学生扫射。学生们的情绪达到了愤怒的顶点。这时,老师才对他们严肃地说:刚才就是当年美国黑人领袖马丁·路德·金反对种族歧视,组织示威游行而遭到白人警察阻挠的情景。他倒在了统治者的真枪实弹之下,献出了自己宝贵的生命,但他给我们却留下了《我有一个梦》。今天我们就来走近这位令人肃然起敬的历史伟人,学习他这篇著名的演讲,了解那段真实的历史……①

通过创设符合历史事实的情境,引发学生在认知上的冲突,学生会很快进入角色,融入课堂教学之中,这就是情境创设的魅力。下面我们一起走进本节初中历史情境的创设。

第二节 初中历史教学的情境创设

历史课程的所谓情境教学,就是根据情境教学理论、历史学科特点和学生学习历史的认知规律,针对具体教学的目的和内容,综合运用多种教学方法和手段积极创设特定的教学情境,以达到激发学生的学习兴趣和情感,优化认知过程,掌握历史知识,建构正确的观点和能力的教学过程。② 在教学中,根据学生的年龄特点和心理特征,设置适当的情境,引起学生的情感共鸣,从而获得最佳的教学效果。

一、历史教学情境的特点

1. 真实性

历史是以事实为核心内容的学科,真实、客观是历史学科的基本属性,真实是历史学科的生命。组成历史事件的要素必须是客观存在,人物也必须是有根有据。因此,在创设历史教学情境时,历史事件及人物不允许虚构,必须保证历史情境的真实性。

2. 生活性

建构主义理论认为,当学习的材料与学生已有的知识和生活经验相联系时,学生对学习才会有兴趣。因此,创造好的问题情境要从学生所熟悉的现实生活情境和已有的生活经验出发,创设出具有较好的问题。在课堂教学中,历史教师从知识到知识、从练习到背诵的传统教学,使学生感到历史课索然无味,历史教学好像也进入了一个"死胡同"。其实,情境创设只要贴近生活,历史教学才会进入一种"柳暗花明"的境界。它以学生熟悉、关注、感兴趣

---

① 参考 http://blog.sina.com.cn/s/blog_a3d7f2ad0101a739.html.
② 郎占山.浅谈初中历史课堂情境教学[J].试题与研究.2014(12):19.

的题材作为问题情境的载体与材料,使学生原有的知识与须掌握的新知识发生强烈的冲突,使学生意识中的矛盾激化,从而激发学生探索的兴趣和产生进一步学习的动力。

【资料卡片】

红军的借条在汝城瑶乡兑现

2004年湖南汝城胡运海在维修其祖父胡四德遗留下来的三间老土坯房时,发现屋角的墙缝里有个锈迹斑斑的铁皮盒,打开一看,里面有张发了黄的字条,经仔细辨认,是一张红军写的借条。写借条的是红军第三军团事务长叶祖令,时间是1934年冬,内容是"向胡四德借稻谷103担,生猪3头,约503市斤,鸡12只"。

据官郭村年逾古稀的老人回忆,1934年冬,红三军团长征途经延寿官郭村。在缺

乏粮草供给的情况下,红三军团不得不通过该村胡四德筹集了这些稻谷和肉类食品。经鉴定,当年立借据一事确属事实。于是市、县两级老区办在官郭村举行了一场替当年红军兑现借条的仪式。按现价折算,由县民政局老区办向胡四德的唯一继承人、58岁的单身汉胡运海归还1.5万元人民币。①

这个"征用粮食立下借据"案例说明红军在征集粮食过程中纪律严明,更加充分说明红军与土匪的区别,红军是真正的人民军队。通过这种有故事的材料,得出有意义的结论,学生的印象是很深刻的,因为材料来源于生活。

3. 趣味性

对初中学生而言,选择一些有趣的材料创设教学情境,有利于调动学生学习的积极性,可以收到事半功倍的教学效果。如美国历史上曾有一个高等法院的大法官,在法庭睡觉打鼾,但是由于自己不申请退休,总统也不能免除其大法官的职务。通过这个案例,学生对美国的大法官的任职状况就会有较深刻的理解。

4. 主体性

主体性是情境教学的核心,情境创设的成功与否取决于学生主体参与教学活动的情况。一方面,教师要注重营造一个有利于发挥学生主体性的教学环境,注重个体差异,最大限度

---

① 吴辉军. 红军70年前的借条在汝城瑶乡兑现[N]. 浙江在线. 2004-5-20.

地调动学生的主观能动性,引导学生积极主动地参与到知识的探究过程中去。另一方面,在问题情境的分析过程中也必须发挥学生的主体性,向学生提供从事活动的机会,让每一位学生主动去感知、去接受、去探求知识。这样,学生在做中学,在学中做,通过主动探究获得新的体验,新的知识,理解也最为深刻。例如一些学校的历史教研组就要求学生创设情境,自主命制选择题。

5. 开放性

开放性的特点应该贯穿于历史教学情境创设、解答及分析的整个过程。在情境的设计时,教师要以学生的知识经验为基础,多提些开放的问题,让学生有充分发挥的机会。在情境讨论时,教师应尊重学生的想法,不急于评价各种想法,鼓励分析问题方法的多样性,让学生明确表达观点,允许学生选择适合自己的想法,并强化合理判断与理性沟通的能力。在评析讨论的结果时,不拘泥于答案唯一性,不求答案的全面性,只要能激发学生的思维,让学生谈出自己的观点与见解,就实现了情境教学的目的与功能。

二、历史教学情境的创设

历史教学情境创设的过程,就是立意、情境、设问三个要素的构筑和呈现过程。

教学立意反映创设情境的目的,它是情境创设的核心和主题。教师要根据《义务教育历史课程标准(2011年版)》进行立意。立意要主题鲜明、观点明确、理论清晰,要与教学目标水乳交融;立意要重点突出,与各层次教学目标相关联。情境是实现立意的材料和介质,关系到立意的表达程度。情境的创设由立意决定。情境要新颖,要有相当信息量和一定的深度。设问的方式要新颖、巧妙、灵活,语言要准确、简明、通俗。设问是情境的呈现方式,要围绕立意创设的情境编制设问。①

依据构成情境的要素不同,可将教学情境的创设类型分为背景融入情境、图像再现情境、语言描述情境、问题引入情境、实物演示情境、音乐渲染情境等。②

1. 背景融入情境

背景知识是指与教科书内容相关联的知识的总称,课堂教学的背景知识主要包括时代背景、历史人物、相关漫画、历史典故等具体内容。台湾的教育大家张元说:"历史课堂就像是一座舞台,老师第一次讲到某位历史人物,先要向台下的观众(学生)做简单的介绍,这就是人物的出场。出场都经过一番设计,摆出某种架势或姿态,就是所谓的'亮相',目的是将这位人物的特色显现一下,给观众一个最初的印象,以便于观众很快掌握剧情的发展,能够

---

① 陈伟国,何成刚. 历史教育测量与评价[M]. 北京:高等教育出版社,2003:205-206.
② 情景分类参考李吉林的情境教学,http://www.360doc.com/content/11/0414/15/871462_109588164.shtml.

迅速沉浸于它所呈现的气氛之中。"①

链接阅读

创设情境讲活曹操

我们对曹操的评价是"治世之能臣,乱世之奸雄"。但我们既要看到曹操"奸诈"的一面,也要看到曹操能力高强的"能"与"雄"。在历史课堂上介绍曹操时,一定要把这两点直观呈现在学生的面前,因此教师可以向学生展示《资治通鉴》中的一段史料:

曹父嵩,为中常侍养子,不能审其生出本末,或云夏侯氏子也。操少机警,有权术,而任侠放荡,不治行业;世人未之奇也,唯太尉桥玄及南阳何颙异焉。玄谓操曰:"天下将乱,非命世之才,不能济也。能安之者,其在君乎!"颙见操,叹曰:"汉家将亡,安天下者,必此人也。"玄谓操曰:"君未有名,可交许子将!"子将者,训之从子劭也,好人伦,多所赏识,与从兄靖俱有高名,好共核论乡党人物,每月辄更其品题,故汝南俗有月旦评焉。尝为郡功曹,府中闻之,莫不改操饰行。曹操往造劭而问之,曰:"我何如人?"劭鄙其为人,不答。操乃劫之,劭曰:"子,治世之能臣,乱世之奸雄。"操大喜而去。②

桥玄、何颙、许劭他们三人为什么能看到曹操的不平凡,为什么他们能够见人之所未见？曹操以反应敏锐、能力高强的形象步入历史舞台,是透过擅长识鉴的人物的眼睛所看到的。陈寿的《三国志》记录的内容从"操少机警……必此人也。"前面的内容是裴松之在《三国志注》中增加的,后面的是《资治通鉴》增加的内容。通过陈寿、裴松之、司马光等史学家的不断重构,曹操这个历史人物就有血有肉,活灵活现地出现在历史舞台上了。

2. 图像再现情境

在初中历史教学中,图像是一种直观的工具,它包括板书、画图、挂图、幻灯、录像、照片、电影、多媒体等电化教学手段。历史照片锁住了昔日事物的风采,为我们认识昔日事物提供了很多信息。教师可引导学生挖掘其中的有效信息,进行分析和处理,形成生动而深刻的历史认识。

---

① 张元.老师读《通鉴》——历史人物的出场[J].历史教学,2007(11):54.
② 张宏儒,沈志华.文白对照全译资治通鉴[M].北京:改革出版社,1991:924.

> 链接阅读 ▽

用洋务运动中的照片创设情境

请学生仔细观察"天津机器局"这幅历史照片,其建筑外观有什么特点,再想想里面的设备是怎样的,两者有什么不协调的地方?请说明理由。

建筑外观是以中国传统建筑为主的形式,里面则是西式厂房,反映了洋务运动希望把西方先进的生产力嫁接到古老的中国这个传统的国度。近代的生产力与腐朽的制度是不配套的,因此不可能成功。

图 5-1 天津机器局

通过这张图片教学,使学生对洋务运动的最终失败有较为深刻的认识,同时又学会了从材料中获取有效信息的能力,教会了学生透过现象看到本质的思维方法。①

3. 语言描述情境

语言描述情境是指运用语言描述某一情境,通过语言的意义、声调、形象、感情色彩激起学生的情绪、情感及想象活动,从而达到教学目的。形象的语言表达能够使听者的脑中呈现出一幅幅鲜明而简洁的画面,而不是一些抽象的语义代码,创设生动的语言情景能够极大地激发学生的积极性和想象力。

> 链接阅读 ▽

语言描述"五月流血周"②

1871年5月21日到28日是"五月流血周"的日子,巴黎公社战士英勇抗击了梯也尔反动政府的凡尔赛军队。5月27日下午四时,进入巴黎市区的五千多凡尔赛士兵围攻贝尔拉雪兹公墓,梯也尔政府对巴黎公社成员进行血腥镇压,贝尔拉雪兹公墓成了凡尔赛刽子手大规模屠杀的见证人。

教师结合画家达茹的画《贝尔拉雪兹公墓巴黎公社社员墙》,描述大屠杀的情景。凡尔赛士兵首先掏空被俘公社战士的口袋,取走他们背包里值钱的东西,把无用的背包、杂

---

① 马执斌.挖掘历史照片文献价值 发展学生历史思维能力[J].历史教学,1999(2):33.
② 严志梁.世界历史四幅彩图的说明[J].历史教学,1982(12):48.

物乱扔一地,然后让他们靠在一道围墙边,再开枪打死。凡尔赛的刽子手的暴行是骇人听闻的。被俘的公社领导人瓦尔兰先被拉贝尔拉雪兹公墓巴黎公社社员墙游街,脑袋被佩刀砍成血淋淋的肉球,眼珠也从眼窝里奢拉出来,然后被枪毙,死后还有人用枪托打他的尸体。有一大群人遭到活埋,翻掘出的尸体曾在地下咬牙切齿,出现一种可怕的、与死亡搏斗的奇形怪状。

面对着刽子手的屠杀,公社战士毫无惧色。有的交叉着手臂,面对敌人的枪膛。妇女和孩子跟着他们的丈夫和父亲,并对着士兵喊:"也把我们枪毙吧!"有的妇女冲到街上,给凡尔赛士兵几计响亮的耳光,然后自动靠到墙边从容就义。巴黎公社失败了,巴黎公社社员墙至今还耸立在贝尔拉雪兹的墓地,他们用无声的语言诉说着过去的历史,巴黎公社的革命传统将世代传承。

图 5-2　贝尔拉雪兹公墓巴黎公社社员墙

4. 问题引入情境

现代教学论研究表明,尽管学生学习是需要感知,但从本质上讲,感知不是学习产生的根本原因,产生学习的根本原因是问题。问题能够诱发和激起学生的求知欲,如果学生感觉不到问题的存在,那么他们也不会深入思考,对他们而言学习也就只能是表层和形式的。因此,新课程学习方式特别强调问题情景的创设。

链接阅读 ▼

学习《南北战争》后,美国学生的思考作业

(1) 你是否同意林肯总统关于美国不能存活除非它全部解放或全部奴役的声明？请解释原因。

(2) 解释为什么北方白人反对奴隶制,南方白人拥护奴隶制,但他们都感觉他们在为自由而战？

(3) 自由对于黑人意味着什么？

(4) 林肯总统和格兰特将军表示在内战后,南方不应被粗鲁地对待。为什么这是一个聪明的政策？请解释原因。

(5) 在内战期间,女人开始担任很多以前男人的工作。对于内战造成的社会、经济和政治冲突的问题,你能做出怎样的概括?

请运用历史证据来支持或反对下面的观点:美国内战是地区差别不可避免的结果。

小贴士

商鞅变法教学中创设问题情境

假如你是生活在商鞅变法时期秦国的一位农民,你是否支持商鞅变法?为什么?如果你是贵族,又会怎样选择?

在讲商鞅变法的评价时,教师可以设问,引导学生进行讨论。学生对教科书中的角色必然会产生亲近感,从而加深学生对历史的内心体验。

---

5. 实物演示情境

实物演示情境,是指教师根据教学目标和教学内容,在课堂上利用实物直观演示,创设特定情境的技能操作。实物演示情境的特点是直观性强,符合初中学生的认知特点,有利于丰富初中学生的感性知识。

链接阅读

用北京人头盖骨和复原胸像讲北京人的特征

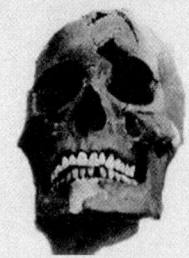 

图 5-3　北京人头盖骨　　　　图 5-4　北京人复原胸像

在讲授北京人的特征时,教师可以用北京人头盖骨和复原胸像的实物图摆在讲台上,引导学生讨论北京人的特征。在总结时,教师要重点阐释两个问题:一是北京人牙齿为什么成"V"字形?二是北京人为什么眼睛深陷,眉骨凸出?第一个问题是因为北京人吃的是生食,牙齿成"V"字形,门牙特别锋利,便于撕裂食物。第二个问题是因为北京人还保留着猿的一些体质特征,尽管能直立行走,但是还经常在森林里穿梭,凸出的眉骨就像一个凉棚,可以阻挡灰尘进入眼睛。

通过实物情境演示,学生会很好地掌握北京人的特征。较之于空洞的说教,这种方法既节省了时间,又提高了教学效果。

6. 音乐渲染情境

历史教学中,运用适当的音乐,能够较快地带学生进入教学情境,有利于升华教学主题。历史教师在讲"九·一八"事变时,可以放《我的家在松花江上》这首歌曲作为背景音乐,为教学定下感情基调。

链接阅读

创设情境讲好历史人物蔡文姬

在讲到蔡文姬矛盾的心理时,教师最好配上《胡笳十八拍》的琴曲,通过音乐来渲染情境。音乐委婉悲伤,肝肠寸断,如泣如诉,能够真实地反映蔡文姬思念故乡而又不忍骨肉分离的极端矛盾的痛苦心情。通过这种音乐的运用,再配上有感情的独白,教学一定能掀起一个高潮。

三、创设教学情境要注意的事项

1. 创设情境要选好切入点

教师在创设情境之前,要明确创设情境的目的,恰到好处地引导学生进入情境,去探索、思考和解决这问题。切忌问题过大,让学生摸不着头脑,也不能太过容易,没有新意和启发性,使情境的创设流于形式,没有实际意义,尤其重要的是要选择好设计情境的切入点。如在《三国鼎立》的教学中,官渡之战与赤壁之战都可以设计教学情境,但应以赤壁之战作为创设教学情境的知识点,以突出教学重点。

2. 创设情境不能用虚拟人物

如果还有人认为历史是一个百依百顺的小姑娘,你想怎么打扮她就怎样打扮她,这肯定是一种谬误,我们不能把客体历史与主体历史混为一谈。创设历史情境,建议教师不用虚拟人物。

【资料卡片】

不要再用"帕帕迪"创设情境

　　帕帕迪不是真实的历史人物,而是一个虚拟的人物。为了让学生亲近历史、体验历史,广东省东莞市教育局教研室夏辉辉老师虚构了一个雅典农民,他的名字叫"帕帕迪"。"帕帕迪"积极参加雅典的政治活动,影响最大的是他参与公元前399年伟大的哲人苏格拉底的审判。① 结果有些教师误认为帕帕迪是雅典历史上的真实人物,为了加深学生对雅典民主制度的理解,纷纷用这个人物来创设教学情境。夏辉辉老师专门在《中学历史教学参考》杂志上撰文指出,这一虚构出来的历史人物不是史料,用来创设教学情境给历史教学带来一定的困扰,建议教师不要再用"帕帕迪"创设情境。

　　尽管在这个案例中,虚拟历史人物对历史教育和课程开发具有一定的意义,但虚拟历史人物会对教学产生不良影响,甚至还会影响到历史学科的公信度。

3. 创设情境要符合历史事实

　　有些教师在创设情境时,喜欢移花接木,如一位教师在讲授新中国成立时,居然运用了抗战胜利的材料;有位教师讲张择端的《清明上河图》,却运用清代中期的仿制图。如果会影响到历史的真实性,还不如不创设教学情境。教师可以根据历史事实,对历史资料可作适当的改编。在讲民族资本主义发展时,有位历史教师就运用湖南的乡土史创设教学情境,并且对所收集的资料进行了适当编辑。

链接阅读 ▼

运用乡土史创设情境,讲民族资本主义发展

　　梁焕奎,湖南湘潭人。26岁中举后,受湖南巡抚陈宝箴赏识,负责湖南全省矿冶开发事宜。1899年,接办益阳板溪锑矿,成立久通公司。1903年,东渡日本求学,加入华兴会。1906年回国后,在杨度等爱国同乡支持下,筹措到一笔资金,购买外国设备,重金礼聘法国机械师回长沙,在南门口建冶炼炉数十座,是内陆省份少见的民办重工业企业。1908年,梁焕奎成立华昌炼铁股份有限公司。一战爆发,锑价扶摇直上,公司盛极一时,员工

---

① 夏辉辉.历史教学中的想象与虚拟[J].中学历史教学参考.2010(6):44.

达数万人。为启迪民智，梁焕奎资助湖南学子赴日留学，襄赞友人胡子靖创办明德中学，并兴建湖南省博物馆兼教育博物馆。一战结束前，公司股权从六十万股扩展到三百万股，但其中二百余万股是湖南官员所入干股。一战结束后，日本锑矿出口大增。1919年，公司难以为继，宣告破产。梁焕奎心灰意冷，遁入空门。

——摘引自《湖南近代二十大实业家》

图5-5 梁焕奎

请提炼这则材料蕴含的教学主题，并梳理其中信息。

参考答案：教学主题，中国民族资本主义发站的曲折经历。

信息：(1)甲午战争以后，民族危机加深，梁焕奎投身实业。(2)20世纪初，清末新政，梁焕奎东渡日本，求取救国真理。(3)一战期间，民族资本主义短暂春天，梁焕奎企业获得巨大发展。(4)一战结束，官僚地主和帝国主义的压迫，国际环境的变化，梁焕奎事业受挫。

结论是：梁焕奎始终和时代的变化相呼应，谋求救国之路，而受时代和环境的影响，他的道路最终失败。

4. 创设情境材料要新颖

随着时代的发展，学生的知识面和心理状态也在发生着不断的变化。教师必须要用动态的、发展的眼光来衡量学生。在当今的信息社会里，学生可以通过多种渠道获得大量的信息。教师不能低估了学生拥有的信息量，而是要不断了解新鲜事物，撷取更多新颖的素材，以满足教学需要。

引 子

历史概念和历史人物评价是构成历史科学理论知识体系的基本单位，是历史学科最基本的理论知识。学生掌握历史概念存在以今度古、相互混淆、概括不全、用词不确切等现象，因此，教师对概念的阐释要加大教学力度。概念是对知识的高度抽象与概括，学生理解起来有难度，教师要以简驭繁，化抽象为具体，引导学生理解概念。概念的形成过程和人物的评价策略是知识体系中最核心的环节，教师要引学生全面把握概念的实质和人物评价的策略，使他们对概念的认识能从感性阶段上升到理性阶段。

第三节 初中历史概念阐释与人物评价

一、初中历史概念的阐释

1. 初中历史概念的内涵

(1) 狄更逊两个层次的概念

狄更逊认为历史学科中概念有两个层次,"第一层次概念"是指具体的历史内容,而"第二层次概念"是指史料、神入、解释、变迁等结构性的概念。第二层次是较高的层次,但不是指一系列具体概念中,对于低于它的概念起领导作用的较高层者。它凌驾于层次之上,从超越学科本身的角度去界定学科的知识性能。第二层次不是历史概念(Concepts in history),而是历史的概念(Concepts of history)。其功能是组织历史,决定历史是一个知识类型,以及界定历史的知识性质。①

(2) 初中历史概念

初中提到的历史概念主要是第一层次的历史内容。所谓历史概念,它是指在适量的历史表象(感性认识)的基础上,经过人的思维,抽象概括而成的,反映历史事件的内在联系和本质属性。历史概念源于史实,又高于史实,不是对历史现象的外部联系,而是其事物内部本质的联系。② 历史概念的掌握是学生形成正确历史判断的基本前提。

2. 学生掌握概念常见的错误

学生掌握历史概念存在着较大的问题,严重影响到历史教学质量的进一步提高。归纳起来,主要表现在以下四个方面:

(1) 以今度古。

以今度古是指用现实生活中熟知的事情去解释过去的历史问题,如把"秦朝的驰道"解读为"宽广平坦的高速公路",把诸葛亮的联吴抗曹说成是执行了"统一战线政策"。这些表述方法,对学生正确地掌握概念没有帮助。

(2) 概括不全面。

概括不全面主要是指没有抓住概念的本质属性,回答问题时丢三落四,要点不全。赵恒烈教授在调研过程中发现,在回答中国资本主义萌芽概念时,学生罗列了许多史实,如"商品经济的发展""手工业的发展""做生意的人多""手工工场的出现",学生就是环顾左右而言他,只字不提中国资本主义萌芽概念的实质是"雇佣"。出现这种现象的原因,在于教师没有

---

① 张元.怀念狄更逊先生兼谈历史教育的研究[J].历史教学,2006(6):45.
② 邬巧云."概念教学"在历史教学中的运用[J].宁波大学学报,2001(3):50.

帮助学生理清概念的内涵,导致学生分不清哪些是实质,哪些是条件,哪些是相关因素。

(3) 相互混淆。

混淆主要包含两个方面,一是相类似的概念相互混淆,如太平天国的革命纲领,对《天朝田亩制度》和《资政新编》的评价有混淆的现象;二是同一历史概念在不同阶段的含义混淆,如学生对新、旧三民主义不同时期含义的理解就经常出现偏差,部分学生甚至把新三民主义错误理解为"联俄、联共、扶助农工"三大政策。辛亥革命时期与第一次国共合作时期的三民主义都是指民族、民权和民生,但是不同阶段赋予其不同的内涵。在辛亥革命时期,民族的内容主要是推翻满洲贵族统治;民权作为三民主义的核心,主要目标是要建立资产阶级民主国家;民生提出了平均地权。第一次国共合作时期,旧三民主义发展到新三民主义,民族增加了"反对帝国主义"的内容;民权强调"为一般平民所共有,非少数人所得而私";民生在原来"平均地权"的基础上增加了"节制资本"的内容。

【资料卡片】

《天朝田亩制度》与《资政新篇》的比较与评价

《天朝田亩制度》与《资政新篇》相比,《天朝田亩制度》重点在打破封建土地所有制的生产关系,而《资政新篇》重点则在建立和发展新的资本主义的生产力和生产关系。《天朝田亩制度》要求在个体劳动、分散经营、农业和手工业相结合的小农经济的基础上,废除私有制,实行绝对平均主义,实质是一种农业社会主义的空想,是与当时的社会历史发展规律相违背的。《资政新篇》打破了农民小生产者的狭隘观念,主张保护私有财产,鼓励私人投资,建立以机器大工业为中心的现代经济体系,用资本主义代替封建主义,这显然是符合历史发展潮流的。

洪仁玕的《资政新篇》也有局限性。这主要表现在两方面:一是漠视土地问题,没有满足农民群众渴望得到土地的迫切要求,因此在农民群众中没有引起广泛影响;二是没有看到外国资本主义同太平天国的根本对立,对一些外国侵略分子,抱有不切实际幻想。《资政新篇》尽管存在没有把旧式农民革命引上新的胜利道路的局限性,但这并不妨碍它在中国近代政治思想上的地位。

(4) 用词不确切。

概念是通过语言文字来表达的。在回答问题时,学生词不达意,可能是由于学生的知识储备少,缺乏丰富的词汇来回答问题,这就要求学生夯实基础,以弥补基础知识的不足;也有可能是由于教师讲课没有运用历史专业术语进行准确表达,给学生带来了一些消极的影响。教师有时随意用不恰当的比喻去解释历史概念。如有教师在讲授文艺复兴的概念时,就用

"挂羊头卖狗肉"的俗语进行解释,把文艺复兴说成是"挂希腊、罗马文化的'羊头',贩卖资本主义文化复兴的'狗肉'"。这种不规范的口语化语言在一定程度上影响了学生的语言表达。因此,教师授课时一定要用历史术语准确陈述历史,如历史术语"历史意义"与"历史影响"的内涵与外延有差异,"历史影响"的内涵与外延要广于"历史意义","历史影响"一般从正面或积极的方面进行分析,而"历史意义"则要求从积极和消极两个角度进行阐述。

3. 初中历史概念阐释的策略

要加强中学历史基础知识的教学,教师就必须指导学生学会在概括历史事件和历史现象的基础上,掌握住最基本的历史概念。

(1) 通过具体讲述阐释概念。

通过具体的、典型的历史事件和历史现象的讲述,帮助学生形成清晰完整的历史概念。

链接阅读

天然火与人工取火的概念怎样才能讲清楚?

岳麓版新课标历史教科书七年级上册第1课"远古人类的足迹"中,对北京人使用火进行了如此描述:"岩洞内厚厚的灰烬层告诉我们,北京人已经使用天然火,这不仅可以取暖、驱赶野兽,还使他们学会熟食,促进了体质,特别是大脑进化。"教科书对山顶洞人用火进行了如此描述:"山顶洞人在打磨和钻孔的劳动过程中,掌握了摩擦生火的技术。人工取火,进一步增强了人类适应自然、利用自然的能力。"

教师对天然火和人工取火只是照本宣科、轻描淡写的话,学生不会深刻印象,历史学科的性质也难以体现。北京人使用天然火,表面上是取暖,驱赶野兽,更重要的是因为能吃熟食了,延长了寿命,加速了大脑进化,在北京人(还保留着猿的某些特征)转化到现代人的过程中,起了关键性的作用。相比使用天然火,山顶洞人的人工取火对人类早期的发展则具有更加重大的意义。恩格斯曾评论说,就世界的解放性而言,人工取火的作用超过了蒸汽机的发明,因为"摩擦生火第一次使人支配了一种自然力,从而最终把人同动物界分开"。使用天然火,增强了人类征服自然的能力,但在天然火的取用、保存及转移过程中存在一定的局限性。人工取火的发明,使人类广泛用火成为可能。人类掌握人工取火的技术,可以携带取火工具进行迁移,大大扩大了活动范围。更具意义的是,人工取火的发明,使火成为一种重要的生产手段,对以后出现的原始农业、制陶等手工业的发明等都有着直接的推动作用,对发展生产力有着重大的意义。[①]

---

① 叶小兵.内涵的开掘[J].历史教学,2008(5):50.

(2) 巧用图画阐释概念。

历史教科书中的图画有历史文物图、历史人物像、历史遗址图、历史古迹图、历史想象画、示意说明图、历史漫画图、历史地图等。运用图画有以下几点作用。

一是把抽象的概念转化为具体的形象。如图 5-6 所示,大树主干代表天子,分枝代表诸侯,小权代表士。这样把宗法制"层层分封、等级森严"的特点得到体现。它化无形为有形,化抽象为具体,使学生对西周宗法制度一目了然。①

二是把零散的知识形成整体的概念。历史教科书中有些图画涵盖的知识比较多,教师可以在复习巩固环节让学生按照图画进行讲述。图 5-7 的中心是一个老者

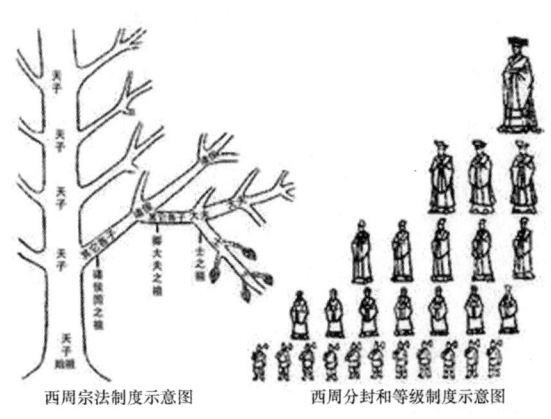

图 5-6　西周分封制与宗法制对照示意图

用尖状器给兽牙和兽骨钻孔,供小孩穿起来做装饰品;稍远处有妇女用针线缝制衣服,有少年正看护火种;有成年男子正背着猎物高兴而归;在连绵不断的山峦下,有人正在欢快地采摘食物。② 学生在描述这幅想象画的同时,既巩固了所学的知识,又能全面发展语言智能,更重要的是对山顶洞人的活动情况形成了一个整体概念。

图 5-7　山顶洞人生活想象图　　　　图 5-8　第一次世界大战后的国际关系

三是运用漫画轻松掌握复杂的概念。第一次世界大战后,国际关系错综复杂。若教师直接去讲,学生很难搞清楚其中的复杂关系。教师如果把图 5-8 投影到黑板上,美国、英国、

---

① 马执斌.图画在初中历史教科书中的地位、功能及运用[J].历史教学,1996(1):27.
② 马执斌.图画在初中历史教科书中的地位、功能及运用[J].历史教学,1996(1):29.

法国等战胜国之间的钩心斗角,德国战败国的复仇心理,被展现得淋漓尽致,入木三分。通过漫画,教师把复杂的关系阐述得清清楚楚,学生也轻轻松松地掌握基本概念。

(3)运用比较方法揭示概念的实质。

所谓比较,是指按照一定的标准,将两种或两种以上的事物放在一起加以对照,以区分事物之间的异同,进而认识事物的本质特征和共同特征,从而达到概括历史事件和历史现象,揭示概念的目的,促使学生形成历史概念。例如,通过孙中山和袁世凯两张照片的比较,教师可以引导学生揭示两个政府的实质。正如马执斌所说:"照片是凝固的历史、形象的历史、传神的历史,可以供人们直接感受。穿越时间的隧道,突破地域的界限,拂去岁月的尘埃,在那些颜色发黄的照片面前,人们被激发的思绪绝不是文字描述所能取代的。"

链接阅读 ▼

你能从两张照片看出两个政府的实质吗?

教师在讲完孙中山担任中华民国临时大总统、袁世凯在北京篡夺革命果实之后,让学生仔细观察下面这两张照片并提问:从两幅图片的着装来看,孙中山政府和袁世凯政府有何区别?请说明理由。

图 5-9 孙中山主持召开第一次国民会议

图 5-10 袁世凯在北京就任临时大总统

图 5-9"孙中山主持召开第一次国民会议"的照片上没有穿军装的人,这说明孙中山政府是国民政府。图 5-10"袁世凯在北京就任临时大总统"的照片上绝大部分穿军装,这说明袁世凯就任临时大总统,标志着北洋军阀统治的建立。[①]

[①] 马执斌.挖掘历史照片文献价值 发展学生历史思维能力[J].历史教学,1999(2):33.

(4) 用发展的观点全面把握概念。

有些概念的形成有一个认识的过程,在某一阶段学生往往不能完整清晰地掌握一个概念的全部含义,必须在以后讲述相关的内容时,继续充实和加深。也就是说,只有弄清楚历史事件的来龙去脉,把握历史发展的系统性,概念才能被学生自觉地掌握。一些复杂的概念有时不能一步到位,需要一个逐步理解的过程。例如,由于对自然经济概念理解不透彻,有些学生在作业或考试试卷中经常出现"中国自然经济落后"的表述。这些学生认为中国封建经济落后,误认为自然经济也一定落后。这就要求教师向学生诠释清楚,封建经济不等于自然经济,作为农业与家庭手工业相结合的自然经济是封建经济的最基本形式,它不是先进生产力的代表。但从自然经济发展的历程来看,它本身发展得很完备,因此,"中国自然经济落后"的说法是不科学的。

讲述概念时,切忌平铺直叙。教师如果罗列史实,没有对主要特征做重点分析,没有把主要特征和次要特征区分开来,没有说明各个特征之间的联系,学生在回答问题时就会导致主次不分。讲中国近现代史,教师引导学生记忆外国列强侵略中国的时间、条约的内容及影响,教学就很难达到应有的高度。鸦片战争后,中国就面临着外国资本主义与中华民族的民族矛盾和本国封建地主与农民阶级的阶级矛盾。这两对矛盾都是中国近代史上的主要矛盾,其中民族矛盾是最主要的矛盾。当外族入侵时,民族矛盾是主要矛盾;当农民起义时,阶级矛盾是主要矛盾。因此,讲义和团运动时,教师要抓住民族矛盾的主要特征,强调义和团运动的反帝爱国性质。讲太平天国运动前期背景时,教师要突出阶级矛盾,以强调其反封建的性质;讲太平天国运动的后期斗争,教师要讲清民族矛盾与阶级矛盾交织在一起的特点,以强调其反封建反侵略的实质。

4. 教师对概念进行有效教学的措施

教师对概念进行有效教学的措施,主要有以下几点。

(1) 教师对概念要完全理解。

教师不理解的内容,一般而言,也很难给学生教授明白。因此,在备课中要深入钻研教科书,教师要彻底弄懂每个历史概念的内涵与外延,不留任何概念知识的死角。例如,半殖民地半封建社会、新民主主义社会等概念,教师要完整地把握并不容易。如果专业知识不过硬,那还需要去重新温习大学专业课程。

(2) 概念讲述要符合初中学生的特点。

根据学生的思维规律和知识的缺陷,教师要有的放矢地安排教学内容。教师要因地制宜,充分利用学生对新鲜事物的好奇,多运用有趣的历史素材,激发他们学习历史概念的热情。对初中学生的知识及思维方面的缺陷,要及时查漏补缺,促进学生全面发展。如有些教师讲战国时期的社会大变革,试图用生产力与生产关系的原理去说明社会变革的原因,结果学生不听还有点明白,越听反而越糊涂,主要原因是初一的学生对生产力、生产关系这些概念不理解所致。教师没有根据学生的认知水平化难为易,结果把本来较难的问题更加复杂化了。

(3) 概念的掌握要透过表面看到实质。

教师讲概念要史论结合,从具体的事实中得出抽象的结论,不能让学生的认知停留在问题的表面,一定要引导学生透过历史现象,抓住问题的本质。例如,在讲明代中后期资本主义萌芽时,赵恒烈教授紧紧抓住资本主义生产关系的本质——雇佣劳动。要明确资本主义萌芽中本质的特征,教师就必须对唐代的手工作坊与明代的手工工场进行比较。唐代手工作坊主人是师傅,他带着家属和学徒一块儿工作,生产规模较小,没有技术分工;明代手工工场的工场主剥削许多雇佣工人,生产规模较大,技术分工也比较细。在江南商品经济比较活跃的城市,在部分行业出现了"机户出资,机工出力"的雇佣关系,这说明这些行业稀疏地出现了资本主义萌芽。

赵恒烈教授提醒教师,在说明商品经济发展是促进资本主义萌芽的同时,还应特别说明商品经济的出现,它并不一定就是资本主义萌芽的表现,如战国时期的邯郸、临淄等大城市,商业相当发达,但并不不能说明战国就有资本主义萌芽。

(4) 复杂的概念理解要逐步加深。

在概念的学习和讨论中,学生要明确,有些知识的整体获得不是一步能到位的,而是要有计划有系统地逐步加深,后一轮复习前一轮的概念,相类似的概念作出明确比较。只有这样,知识性的概念才能通过日积月累,从量变到质变,最终达到融会贯通的目的。例如,学生对儒家思想的理解就是一个渐进的过程。初一、初二的学生,对儒家思想的理解还是一个个孤立的知识点,初一的学生对中国古代儒家思想了解得较为清楚,初二的学生对中国近代儒家思想的发展脉络,也有大致的轮廓。到了初三中考复习过程中,教师就会以儒家思想发展为专题,进行较为全面而系统地复习,学生就会从整体上把握儒家思想,对儒家思想的理解也会进一步加深。

(5) 培养书面和口头表达能力。

概念是与语言、文字紧密相关的。适当做些练习,注意提醒学生,书面语要多用专业术语;口头语也要规范,不能随意进行不科学的类比,帮助学生巩固历史概念,并培养他们对概念的表达能力。

二、初中课本中历史人物的评价

表 5-2 《义务教育历史课程标准(2011 年版)》出现的人物

比较项目	政治	经济	思想	文化、科技
中古史	炎帝、黄帝、秦始皇、汉文帝、汉景帝、北魏孝文帝、唐太宗、唐玄宗、成吉思汗、文成公主、郑成功、陈胜、吴广、李自成、岳飞、戚继光	郑和、商鞅	老子、孔子	司马迁、玄奘、鉴真、张仲景、华佗、祖冲之
中近史	孙中山、袁世凯、毛泽东、朱德、刘少奇、周恩来、洪秀全、林则徐	张謇	陈独秀、胡适、李大钊、康有为、梁启超	鲁迅、茅盾、齐白石、徐悲鸿、聂耳、冼星海
中现史	邓小平			钱学森、邓稼先、袁隆平
世界史	华盛顿、玻利瓦尔、彼得一世、亚历山大二世、列宁、斯大林、甘地、凯末尔、罗斯福	哥伦布、麦哲伦	马克思、恩格斯	巴尔扎克、贝多芬、莎士比亚、牛顿、达尔文、爱因斯坦

《义务教育历史课程标准(2011 年版)》直接提到的历史人物为 68 人,其中中国古代史 26 人,中国近代史 19 人,中国现代史 6 人,中国史人物占所有人物的比例为 75.0%;世界史 17 人,占比例为 25.0%,说明教科书中人物的编排重视中国史。教科书中人物主要集中体现在政治、思想文化方面,说明教科书在经济人物方面较为薄弱的传统格局仍然没有变化。新课标中,涉及女性人物的只有一位,那就是文成公主。

1. 历史人物评价基本理念

(1)评价人物注重"四性",即客观性、全面性、实质性和稳定性。客观性就是占有材料,弄清历史事实,是进行历史研究的最基本的条件。全面性就是要求对历史人物的评价力求全面,不能只根据研究或宣传的需要,评价其中一点而不涉及其他方面。实质性就是评价历史人物不能被表面现象所蒙蔽,要示其本相,弄清历史事实,才能准确判断。稳定性就是要求评价人物要相对稳定,不能今天的形象是万人敬仰,明天就成为千夫所指的阶下囚。

要弄清史实,不仅要详细地占有材料,还要对材料进行分析,作一番"去伪存真,去粗取精"的考证工作。如华盛顿砍樱桃树的故事已经证明是虚构的,再如袁世凯的告密问题,20 世纪 90 年代以来的研究取向是日趋否定。

链接阅读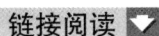

戊戌政变是袁世凯告密吗？

对于袁世凯告密的问题，有的学者对照袁世凯的《戊戌纪略》与梁启超的《戊戌政变记》，经过论证发现袁世凯的记载更真实可靠。研究者证明八月初三日杨崇伊上奏训政密折后，西太后即已决定回宫。因此，戊戌政变的发生，并不是始于袁世凯的告密。①

（2）要处理好历史人物的政治活动与他们个人道德品质、政治操守以及私生活之间的关系。评价历史人物应从政治措施、政治作用出发，而不应该从私生活方面出发，应以政治作为衡量历史人物的尺度。个人生活、作风等问题虽然对评价这些历史人物可以产生一定的影响，但这种影响毕竟是次要的、个别的，不是评价他们历史功绩的唯一标准。② 如评价孙中山，主要关注其建立民国、民主共和、国民革命等丰功伟绩，即使要涉及其夫人宋庆龄女士，也主要从他们志同道合的革命感情入手，至于其他道听途说的生活细节，都不宜在历史课堂上宣讲。

（3）要正确理解人民群众是历史的创造者。马克思、恩格斯、列宁等经典作家提出"人民自己创造自己的历史"。为了突出人民群众在历史进程中的伟大作用，斯大林把经典著作的原话改编成"人民群众才是历史的创造者"。在黎澍看来，论证人民群众是历史创造者的理由，无非是说"人民群众是物质财富的生产者"，另一个理由是"人民群众是精神财富的创造者"，根据是，人民群众的社会实践是一切科学文化艺术的源泉。黎澍认为，前一说不确切，后一说依然根据不足，逻辑也成问题。这样论证实际是把源泉看作创造，代替精神财富的创造，否定了一切高级的科学、文学艺术作品的真正创造者——科学家、思想家和文艺家的贡献。③

研究历史离不开帝王将相和上层历史人物的活动，他们高明的或愚蠢的决策，正义和非正义的行动，推动或者阻碍历史进步作用。在不同的领域内，不同的历史人物在不同的领域发挥着各自不同的作用。因此，《义务教育历史课程标准（2011年版）》选取中外35位政治人物进行重点介绍，是有道理的。什么时候人民群众成为历史的主人呢？只有大规模反抗残暴统治斗争高涨的时候，人民群众才成为政治舞台上的主角。

2. 评价历史人物的基本策略

（1）对一位历史人物要全面进行评价，就必须要研究历史人物发展成长过程中的"不同

---

① 曾业英.五十年来的中国近代史研究[M].上海：上海书店出版社，2000：679.
② 吴泽.谢天佑.关于历史人物评价的若干理论问题[J].学术月刊，1960(1).
③ 曾业英.五十年来的中国近代史研究[M].上海：上海书店出版社，2000：666.

阶段"。如评价王莽。当王莽辅佐西汉平帝,在尚未篡汉时,他表现得谦恭敦厚,礼贤下士。如果王莽在大家没弄清楚真相的时候就去世了,那么他真正的为人处世的品格,就没人能够知道。王莽的故事充分说明真伪邪正,日久方验。

（2）不能以阶级斗争作为研究的唯一主线。

评价人物不能只以阶级斗争为唯一线索。过去,提到农民运动的领导者就无限拔高,过分强调他们的历史进程中的推动作用,其局限性则被有意识地屏蔽,如李自成、张献忠、洪秀全等。对于镇压农民运动的历史人物,基本持否定态度。人物评价不能走极端,而要给予恰如其分的评价。

（3）评价人物不能因政治需要。

有一段时期,评价历史人物,只要是正面人物,几乎从幼年时代起,就是天才和神童,都是百分之百的正确;而一旦是反面人物,便极尽诋毁之能事。评价人物不能因为政治需要而去针对性地选择史料,对重要历史人物的评价,既不能丑化,也不能溢美,而是对他们要进行公正客观地评价。

（4）不能将历史人物脸谱化,更不能采取双重标准。

说"好人",一切都好,即使有严重错误,也要再三肯定动机好,使出浑身解数为好人辩护;说"坏人",一切都坏,即使动机未必不好,也一定要按照动机效果统一论,把"坏人"解释成居心不良。对历史人物的评价不能脸谱化进行研究,更不能先入为主,而要做到论从史出,实事求是。

引 子

一节成功的课,首先要有一个好的教学设计,而这节课中教师设计的所有教学环节都必须为这节课的教学目标服务。课堂教学中的各环节的设计,一定要有递进性、层次性和整体性,让学生尽可能地在生动形象的情境中进行学习,做到学以致用。高质量的课堂教学,必须要有高质量的教学环节,让我们一起探讨历史教学环节的设计。

第四节 教学环节的设计

初中历史教学主要通过课堂教学和综合实践活动课等途径,达到教学的预定目标。在历史教学过程中,我们要坚持以课堂教学为主,综合实践活动课为辅的教学方针,既不能以一种课堂教学方式去包办一切,也不能以开展新课程为理由,过分强调活动课而冲淡课堂教学的主体地位。课堂教学与综合实践活动课有主有次,互为补充。

一、初中历史教学类型

1. 初中历史课堂类型

初中历史课堂教学按教学任务来分,有单一课和综合课两种类型。导言课、传授新知课、复习课、检查课、评讲课等,主要完成一种教学任务,教学内容比较单一,他们属于单一课的类型。对于一节课完成两种或两种以上教学任务的课,则属于综合课类型,如在一节课里,教师在复习旧知的基础上传授新知。

导言课又称绪论课,主要是说明学习历史的目的、意义;介绍学习的内容、方法;提出具体的要求。如历史课前导言、学期导言等。有些教师对绪论课重视不够,其实加强学习方法的引领,从整体上对内容的把握都非常重要,正所谓"磨刀不误砍柴工"。

传授新知课,主要是指教师根据知识的发展规律和学生的认知特点,以旧引新,引导学生发现新问题。启发学生积极探索问题的答案。在传授新知的过程中,教师要把握好课堂教学密度。课堂教学密度是指教学活动中,教师合理运用的时间与一节课总时间的比例,它可以分一般教学密度和特殊教学密度。一般教学密度是指传授新知、组织教学、复习旧知等其他教学环节所占用的时间,在一节课总时间中所占的比例;特殊教学密度则是指教师传授新知的时间在一节课中所占的比例。对于学生素质较好的班级,教师可提高特殊教学密度,适当增加高层次创新思维、创新能力的培养时间。在学生差异较大的班级中,教师要科学掌握合理教学密度,既要保证优等生能吃饱,而要保证"待优生"能跟上教学进度。

复习课,是历史课教学中常用的课型。如单元复习课、段考复习课、学期复习课、总复习课等,目的是为了对历史基础知识进行巩固和加强。在中考复习过程中,一般组织学生进行三轮复习,而且教学目标上有所侧重。第一轮复习强调基础知识落实,第二轮复习要求查漏补缺,第三轮复习目的为全面提高。随着中考改革的深入,有的学校在复习过程中不采取三轮复习的方法,而是在第一轮夯实基础之后,把专题复习与中考模拟考试结合到一起,以便学生更加适应考试。在一定意义上来说,中考的复习课比新课讲授更重要。

检查课,主要是对历史知识进行检测、考试等,以检查对历史知识的掌握程度。依照布卢姆大面积提高教学的策略,对学生每单元进行一次检测是必不可少的。通过检测,教师才能有效地总结历史教学的得失;学生才能发现自己在集体中所处的位置而找到差距,为下阶段指明努力的方向。

评讲课,就历史课而言,主要是对检测试卷的讲评。讲选择题时,教师先要做足功课,从选择题目本身的特点、学生答卷及得分情况三个方面进行详尽分析。从命题者的角度探究其命题思路,从学生的答卷分析学生学习的得失,从学生的得分情况选择适当的教学策略,如学生得分偏高的,可以少讲甚至不讲;学生得分偏低的,不能只塞答案了事,而要详细分析得分偏低的原因,运用"变式回授"的方式,使学生在下一次的考试中不再犯同类型的错误。讲材料分析题时,教师一定要紧扣材料,从材料中得出有效答案,特别是要指导学生怎样审题,怎样从材料中获取有效信息,这些信息怎样用言简意赅的语言进行表达。

2. 历史综合实践活动课

21世纪初,教育部明确指出,要"改变课程结构过于强调学科本位、科目过多和缺乏整合的现状",从小学到高中开设综合实践活动课程作为一门必修课程。综合实践活动课程是活动课程理论的发展和实践的深化,是对活动课程实践的继承、发展规范和整合。[①] 课堂教学对学生获得系统的历史基础知识,掌握基本技能,起着较大的作用。单一的教学模式并不能完全承担新时期的教育任务,开设历史综合实践活动课,并且把它作为课堂教学的补充已势在必行。

(1)历史活动课的形式。

历史活动课主要有四种方式:一是历史兴趣学习小组。历史兴趣学习小组是由那些对历史有浓厚兴趣或在历史活动中有一定特长的学生组成,它是学生开展综合实践活动的核心。二是历史课外学习活动。三是社会实践活动。四是历史娱乐活动等。

(2)历史活动课的特点。

一是历史性。历史课的学科属性决定了该课程必须姓"史",这就要求历史活动课方案的设计必须符合历史性。在选题上,活动课应是与历史有关的题材。题材最好来自必修教科书,以必修教科书为基础,使方案的活动内容成为必修内容的拓宽与深化,使之与必修课相辅相成。在方案的资料提供上,要注重历史资料的发掘。在方案的实践部分,也要体现历史学科属性。

二是相关性。历史是一门综合性的学科,内容无所不有,无所不包。在设计活动方案时,应重视与其他学科的横向联系,借助其他学科知识、技能,突破原有历史学科知识体系,拓宽学生的知识面和提高学生的实践能力,为历史活动方案设计开辟一个广阔的天地。

三是兴趣性。历史活动课能否达到理想的效果,在很大程度上取决于能否激发学生的兴趣。在题材和内容的选择上,必须以符合学生心理需求,调动学生求知欲为基本的出发点。同时根据学生好动、好模仿、好表演等心理特点,因势利导,激发学生的兴趣。如在一个示范性中学教育实习时,实习教师组织了成语课本剧表演。这次综合实践活动以历史故事为题材、以角色扮演为形式,不但充分调动学生参与活动的积极性,而且吸引了很多任课教

---

① 张传燧.综合实践活动课程论[M].广州:广东教育出版社,2005:9.

师参加,产生了较大的反响。在设计方案时,要利用乡土资源,对与历史有关的古迹、历史遗迹等进行调研,使学生觉得历史就在身边。又如某重点大学附中历史教研组在学习"辛亥革命"的内容时,要求学生到岳麓山遍寻辛亥革命时期的烈士墓,并且查寻烈士相关的事迹。结果学生分组参与,兴趣盎然,收获也很大。

四是自由性。活动课主要是提高学生学习历史的积极性,在一定程度上是给历史必修课作有益的补充,因此活动课的选题要考虑给学生留有自主活动的余地。如学生组织历史故事演讲赛时,至于比赛的组织、选手的选拔等完全可以放心地交给学生去做,但是对学生演讲的故事教师一定要把关,否则学生会把小说、传说、神话故事等在台上大讲特讲,不但不能收到好的效果,反而会影响到学生对历史的理解和认识。我们建议诸如历史游艺、史迹考察、历史旅游等专题方案,最好还是教师当"导演",学生当有一定自由度的"演员"。

五是实践性。活动课强调活动,要重视实践应用。历史活动课方案设计应为学生学习历史提供具体的实践机会,成为发挥其潜能的重要途径。某市曾经就组织中学生进行"仿制文物"比赛。学生们各显神通,发挥聪明才智,用泡沫塑料制作成"筒车""曲辕犁"等,有的甚至模仿书法家的字,作品多姿多彩,反映了新时代学生的动手能力和创造能力。现在的学生课件制作能力并不亚于专业教师,历史教师可以利用学生的这种优势,举办颇有特色的微型的"历史电视节",组织"历史短片"展示。以电视剧《辛亥革命》为例,通过剪辑,可以组成"策划起义、爆炸泄密、彭(楚藩)刘(复基)起义、熊(秉坤)金(兆龙)发难、攻克衙门、占领武汉"等六个场景组成的电视短片。它既提高学生的基本技能,又使学生对这段历史有了更全面的认识和了解。

六是参与性。历史活动课作为一门课程,强调全员参与,因此在活动方案设计中必须考虑学生整体的兴趣爱好、实践能力等诸方面的因素。在方案设计中,一方面要尽可能地选取"大众化"的题材和形式,如历史故事演讲、历史知识竞赛、历史小报的编写等活动,努力提高学生参与活动的积极性。另一方面,要创设学生人人都能参与活动的机会,如要求学生收集奥运会的相关历史资料,以《我心中的奥运英雄》为题,写一篇 800—1000 字的文章,然后对优秀作品集中展示。这样的活动既能做到人人参与,同时又能起到宣传奥运会的作用。①

---

① 蒋长好,王伟.学校活动课的实践与探索[M].海口:南海出版社,2004:115-120.

链接阅读

长沙历史《名人档案》综合活动课设计

一、活动的主题

处于青春萌动期的学生富于幻想、喜爱模仿、崇拜英雄、追逐明星。通过参观贾谊、谭嗣同、李富春、王震的故居等,了解这些历史名人奋斗的故事,编写《名人档案》。学生通过活动中的体验进行反思,唤醒自我,培养创新意识、探究能力、社会责任感以及综合实践能力。

二、活动的过程

(1) 启发引导,确定主题,制定方案。

学生分组,选出组长,制定活动方案;根据各组制定的计划,定出全班的集体活动计划。如在全班选出编辑委员会成员,拟定出一本学生自己收集整理的《名人档案》一书;举办全班名人故事会、名人事迹表演会、挑战名人演讲会、走进社区,走访身边的名人。

(2) 探索实践,交流反思,体会感悟。

在各组准备活动结束后,教师指导学生按计划参观故居,收集相关名人资料、编辑《名人档案》等。

表5-1 参观名人故居记录表

内容 \ 地点	贾谊故居	谭嗣同故居	李富春故居	王震故居
时间				
地点				
主要的古迹				
收获与感想				

表5-2 访问调查表

时间	地点	采访人物	突出事迹
采访主题			
访谈记录			
采访者			

三、活动的反思

以《名人档案》为主题的综合实践活动,从学生的实际出发,充分发挥学生的主观能动性,在与社会交流的过程中,克服学生生活中的一些消极的、不健康的思想,达到自我教育目的。[1]

---

[1] 陈时见.综合实践活动课程理念与实施[M].南宁:广西师范大学出版社,2003:172-178.

二、教学语言的设计

"对于已经掌握了语言并有正常思维的人来说,语言既是思维的表达方式,思想的直接现实,同时又是思维的一种工具。"①课堂教学语言就是教师引导学生学会学习、掌握知识,与学生交流信息及思想的重要途径。著名教育学家苏霍姆林斯基曾指出:"教师的语言是一种什么也代替不了的影响学生心灵的工具。"②历史课堂教学语言按照教学流程大致分导入语、讲授语、过渡语及结束语等。

1. 导入语设计的类型

组织教学首先要抓好课堂导入,使教学有一个良好的开端。它对于调动学生的学习动机,稳定学生的情绪起着重要的作用。它是使教学顺利进行的保证。历史这门古老的学科能历久弥新,关键就在于它的学科特点,青少年学生对它有浓厚的兴趣。"好的开头是成功的一半",历史课堂教学必须要重视课堂导入的设计,用生动形象的语言和丰富多彩的形式缩短学生与教师之间的差距,使学生产生渴求知识的心理。历史课堂导入的设计主要有以下八种。

(1) 影视导入设计。作为一种艺术手段,影视剧本源于现实生活和历史并加以艺术的升华,因此影视节目从课外向学生提供大量的有关历史的感性材料,使课内、外有效结合。在讲《中日甲午战争》时,若利用电影《甲午风云》中的邓世昌与太阳犬共同牺牲的镜头导入课题,会收到意想不到的效果。

(2) 对联导入设计。对联是我国传统文化领域一种特殊的文学形式,它格律严谨,对仗工整,韵律和谐,蕴意丰富。在历史教学中,教师若能充分利用学生思维活跃,想法独特的特点,巧妙地引用对联,也会激发起学生学习的积极性。

链接阅读 ▼

讽四大家族盘剥人民的对联

在叙述四大家族在国统区剥削人民时,就可引用当时流行于四川的一副对联"自古未闻粪有税,而今只有屁无捐",横批为"民国万税"。这副对联通俗形象,而且讽刺辛辣,入木三分,使学生在幽默之余,真切地感受到四大家族税收多于牛毛的现实。

---

① 宋其蕤,汤显灿.教学言语学[M].广州:广东教育出版社,1999:18.
② 苏霍姆林斯基.教育的艺术[M].长沙:湖南教育出版社,1983:32.

(3) 情境导语设计。中学生的思维往往与声音、色彩、感觉等连在一起。古希腊哲学家柏拉图就说过："音乐教育比其他教育要重要得多。"创造情境导入新课最能激起学生思想的共鸣。如在讲《帝国主义瓜分中国的狂潮》时，教师可以用录音机放《七子之歌》。"七子"是指当时被列强霸占的七块土地，他们分别是香港、澳门、台湾、九龙、威海卫、广州湾和旅顺大连。从"七子"引出帝国主义在中国占的租借地，教学效果肯定好。

(4) 复习导入设计。这是各科教学最常用的导入方法，即通过对旧知识的回顾与复习自然过渡到新知识的讲授。符合学生的认知规律，而且能帮学生树立学习新知识的信心，并奠定基础。但是使用复习导入法要明确"复习"只是方式，"新知"是复习的目的，因此复习时间不宜过长，以免喧宾夺主，主次不分。将此法应用于历史教学中能收到好的效果，它既能引导学生复习旧知识，又能促进新知识的学习。如，在讲授《近代中国经济结构的变动》前，先让学生回忆："中国古代的社会经济结构是怎样的？"然后再复习一下鸦片战争的影响，最后引入新课的问题："经过鸦片战争之后，中国的社会经济又会是怎样呢？"让学生自然而然地过渡到新课的学习中。

(5) 故事导入设计。采用故事导课是为学生所喜闻乐见的一种导课艺术，但需要注意的是：故事要紧扣教学内容，能有助于新知识的掌握，而且故事宜短忌长，故事本身要能说明问题，教师还需引导分析。如在讲述"古代希腊"时，可用"木马计""马拉松长跑"等故事作为导入，学生在听故事的同时记住了知识，这样就实现了双赢——既激发了学生的兴趣，又达到了教学目的。

(6) 史论导入设计。历史评论蕴含着丰富的哲理和对历史知识的深刻认知，因此用史论做导语，对教师的教科书处理技巧提出了更高的要求。教师必须拥有缜密的历史思维并选用合适的史论，才能在教学实践中熟练地设计史论导入。

链接阅读

讲《唐朝的衰落》时的课堂导入

教师可用清代著名史学家赵翼《唐女祸》中的一段史评："开元之始，几于家给人足，而杨贵妃足以败之。"在简要讲述这句评语的含义以后，教师马上直截了当地提出问题："显赫的唐帝国，它的衰落是否真是杨贵妃一个弱女子便可造成？如果没有杨贵妃的出现，唐朝可以永葆繁荣吗？"引起大家强烈的悬念和浓厚的求知欲后，教师可顺势展开一幅唐朝由盛而衰的历史画卷。

(7) 图案导入设计。历史课堂可以利用大量的图案导入，如在讲《两汉匈奴和与战》时，教师既可以用长城的图片,也可以用两汉的地图导入。只不过从网上很难找到秦汉时期的长城图片,大多为明长城,因此用两汉的地图导入比较符合历史科学,有较好的效果。

(8)诗歌导入设计。诗歌是中国艺术宝库中的一颗明珠,几千年的文明史给我们留下大量的诗词绝句。如在讲授《匈奴的兴起及与汉朝的和战》时,先以董必武《谒昭君墓》一诗中的"昭君自有千秋在,胡汉和亲识见高"作为导入语导入新课,继而引导学生:"这里的胡指的是匈奴,匈奴是怎样崛起的呢?昭君出塞与汉匈和亲又是怎么一回事?为什么说它是识见高呢?"激发学生的求知欲,从而使他们积极地投入到正课的学习中。

教学艺术在于激励学生,引导学生。课堂导入不可能有固定的模式,关键的是历史教师要根据教学的内容、学生的特点,特别是教师本身的优缺点,扬长避短地采用导入的方法。在设计历史课堂导入时,历史教师要注意以下四个方面。

一是研究课程标准,注意挖掘导入素材。设计导入时,教师必须研究课程标准,根据标准确定课堂导入。新教师容易犯舍近求远的毛病,教科书的导读部分帮教师提供了很好的导入素材,但教师往往视而不见,而到课外寻找素材来作为课堂导入。这样做,有时不但达不到教学导入的目的,而且加重了学生的负担,同时也加大了教师备课的工作量。

二是要紧扣主题,防止离题万里。有些历史教师为了达到情感态度价值观目标,激发学生的爱国热情,只要涉及日本的内容,总是喜欢从钓鱼岛问题导入。如果是讲《中日甲午战争》,用钓鱼岛事件作为导入无可厚非;但如果讲"九一八"事变、讲抗日战争等课题,就有些不合时宜,而且钓鱼岛问题不是三言两语可以说得清楚的。

三是导入时间要短,忌拐弯抹角。历史导入设计要求开门见山,直入中心,应在1—2分钟内完成课堂导入。有些新教师觉得一种导入方法很好,又借鉴经验丰富的老教师的课堂导入,两种导入都不愿舍弃,因此出现一堂课两次导入的现象。这既浪费了学生学习的宝贵时间,又冲淡了课堂主题,得不偿失。

四要集中学生的注意力,防止不切实际的空谈。有些教师为组织课堂教学,在课前抓住学生好的表现进行表扬,用激励性的语言鼓励和感染学生,使学生以饱满的热情上好历史课。这种做法值得提倡,但要掌握一条原则:在充分调动学生的积极性的同时,不能分散学生的注意力,不能占用太多的时间。

2. 讲授语的设计要求

讲授语是教师用来引导学生学会学习和掌握相关历史知识的。讲授语是介绍教科书的有关情况和资料,对教科书进行分析和归纳所使用的教学语言,是传统的课堂教学中所占比例最重的教学语言。就历史学科而言,讲授语可从以下四个方面进行设计。

(1)要科学、精准。

历史学科的一个重要特点是"言之有据",历史教师的讲授语必须规范、准确、全面、完整。如讲授《中央集权制度的确立》一课时,第一个子目录"从群雄割据到大统一"就不能说成"从群雄割据到大一统",两者有很大的区别。历史教学语言的科学性还要求教师讲课时吐音咬字要清晰,解释要科学,以免误导学生。如"大夫"做官职讲时,"大"要读为 dà 而不是 dài;"赋税"不能说成"交公粮",御史大夫的职能不能解释为"看见哪个当官的贪污受贿就向皇帝报告"。要做到这些,教师就必须加强自己的历史专业修养。

(2)要生动形象。

历史教师要设计生动形象、充满启发性的讲授语。生动形象的语言能引起学生的想象,从而使学生获得如临其境、如见其人、如闻其声的感觉,使已逝去的历史活生生地再现其本来面目。

链接阅读

镇南关大捷的情景再现

有位教师对镇南关大捷的情景是这样描述的:"在开花大炮的掩护下,法军大队主力向中路进犯。侵略军像恶狼一样猛扑过来,有的爬越了清军防守的壕沟,有的已冲上了城墙。在墙上督战的年近七十的老将冯子材,眼看形势十分危急,刻不容缓,便当机立断,大呼一声,光着脊背,手执丈八长矛冲出城墙。他的两个儿子冯相荣、冯相华紧跟其后冲进敌群。全军将士见状热血沸腾,一齐涌出,以排山倒海之势冲向敌阵,与侵略军展开肉搏战……"这段描绘生动形象地将冯子材身先士卒、誓死抗敌的雄姿和镇南关大捷的场面展现在学生面前,使他们受到感染。

(3)要具有情感。

白居易在《与元九书》中说:"感人心者莫先乎情",这对历史教学也同样适用。在讲述岳飞抗金的故事时,教师就可以穿插运用岳飞的名言。如在讲"九一八"事变之前,教师就可以用歌曲《松花江上》定下感情基调,让学生在聆听音乐的同时,从悲怆的歌声中感受到"九一八"是东北人民所遭受的苦难,如同身临其境,从而激发学生探究"九一八"事变的来龙去脉。

(4)要富有幽默性。

幽默是一种生动有趣的语言艺术,让人愉快,令人深省。理想的教师应当达到艺术化的教学水平,善于利用幽默来激发学生的兴趣,使学生学得更好。幽默的语言能够打破课堂的沉闷,活跃课堂的气氛,调动学生听课的积极性,使学生在发笑的同时,领会到其中蕴涵的智慧和哲理,激发学生的学习兴趣。

链接阅读

讲授"袁世凯的独裁统治"的课堂导入

在讲授"袁世凯的独裁统治"这一内容时,有教师给学生展示了一副对联:"袁世凯千古,中国人民万岁"。学生一开始不知所云,教师慢慢引导说:"根据对联的格式,'千古'对'万岁'恰好,可是'袁世凯'对不起'中国人民',对不对?"学生恍然大悟,继而哄堂大笑。教师乘机引导学生回忆:"袁世凯做了哪些对不起中国人民的事情?"

3. 过渡语的设计方法

历史课堂教学需要过渡,知识点的衔接,教学活动的转换,就好比过河,由此岸到彼岸,中间离不开舟楫和桥梁。若缺乏过渡性语言,知识点之间将缺乏必要的逻辑联系,教学活动的变化就会显得突兀。历史过渡语言的设计主要有以下思路。

(1) 穿针引线法。

在一节课中,如果教学内容是由几个层次组成的,教师就可以抓住各个层次之间的联系或共同特点过渡,就像缝衣服时穿针引线一样,如果过渡语使用得当,过渡自然,会给人天衣无缝的感觉。

链接阅读

设计《新民主主义革命的崛起》过渡语

在讲授近代史部分的《新民主主义革命的崛起》时,为了使学生深刻理解"没有共产党就没有新中国"这一主题,可以这样进行讲解:"在清王朝的统治下,谁能领导中国革命走向胜利呢?前面大家学习了《太平天国运动》《义和团运动》《维新变法》和《辛亥革命》。其中,太平天国运动和义和团运动都是农民阶级领导的,都失败了;而维新变法和辛亥革命都是资产阶级领导的,也以失败告终。历史证明农民阶级、资产阶级都不能领导中国革命取得胜利,究竟谁才能当此重任呢?答案就是中国工人阶级及其政党共产党"。就这样,自然而然地过渡到"中国共产党的成立及新民主主义革命"这一内容。

(2) 归纳引导法。

教学内容如果各自独立但又形成章节时,教师可以对前一部分内容进行归纳总结,再由这部分引入后一部分,使教学内容层次清晰,过渡自然。

> **链接阅读** ▼
>
> **设计《新文化运动》过渡语**
>
> 　　在讲授新人教版八年级上册的《新文化运动》一课时，教师可利用前面几课所学的内容进行过渡。教师可这样设计过渡语："我们第二单元讲的是中国人在近代所进行的一些探索，其中洋务运动是在器物层面的探索，戊戌变法和辛亥革命是中国人在制度层面所进行的探索；那么我们今天就来一起学习近代中国人在思想文化层面的探索，即新文化运动。"短短几句话，既让学生回忆了前面学习的知识，又为掌握未知的新知识做好了铺垫。

（3）层递设问法。

采用层递设问作为过渡语，既能使得内容之间层次清楚，实现课堂教学内容的转换和课堂整体结构安排的无缝过渡，又可以激发学生的求知欲，增加学生学习的兴趣。

> **链接阅读** ▼
>
> **设计《北伐战争》的过渡语**
>
> 　　在讲授《北伐战争》一课中的最后一个子目"南京国民政府的成立"时，教师可先对上个子目蒋介石发动"四·一二"反革命政变的原因设问，以作为过渡语。教师可这样设问："在北伐战争时被任命为国民革命军总司令后，蒋介石为什么要背叛革命？"学生思考回答后，教师继续发问："蒋介石发动反革命政变以后采取哪些措施来巩固自己的势力？"从而过渡到"南京国民政府的成立"这个目标内容，接着又问："这个政府是什么性质的政府呢？"学生通过了解蒋介石和他发动反革命政变的目的，也就不难得出南京国民政府的性质。通过这一系列的层层设问，学生就很容易明白历史事件发生的来龙去脉，从而增强了教学效果。

（4）课本栏目内容辅助法。

新教师上课最喜欢讲第一个问题是什么？第一个问题讲完了，我们开始学习第二个问题。这种依照顺序简单过渡的方式不受学生欢迎。在设计课堂过渡语时，要因势利导，利用教学内容之间的内在联系，使得过渡语能起到承上启下的作用，把课堂教学的各部分组成一个整体。同时，历史教师应仔细揣摩教科书中的插图和正文外的"博文""善思""开卷有益"等辅助栏目，有时会发现许多过渡语言的玄机就隐藏其中。

链接阅读

设计造纸术的过渡语

教科书写了蔡伦总结劳动人民经验，改进了造纸术。但教科书没有写造纸流程，而是用《汉代造纸工艺流程图》表达出来。教师讲完文字内容以后，问：同学们想不想知道纸怎样造出来的？同学们回答"想"后，请同学们阅读图5-11，找出其工艺流程。

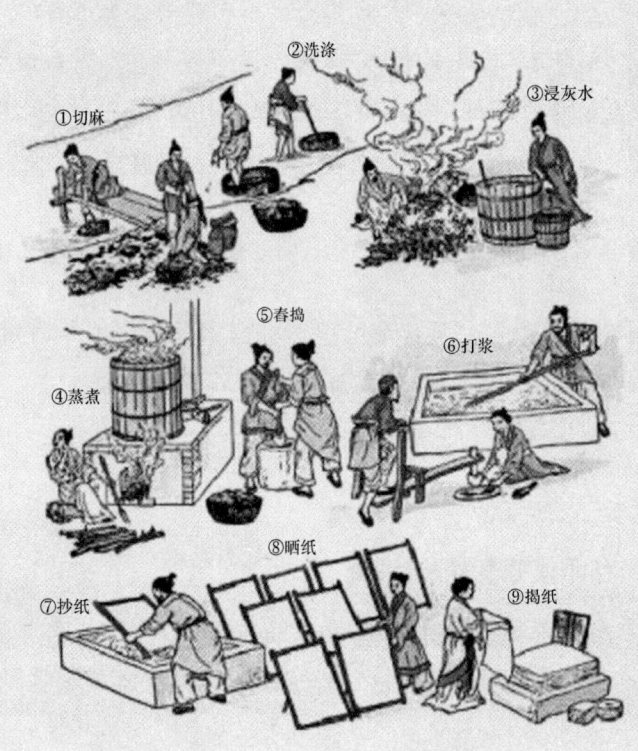

图5-11 汉代造纸工艺流程图

经过学生讨论以后，教师可以小结过渡："从图上我们可以形象地看到，造纸要经过切割、洗涤、浸灰水、蒸煮、舂捣、打浆、抄纸、晒纸、揭纸等9道工序，从而了解了蔡伦造纸的工艺流程，它充分体现了我国古代劳动人民的智慧。下面我们继续探索古代劳动人民另一个杰出创造——印刷术。"

4. 结束语的设计策略

明代的谢榛认为："起句当如爆竹，骤响易彻；结句当如撞钟，清音有余。"好的结束语不但能促使学生深入思考，而且能扩大学生的知识面。一般来说，设计结束语有以下四种方法。

（1）要随机应变。

苏轼在《答谢民师书》中说过"常行于所当行，止于所不可不止"，课堂教学的技巧就在于随机应变。教师要根据下课铃响起时的教学情况，及时设计结束语。

> **链接阅读** ▼

> **设计《三大战役》的结束语**
>
> 有位历史老师在上《三大战役》一课时,刚讲解完三大战役决战图例,图架"啪"的一声掉了下来,此时正好下课铃声响了,这位教师立即机智地说:"看来这图架也想下课了,下课!"①这句结束语就设计得十分巧妙,既幽默风趣,令学生印象深刻,又随机结束了课堂。

(2) 要承上启下。

好的结束语应该要起承接性的作用,既能给本节课告一段落,又能开启下一节课,让学生在巩固本节课内容的同时,对下节课的学习充满期待。

> **链接阅读** ▼

> **设计《中日甲午战争》的结束语**
>
> 讲到《中日甲午战争》一节时,就可以设计这样的结束语:"今天这节课我们学习了中日甲午战争的经过,现在大家回忆一下:中日甲午战争是如何爆发的?主要经过了哪些战役?最终中国是失败还是战胜了?中国失败后与日本签订了什么条约?具体内容是什么呢?条约签订了,战争就结束了,但由于战败而签订的条约又对中国社会产生了什么样的影响呢?下节课我们再一起探讨。"这样的结束语既对这节课的教学内容作了交代,也为下节课做了铺垫,给学生留下了思考的余地。

(3) 要设置悬念。

结尾是课堂教学结束的地方,但结尾要留有余味,要能引发学生思考。

> **链接阅读** ▼

> **设计《血肉筑长城》的结束语**
>
> 在讲《血肉筑长城》一课时,讲完最后一个子目"日本无条件投降"时正好下课了,教师就可以利用有趣的谜语设置悬念,让学生课后思考,"刚刚我们讲了日本无条件投降的几个方面的原因,现在我让大家猜个谜语——日本无条件投降的原因,谜面是中国古代历史

---

① 宋其蕤,汤显灿.教学语言学[M].广州:广东教育出版社,1999:329.

人名(共工、蒋干、屈原和苏武)。同学们下课后仔细思考,下节课再告诉我。"用这样一道有趣的谜语作为结束语,既能让学生形象地理解日本无条件投降的原因,培养了学生多角度思考问题的思维能力,又让历史学习变"苦学"为"乐学",促使学生自主学习。

(4)要布置任务。

在结束课时教学任务时,教师为了加深学生对所学知识的理解,可以给学生布置些恰当的课后任务作为这堂课的结束语,可以说这也是课堂教学内容的一种延续。

链接阅读

设计《大一统的汉朝》的结束语

有教师是这样给《大一统的汉朝》设计结束语的:"这节课我们学习了汉武帝为实现大一统所进行的一系列改革,而且这些措施也确实增强了汉朝的实力,实现了大一统,那么汉武帝是不是就仅有功而无过呢?换句话说,我们应该如何评价汉武帝?同学们可以搜集相关资料对汉武帝进行客观评价,更重要的是从中学到评价历史人物的方法。"这种结束语的好处是,既能加深学生对这节课的印象,又可以引导学生在课后获得历史相关信息,掌握历史学习的方法。

设计结束语时要根据教学进度及时调整。如果课堂知识点比较少,留下的时间较多,就不要急于使用结束语,可以安排一个讨论题,组织学生进行讨论,以升华教学主题。如果内容多,下课铃响了以后,教师结束语设计得再好,对学生而言也是累赘,因此,教师最好的教学策略就是直接宣布下课。

文章讲究虎头、猪身、豹尾。一节精彩的历史课就是一篇精彩的文章。"虎头"就是课堂导入要吸引学生,虎虎有生气。"猪身"就是教师讲授语言及过渡语言丰满,有血有肉。"豹尾"就是课堂结束语像豹子的尾巴一样有力,让学生回味无穷。

三、课堂提问的策略

课堂提问是历史教师必须掌握的一门综合艺术,它涉及教育学、心理学、语言学、逻辑学、哲学等领域,同时与教师的专业知识水平、教师对教科书和学生的理解程度密切联系,要想提问策略得法,符合教学规律决非一件易事。历史教师必须对课堂提问进行深入研究,使之成为一门专门的学问,为提高教学效率服务。

1. 课堂提问的概念和功能

所谓历史课堂提问,是指在课堂教学过程中,历史教师依据教学内容,设置问题进行教学问答的一种教学形式,是检验教学效果,反映学生掌握知识程度常见的教学方法。

在历史课堂教学中,教师通过不断循环的"提问—回答—反馈"环节,有效地帮助学生回忆旧知、掌握新知、培养能力,并对学生的表现进行矫正补救,使师生在教学相长的环境中共同发展。通过课堂提问,教师可以达到测试学生对以往知识、技能掌握的情况;启发学生思维,开阔学生思路;帮助学生把握学习重点,突破难点;发挥教师的主导作用,调节教学进程;活跃课堂气氛,增进师生情感等方面的作用。

2. 课堂提问的基本原则

历史教师要保证课堂提问的质量,不能单纯追求提问的数量,更不能图课堂表面的热闹而为了提问而提问。历史教师要遵循一定的原则,主要有以下原则。

(1) 有效性原则。历史教师提问一定要有明确的目的,不能提一些简单的,学生不加思索就能回答的问题,这不但不利于学生思维的发展,而且培养了学生消极答题的不良习惯,教师要尽量避免这种提问的设计。同时,教师对问题的大体答案要做到心中有数,即使是开放性问题,答案也应该在掌控之中。能启发学生的思考,激励学生的思维的提问,才是有价值的提问。

(2) 准确性原则。一是要求历史教师要围绕历史的新三维教学目标,从学习的内容出发,抓住问题的主要矛盾和矛盾的主要方面,启发学生思考;二是要抓住知识的逻辑关系,提问应环环相扣,明确简练,不能漫无目的,不得要领。

(3) 兴趣性原则。历史课堂提出的问题从内容到形式都必须刻意求新,平中出奇,使学生在生疑、解疑的过程中获得启迪,并使学生体会到积极思维的快乐。

(4) 整体性原则。历史课堂提问的目的在于调动全体学生积极的思维活动,在设计问题时,按照班上中等偏上学生的水平进行设计,同时也要考虑优等生及"待优生",并且针对一些特殊学生的个性特征,设计出一部分问题,以发挥各个层次学生学习的积极性。

(5) 循序渐进原则。这一原则要求教师按教科书内容和学生认识发展顺序,由浅入深、由易到难地设计提问。目前历史课堂提问大致可分为四个层次:第一层是单纯的记忆性问题,即识记级水平;第二层为识别性水平,即为简单理解级水平;第三层是推理性问题,要求学生运用分析和综合方法进行论证;第四层是评价性问题,要求学生史论结合,评价历史人物和事件。其中后两级不仅需要有较强的理解力,还必须具备一定的应用能力。教学实践中,教师要根据学生实际,按照循序渐进的原则,进行分层次、有梯度的设问,调动各层次学生的积极性,全面提高学生的思维品质。

3. 课堂提问的设计

在新课改深入推进过程中,历史课堂提问还没有引起足够的重视。结合历史教学实践,历史课堂提问设计主要体现在以下四个方面。

(1) 要鼓励学生提出新的问题。

素质教育基本特征就是要发挥学习者的主观能动性,如果提出问题的一方只是教师,学生就俨然成了答题的机器,创新和主动学习就无从谈起。历史教师要想方设法鼓励学生提问题;要将学生的问题集中起来,进行系统研究,努力做到针对性强,切实帮助解决学生提出的问题。

案例:"甲骨文"教学时如何引导学生提出新的问题

以"甲骨文"的教学为例,教师可以首先把"甲骨文"的图片进行展示,增强学生的感性认识;然后用甲骨文提供一段商代史料,请学生结合史料谈发现甲骨文的意义;再请学生以"你所知道的甲骨文"为题,畅谈甲骨文相关的知识。在这个学习过程中,学生由原来单纯存在疑问,到现在能提出新的问题,这是一个质的飞跃,这也是新课程改革的基本方向。

(2) 要多设计开放性形式的问题。

所谓闭合性问题,是指教师提出的问题停留在"是不是""对不对""是什么"的简单记忆层面上,没有与学生的认识水平之间形成信息差,问题的答案具有唯一性。它无法激发学生学习历史的兴趣和积极性,直接导致学生的思维品质难以提高。如教师提问"国人暴动"在841年爆发,对不对? 当然回答"不对",因为准确答案不是841年,而是公元前841年。很显然,闭合性问题设计过多,它会严重影响课堂的有效教学时间。

开放性问题,是指为了促进学生的发展,教师在学生"最近发展区"设计问题,引导学生通过自主学习解决这些问题。解决问题时,学生们解释问题,说出具体的目标,找到解决问题的途径。现在的学生不需要教师给他们解决问题,他们需要教师帮助他们解决问题,或者在他们解决问题时给他们专业帮助。正如卡罗尔·西蒙·温斯坦所言:如果教师必须问问题,"它们应该是开放的——它所需求的不只是一个字的答复。就像积极倾听一样,开放式的问题需要进一步的探索和交流,而封闭式的问题则切断了交流"①。

历史教师可以设计主观性的开放性问题。例如,教师可以找一段原汁原味的史料,要求学生从史料中提炼观点,然后再史论结合,写一篇小论文。每个学生对史料的理解不同,掌握的史料也有差异,因此写出的论文不可能有标准答案。教师就要指导学生提炼不同的论点,训练学生用不同的思路去做这道论文题,努力提高学生的思维训练量。教师可以设计实

---

① 卡罗尔·西蒙·温斯坦.中学课堂管理[M].田庆轩,译.2版.上海:华东师范大学出版社,2006:78-79.

践性的开放性问题。如结合学生参观新民学会或杨开慧故居等实践活动,以"你心中的蔡和森"或"你心中的杨开慧"为题,引导学生去查资料了解蔡和森或杨开慧,真正体现历史学科的教育价值。

链接阅读

新航路开辟的开放性问题

历史教师可以设计理解性的开放性问题。如"新航路开辟"的"新"在哪里?如果对新航路开辟进行名词解释,学生只要记住四位航海家就行,但是要对"新"字进行理解,就必须要把旧航路与新航路进行对比,要求学生能真正理解原来的旧航路主要是指欧洲—亚洲,变为"欧洲—美洲—亚洲""欧洲—非洲—亚洲"两条新航线。历史教师还可以进一步追问:开辟新航路为什么称为欧洲三大运动之一?这样就要求学生从商业革命、价格革命、殖民扩张促进欧洲资本主义兴起与发展等方面来阐述其历史意义。

(3)要设计思维训练量高的课堂提问。

课堂提问的核心在于设计问题是否合理、科学。设计问题时要深浅适度,便于启发学生;设计问题时要与生活背景紧密结合,真正能激发学生的学习兴趣;设计的问题要有实际意义,能为学生今后的学习和发展奠定坚实的基础;同时问题的解答要及时反馈,达到真正巩固历史知识的目的。历史课堂提问的设计主要从以下三个方面考虑。

一是提问要激发学生的思维。为拓展学生的思维,选择思维的问题是:"这是唯一的解决办法吗?还有其他解决办法吗?"如历史教学实践中,通过"一课多备""一题多解"的方式来培养学生的发散思维的能力,引导学生从"一根筋""认死理""钻牛角尖"的思维中解放出来,当碰到困难时,拓展思维,多想办法。

二是提问要具有前瞻思维。"如果那样做,会出现什么情况呢?"要有预见性。如讲太平天国到达武汉以后,假如太平军不是沿长江东下,而是北上,会产生什么结果?答案就是四个字"全军覆没",北伐军在河南冯连屯完败,就是北上进攻结果的最好例证。

三是提问要注意换位思维。"别人怎样看这个问题?别人会有怎样的感受?"要学生结合历史背景评价历史事件和历史人物。

> **链接阅读** ▼
>
> **换位思维的设计**
>
> 　　云冈石窟和龙门石窟,是佛教雕塑艺术的得意之作。那雄伟壮观、美轮美奂的大佛,每一个微笑,每一根线条都是艺术史上的杰作。对于这些艺术的杰作,学生应该会有很多的疑问,估计最先问到的是"为什么北魏的统治者要在今天的山西大同和河南洛阳,花费如此大的精力和金钱来开窟造佛像"?教师在学生充分讨论后,可以引导学生得出答案:因为北魏的皇室对佛教特别礼遇,因最初定都平城,所以就在平城开窟造佛,后来迁都洛阳,又在洛阳开窟造佛。平城和洛阳就是今天的山西大同和河南洛阳。

　　研究发现,大多数历史教师课堂教学的目标和问题是低水平的,只有约10%—20%的课堂提问的层次比较高。虽然事实信息是解决更为复杂和较高水平问题的基础,但较低层次的知识不足以使学生达到期望的教学效果。较高水平的问题往往用"解释、联系、区别、解决、对比、判断"等词语来提问。[①]而历史教师很少要求学生用自己的话作解释,也很少要求学生把知识用于新的情境中,不鼓励学生去分析和综合信息,也不对行动方针做出正误的判断。产生这种情况的因素主要有四个:第一,教参中缺乏这类要求;第二,较低水平的问题对于学生来说最容易回答,因而省时间;第三,对于低水平的问题教师更有把握;第四,低水平的问题比高水平的问题容易设计。[②]

　　(4)课堂提问要从整体考量。

　　课堂提问的随意性、盲目性、乏味性。一是提问的内容一般化,不能根据教学的内容设计有特色的问题,不能有效地调动学生学习历史的积极性。二是教师提问集中于几个学生。教师层层递进,环环相扣,处处设疑,引导学生由浅入深、由表及里、由感性到理性来解决问题。这种方法的优点是便于学生建构知识体系,但同时会造成被提问的学生应接不暇,没有提问的学生无所事事的不均局面。

　　先向全体学生发问,然后指名回答。等全体学生思考一遍之后,再指定学生回答。这种提问的方法有三个优点:第一,这种提问方法可以使全班学生注意教师所提的问题。倘若教师先指定学生,然后提问,那么只有被指定的学生注意教师提的问题,其余学生就无所事事。第二,这种先提问后指名回答的方法,可以使全班学生在心中试拟一个答案,因为每个学生都会有被提问的机会,而不得不事先有所准备。第三,这种提问方法,可以使全班学生

[①] 陈伟国,何成刚.历史教育测量与评价[M].北京:高等教育出版社,2003:63.
[②] 唐晓杰,等.课堂教学与学习成效评价[M].南宁:广西教育出版社,2003:108-109.

结合自己拟定的答案与指定学生的答案进行比较、评价。

> **链接阅读**
>
> **课堂中的卡片式提问**
>
> 提问不宜依照一定次序。为了随时检查学生掌握知识的情况,历史教师可以在学期开始的时候,就把班级每一个学生的名字写到卡片上。教师每次要点人回答问题时,要先把卡片的顺序彻底洗乱,然后让一名自愿帮忙的学生从卡片堆里随便抽出一张,用这种方式选出要回答问题的学生。这种卡片式提问的方法,使每个学生都有被抽中回答问题的概率,学生务必要集中注意力,随时准备好回答或准备好归纳课程的关键知识点。[①]

4. 课堂提问的艺术

在历史教学中,课堂提问具体要注意五字诀,即巧、发、亲、度、活。

(1) 提问设疑要"巧",即巧妙。教育心理学揭示,学生的思维过程往往从问题开始。古语云:"学起于思,思源于疑。"有经验的教师在教学过程中,总是精心设计提问,竭力点燃学生思维的火花,激发他们的求知欲望,并有意识地为他们发现疑难问题、解决疑难问题提供桥梁和阶梯,引导学生一步步登上知识的殿堂。

(2) 提问方式要"发",即启发性。从学习心理学角度来看,优化了的课堂提问应使学生处于以下几种心理状态:有一部分答案,但不完整;有解决问题的思路,但没有答案;虽一时不能回答,但有回答的自信心;有解决问题的思路和方法,但没有答案。孔子提倡教学要"不愤不启,不悱不发"。这几种心理状态正是处于"愤""悱"的境地,能收到良好的效果。

(3) 提问的语言要"亲",即亲和力。教师提问能面带微笑,和颜悦色,如春风扑面,学生课堂参与率就高。积极参与是构成学生良好学习品质的重要方面。教育理论和实践证明,课堂教学质量的提高,很大程度上要发挥学生的主体参与优势,以充分发挥学生学习的主观能动性。教师要克服以自己为中心的倾向,增加师生的共同活动,调动学生自身的内驱力,以方便学生的主动参与。

(4) 提问思考的时间、题目的难易要有"度",即适度。课堂提问必须根据教学的需要,按照教学的程序,精心设计课堂结构。所提问题应该由表及里、由浅入深、层层深入、环环相扣,体现出知识结构的严密性、科学性和条理性,从而给学生以清晰的层次感,使学生在教师的诱导下,扎扎实实地获得历史知识。

---

① 墨菲.历史教学之巧[M].张锦,译.北京:教育科学出版社,2009:108.

(5)对提问的反馈要"活",即灵活性。设计课堂提问不可机械死板,类型应灵活多样。如揭示课题时可采用启发性提问,初读课文时可采用疏导性提问,深钻课文时可采用探究性提问,单元总结时可采用比较性提问,品尝精华时可采用鉴赏性的提问,复习巩固时可采用归类性提问等。同时,还必须注意课堂上师生双方信息交流出现的异常情况,随机应变设计一些临时性的课堂提问来调控教学秩序和教学活动。对教师的提问,学生出现疑问是正常现象,问题的关键是教师要能迅速做出准确的判断,找出学生错误的根源,及时提出针对性的新问题,从而化解疑难问题。

总之,提问一定要慎重,不能提得过多、过滥,不要提一些学生不经过思考就能回答的问题,特别是师生一对一的提问。这种方式学生参与度低,而且它以占用全班同学的时间为代价。

四、课堂板书的设计

板书的主要功能是通过简明、醒目的板书文字、图表、图示符号等,提纲挈领地勾勒出教学内容的主要线索和教师的基本思想,引导学生完整地理解和把握教师讲授的知识内容,引导学生进行有条有理的逻辑思维训练。成功的板书是教科书内容的一面镜子,是一种无声的教学语言,它能帮助学生掌握课堂教学的内容,能使抽象的内容具体化、概括化,引导着教学过程的顺利进行,对完成历史教学任务具有不可替代的作用。但是没有章法、没有规则的板书会有淡化主题,喧宾夺主等消极作用,也严重影响着教学质量。因此,中学历史课堂教师必须要高度重视板书的设计。

1. 历史课堂板书的基本要求

从教科书的角度看,板书是对教科书内容的加工和提炼。在教学中,要帮助学生把复杂的内容弄清、理解并掌握,就必须设计条理分明、要点明确的板书,以展现历史教科书的内容。

从教师的角度来看,教学板书是教师教学能力的综合体现。教师只要抓住要点,教学才能深入且有效展开。因此教师要精心设计板书,概括地列出教科书要点,深入地探讨教科书重点,精心地讲解教科书重点。

从学生角度看,教学板书是学生有效学习的必要途径。教师在板书过程中要把历史知识点之间的并列关系明确,它们之间的从属关系体现清楚,因果关系理顺显明。学生就能在已有的知识背景中成功而有效地构建新的知识体系。

2. 课堂板书设计的主要原则及特点

(1)板书设计的主要原则。

板书设计不是课堂教学过程中自然生成,而是在教学之前精心设计。因此历史教师在设计板书时要注意三个基本原则。

一是恪守标准原则。《义务教育历史课程标准(2011年版)》对历史每课时的教学重点都有明确的规定,板书的设计毫无疑问要围绕着重点而展开。至于教学难点可以根据教学对象不同而略有区别。教师不能撇开具体规定而另行其是。

二是体现联系原则。无论是传统板书,还是多媒体辅助历史教学的板书,都要求做到在运用课题目标的前提下,把各历史框架的知识点编拟出来后,再理顺知识点之间的关系。同时历史教师在设计板书时,不能照抄现成教案板书了事,而要对历史知识进行加工,设计出富有自己创意的板书,甚至可以尝试"一课多备"的思路,以有效防止同一教学内容在不同教学班级"炒现饭"的尴尬局面。如一位中学历史特级教师在上《戊戌变法》一课时,设计了"一课三备"①的板书,如图5-12所示。

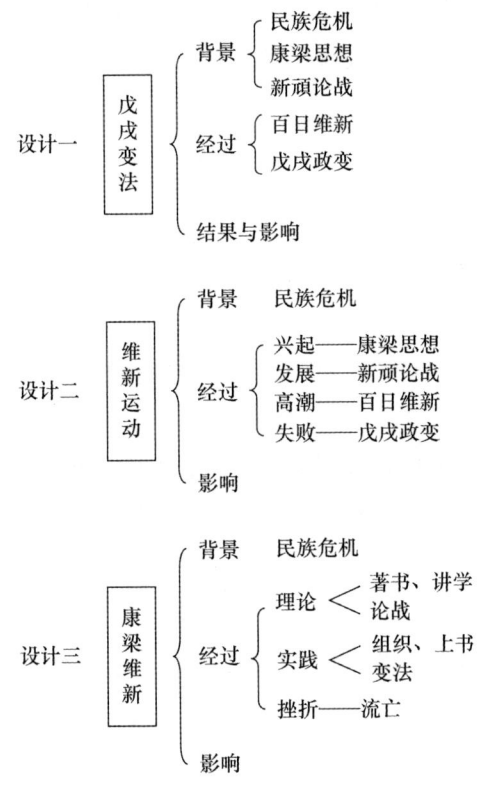

图 5-12 "一课三备"板书结构

三是奉行简约实用原则。教师在设计板书时要言简意赅,最好句式、字数都能相对统一,如句式都为动宾短语、主谓短语等,字数大体相等,这些既能使板书赏心悦目,又能便于学生在课堂上"抓纲理线",构建学生新的知识体系。

---

① "一课三备"为湖南长沙教科院原历史教研员邬克兴老师的研究成果。

(2) 板书设计的特点。

历史板书具有自身学科的独特性,具有以下六个特点。

目的性。板书要能体现历史课堂教学的目的,突出重点、突破难点、解决疑点。如重点的地方要求用彩色粉笔板书,以引起学生关注;对于难点,教师应该在板书中予以体现,最好用副板书进行补充说明。

层次性。在板书的形式上,标题、序号等要排列整齐,一级标题还是二级标题,序号的安排或字母的大小写都要有层次的区别;板书的内容之间要能体现知识的线索。

概括性。板书是浓缩的教科书。板书要求紧扣教科书,正确使用词语,以简寓繁。同时要注意语言的凝练性,便于学生记忆和做笔记。新上讲台的教师总是喜欢把教科书上的重点语句原封不动地搬到黑板上,我们可以预见的结果是教师埋怨学生不配合教学,学生则认为教师讲得太快。问题归根结底是教师处理教科书不当,在设计板书过程中,没有对教科书进行深加工。

整体性。一堂课的板书原则上是一个完整的整体,因此在备课时要设计板书,要调整好布局,讲究对称。

启发性。板书要能引导学生思考,对于重要内容文字、字体等可相对放大;对能启发学生思考的知识点,可用疑问句来表达。

美观性。板书要注意美观、强调色彩、突出美感。据美国学者研究,粉笔以粉红色的效果为最佳。

成功的板书能起到明晰教学思路,揭示教学重点的作用;同时它可以构建历史知识框架,给学生一个完整的知识网络,以增强学生的记忆;在学生掌握知识的基础上,从而激发学生学习历史的兴趣,培养学生的思辨及学科创新的能力。

3. 课堂板书设计的主要形式

板书设计的形式可谓多种多样、异彩纷呈。刘显国《板书艺术》一书中就讲到有对比、交叉、往复、总分等56种。[①] 教师可以根据不同课型设计不同形式的板书。下面就谈谈板书设计的几种形式。

(1) 纲要式板书。

此板书是以历史发展进程为线索,将教科书重点和难点化繁为简,列成若干提纲,然后借助数字符号自上而下顺次排列。其特点是以题引史,以简驭繁,编排体例与教科书内容同步,层次分明、条理清晰、易懂好记,便于史实的引证和归纳。

---

① 刘显国.板书艺术[M].北京:中国林业出版社,2003:113-143.

（2）结构式板书。

教师根据知识间的纵横联系，将零碎的知识点串联起来，使知识按层次密切联系起来。其特点是各环节既可分又可合，形成了知识结构的系列化，能有效反映一些内容多、跨度大的历史概念，有利于培养学生的概括能力。如在《秦王扫六合》一课，秦朝加强中央集权的措施板书，如图5-13所示：

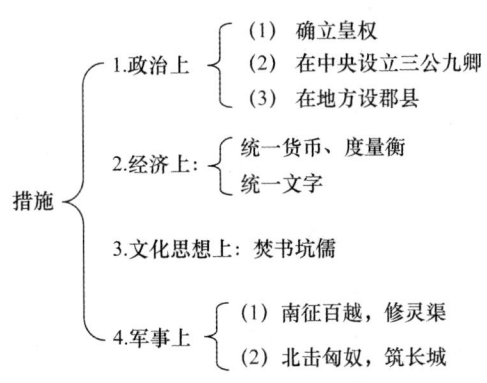

图 5-13 《秦王扫六合》结构式板书

（3）表格式板书。

表格式板书最大的特点就是信息量大，条理清晰，简约明了，有简洁之美。当一节课的内容头绪太多，并且相互间没有直接联系时，为了体现其整体性，便于学生记忆和掌握，使繁杂的历史知识条理化、清晰化、重点突出，教师可以选择表格式板书，以新经济改革与战时共产主义政策为例，如表5-3所示。

表5-3 新经济政策与战时共产主义政策的比较

部门	新经济政策	战时共产主义政策
农业	粮食税	余量收集制
工业	国有为主，私有并存（国家资本主义）	国有化
流通	恢复贸易自由	取消自由贸易
分配	取消实物配给制	实物配给制

（4）方位式板书。

按照方位，结合课堂教学的需要，把历史事件的空间位置或重要名称按东、南、西、北、东南、东北、西南、西北等不同的方位填入。其优点是形象直观、一目了然。如图5-14"清朝疆域方位图"所示。

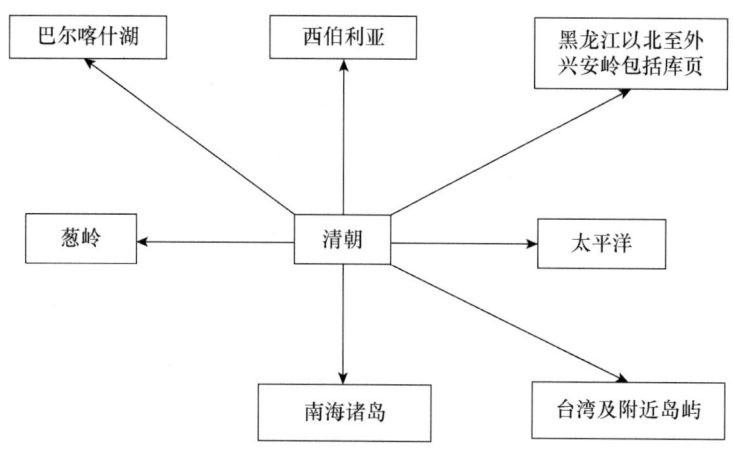

图 5-14 清朝疆域方位图

这则板书首先让人一目了然地了解清朝的疆域,同时通过注解,使学生清晰地了解各个方向的疆界是通过什么样的努力才奠定下来的。比如说东北方向是通过和沙皇俄国订立《中俄尼布楚条约》才奠定下来的。这样有利于学生通过空间想象来达到对知识的理解和记忆。

以上四种板书为历史课堂教学实践中常见的板书,教师要领会板书的"精髓",正确运用好传统的板书。

4. 板书设计要注意的问题

(1) 板书与讲述的关系。

先写后讲。其优点是学生开始就能了解课堂教学的内容,教师可以在上课时集中精力讲课;但缺点是学生的注意力难以集中,教师难以调动学生的积极性。

边写边讲。其优点是能吸引学生的注意力,段落层次性清楚,教师能通过板书体现教学线索。难点是新教师,特别是实习教师往往比较难掌握。

先讲后写。这种形式一般在历史复习课中运用,但弊多利少。

由上可见,板书与讲述的关系运用"边写边讲"的方式效果较好。特别要提示的是在板书时,教师口中不要念念有词;同时在学生回答问题时,教师不能去黑板上板书,用屁股向着学生,而是要倾听学生的回答,表示教师对学生回答问题的尊重。

(2) 处理好与多媒体的关系。

电教化是现代教育的发展方向,而板书手段的现代化,是教学现代化的重要标志。多媒体作为现代化的教学工具,以鲜明的色彩、活动的图像和有声的语言,给学生一种赏心悦目的感觉,创造了一种比较轻松的教学氛围。同时调动了学生的视觉、听觉,发挥了板书的最大作用。历史教师在《秦王扫六合》这一课中,就可以用动态的板书展示秦朝加强中央集权制的措施。运用多媒体要恰到好处,不然可能事倍功半。另外,因为教学过程中的突发事件,会出现意想不到的问题,如突然停电,就没有办法使用课件教学。因此,历史教师不能过度依赖多媒体,在上课之前,特别是上公开课、展示课时都要有预案。

(3) 要充分重视传统板书的重要性。

因为传统板书有其合理性,我们在历史教学中要科学地运用它。有相当多的老师,特别是粉笔字不好的老师总想用计算机辅助教学(Computer Assisted Instruction,CAI)课件代替一切,一堂课下来黑板上甚至可以不写一个字。一般认为,课件无论如何生动,还是无法代替板书的所有功能。年轻历史教师上课时,一定要在黑板上体现教学线索。运用多媒体教学时,幻灯片在不断翻动。学生稍微分神,他们就无法跟上教师的进度。如果黑板上有板书,学生就能轻松地跟上教师的进度。对于一些较难的内容,必须在黑板上留有副板书,以加深学生的印象。

(4) 要合理运用正副板书的功能。

正板书的作用主要体现教学内容、教学线索,而副板书主要是对正板书起辅助作用。大多数教师对正板书较为重视,而对副板书有些随意,如副板书的位置没有写在黑板两侧,字迹潦草,随写随擦等。

五、教学内容的组织

有效教学是指教师遵循教学活动的客观规律,以促进学生的学习与发展为目的,以尽可能少的时间、精力和物力投入取得尽可能多的教学效果,从而实现特定的教学目标满足社会和个人的教育价值需求。[1] 有效教学是为了提高教师的工作效益、强化过程评价和目标管理的一种现代教学理念。它关注教学的有效性,以学生的发展为主旨,强调以科学理论为指导,提倡实现方式的多样化。同时,有效教学也是一种教学实践活动,要求教学应该符合个体发展和教学活动的基本规律。其中,教与学的统一是有效教学的关键所在。[2] 衡量一堂课是否是有效教学,我们主要以教学目标的设计是否合理以及最终的教学是否实现了教学目标为依据。

教学设计是指为实现一定的教学目标,教师根据历史课程内容主题、学生认知发展和学习特点及相关客观环境条件,运用教与学的原理,在提供精选的优质历史学习资源基础上设计一个完整的历史学习过程。从教学论与教学法研究的角度而言,一位成熟的历史教师应

---

[1] 张璐.略论有效教学的标准[J].教育理论与实践,2000(11).
[2] 关文信.有效教学内涵探析[J].沈阳师范大学学报(社会科学版),2005(6).

该对各种类型的教学内容如政治史、经济史、思想文化史等,能做出几种并行的、可备选用的、经得起推敲的科学设计。这样既能节省教学时间,又能使学生学得轻松、明白。课时教学设计需要从教科书简析、教学目标、教学方法、教学特色、教学沉思等五个方面着手。

1. 初中历史教科书简析

决定教学质量的高低关键和核心的因素是历史教师对教科书的内容的排列和重新组合,同时还包括对教科书内容的取舍。优秀的教案设计是教师对讲授的内容进行一番教学法的加工,实行了科学的组合,从而构成合理的引导学生学习的方案。教师把教科书中"南昌起义""秋收暴动""井冈山会师""红军长征"等知识点进行串讲,结果由于知识没有成体系,学生很难在已有知识背景的基础上对新知识进行重构。如果对教科书进行处理后,可以按照理论和实践两条线索来组织教学的内容,教师先讲"工农武装割据"理论的"武装起义""土地革命""根据地建设"三大内容;把南昌起义、秋收暴动归纳到"武装起义"中去讲;补充土地革命的内容,其目的是为了得到人民群众的支持;井冈山会师是井冈山根据地建立的基本条件,反"围剿"是根据地军事方面建设的重要内容。正因为第五次反"围剿"失利,红军才被迫进行战略大转移。这样看似零散的知识点就用"工农武装割据"这条红线串联起来,学生就比较容易理解和掌握该课的基本知识。

2. 初中历史教学目标

教学目标是教学的行动指南,一切教学工作都必须围绕教学目标而展开。

首先,历史教师要认真研读历史新课程标准,把握教科书中的重点、难点;教学的重点根据历史新课程标准的内容来确定,基本不变;而难点的认定则可以结合教学的内容和学生的实际情况进行调整。思想教育要顺其自然,不要牵强附会,不要简单说教,而要切合实际,尽量让学生自己去感受,更不可无限拔高,弄巧成拙,要讲究思想教育的实效性。

近年来,在历史教学领域出现一种"重技术轻教科书处理"的不良倾向。很多年轻教师在教学上不能得到同行教师、学生的认可,就努力在技术层面下功夫,这种做法不值得提倡,正确的做法是要把精力花在教科书处理上。处理教科书要注意处理好两对关系:一是遵循历史新课程标准和不拘泥于历史新课程标准的关系;它要求历史教师要严格执行历史新课程标准的相关规定,但是教师就某个知识点不要过分拘泥于历史新课程标准,否则问题总是讲不透,就像在巷子里跳舞,才华很难得到施展。

其次,历史教师在对待教案的问题上,不能过分依赖教案,更不能一抄了之。教师应该在读懂、读透教案的基础上,对其进行改造,如"一课多背"等,努力探索成熟的教学方法。

最后,教师要立足教学工作进行科研。因为只有科研才能使教师在教学中发现存在的问题,并且使教师形成自己的教学风格,从而把自己打造成"卓越型"历史教师。

3. 初中历史教学方法

教学过程中,讲授程序的先后影响教学的有效性。程序合理,教学层次就清晰,反之,教学结构就会混乱。教学结构确定以后,教师要设计好各个内容之间的衔接及过渡语,使每一个程序的进展都是科学知识与学生接受规律的合理结合,而且内容与内容之间没有突兀的感觉。这样学生获得完整而且系统的历史知识,并且能较好地理解历史知识的实质及内在联系。

历史教师必须考虑如何将讲授方法中的各种形式与教科书特征、学生的特点等形成良好的结合,构成稳定的比较成熟的教学法模型。最好对一个教学内容能形成多种教学模式,以形成优化组合。如教师在讲"三民主义"时就可以分别采用三种教学方法。讲"民族"时可以由教师主讲,教师要讲清"民族"的内涵以及它的积极性和局限性;讲"民权"时,则通过对学生提问来解决知识疑点;讲"民生"则可以要求学生根据辛亥革命失败的教训进行讨论,解决教科书中的难点。通过教学方式的变换,体现教学形式的多样化,以达到教学的最佳效果。

4. 初中历史教学特色

在教学过程中,历史教师要做到扬长避短,以形成自己的教学特色。教师要特别注重整个课堂结构各环节所用的时间的安排,使课堂教学严密而紧凑。时间的安排必须要考虑学生"获得多""时间省""容量大"三个因素,切实提高教学效果。"获得多"主要是指学生练习、阅读的内容,尽可能让学生自己练习和阅读。这就要求教师在结构主义理论的指导下,参与学生参与知识的建构,让学生在原有知识的基础上形成知识网络,从而使学生获得更多的知识。"时间省"主要是指讲授某一个既定的内容,要尽可能地节省时间。这就要求教师提高教学中的一般密度,努力节省传授知识过程中的不必要的环节,如教学导入要切中肯綮,不可拖泥带水,转弯抹角;教学过渡语要短小精悍,不可废话满堂;教学过程要紧扣主题,不能离题万里。"容量大"主要是指在一节45分钟(有些学校为40分钟)的历史课堂里,要努力增大历史知识的容量。

当然,我们要综合考虑学生"获得多""时间省""容量大"三个因素之间的关系,因为在历史教学的实际过程中,并不是时间越省,容量越大,学生获得的知识就越多。历史教师要根据学生的基础、学生的特点,具体地安排教学时间及内容。无论如何,省时也好,增大容量也好,都必须以学生能够基本接受,有较好的效果为唯一的客观标准。

5. 初中历史教学反思

教学反思就是教师在教学实践过程中发现问题、思考问题、解决问题的一种行为,是教师对教学行为和教学活动进行批判的、有意识的分析与再认知的过程,以使教学朝更合理的方向努力。教学反思贯穿于教学活动的各个环节、各个层面。它既有教学内容的反思,也有教学方式方法的反思;既有常规课的反思,也有研究性学习专题活动的反思;既有教师通过自我感受而进行的反思,也有借"学生的眼睛"作为"镜头"来质疑自己的教学行为的反思。

教师可以从怀疑处反思,如教学方法的使用是否科学;从"是"与"否"两个角度,还可以衍生出怎么"更科学",怎么才能避免"不科学"等举一反三的思考。教师可以从转换立场处反思。一个教学细节,从教师、学生的角度来看也会不同。教师要有机地寻求转换立场,多角度反思主题,以增强反思的深度与客观性。教师还可以从转换时空处反思。每个教学细节都有其发生、发展的时空特性,一堂课、一个教学过程的成功与失败都有诸多偶然因素,不要因为成功或失败就放过或忽略潜藏其中的问题。正如华东师范大学叶澜教授所说:"一个教师写一辈子教案不可能成为名师,如果一个教师写三年教学反思,就有可能成为名师。"

总之,这五个方面是相辅相成,缺一不可的。只有把它们都设计好,才可能提高教学的质量,圆满地完成各项教学任务。

引 子

教学技能的重要性

教学技能是教师进行有效教学的基础,也是教师进行高效教学的前提。教学技能是衡量教师专业成熟度的重要尺度,是实现教师人生价值的前提基础。掌握说课、微格教学及多媒体辅助历史教学的技能,对提高教学效果有着重要的作用。

第五节 初中历史教师的教学技能

一、初中历史教师的说课

1. 说课的概念和特点

(1) 说课的概念。

传统说课是指一堂课教学结束以后,任课教师对所教内容的教学设计与教学过程是否一致的说明。① 现在的说课是指授课教师在上课前在备课的基础上,面对同行,系统而概括地解说自己对课程的具体理解、教学的设计及其理论依据,然后由同行评说的教研新

---

① 章年海.中学历史新教材新教法[M].杭州:浙江大学出版社,2003:231.

形式。①

(2) 说课的特点。

一是说课时间由在课后说,现在既可以在课前说,又可以在课后说;二是传统说课只不过是教案的精华版,对教案各部分作简要说明即可,但现在说课不是教案的浓缩,而是要说明准备在课堂上如何突出重点、突破难点、解决疑点;三是传统说课主要是强调课后的经验总结,现在课前说则突出说课的研究性功能,即通过教师向同行讲述教材、教法、学法、过程及依据,促使教师学习理论,提高业务水平。

2. 处理与说课相关的关系

在处理说课的问题时,要正确处理以下四组关系。

一是正确处理说课与历史新课程标准及教科书之间的关系。

历史新课程标准是国家教委颁发的指导性文件,是教学的依据,具有法定的指导作用。说课教师在说课前应认真学习历史新课程标准中的指导思想、教学原则和要求等,把它作为确定教学目标、重点难点、教学结构以及教法、学法的理论依据。教科书是根据历史新课程标准编写的,也是学生学习的主要依据。教师说课应"以本为本",但不能"照本宣科",要能驾驭教科书,发挥教师的创造性。因此,说课教师应在熟练地掌握教科书内容的前提下,牢牢把握历史新课程标准和教科书的关系,要把历史新课程标准和教科书结合起来认真钻研,反复揣摩编者的意图,只有这样才能正确地有分寸地发挥创造性。

二是正确处理说课与教案之间的关系。

(1) 说课与教案的相同点。

两者的对象相同,说课的内容、教案的内容及与任教者教学的内容基本一致。

两者的结构大体相同,历史教案一般分四部分:教学目标、教材分析、教学流程、教学方法,说课也可以从这四方面进行。设计的教案为说课提供了素材,说课在一定程度上可以弥补教案的不足,两者相辅相成,共同的目标就是一个,它们为任教者上一堂高质量的历史课打下坚实基础。

(2) 教案与说课的区别。

两者的侧重点不同:教案的重点强调对教材的分析,说课的重点则是对教学目标的完整把握。教案要求重点突出,面面俱到;说课主要强调重点,以点带面即可。

两者运用的方法不同:教案不要求体现趣味性,教师在课堂上能体现生动活泼、语言诙谐等特点就行;但说课则要求教师把表达流畅、语言精彩,使听课的同行能心悦诚服。

两者呈现的方式不同:教案是静态的,它只能检查教师准备教案的认真程度,而且有些

---

① 翟雅丽. 教师口语技巧[M]. 广州:暨南大学出版社,2001:160.

教案写得很好的教师,教学效果却不尽人意;说课是动态的,且具有开放性,它能使教师从自我封闭的备课状态中走出来,主动地参与到同行交流的活动中去,在表达自我设计的同时,能吸取他人之长。

三是正确处理说课和备课的关系。

备课是教师在吃透教科书、掌握历史新课程标准的基础上精心写出的教案。它有明确的教学目标,具体的教学内容,有连贯而清晰的教学步骤,有启发学生积极思维的教学方法,有板书设计和目标测试题等。而说课,则是教师在总体把握教科书内容的基础上,说出在教学过程中,教师对各个环节具体操作的想法和步骤,以及这些想法和采用这些步骤的理论依据。说课主要是回答了自己为什么这样备课的问题。因此,说课教师不能只按照自己写好的教案把上课的环节作简单概述。

四是正确处理说课与上课的关系。上课是教师在特定的环境中,依据自己所编制的教案,实现教学目的、完成教学任务的过程。上课有具体的教学主体对象,有具体的师生配合过程,有一定的教学程序和具体的操作方法,是具体的教学实践活动。说课则不同,这是由说课教师给特殊听众(教师)唱"独角戏",是教师唱给教师听的,它侧重于理论阐述。因为它带有相互学习、共同探讨教学方法、提高教学质量的性质,也可以说,它是集体备课的一种特殊形式。因此,说课与上课的性质是根本不同的,在某种程度上说,说课回答了自己怎样上好这堂课的问题。①

说课能体现教师的语言表达能力、综合分析能力、逻辑推理能力、待人接物能力、为人处事等全方位的综合素质,而且说课时间可长可短,因此中学新聘教师在第一轮选拔时,一般都以说课来考察教师的综合水平。没有过硬的真功夫,很难说好一堂课,这是所有历史教师的共识。正是说课教研这种新形式,促使教学研究从经验型向科研型转化,促使教师向学者型教育家转化,因此中学教师愈来愈重视说课。

3. 说课要注意的事项

(1) 教学目标要明确。

对教学目标,特别是知识与能力目标,要下足功夫。如《秦朝中央集权制度的形成》的知识与能力目标中,有6个识记知识点,有4个理解知识点,有2个知识点达到运用层次。但对具体的教学内容及方法能体现知识脉络和线索就行。

(2) 学情分析要落实。

对学生的分析不能虚无缥缈,而必须对学生学习历史的基础进行实事求是地分析。教师喜欢用一些套话来分析学情,如初中学生学习兴趣浓,有较强的求知欲望;高中学生思维能力

---

① 吕栋山. 谈谈历史"说课"[J]. 中学历史教学参考. 1997(6)

强,有一定分析能力。这种套话对每个学科都适用。历史说课的学情分析主要是对学生学习历史的基础进行分析,如高中讲第二次鸦片战争时,俄国对中国的领土侵略就可以点到为止,不是讲俄国侵占中国领土不重要,而是因为在初中历史教科书中,重点讲述了沙皇俄国侵占中国东北、西北的领土为150多万平方公里。初中学习的内容就是我们要重点列出的学生学习历史的情况,这种到位的分析可以为贯彻"以学生为主体"的教学奠定良好的基础。

(3)设计特色要鲜明。说课一定要有"亮点",而亮点就是特色。有些教师没有总结特色,听课的教师很难抓住说课的与众不同之处;有些教师会设计"特色",但基本是流于形式,因为在说课的进程中没有这些特色;我们要在设计好说课的程序以后,再根据内容的设计,总结说课的特色。

(4)说课要突出"两点"。说课要列出重点,特别是要具体列出突出重点的措施,如通过阅读教科书,回答基本历史知识点;通过材料分析,得出基本的历史结论;然后通过高考例题训练,巩固所学的知识;说课同样要列出难点,也要具体列出突破难点的措施。如通过课堂讨论、学生辩论对抗、黑板演示等方法,来解决教学中的难点。

(5)课件制作要讲究。现在较常用的课件软件是Powerpoint,此类软件的通病是插入音像资料速度慢,影响整节课的节奏性和紧凑感,不利于说课者情绪的延续性。现有一种新的软件Authorware解决了问题,使用起来得心应手,信手拈来,有时软件太先进也可能出现与其他电脑不兼容的现象。另外,制作课件时,忌讳"锣鼓喧天""枪炮声不绝于耳",有喧宾夺主之嫌,分散了学生听课的精力。

(6)说课语言要到位。说课不能与念教案两者混为一谈。说课是一种开放性的教研,不是教案的浓缩或精华版,重点体现在教学中进行研究,研究中促进教学,是校本教研的重要体现。说课要语言生动,普通话标准。说课时要尽量把最精彩的部分尽量安排在前面说,否则就会因为时间短而失去良好的展示机会。同时要注意语言的逻辑性,富有激情,能牢牢吸引听者的注意力;在讲历史知识时要使用历史专业语言,在讲述教学理论时使用理论语言,同时可以穿插使用教学语言、沟通语言等。

【资料卡片】

历史说课的基本模式

各位专家:

你们好!我说课的内容是_____章_____节的第_____课时,我从教科书、教法、学法、教学过程、教学优化等五个方面展开。

一、说教科书

1. 本课的地位和作用

2. 教学三维目标

知识与技能、过程与方法、情感态度与价值观。

3. 教学的重点与难点

二、说教法

1. 教科书内容的处理

2. 学生状况分析

3. 运用的教学方法

4. 运用的教学手段

三、说学法

学法指导：阅读指导，读图指导（跳读，精读）。

四、说教学过程

1. 引入：自然、新颖、创设情境

2. 新课讲解透彻

合作探究：突破难点；互动释疑；突出重点。

3. 拓展延伸，留有余味

4. 反馈练习恰当

5. 归纳总结简要，明确

6. 板书设计精确恰当

五、教学优化

1. 运用多媒体教学

2. 主体性教学

3. 教学生活化

反思：在整个教学过程中，我关注的是有多少学生真正地参与到师生的教学活动中来。例如，小组合作过程不仅是教师引导学生探究知识的过程，也是师生之间积累合作经验，培养合作精神的过程。

【资料卡片】

《百家争鸣》说课稿[①]

尊敬的各位评委：

上午好！我说课的内容是岳麓版七年级上册第11课《百家争鸣》(PPT)，我将从教材分析、学情分析、教法学法、教学设计、教学反思五个方面展开说课。

(PPT)要想上好一堂课，就要准确地把握教材，首先我对教材进行如下分析。

历史新课程标准要求，了解孔子以及百家争鸣的主要史实。百家争鸣隶属于七年级上册第二单元"国家的产生和社会变革"，百家争鸣的局面，是我国历史上第一个思想大解放的黄金时代，诸子百家思想至今仍有深远影响，学习并传承中华传统文化，意义重大。

根据历史新课程标准的要求以及本课的地位和作用，我从知识与能力、过程与方法、情感态度与价值观三个方面归纳了本课的三维目标。

基于以上的分析我确定了本课的重点和难点(PPT)：重点是孔子的政治主张和教育成就。我将通过材料教学、问题探讨、合作探究的方法，准确详细了解孔子。本课的难点是百家争鸣背景的理解及各派别思想的区分，我将通过分析归纳，辩证思考，创设情境，层层深入，化难为易。

在准确把握教材的基础上，还要对学情进行分析：我的教学对象是梅桥中学127班的学生。该班学生学习历史兴趣浓厚，求知欲强，思维比较灵活，但分析能力欠佳，合作意识不够，表达能力不强。

根据历史新课程标准要求，结合本课内容特点和学生学情，在教法上我将采取材料教学法、历史情境教学法、开放式教学法，学生采用分析归纳法、合作探究法、情境体验法。下面是根据我的教学计划采取的教学设计。新课教学的流程如下。

环节一：新课导入

在新课导入部分：我将以导游的身份带领学生参观湘乡一中文庙，然后通过汉语潮和世界各地的孔子学院让学生感受孔子的地位和影响。那么孔子到底是谁？为什么孔子享有如此崇高的地位？以学生熟悉的事物作为开场，激发学生的学习兴趣，抓住学生的思维。

环节二：孔子——分析史料，突出重点

在学习孔子栏目中，我设计如下教学步骤。

[①] 《百家争鸣》说课稿由2014年湖南师范大学初中历史国培班肖红老师提供，该课件曾获得湖南省湘潭市历史说课比赛一等奖。

第一步：引导学生阅读教材，并动手给孔子制作一张名片，让学生初步认识孔子，锻炼学生的知识概括能力和动手能力。

第二步：围绕孔子的思想、教育和文化成就，指导学生进行探究式学习。首先，我将通过《论语》和"苛政猛于虎"的故事，设问孔子思想体系的核心是什么，引导学生从材料中提取孔子的思想观点，培养学生从史料提取有效信息的能力。其次，围绕孔子的教育成就，教师设问，为什么尊称孔子为"万世师表"，他提出了哪些教育主张。通过丰富的图片和故事、论语语录，让学生合作探究，得出孔子的教育成就，既培养学生的史料分析能力，又培养学生的归纳总结能力。

指导学生在进一步阅读教材的基础上，得出孔子的文化贡献：《诗经》《春秋》和《论语》。教师强调《论语》是孔子的弟子根据他的言行编写的。

第三步：感悟孔子。教师创设情境，孔子被联合国教科文组织确认为世界十大文化名人，请试着给他写一段颁奖词，小组合作并交流。然后教师展示西方人对孔子的评价，使学生进步一步感悟孔子学说在中国传统文化中占有的重要地位，推动世界文明的发展，以此培养学生的民族自豪感。在这一环节中，我以设问的方式调动学生主动学习的欲望，以史料分析、合作学习营造出活跃的课堂氛围，很好地达到授之以渔的目的。

第四步，教师设问。春秋时期，诸侯争霸，孔子创立儒家学派，战国时期，社会发生急剧变化，又出现了哪些思想家，由此过渡到百家争鸣的新课教学。

环节三：百家争鸣——合作探究，突破难点

诸子百家思想至今仍有顽强的生命力和深远影响，能引起学生的浓厚兴趣，针对这一点，我设计了合作探究百家争鸣的"四步曲"的学习模式，具体展开教学模式如下。

第一步：首先引导学生阅读教材，各抒己见，探究什么是百家争鸣，从而培养学生对历史事件的解释和归纳能力。

第二步：设计问题，为什么战国时期会出现百家争鸣的局面，联系前面已学的历史知识进行分析，进而引导学生认识到"一定时期的思想文化是一定时期政治、经济的反映"，初步培养学生正确的史学观点。

第三步：创设情境，参照"中国好声音"比赛形式，"战国好思想"选秀开始，请为自己喜欢的思想家填写报名表。通过制表，学生对各派别思想有了初步认识。

第四步：各派别思想的区分是本课的第二大难点。我提供了三个环节：辩论PK，颁奖典礼，慧眼识才，让学生用不同方式展开分析研究，以此来进行难点突破。

课堂的真正主人是学生。学生通过分析归纳，角色体验和案例分析，不但完成了对本栏所学知识的小结,还培养了学习的主动性和创造性。

环节四:课堂升华——古为今用,巧借智慧

课堂小结部分,教师将通过表格,引导学生归纳总结本课所学知识,构建知识网络,课堂升华部分,教师将引导学生辩证思考,如何正确看待诸子百家的思想,如何利用诸子百家的思想帮助我们解决学习、生活中遇到的困难,请学生结合身边事例,畅所欲言。教师在学生讨论的基础上,引导学生得出正确的结论。这一环节拉近学生和历史的距离,把抽象的课本知识和个人的具体行为联系起来,从而升华了情感态度与价值观目标。

环节五:作业练习——巩固拓展,联系现实

课堂练习是课堂教学过程不可或缺的重要环节,针对学生易错的知识点,我精选了习题,帮助学生巩固本课知识要点,此外还给学生计了两道课后作业,第一道联系课本知识,第二道联系热点,让不同层次的学生根据自己意愿选做一题。这有利于学生发表对问题的独特见解,还加强了历史教学与现实生活的联系。

至此新课的教学结束。教学是一门艺术,教学需要不断优化。我认为这节课的教学优点是:设计适合七年级学生年龄特点,用学生喜闻乐见的形式呈现,学习—应用递进式层次教学,实现历史与现实的交融,突出重点,突破难点,培养了学生口头表达能力、归纳总结能力及辩证思考的能力。

我的教学困惑是:七年级学生知识储备不足,各学派思想是初次接触,导致很难扩展。

本人的说课到此结束,敬请大家多多指导!

二、初中历史微格教学

微格教学(Microteaching),意为微型化教学,又被称为"微型教学""微观教学""小型教学""录像反馈教学"等。它是指教师在有限的时间内,利用现代的录音、录像等设备,集中解决某一特定的教学行为,或在有控制的条件下进行学习,有效地提高教学技能。[1] 它是在教育理论、视听理论和技术的基础上的一种较为先进、有效且系统地训练教师教学技能的教学

---

[1] 翟雅丽.教师的口语技巧[M].广州:暨南大学出版社,2001:156.

方法。由于微格教学在对在职教师教学技能培训方面的高效率和高质量,这种教学训练方法很快推广到世界各地。

1. 微格教学的特点

微格教学既具有一般教学的特点,同时又具有多媒体教学无法比拟的优点。正如英国微格教学专家乔治·布朗(G. Brown)所说:"它是一个简化了的、细分的教学,从而使学生易于掌握。"

内容少。内容主要是指授课的内容和培训的内容两个方面。一般而言,授课的内容为历史教学中的重点或难点。在培训过程中,重点能够突出,难点能突破,并在此基础上进而扩展为一堂完整的历史课;微格教学一般培训内容为1~2个教学技能,如教师的课堂导入、历史教学语言表达等技能。

规模小。微格教室都很小,每间教室能容纳培训的学生或教师8~12人。尽管可以同时对多名教师进行微格教学培训,但具体到每个小组的8~12人,规模较小,互不干扰,技能训练效果突出。

时间短。微格教学的授课时间不是一堂完整历史课,而是只讲10~15分钟。一个小组在一个下午的时间内就可以进行一轮培训,这可以为每个被培训的人都提供上讲台练习的机会。

有记录。微格教学一般在专门的微格教室进行,在讲课的过程中,录像机进行同步摄制录像。接受培训的人可以观看并模仿优秀教师的教学范例录像,感知和理解各种教学技能;也可以从指导教师的讲评与同行们的讨论中找到努力的方向。

可反馈。接受培训的人可以观看自己授课的录像,进行自我反省并接受他人的评价,及时调整在教学环节中的不足之处。如在训练教师的教学姿态时,一边放录像,一边进行评价。手不能支撑讲台,不要在学生之间来回穿梭,应站在一个相对位置,把手自然放置胸前。在微格教室里培训,接受培训的教师会印象深刻。

有监控。教师坐在监控室对培训的人进行整体监控,发现异常情况,通过对讲机及时提醒,确保培训质量。

可适用于一般教学情景。微格教室同时也具备多媒体教学的功能,因此当教学法教学需要时,将其还原为一般教学情景,进行整堂课教学,这样就能缓解学校及培训机构多媒体教室的不足。

2. 微格教学的实践步骤

(1)事前的学习和研究。学习的内容主要是微格教学的训练方法、各项教学技能的教育理论基地、教学技能的功能和行为模式。

(2)确定培训技能和编写教案。每次训练只集中培训一两项技能,以便使教师容易掌握;微格教学的教案具有不同于一般教案的特点,它要求说明所应用的教学技能的训练目标,并要求详细说明教学过程设计中的教学行为是该项教学技能中的什么技能行为要素。

(3) 提供示范。通常在训练前结合理论学习提供教学技能的音像示范,便于教师对教学技能的感知、理解和分析。在微型课堂中,十几名教师轮流扮演教师角色、学生角色和评价员角色,并由一名指导教师负责组织指导,一名摄像操作人员负责记录(可由学员担任)。一次教师角色扮演约为 5—15 分钟,并用摄像机记录下来,由评价员填写评价单。

(4) 微格教学实践。根据示范,进行微格教学实践。

(5) 反馈和评价。重放录像,教师角色扮演者自我分析,指导教师和学员一起讨论评议,将评价单数据输入计算机进行定量的综合评价,或将 N. A. 弗朗德(N. A. Flanders)的师生相互作用分析记录单输入计算机,进行师生相互作用分析。

(6) 修改教案。针对反馈中发现的问题,根据指导教师及学员集体的建设性意见修改教案,经准备后进行重教。重教后的反馈评价方法与(5)相同。

(7) 教学实习。若第一次角色扮演比较成功,则可不进行重教,直接进入教学实习阶段。

根据教育工艺学原理,在教学过程中,微格教学的模式可以如图 5-15 所示。①

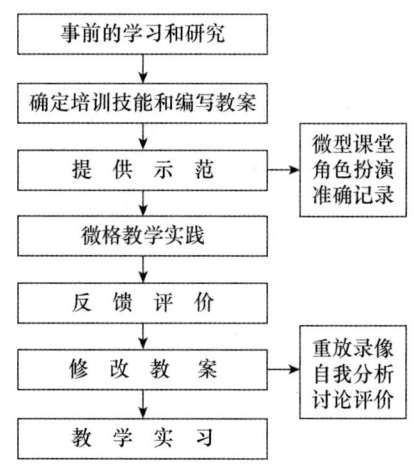

图 5-15 微格教学模式图

3. 微格教学的教案编写

微格教学的教案与编写历史教学的详案有区别。详案对教学中的环节要求面面俱到,微格教学的教案则只要解决 1~2 种技能即可;同时微格教学的教案不但要详细说明教师的行为,还要预测学生的学习行为。微格教案编写案例见表 5-4。

---

① 翟雅丽.教师的口语技巧[M].广州:暨南大学出版社,2001:157.

表 5-4 《太平天国运动的兴起和发展》的微格教学教案

学校_____ 年级：初二 主讲教师_____ 科目：历史
课题：第三单元 近代中国的民主革命
第一节：太平天国运动的兴起和发展

教学目标	1. 复习太平天国兴起和发展的内容 2. 通过教师引导使学生了解"生产关系"的概念，学生对照生产关系的内容学习《天朝田亩制度》的内容 3. 用公式法引导学生掌握《天朝田亩制度》的意义			
时间分配	授课行为 （教师讲解、提问的内容）	授课技能	学习行为 （预想学生回答内容）	需准备的 教学媒体
00～01	同学们好，现在开始上课。前面我们知道，1851年1月11日太平天国在金田起义以后，洪秀全率军北上，占领武汉以后没有继续北伐，而是沿长江东下攻占南京，将其改为天京。在那里，洪秀全颁布了一个什么重要制度，是几千年来农民反封建斗争的思想结晶？	组织课堂教学的能力、课堂导入技能、结合动态地图讲述历史事件的能力	集中注意力、回忆旧知识、回答问题	太平天国战略进攻多媒体动态图
01～04	生产关系是历史学中的重要观点，主要内容有哪三个方面？（在学生回答后，教师归纳）即：(1) 生产资料归谁所有？(2) 人们在生产过程中关系如何？(3) 产品如何分配？	历史教学与历史结合化的典型范例	可能学生不能完整作答，教师注意引导补充	生产关系的内容做成幻灯片，讲完后及时展示
04～10	(1) "凡天下田，天下人同耕"； (2) "四有二无"； (3) "天下人人不受私，物物归上主"，规定每户留足口粮，其余归圣库	培养学生史论结合能力	学生应该容易接受，并记得较长久	做成幻灯片，相对应地讲完后及时展示
10～15	(1) 性质：农民反封建的建国纲领；(2) 作用：废除封建土地所有制；农民反封建斗争的思想结晶；(3) 评价：无法调动农民积极性，无法实现，只能是空想	对历史事件分析主要从性质、作用、评价三方面进行	学生应该容易接受，并记得较长久	做成幻灯片，相对应地讲完后及时展示

4. 历史微格教学的作用

(1) 微格教学为历史教学论课程的发展创造了条件。微格教学的实践，说明基本的教学技能是形成综合教学能力的基础；微格教学对教学技能形成的规律问题进行了较深入的研究，为历史教学论的研究提供了理论和实践的基础，因此微格教学对课堂教学技能的研究，填补了教学论和历史教学法研究的空白，有利于历史教学论向深层次方向发展。

(2) 微格教学为历史教育实习打下坚实的基础。在教育实习前，师范学生必须进行微格教学技能训练。教学技能培训一般从单项技能训练开始,明确单项技能操作,有利于学员观察模仿,减少了教学的复杂程度。同时,模拟的教学环境下,可减少学生在真实教学环境中所造成的心理压力,它加快了师范生向准教师的转变的步伐。

（3）微格教学有利于教师专业技能的发展。微格教学理论联系实际的训练,使教师们体会到了教育理论的价值,改变了过去认为理论没用的片面看法,从而促进了学校教研活动的开展。微格教学将以客观性、系统性、具体性为特征的科学方法论和现代科学技术手段的研究开发和训练实践,使教师们打破了对现代化教学手段的神秘感,能主动地在自己的教学中学习使用录像、投影仪、计算机辅助教学等现代教育技术。

三、现代教学技术辅助历史教学

多媒体教学特指教师运用多媒体计算机并借助预先制作的多媒体教学软件来开展的教学活动过程,又可以称为计算机辅助教学（CAI）。它可以集文字、声音、图像、动画数字、电影等多种媒体材料于一体,能促使教学内容丰富多彩,教学过程生动形象,而且能在课堂上有限的时间内显现大量的信息。中学历史教师必须利用现代科技手段,设计出先进的教学模式,以赋予历史学科新的生命力。

1. 现代教育技术辅助历史教学的优势

随着现代教育技术的发展,特别是颇具特色的历史教育网站出现,为历史教师轻松地聚集起尽可能多的历史资料和信息,并便捷地加以利用提供了可能。历史教师应充分利用网络资源,激发学生的学习兴趣,强化学生的学习动机,发展学生的创造性思维,以提高学生的学习效率。

（1）优化历史教学课程设计。

传统的教学模式是以学科为中心的课程设计。这种课程设计强调让学生受到本学科思想和方法的熏陶,认识本学科的知识结构,达到对学科知识的理解、迁移和运用。但这种课程设计容易割裂历史学科跟其他学科之间的联系和综合,它不符合现代社会科学发展中的综合、交叉和渗透的趋势,也难以使学生认识历史发展中诸多因素的内在联系,特别是在高考政史地相结合的大文科背景下,其弊端更加显露无遗。为了克服学科中心设计产生的学科知识割裂的缺陷,避免历史知识的抽象化倾向,以多媒体为核心的现代教育技术则可根据教科书需要和学生实际,随时引入时事历史实况及观点、自然界变化现象,甚至是理科的研究成果等,使各科知识融会贯通。它丰富了历史教科书的内容,使以学科为中心的课程设计尽可能地完善,历史课程设计更加优化,同时也增强历史教学的社会性、时代性、综合性。

（2）优化传统历史教学模式。

在传统的历史课堂当中,教学的构成主要是"教师—学生—教学内容"三个要素,而在多媒体课堂教学中,教学的构成则变为了"教师—学生—教学内容—多媒体技术"四个要素。以多媒体课件为主要表现形式的多媒体技术,成为构成课堂教学过程的一个重要元素。在传统的授课模式里,教师和学生的信息传递主要依靠阅读教材、讲解教材、提问回答等进行,如图5-16所示。

图5-16 传统教学模式示意图

这种延续已久的教学模式虽然有其优点,但也有其无法克服的缺点。而多媒体辅助历史教学则能化静为动、化虚为实,能形象地再现历史事件和人物,重现气势恢宏的历史场面和美妙绝伦的艺术珍品,使学生能在心灵深处与古人进行交流,能真切地感受到历史上灿烂辉煌的文化,从而激发学生学习历史的兴趣。它既可增强历史的可信性,缩短现实与历史的差距,又能启发思维,促进理解。它还可根据教科书的需要,使声像并茂的历史画面多次重复,营造出课堂的历史氛围,同时渗透德育和美育,陶冶情操。这种新的教学模式表现力丰富、信息呈现性强,能显著地提高教学的质量和效率,弥补传统教学模式的不足。这不仅增加了课堂信息传递的通道,同时也丰富了学生学习历史的方式,从而保证学生学习兴趣的持久性和学习质量的有效性。

(3)优化历史问题设计。

传统历史教学在课堂上一般通过黑板、挂图、教学模型等传统媒体来辅助教学。而以多媒体技术为核心的现代教育技术则通过动起来的图片、录像等生动直观的媒体来启发学生,同时精心创设多种形式,构建逼真的问题情景。它既可以让学生带着问题看精心剪辑过的录像、图片进行思考,也可以通过录像、图片引出问题进行思考,达到知识迁移和运用所学知识解决问题的目的。史料分析既是高考考察能力的一种主要形式,同时又是学生感到最棘手的一种题型。因此,历史教师可充分利用现代教育技术快捷、方便的特点,选用典型的史料,努力扩充历史课的容量在突破教科书的重点、难点、疑点的同时,有的放矢地培养学生的分析问题能力。很显然,现代教育技术在历史教学中形成的形象、直观、快捷的特点,都是传统历史教学无法比拟的。

(4)优化历史资料的积累和储存。

利用现代教育技术建立教案库、试题库。它可集中优秀教师的经验和智慧,并可不断补充、增改,随时可以下载使用。现代教育技术的Word程序可按一定的要求编排教案、试题等,节省很多整理时间,使教师有更多的精力完善历史的教学与研究,提高自身的历史教学及科研水平。同时,通过屏幕拷贝(Print Screen)等工具剪切珍贵的历史镜头并分门别类,作为资料保存,以备随时利用。

(5) 优化历史教学管理。

为了取得最佳的教学效果,教师的一项重要工作是进行教学管理。它包括检查学生的学习进展情况、选择合适的教学策略、安排具体的教学计划和进度。以多媒体为核心的现代教育技术可存放各种教学资料、教学目标、学生的学习情况等,可选择各个学生的学习计划,并对每个学生的情况进行监控管理,使学生通过最佳的学习条件达到最理想的教学效果。同时,通过对学生的学习进度、学习中未完成的任务进行记录和分析,可以准确地掌握学生的情况,与班主任进行针对性的交流,并将有关情况能随时向管理部门汇报。汇报内容不仅有学生的个体学习情况,而且有班级或小组的群体学习分析,如成绩排序、平均分数、均方差等。根据分析得出的结果,历史教师应该因材施教、查漏补缺,与学生共同发展、共同提高。

(6) 提高课堂教学效果。

学生也可以在多媒体的帮助下提高其学习效率。历史教学中运用多媒体的优化组合,使学生的视觉、听觉等并用,产生多元效应。历史教师运用多媒体等先进的教学手段,引导学生自觉对重点、难点进行思考,促使学生从感性认识上升到理性认识,提高教学质量。同时,多媒体辅助历史教学可以拓宽学生的知识面,提高学生的综合素质。多媒体教学对学生产生的外部刺激不是单一的刺激,而是多种感官的综合刺激,因此,利用多媒体辅助教学,更能够调动起学生全身的感官,对于提高学生的学习效率是大有益处的。

2. 现代教育技术辅助历史教学的现状

以多媒体为核心的现代教育技术辅助历史教学的优势相当明显。它能通过多媒体创设的情景来激发学生学习历史的兴趣,充分利用因特网(Internet)进行协作学习,协助历史教师在课堂内外取得最佳的教学效果。但是在实际应用过程中,教师,特别是实习教师制作的课件存在许多问题,严重影响课件对教学的辅导作用。存在的问题主要如下。

首先,从教师的教学理念而言,出现企图用课件包办一切的现象。有些教师粉笔字不好,就想用课件代替板书。有些教科书重点内容难以讲清,教师干脆不讲,用课件的影像材料取而代之。一位实习教师在听课时,发现其他实习教师讲五四运动的经过时用影像资料,很后悔自己没有运用该课件。在开始指导学生教育实习时,我们担心学生制作课件的技术水平,但实际结果是技术都能过关,而没有课件却上不好课。有些实习学校的任课教师甚至硬性要求实习教师不能每堂课都运用 CAI 课件。历史教师,特别是刚上讲台的教师,一定要摆正课件与教学的关系。在历史教学中,课件只能起辅助作用,而不能取代课堂教学。

其次,从历史课件技术的而言,出现重技术轻内容的现象。历史教师一味追求"高科技",用 Flash、Authorware 等制作,中间设置许多超级链接,穿插大量的音像资料,学生往往被课件所吸引,对教师的讲述则充耳不闻。有些课件在课堂练习设计时,练习题本身可能不是教学的重点,但在习题出现答案时,配以"答对了,你真聪明"的声音。教师应集中精力处理教科书,课件是配角,而不能喧宾夺主。

最后,从历史课件的内容而言,出现内容过于简单或过于复杂的倾向。有的课件制作简单,三四张幻灯片,即使有地图也不设置动画,纯粹有以多媒体代替小黑板、历史挂图之嫌。有的课件则内容过于丰富。由于画面很唯美,可能与教学内容关系不大,仍然要采用,如教师在讲昭君出塞时,经常出现内蒙古风光迤逦的画面。这种做法是丢了西瓜去捡芝麻,与其这样,还不如不用多媒体技术。总之,历史教学运用现代教育技术是必要的,也是未来教学的必然趋势,但也要删繁就简,一切要围绕教学重点、难点做文章。

3. 多媒体课件的设计与制作

在教学过程中,多媒体课件是把教师、教科书以及学生三者联系起来的纽带。一堂成功的多媒体课,它包含着许多方面,如精准到位的教材处理、科学合理的教学活动、形式多样的师生互动、精心设计的教学环节,还有美观实用的多媒体课件等。能否恰当地制作和运用多媒体课件,是决定一节多媒体课是否能成功的一个重要因素。

(1) 课件平面设计的基本原则。①

一是删繁就简原则。

在无线通信领域有一个专业术语叫作"信噪比"。所谓信噪比,就是有效内容与无效内容之间的比例。为了使该比率达到最大值,教师就必须减少幻灯片中的无效内容,因为过多的无效内容会造成学生在认知上的困惑。为了让幻灯片"漂亮",历史教师热衷于在画面上增加修饰,如在幻灯片中添加一个"小博士"图案等,除了分散学生注意力以外,再没有其他用处。下面以"英国向中国输入鸦片数量激增图",来说明删繁就简原则的运用(如图5-17所示)。这张图片中的无效内容太多。利用这个

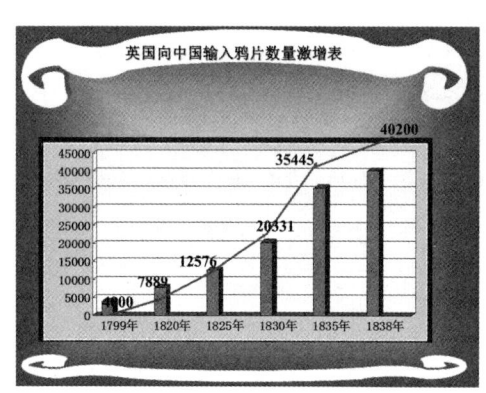

图 5-17 英国向中国输入鸦片数量激增图

表格教师传达的信息是1799—1838年间英国向中国输入鸦片数量激增。幻灯片的柱状图上已经注明了数据,柱状图的长度增长也很直观地体现增长趋势。表格中纵坐标轴的数据、横网格线、数据曲线等完全成了多余的内容。

为了让学生更好地获得有效信息,教师可以把那些多余的无效内容去除,提高图片的信

---

① 课件平面设计原则是湖南师范大学2004级本科学生肖尧的科研成果。

噪比,将表格精简成图 5-18 的样式。经过删繁就简后,该图画面简洁,要素明确,学生也就很直接地获得"从 1799—1838 年英国向中国输入鸦片激增"的结论。

二是多图少字原则。

历史课堂教学实践中,运用历史图片来传达历史信息,能帮助学生记忆关键信息,减轻学生的课后负担。在教科书上,知识点写得很清楚,如果把知识点搬到幻灯片上,这是"换汤不换药";对问题的解释和阐述也不是多媒体的主要任务,多媒体只是辅助历史教学。在设计历史教学幻灯片时,应确保图片和文字之间的统一协调,做到多图少字。当图片代表的是普通而且是学生熟悉的事物时,画面就会达到最佳效果。下面以"俄国无产阶级革命性较强"这张图片为例,来展示多图少字原则的应用。

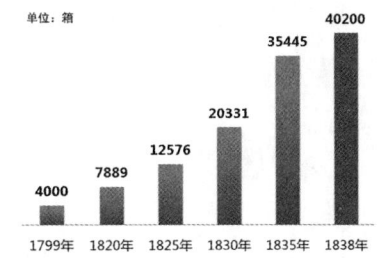

图 5-18　英国向中国输入鸦片激增柱状图

图 5-19 使用了传统的文字板书,文字内容为"革命前的俄国就像一块巧克力夹心饼干""巧克力是黑色的,象征着俄国的黑暗落后""夹心饼是指俄国无产阶级受到帝国主义与封建主义的双重压迫""相对于其他帝国主义国家,俄国无产阶级革命性较强"。

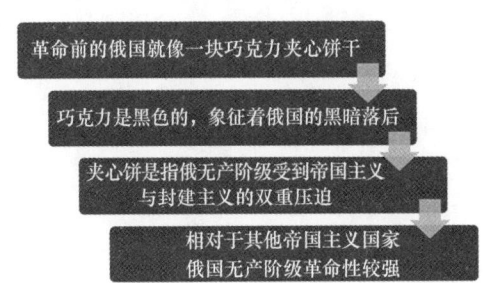

图 5-19　俄国无产阶级革命性较强文字板书图

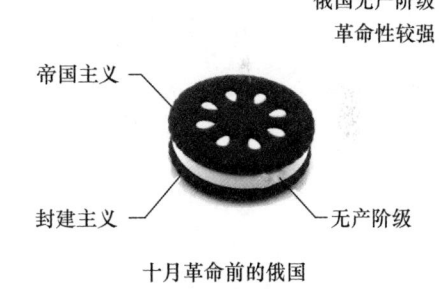

图 5-20　俄国无产阶级革命性强示意图

图 5-20 则运用了学生熟悉的夹心饼,生动形象地表述了俄国无产阶级革命性较强的结论。看到这张图文并茂的图片,学生就会很轻松地得出正确结论。

多用实物图片,少用文字,不但能使 PPT 画面更漂亮,而且有利于学生理解知识,记忆深刻而不易遗忘,同时对调动学生学习的积极性、活跃课堂气氛都有明显作用。

三是适当留白原则。

留白是指书画艺术创作中为使整个作品画面、章法更为协调精美而有意留下相应的空白,让人留有想象的空间。在进行 PPT 图片设计时,教师要坚持适当留白的原则。从表面上看,教师在幻灯片上运用留白会造成一种空间的浪费,但实际上恰当的留白也会产生意想不到的艺术效果。

图5-21展示的是"笔墨丹青中国画"为主题的图片。它是一张典型的课件设计样式。"好心"的教师用图片和文字抢占了本应留白的空间。这种设计意图很明显,就是教师不想用粉笔进行传统板书,于是把该板书的文字也设计在图片上。这样的设计,学生既感到乏味,又毫无艺术美感,与中国画的意境也格格不入。

图5-21　笔墨丹青中国画PPT　　　　　图5-22　笔墨丹青中国画留白设计

图5-22则不然,它没有把所有的内容都打在图片上,而是留有足够的空间给人想象。当学生看到这张幻灯片时,首先映入眼帘就是右边的水墨画竹子,然后便会自然而然地转到旁边的文字。这张图片就是留白原则的很好的应用,同时留白也是中国画的一项重要技法,这张幻灯本身也在体现着中国画的独特韵味和魅力,正契合了该幻灯片的主题,感受到"笔墨丹青中国画"妙不可言的意境。

四是对比突出原则。

对比突出原则,就是通过设计布局(远近、详略),颜色(深浅、冷暖色调),字体(下画线、粗体)以及元素的位置(靠上、靠下、集中、分散)等的对比,来突出某些元素,帮助学生迅速地抓住信息。通过一个实例来说明对比突出原则,在历史教学中的应用。

图5-23所展示的是教师设计的一个课本剧。复杂的背景、杂乱的文字、花里胡哨的艺术字层叠在一起,令人有窒息之感。如果投影仪效果差的话,那么展示在银幕上的将会是一片漆黑。因此,它是一张完全无效的图片。

通过对图5-23进行改造,图5-24采用了浅色的背景与深色的文字,文字进行重新排版整理,课堂有效性得到显著提高。实际上,对比突出原则、适当留白原则和删繁就简原则有时具有相关联之处。幻灯片画面空间的留白,实际上就使得其中的有效信息与背景产生了十分强烈的对比,也是删繁就简原则的体现。

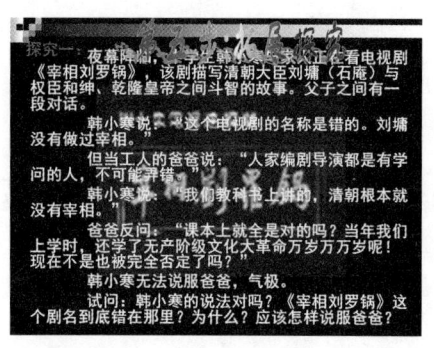 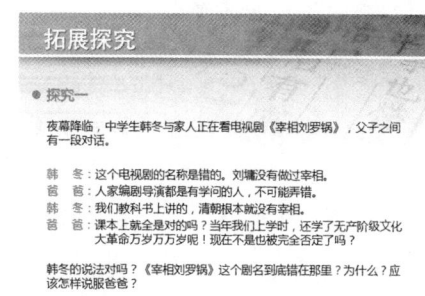

图 5-23　无效的 PPT 设计　　　　　　图 5-24　有效的 PPT 设计

五是布局对齐原则。

对齐原则，是对每张幻灯片上的元素而言的，简而言之就是要做到横平竖直，不要让幻灯片显得杂乱无章。有些历史教师在设计幻灯片时，不太注意课件的对齐的问题，造成各元素搭配不当。它就像衣衫不整的人，总觉得不精致。

图 5-25 选自《古代中国的发明和发现》的课件。它要展示的是纸发明之前的书写材料。课件显然是教师精心选择素材并用心设计的，画面整体感还不错。但仔细观察图 5-25 中的甲骨文的图加了边框，青铜器平放着，而竹简则设计立体效果，凌乱的布局配上不同的图片处理方式，整张图片显得十分零散。

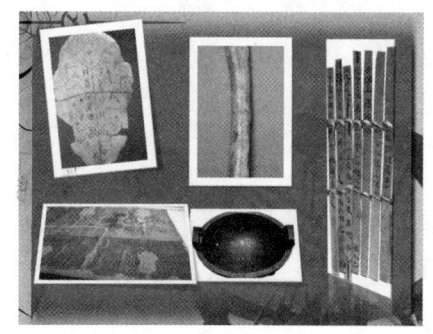 

图 5-25　布局凌乱的 PPT　　　　　　图 5-26　布局整齐的 PPT

我们可以明显感觉到图 5-26 画面整齐、结构明快，再给图片的左上角添加了一个经过艺术字处理的标题，使该张幻灯片有了"思想的灵魂"，内容更明确，主题更鲜明。"在没有发明纸之前的书写材料"按照时间的顺序排列，学生观察图片后，对这个知识点就会了然于胸。内容对齐的图片，版面会显得更加整洁和清晰。在制作图片时，可在 PPT 软件的"视图"菜单中将"网格线"勾选中，这会在幻灯片页面出现类似于坐标纸的网格线。如果你使用最新版本的 PPT 软件，它还可以为你提供自动参考线的功能。这些都有助于教师在设计历史幻灯片时实现布局对齐原则。

知识拓展

《俄国十月革命》课件制作[①]

选取《俄国十月革命》中"俄国十月革命取得胜利的客观原因"这个知识点来谈课件的设计。我们可以用"拄着两支拐杖赛跑的运动员"来形容十月革命前的俄国。

19世纪末20世纪初，主要的资本主义国家过渡到帝国主义阶段，他们疯狂地进行扩军备战，而俄国是落后的帝国主义国家，这是他的"第一支拐杖"。如图5-27所示，教师运用材料教学法，通过对俄国经济实力相对落后、严重依赖外国资本、沙皇专制制度和封建农奴制的残余等论据，证明俄国是一个落后的帝国主义国家的结论。

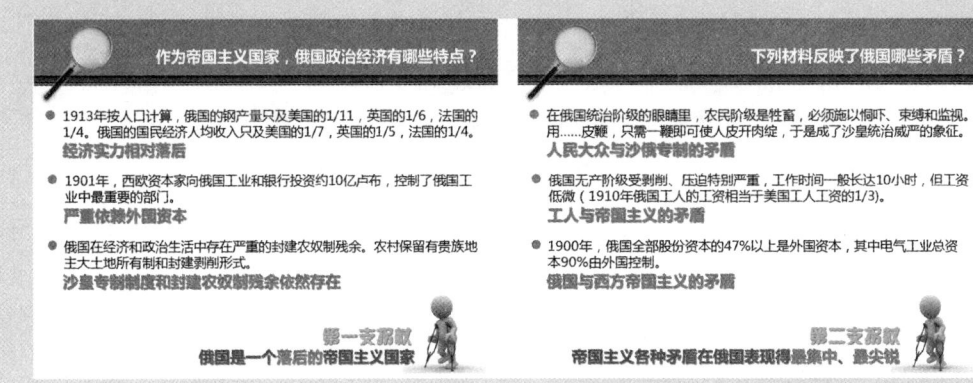

图 5-27　俄国十月革命前背景(1)

如图5-28所示，教师运用材料教学法，通过对俄国社会矛盾的分析，即人民大众与沙皇专制的矛盾、工人与帝国主义的矛盾、俄国与西方帝国主义的矛盾等，证明帝国主义的各种矛盾在俄国体现最集中、最尖锐，它们成了俄国的"第二支拐杖"。

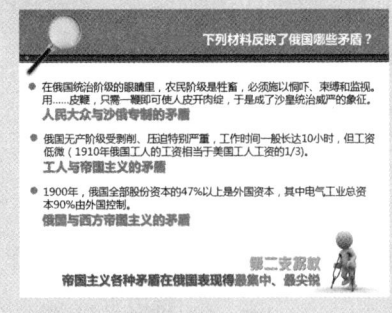　

图 5-28 俄国十月革命前背景(2)　　图 5-29　俄国十月革命前背景(3)

[①] 《俄国十月革命》的课件由湖南师范大学2004级本科生邓建枫提供。

第一次世界大战爆发后,俄国的社会矛盾加剧,使得十月革命前的俄国成为帝国主义链条上最薄弱的环节。如图5-29所示,俄国俨然就是拄着两支"拐杖",参与到帝国主义阵营中赛跑的运动员。画面的主体为一个拄着拐杖的卡通人物,它生动形象、引人入胜,学生的兴趣就会彻底地被激发起来,从而引导学生转入下阶段的学习。

上述一组三张的幻灯片布局合理、排版科学、模板统一,这些都使得课件有很强的整体感。历史教师在保证课件内容质量的前提下,要努力提高其外在的形式美,争取制作出"神形兼备"的多媒体课件,更好地为历史课堂教学服务。

(2)历史课件设计与演示的评价。

为了研究课件的使用是否促进了教学目标的达成,历史教师平时只关注课件设计,一般忽略课件演示。其实,从课件设计与课件演示两个方面,进行课堂观察和评价较为科学,具体内容如表5-5所示。

表5-5 课件的设计与演示[①]

	观察内容	教学环节(1)	……	教学环节(N)
课件设计	1. 文字			
	2. 声像			
	3. 整体布局			
	4. 内容指向			
	5. 内容完整性			
课件演示	1. 时机			
	2. 速度			
	3. 站位			
	4. 配合讲解			
	5. 学生反应			

4. 现代教育技术在中学历史教学的发展趋势

以多媒体为核心的现代教育技术运用于中学历史教学,对历史知识的传授进行了一场深刻的革命,其未来的发展趋势亦给我们从事历史教育及科研的工作者留下许多深层次的课题。

(1)以多媒体为核心的现代教育技术要求突破历史理论传授的瓶颈。

现代教育技术在中学历史教学中推广和运用的过程中,许多历史教授听了中学教师用现代教育技术支持的历史示范课后,对中学历史教育发展忧心忡忡。教授们认为,中学历史

[①] 沈毅,崔允漷.课堂观察——走向专业的听评课[M].上海:华东师大出版社,2008:114.

教师利用多媒体教学设备和网络技术后,拓宽了教师的眼界,提高了教学的科技含量,扩大了课堂容量;同时教学方式灵活了,原来枯燥的教学变得生动有趣了。但是,隐藏在热闹背后的问题,教授们也明察秋毫:有些历史教师为了活跃课堂,在处理教科书上采取"削足适履"的方式,导致史学的基本理论及历史唯物史观很难在教学过程中体现。他们批评部分历史教师这种轻率之举,称他们有急功近利、舍本逐末之嫌。

教授们的这种担心并非是多余,中学历史教育界在利用现代科学技术的过程中确实有一种浮躁的心态,即过分强调形式,而不注重内容;有时为了课件的完整、完美,而不惜对历史理论的传授"伤筋动骨"。他们舍弃历史教学重视逻辑思维、强调史论结合的传家宝,而把史学理论揉碎在每一个知识点中,从而给人一种支离破碎的感觉。

既然我们意识到了存在的问题,我们就应该"对症下药",采取正确的措施:一方面,要做到课件的完美与内容的完整,两者有机的统一。另一方面,要做到利用现代教育技术和传统的教学方式,两者有机的统一。传统的教学方式也有许多优点是其他教学手段无法替代的。因此,在运用现代教育技术进行历史教学时,教师也必须要发挥传统教学的长处,使两者优势互补,相得益彰。

(2)以多媒体为核心的现代教育技术要向更高层次发展。

人教版编审马执斌认为:以计算机为核心的信息技术与历史课堂教学整合的过程有初级、中级和高级三种境界。

初级境界是指教师在课堂上运用课件进行教学的模式。在这个阶段,信息技术只起到演示工具的作用,学生仍然是被动地接受灌输。中级境界是指师生每人一台计算机,信息技术不仅仅是演示工具,而且起到信息交互工具的作用。随着网络环境的改善,网络资源的丰富,学生通过因特网查阅资料,进行主动地探究式的学习。这种现代教育技术与历史教学的深度融合,标志着信息技术进入了高级境界。

(3)现代教育技术支持的历史课要变成常规教学课。

中国是大国办教育,要在全国普及现代教育技术目前很难达到。我们讨论的范畴是具备了现代教育技术的部分地区的部分学校,多媒体教学怎样变成常规教学。

据我们调查,有条件的学校,中学历史教师一般每一学期准备一个课件,上一节多媒体技术支持的历史课。绝大多数学校只配备一间多媒体教室,每节历史课都到多媒体教室上是不现实的;历史教师在利用现代科学技术作为教学手段方面明显滞后于其他学科。

我们在没有深入调查之前,认为这是中学历史教师的惰性使然,然而事实上并非如此。面对我们的诘问,许多资深的中学历史教师如是回答:中考指挥棒决定传统的常规教育仍然是主角,因为多媒体技术上的历史课好看不中用。集中到一点,就是现代科学技术教育装装门面是可以的,但与高考并没有完全接轨,仍然有相当大的差距。当然,有些历史教师也很坦率地说:中学教师教学负担太重,有时还要负责德育工作,要经常做课件、搞科研也是心有余而力不足。

(4) 现代教育技术支持的历史课要求在广大的农村普及。

中国经济发展极不平衡,也决定着中国教育的投入也会极不平衡。要在"老、少、边、穷"等地区所在的学校谈现代科学技术教育,在常人看来,简直是天方夜谭。教师利用录音机等听觉功能类的媒体,渲染历史气氛。例如,讲大生产运动时,教师就放《南泥湾》的磁带。它拉近了历史与现实之间的距离,充分挖掘了学生的听觉功能,从而增强教学效果。

在以多媒体为核心的现代教育技术与传统教学方式的较量中,前者尽管占有明显优势,但必须承认传统的教学方式能因袭数千年,肯定有它的合理性、科学性,因此多媒体为核心的现代教育技术辅助历史教学只是为传统教学方式注入新的活力,不可能完全取代传统教学。它只是辅助教学,而不是代替教学;它可以突破重点、难点,但不能代替思维。因此,在制作课件时,教师必须考虑全面、周到,处理好现代教育技术在教学过程中"辅什么"和"怎么辅"的问题,使多媒体技术与历史教学有机结合,使历史教学达到日臻完美的效果。

本章知识结构

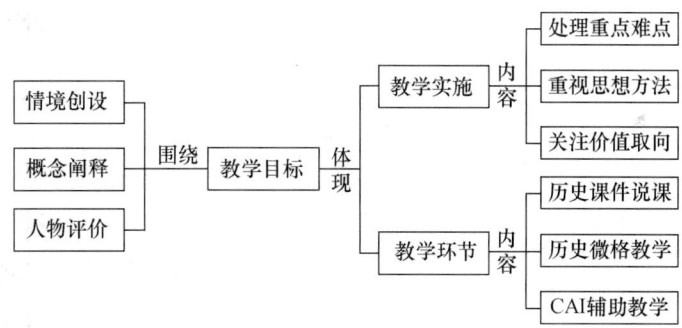

本章小结

(一) 本章的主要内容

1. 初中历史教学的实施策略。
2. 初中历史教学的情境创设。
3. 初中历史概念阐释与人物评价。
4. 教学环节的设计。
5. 初中历史教师的教学技能。

(二) 本章的重点和难点

重点是教学实施策略、情境创设的方法及概念的阐释;

难点是教科书的处理、情境的创设、概念的阐释,这些都要求与教学实践相结合,教学实施要顺利进行,因此对教师的素质提出了很高的要求。

(三)学习时要注意的问题

1. 学生初步了解教学实施目标,掌握处理教科书的策略。

2. 学生初步了解教学情境的特点和注意事项,掌握情境创设的策略,真正能学以致用,运用到历史教学之中。

3. 了解学生掌握概念常见的错误,掌握阐释初中历史概念的策略。

4. 了解课件说课和微格教学的方法,掌握多媒体课件制作方法,能够运用现代教育技术进行历史教学。

备考指南

本章主要是以教学案例考核为主,因此学生要掌握初中历史教学实施的组织形式及基本步骤,恰当地运用教学策略和教学方法;能够准确地表述教学内容,有效地引导和组织学生的学习活动,并有针对性地对学生进行学法指导;能够运用现代教育技术进行历史教学。

自测训练

一、选择题

1. 历史活动课主要方式有( )。

　①历史兴趣学习小组　　　　②历史课外学习活动
　③社会实践活动　　　　　　④历史娱乐活动
　A. ①②③　　B. ②③④　　C. ①③④　　D. ①②③④

2. 下列不属于历史情境的特点是( )。

　A. 生活性　　B. 虚构性　　C. 趣味性　　D. 开放性

3. 在初一历史教学中,情境创设教学效果最好的是( )。

　A. 实物演示情境　　　　　　B. 语言描述情境
　C. 图像再现情境　　　　　　D. 问题引入情境

4. 板书与讲述的关系最合理的方式是( )。

　A. 先讲述后板书　　　　　　B. 边讲述边板书
　C. 先板书再讲述　　　　　　D. 多媒体代替板书

5. 下列不属于课件制作基本原则的是(　　)。

　　A. 少图多字原则　　　　　　　　B. 删繁就简原则

　　C. 适当留白原则　　　　　　　　D. 对比突出原则

6. 对说课认识正确的是(　　)。

　　A. 说课就是讲课　　　　　　　　B. 说课就是教案的精华版

　　C. 说课主要是知识点落实

　　D. 说课主要是突出重点、突破难点

7. 下列不是讲授概念常见的错误是(　　)。

　　A. 以今度古　　B. 概括不全面　　C. 错别字多　　D. 相互混淆

8. 下列不属于单一课型的是(　　)。

　　A. 活动课　　　B. 讲评课　　　　C. 传授新知课　　D. 导言课

9. 历史教师要设计思维训练量高的课堂提问,不正确的做法是(　　)。

　　A. 设计问题时要深浅适度,便于启发学生

　　B. 设计问题时要与生活背景紧密结合,激发学生的学习兴趣

　　C. 设计的问题要有实际意义,能为学生发展奠基

　　D. 设计的问题要就事论事,主要是要落实基础知识

10. 下列不属于历史微格教学的作用是(　　)。

　　A. 微格教学为历史教学论课程的发展创造了条件

　　B. 微格教学为历史教育实习打下坚实的基础

　　C. 微格教学有利于教师专业技能的发展

　　D. 微格教学对资深教师提高教学质量有重要作用

二、简答题

11. 教师在演示图片时,如何引导学生的学习图片内容?

12. 设计课堂导入时,教师要注意的事项有哪些?

13. 评价历史人物的原则及具体方法是什么?

三、教学实施设计案例

14. 关于《共产党宣言》的内容及其发表的历史意义,无论是人教版,还是岳麓版教科书都写得很详尽。但是要学生抓住《共产党宣言》的基本思想,从理性上认识到为什么《共产党宣言》的发表标志着科学社会主义的诞生,大多数学生很难做到。原因何在?请提出自己的解决方案。

15. 一位老师在讲授"分封制"时,为了加深学生对概念的理解,用多媒体幻灯片打出《西周分封制示意图》,让学生获取有效信息。学生 A 说:分封的诸侯国有同姓诸侯国和异

性诸侯国,而且交错分布。学生 B 说:分封的诸侯国有鲁、齐、燕、魏、宋、晋。学生 C 说:分封的诸侯国大多分布在黄河流域。学生 D 说:分布在都城镐京附近的都是同姓诸侯。教师总结道,同学们都很认真,我们一起按照分封制的目的、分封对象、内容、作用、意义等五个方面来梳理一遍①。请你对这个教学案例进行评述,并对上课教师提出教学建议。

16.《义务教育历史课程标准(2011 年版)》课程目标要求学生"提高历史的观察能力,形成符合当时历史条件的一定的历史情景想象"。当你看到《清明上河图》中的灯箱时,你会联想到什么?

---

① 李春霞.课堂教学中"倾听"的误区及对策[J].历史教学,2010(15):34.

第六章　初中历史教学评价

> **考纲内容**
>
> 1. 能够对学生历史学习的过程和结果进行评价，全面考查学生在知识、能力、方法及情感态度与价值观等方面的发展状况。
> 2. 理解教学评价的导向、诊断、反馈、激励等功能，了解诊断性、过程性、终结性等评价类型和定性、定量等评价方式，并在历史教学中综合运用，促进学生的发展。
> 3. 能够全面、客观地对教学进行反思和评价，提出改进的思路和措施。

> **考纲解读**
>
> 本章的考纲主要是要对初中历史学习的过程和教师教学进行评价。第一部分专门讲评价、评价的原则及方法、历史考试与测量评价。第二部分通过鲜活的案例，指导教师对学生的历史学习进行评价，坚持定量与定性结合，诊断性、过程性与终结性评价结合。第三部分是通过课堂教学观察，对历史教师的课堂教学进行专家评价、同行评价与同事评价相结合，以促进教师教学的改革。

> **引　子**
>
> 历史教学评价直接影响着历史教育发展的整个进程。社会和教育的变革，促成历史教学评价的变革。我们试图从一个全新的视角去认识和探索历史教育评估系统，运用历史教育评估理论来指导历史教学评估，如过程性评价、发展性评价、公文包、档案袋评价、纸笔测验、真实性评价等理论。历史教学评价平时涉及较少，大多数教师较为陌生，本节为你作较为详细的介绍。沉下心来，你就会学会更多评估理论知识。

历史学科知识与教学能力（初级中学）

第一节 历史教学评价理论

一、历史教学评价的内涵

1. 评价的概念

评价（Assessment），是指教师依据测量①与检测②的结果，并做出价值判断的过程。课堂教学评价一般收集有关学生的学习行为方面的信息，包括学习计划、学习文件夹、家庭作业、角色扮演，以及学生每次的考试试卷。学业评价的资料和信息主要是通过学年的成绩单、个性化测试或电脑软件等途径显现。

2. 评价的形式

在教学评价实践中，所有的评价学生学习行为和教师教学行为的方式可归纳为两类，即正式评价和非正式评价。

正式评价是高度组织化的评价。对学生学习行为评价方式主要是通过试题、口头表达以及小组活动等形式进行。标准化测试是对学生学习行为最正规的测试方式，它以一个良好的、基础性的考试体系为依据，以预先设定的学业水平为背景。对教师教学行为的正式评价主要是由学校所在的教育行政部门负责，如教育科学研究院组织对初中教师课堂教学进行督导，给每位教师的课堂教学进行优秀、良好等级评定。正式评价是对教学业绩一个比较权威的肯定，直接影响到教师的升迁和职称评定。因此，对待教学评估督导，教师不敢有任何懈怠。

非正式评价是事前没有计划，不存在组织体系，它是自然生成、自发产生的。对学生学习行为的评价就有很多的非正式形式，如课堂教学中对学生提问，通过学生的问题回答，教师能够了解学生对历史问题的理解状况和水平。学校氛围和舆论是对教师非正式评价的重要形式。学校同事之间友好融洽、积极向上，能激励教师全心地投入工作。

---

① 测量（Measurement），是告知人们关于某一事物某种属性的精确数值。就历史学科而言，就是学生经过考试得了多少分，这主要是量性的评价。

② 检测（Test），与课程目标的要求有关，是对于知识水平、动作技能、情意状态的测量，这主要是质性的评价。

【资料卡片】

历史分数 ≠ 应试教育

曾几何时,谈"分数"就色变,尤其是历史学科,分数俨然成了应试教育的代名词。其实,考试评分,天经地义的事情,问题的关键是看分数怎么得来的?评出来的分数做什么用?

分数如果靠"死记硬背"得来的,教师拿着这些分数去判断学生在群体中所处的位置,培养的人才是"高分低能",那么"分数"就是应试教育的代名词。

但是,通过过程性和终结性评价综合得来的分数后,学生如果发现学习哪个方面的不足,立即查漏补缺,在这里"分数"就成为学生谋求发展的基础;教师如果发现教学存在瑕疵,也就不断地改进教学。教师和学生都能形成自我认识、自我教育和自我进步的能力,那么分数何罪之有?这种语境下的"分数"就变成了素质教育的推进器。

3. 历史教学评价

历史教育系统是由教育目标、教学内容、教学活动、教学评价共同组成。历史教学评价是历史教学系统的一个有机组成部分。中学历史教学评价是以中学历史教学目标为依据,运用一切可行的科学方法,系统地收集信息,对中学历史教学所引起的在认知行为方面的变化,并进行价值判断的过程。对历史教学评价主要有两个方面的内容:一是要对学生的历史学习进行评价,二是对教师的教学进行评价。全面做好历史教学评价工作,是促进学生学习,提高教学质量,健全教学管理制度的重要措施。

二、历史教学评价的原则

1. 发展性原则

历史学科作为一门人文基础学科,在提高公民素质、培养创新精神、增强社会责任感等方面发挥着独特的作用。历史新课程改革改变了以前只关注"过去的事实"或者"静态的知识"的状况,要求用发展的观点,培养学生的思维能力与实践能力。

对课堂教学的评价主要关注教师的教学是否有利于学生的发展。新课程教学以学生发展为本,学生是课堂的主体,评价的关键不在于教师"教"的状态,而在于学生"学"的状态,应当以学生在课堂教学中的表现来评定课堂教学。一节课好不好,应该看学生是否学得好;而学生学得好不好,就看这节课是不是有利于学生终生的发展。传统的课堂评价,主要看教师给学生解决了多少问题,而在新课程条件下,关注学生终生的发展,我们应该看教师启迪学生发现了多少问题。一节不断启迪学生发现问题、不断引导学生探究和思索的课,才是一节真正的高质量的历史课。

对课堂教学的评价不仅是评判教师的教学过程现状,而更重要的是要有利于教师的专业发展。课堂教学评价的重点是通过考察教师的课堂教学过程,为教师进一步的发展提供参考性意见,帮助教师寻找需要改进的地方,为教师的专业成长助力。

2. 区分性原则

教师教学和学生学习行为的评价要坚持区分性原则。由于发展需求和发展方式的不同,教师也会选择不同的发展道路,因此要为不同的教师设置不同的评价标准,让教师了解自己与先进的教育理念、教育方法和资深教师的差距,借此可以对被评价的教师提出更高的期望和发展目标,有利于教学技能的不断发展。①

每一个学生学习的程度不一,也不能用统一的标准来衡量学生,而多用几把尺子去衡量学生,满足不同层次学生的需求。区分性评价要坚持"三中心":教师评价要以教师为中心,评价内容要以课堂教学为中心,课堂教学评价要以学生学习为中心。

3. 过程性原则

新课程的评价应当改变传统评价中过分重视终结性评价的倾向。学校过分重视历史中考成绩,俗称"一锤子买卖",而总是忽略教学过程。现在评价要求重视教学过程,应当把课堂教学看成是一个由多个环节组成的动态过程。不仅要看到教师课堂教学的最终结果,也应当看到教学过程中的每一个环节中教师和学生的表现,寻找每个环节中的不足和闪光点,由一次性评价改变为多次性评价。教师要相信,过程落实了,教学效果也不会差。

4. 多元性原则

教师的课堂教学是多种教法、学法综合的过程,教师的教学能力是多种能力的综合体现,学生的学习过程也是多种能力的集中体现。因此,课堂教学评价必须坚持多元性原则。

评价的多元性,主要是指参与评价者的多元性和评价角度、标准的多元性。在教学评价过程中,参与评价的人一定要多元化,要改变仅仅由领导或者专家居高临下点评,搞一言堂的旧传统。现代课堂教学评价中,不但有领导评价、专家评价,也有同行评价、学生评价和其他学科教师评价;同时,教师的自我评价也是不可或缺的环节。只有充分考虑各方面的意见,得出的综合评价才客观、公允,有利于教师进步。

在评价过程中,评价的角度和标准应该是多元的。在进行评价时,不仅要对教学的基本环节和过程进行评价,还需要对教师在教学过程中所体现的基本教学能力要素进行评价,需要对教学效果、课堂生成、学生表现等各方面进行评价。评价的标准也不应当是简单粗暴、

---

① 梁红京.区分性教师评价[M].上海:华东师大出版社,2007:23.

不能把教学评价简单化、固定化、格式化。

三、历史教育评价的方法

1. 过程性评价

过程性评价（Process Assessment）是对课程实施意义上的学习动机、过程和效果的三位一体的评价。

依据评价的主体划分，过程性评价可分为学生自评、同学互评和教师点评三类。过程性评价中的学生自评、同学互评，是指在一个阶段的学习结束时，学生对于自己和他人在学习过程中的学习方法、学习态度进行的自我反思与相互评价。教师点评则是对学生自评、互评过程中表现出来的突出事例进行引导性评价。

依据评价的规范程度来划分，过程性评价可分为程序式评价与随机式评价。程序式评价通常指在一个学习阶段结束时，教师组织的旨在反思与评定学生的学习过程的评价。随机式评价则没有相对固定的时间、地点与完整的评价程序。它通常是在教学的过程中进行的，不作评价记录，其结果也不用作对于学生进行总体评价的依据。教师在课堂中对于学生表现的一句表扬或批评、一种肯定或否定，甚至一个眼神、一个动作，都引导着学生的学习与思考，规范着学生的学习行为与学习方式。所以，随机式评价是与教学融为一体的。①

链接阅读 ▼

过程性评价与形成性评价的区别②

在价值取向上，形成性评价虽然对学习过程有一定的关注，实际上还是属于目标取向，评价的是一个较小的时间阶段的学习效果与教育教学目标的一致程度。过程性评价既重视学习成果的价值，同时又注意到学习的过程也是反映学习质量水平的重要方面，因此强调过程的价值，采取过程性与目标性并重的取向。在评价内容上，形成性评价虽也列出情意领域的教育目标，但这类学习的结果是渗透在学习过程中的，没有相应的方法，无法评价这种体现在学习过程中的成果。过程性评价主张凡是具有教育价值的结果，都应当受到评价的支持与肯定，主张对学习的动机态度、过程和效果进行三位一体的评价。在评价方法上，形成性评价倾向于量化的评价工具，强调客观性试题和标准化测验。过程性

---

① 吴维宁. 过程性评价的理念与方法[J]. 课程. 教材. 教法，2006(6).
② 华南师范大学课程教材研究所高凌飚科研成果。

历史学科知识与教学能力（初级中学）

> 评价既支持从外部对学习成果进行"量化"的测量，同时倡导而且更加重视"质性"的方法，强调内部的、开放的评价过程。在评价的功能上，形成性评价注重评价的诊断作用；过程性评价则全面重视评价的功能，包括确认学习质量、进行诊断导向和学会评价等。

2. 发展性评价

发展性评价（Developmental Assessment）是 20 世纪 80 年代以后发展起来的一种教育评价。它是通过系统地搜集评价信息，并且对这些信息进行较为全面地分析，对评价者和评价对象双方的教育活动进行价值判断，实现评价者和评价对象共同商定发展目标的过程。教育评价从功能上分为三类：发展性评价、水平性评价和选拔性评价。

由于水平性评价与选拔性评价内容和方法的片面性，以及中考考试的要求，它们促使社会、教师和家长只关心与考试有关的学习结果，而不理会学习的过程和与考试无关的其他素质要素。这种重书本知识、重局部智能、重学习结果的评价，不但使评价的综合功能难以实现，而且使评价对学生的身心发展造成巨大的副作用。发展性评价模式以评价者的素质全面发展为目标，对被评价者发展特征的描述和发展水平的认定，其目的是为了更有利于被评价者的后继发展。[①]

3. 真实性评价

真实性评价（Authentic Assessment）是基于真实任务情境的评价，它要求学生应用必需的知识和技能去完成真实情境或模拟真实情境中的某项任务，通过对学生完成任务状况的考察而达到培养学生思考问题、反思实践、提高研究技巧的目的。与传统评价的过分强调学生学业成绩、过多地强调量化的特点相比，真实性评价重点在于检测学生对知识和技能的掌握程度，不仅改变了学生、教师、家长的角色，而且扩展了人们对于"评价"的认识，在很大程度上弥补了我国原有评价方式的不足，正成为新的研究热点。

传统评价主要是指传统的纸笔测验，包括单选、多选、填空、判断、材料分析题等多种形式。传统评价认为学校的使命是培养有知识和技能的公民，这些知识与技能是依靠学校教给他们的，学生主要依靠记忆一些信息知识并选择一个答案即可。评价的目的在于看看他们是否获得这些知识和技能。相反，真实性评价认为学校必须帮助学生养成自己解决问题的能力，以应对毕业后可能遇到的各种挑战和难题。因此，在学校教育阶段，评价的目的就在于看学生能否完成现实世界中具有挑战性的任务或难题。

就真实性的定义特征来看，它与传统评价也存在很大的不同。当然，传统评价和真实性

---

① 林少杰.发展性评价的认识[J].现代教育论丛，2003(6).

评价在实施时未必截然分开或泾渭分明,两者相应都会有一些变化。但在下面的特征列表中,传统评价更倾向于左边这一列,真实性评价更倾向于右边这一列[①](见表 6-1)。

表 6-1 传统纸笔测验评价与真实性评价之比较

传统的纸笔测验评价	真实性评价
选择答案	完成一件真实性任务
脱离现实	与现实结合成模拟现实
再现知识	构建知识
教师中心	学生中心
不易观察	容易观察

链接阅读 ▼

真实性评价教学案例

人教版初中历史教材八年级上册第 15 课《宁为战死鬼,不作亡国奴》"南京大屠杀"一节课程设计。

第一步:确定目标

——掌握南京大屠杀的史实;了解日本帝国主义对中国的野蛮侵略行径,认识军国主义的本质及危害,树立反对战争、争取和平的信念。

——进行相关资料搜集;

——分析并引用调查所得到的资料;

——分析从网上搜集到的相关历史资料;

——写出一篇清晰、内容连贯的文章。

第二步:设计任务

总体任务描述:日本右翼势力企图复活军国主义,不肯承认南京大屠杀的历史惨案,请你搜集相关材料,尽可能采访当地抗日战争的当事人,搜集日军暴行资料,综合资料,给日本的同龄人写一封信,和他们谈谈南京大屠杀。

相关资料:教师提供南京大屠杀影像资料——《威尔逊日记》。

第三步:确定标准

评价项目:学生的写作结果将根据下列的问题进行等级评定:

---

① 上海市教科院民办教育研究所张继玺:《真实性评价:理论与实践》,参见 http://www.cnsaes.org/homepage/saesmag/jyfzyj/2007/1B/gj070106B.htm。

——是否引用正规渠道的史料?
——有没有采访当事人?
——你是否将调查结果以清晰明了的形式整理出来?
——是否将调查的原始资料同最终结果装订在一起?
——你在书信里是否进行了论证和分析?还是仅仅将材料堆积在一起?
——你的书信是否清晰并且内容连贯?
——你的书信是否能够做到历史材料和现实情感的统一?行文是否得体?

第四步:制定量规

表6-2 评价量规①

评价项目	分数	等级/得分
史料引用		
是否引用正规渠道的史料		7——引用了专业的第一手历史材料 4——引用了历史著作中的论述 0——只有不可靠的材料
调查走访		
符合调查要求:走访抗战亲历者至少2人;对走访者至少有三个提问;包括调查的原始资料		7——达到所有要求 4——仅有一项不符合要求 0——大部分都不符合要求
分析调查结果		
以书面形式写出调查论文,文中进行了思想分析和论证		10——清晰准确地写出调查结果,并能正确地分析结果 6——调查结果写得一般,没有深入解释 0——基本没进行解释或者解释的内容与主题无关
组织、整理调查结果		
用文字处理器将调查结果以清晰、连贯的形式组织起来,能够以情动人,以理服人		6——正确、有条理地将调查结果组织起来,有一定感染力 4——整理出调查,但缺乏条理性 0——没整理出调查结果
总分=		/30

4.档案袋评价

档案袋评价(Portfolio Assessment)主要有两种方法:教学文件包和教学档案袋。教学文件包是教师在教学过程中搜集到的、有利于教师分析自己教学经验的一些宝贵的资料。档案袋是指用以显示被评价者学习成绩或持续进步信息的相关记录和资料的汇集。教学档

---

① 评价量规参考 http://www.cnsaes.org/homepage/saesmag/jyfzyj/2007/1B/gj070106B.htm.

案袋是对教学文件包中的资料进行系统的整理、提炼和提升,重新反思自己的工作,将其理论化、系统化、严谨化的归纳和总结。教学文件包主要侧重于经验的搜集,而教学档案袋则主要侧重于对经验的反思。[①]

在美国,档案袋最早应用于学生评价,体现了"学习是个过程,学习评价也是个过程评价"的思想。在我国基础教育课程改革运动中,档案袋评价方法被称为成长记录袋评价法而倡导使用。这种评价方法在我国教育评价领域的应用,尚处于摸索阶段。评价学生学习的档案袋可以装入学生书面作业批改样本、每月给家长的报告单、学生的科技小制作资料、测验试卷样本、针对特殊需要学习者的区分性测验、学生等级评定书样本、学生进步报告、学生的科学实验报告等。教学档案袋作为教师反思自己教学实践和外界评定教师教学效能的重要工具受到广泛认同。教学档案袋装入的资料,如表6-3。

表6-3　教学档案中可能装入的资料[②]

与教学有关的资料	与学生有关的资料	与教师发展有关的资料
课程计划	学生作业	教学观念陈述
单元计划	学生表现照片	案例研究
教学活动图像	与家长交流沟通记录	行动研究计划
上课图像	班级通讯录	教师教学技术证明
对不同学生施教的方法	班会计划	同事访谈
课堂组织策略	学生游览的证明	教师自我评价
动机激发策略	学生的获奖证书	专业发展评价
划分学生考试等级方式	成绩单	专业发展鉴定
课堂规则		与教学相关的工作经历

四、历史学科的测量与评价

1. 试题质量的测量与评价

(1) 试题的难度。

难度是指试题的难易程度,试题的难度值所反映的是特定一组学生做某个题目的困难程度。历史试题的难度大小与学生复习准备是否充分有密切的关系,并不是完全由试题本身的复杂程度决定。有的试题本身较难,但由于考生准备充分而结果得分率较高。有的试题本身较容易,考生准备不足反而得分低。

---

① 梁红京.区分性教师评价[M].上海:华东师大出版社,2007.149.
② 梁红京.区分性教师评价[M].上海:华东师大出版社,2007.150-151.

链接阅读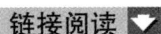

试题难度的计算

一个班的考生在历史某道题的平均得分是 24.4 分,满分是 32 分,试计算该题的难度值。

该题的难度值 $Q=24.4/32=0.76$

对于答对给满分、答错记零分的试题,难度的计算公式可简化。难度的计算公式为:$Q=R/N$(其中 R 表示答对该题的人数,N 表示这组考生的总人数)。如计算中考某道历史选择题的难度,我们可运用这简单的计算方法。某道选择题,在 30 位考生中有 24 位同学选对了正确答案,该题难度为:$Q=R/N=24/30=0.8$,说明该题的难度很小。

平均分越高,说明考生对该题的得分越多,说明题目就越容易,难度就越小,难度值就越接近于 1;反之,考生得分越少,说明题目就越难,难度就越大,难度值就越接近于 0。

试题难度水平由两个方面确定:

① 测验题目的难度水平。难度指标的值域接于 0 和 1 之间。难度值若小于 0.3,则该题比较难。若小于 0.1,题目则很难。在一般性的考试中,这是难度过高的题目。学生做这样的题目,不能真正检测学生对该类题型所掌握的程度,会极大地挫伤大批中等成绩学生的学习积极性,因此这样的题目命题者应当删除或修改,也可以增大较为容易的小题的分数,以降低难度的目的。至于其他选拔性的比赛,难度值就要另当别论。

难度值若大于 0.7,则该题比较容易。若大于 0.9,也就是说该题通过率已达 90% 以上,题目过于容易;在考试中出现难度值这样低的题目,一般失去考试或检测的意义。但是,编制试卷时选用何种难度的试题要根据测试目标而定。考试的目的仅仅是水平考试,如中学历史会考,或是为了大面积提高历史教学质量,检查"待优生"补习的效果,把难度指数控制在 0.7 以上,则是比较正确的选择。

② 组成测验题目的难度。历史考试的分数应该是分数高的与分数低的学生较少,而处于中等成绩的学生居多,测验分数大体呈纺锤型的正态分布。当分数呈正偏态分布时,说明历史分数较低的学生较为集中,考试题目对于被测试的学生而言偏难;当分数呈负偏态分布时,说明历史分数较高的学生比较集中,考试题目对于被测试的学生而言偏易。当然,我们不能讲分数呈正偏态或负偏态分布就不合理。

(2)试题的区分度。

试题的区分度是反映试题鉴别学生能力高低的指标,其区分能力是指试题在用于考试时使水平高的考生考高分,水平低的考生得低分的倾向能力,它是由某道题答对人数与答错人数相比较而确定的。若某道试题,总分高的学生与总分低的学生都没有做对,则说明该题没有区分度;若一道试题总分低的学生出错的人数比总分高的学生更多,则可以表明该题有较高的区分度。

对于答对给分、答错记零分的历史选择试题,区分度的计算公式可简化,公式为 $D= P_h - P_u$。其中 D 为区分度(有的教科书称为鉴别指数),P_h 和 P_u 分别是在某题上的答对人数的百分比和低分组对该题答对人数的百分比。

为计算选择题的区分度,先把某组考生的试卷总分由高分到低分排列,把成绩最高的27%考生称为高分组,把成绩最低的 27% 考生称为低分组。以 H_1 表示高分组人数,L_1 则表示低分组人数($H_1 = L_1$)。H 表示高分组答对的人数,L 表示低分组答对的人数。$P_h = H/H_1$,$Pu=L/L_1$,则该题的区分度为:

$$D= P_h - P_u = H/H_1 - L/L_1 = H - L/H_1(L_1)$$

美国测量学家伊贝尔(L. Ebel)根据其编制测验的经验,提出从鉴别指数上评价试题的标准,如表 6-4 所示。

表 6-4　鉴别指数的评价标准表

鉴别指数	试题评价
0.4 以上	非常良好
0.30—0.39	良好,如能改进更好
0.20—0.29	尚可,用时需作改进
0.19 以下	劣,必须淘汰或改进以提高区分度

2. 历史测验质量评析

测验质量的评析是指学生答完题后,对成绩进行统计,对考试质量所进行的分析评价。评价测量可靠性的指标是信度,评价测量有效性的指标是效度。

(1) 考试信度。

信度就是指考试的可靠性,即考试结果的可信程度。信度高的试题很少受到外部因素的影响,对不同学生的多次测试都会产生相对稳定和一致的测试结果。历史教师提高试题信度的方法主要有以下几种:

一是历史教师互相为对方学校命题或者统一使用名校的试卷。任课教师命题带来的后果主要有两个方面:① 教师总会有意无意地透露考试内容;② 学生能根据教师的立场和喜恶猜题。鉴于此,许多学校都是学校与学校之间对调命题;至于实力不强的学校可使用名校的试卷。这既能提高历史考试的可信度,也能把学生的成绩与名校作一个对比。

二是考前保密工作到位,同时考试要严防学生作弊。若考前泄密或考试作弊,则考试信度无从谈起。考场风气不正,对学校及班级的学风都会产生消极的后果。

三是要标准化阅卷,实施流水作业。历史月考或中考模拟考试,教师要把试卷装订好,严格执行评分细则,实行流水作业。在中考复习过程中,由于历史教师要组织多次考试,有时看到学生答卷上的字,就知道是哪位学生的,很自然地给该学生打印象分。如果每个教师只看一道题,这种给主观分的现象就会相应地减少。

试题的区分度与试卷的信度有密切的关系。一般地说,试题具有中等程度的难度(0.30—0.60),试题的区分度就较大。试题的区分度越高,它对提高试卷的信度的贡献也就越大,试卷的质量也就越好。一般认为,$D>0.40$,试题就很好;$0.40>D>0.30$,试卷较好;$0.30>D>0.20$,试卷较差,应予改进;$D<0.20$,试卷的质量很差,应该重新命制。

(2) 考试效度。

考试效度是考试的准确性,它反映的是考试内容与《义务教育历史新课程标准(2011年版)》的吻合程度。效度高的试卷,能够较准确地测试出学生掌握和运用所学知识的真实度。根据历史新课程标准或考试大纲制定双向细目表,严格选题、拼题和磨题,且各单元试题分数分配与学时数分配基本保持一致,这是保证考试效度的基础。有些教师命题没有总体规划,命题时随心所欲,这种应付式的命题肯定影响考试的有效度。

考试的信度与效度相互影响。效度的提高将有效提升考试信度,同时信度也会在一定程度上影响考试的有效度。

引 子

初中学习评价为历史教学的重要环节之一。学生的成绩需要肯定,优秀行为需要赞美,成功需要欣赏,逆境需要鼓舞,诱惑需要凝神,迷茫需要指引。经常的肯定、赞赏和赏识,会带给学生的自信。评价不仅给学生的成绩予以肯定,还可以给学生的过失以宽容,更要给学生的迷茫指明方向。因此,教师对历史学习评价要高度重视。

第二节 初中历史学习评价

对初中历史学习进行评价,是历史课程实施的重要环节。评价的主要目的是全面了解学生学习历史的过程和结果,激励学生学习,促进学生的学业进步和全面发展,以及改善教师的教学和提高教学质量。

一、历史学习评价的目的

1. 中学历史学习评价的概念

中学历史学科的学习评价是以中学历史教学目标为依据,运用一切可行的科学方法,系统地收集信息,对中学历史教学所引起的学生在认知行为上的变化进行价值判断的过程,从而为教学决策提供依据。

2. 历史学习评价的目的

通过对中学历史学习进行评价,可以使教师了解学生,及时反馈教学和学生方面的信息,提高了学生学习的明确性和自主性,为教学组织、指导、研究提供了客观信息;同时,促进了历史教学改革,为实现历史教学管理的科学化提供了具体案例,为提高教学质量提供了可靠的依据。

评价是教学过程良性循环的保证。评价的目的不是筛选、选拔、淘汰,而是交流、鼓励、发展。现代评价力图改变我国长期以考试分数作为衡量教学成果唯一的评价模式。评价面向的不是少数学优生,而是要面向学生大众,为了每一个学生的全面发展,评价的核心要是以人为本,以学生的发展为主。

二、历史学习评价的原则

1. 诊断性评价、形成性评价与终结性评价相结合

(1) 诊断性评价。

诊断性评价(Diagnostic Evaluation)是指在历史教学活动开始之前,对学生的知识、技能以及情感等状况进行的预测,主要是通过调查问卷、阶段考试,对考试结果及学习行为的反思,课内课外观察、交谈等方式来进行。[①]

它涉及的内容主要有:教育所面临的问题,学生前一阶段学习中历史知识储备的数量和质量,学生的性格特征、学习风格、能力倾向、对历史学科的态度和对学校学习的生活态度、身体状况和家庭教育等。其目的是确定学生的学习准备,明确学生发展的起点水平,为教学活动提供设计依据;识别学生的发展差异,根据学生的特点适当安排教学内容;诊断个别学生发展上的特殊障碍,并做好补救的措施。

(2) 形成性评价。

形成性评价(Formative Evaluation)是指对学生日常学习过程中的表现、所取得的成绩以及所反映出的情感、态度、策略等方面的发展所做出的评价,是基于对学生学习全过程的

---

① 诊断性评价的概念参考 http://baike.haosou.com/doc/6813127-7030089.html。

持续观察、记录、反思而做出的发展性评价。

形成性评价是在诊断性评价的基础上进行的,它明确规定了每个学习阶段的学习目标,划分出学习单元和具体课程,对教学活动起导向作用。其目的是通过形成性评价了解学生已经达成的阶段目标,从而肯定已有的成绩,及时发现问题并提供矫正方案,改进学习方法,增强学生的自信。

对于在教学过程中出现的问题,形成性评价要求迅速解决。及时性评价可以在教学的任何阶段运用,贯穿于教学的整个过程。课前可反思教学目标是否合理,教学方法是否恰当;课中,教师要及时评估自己的教学效果,发现问题及时调整;最有效果的是在课后进行反思性的评价,如通过专家或同事听课记录、教学录音录像、教学后记、教学日记、教学札记、教学档案袋、学生反馈等资料,教师去探究自己在教学中存在的不足。如果发现在学生群体中出现共同的错误,教师则要通过学习共同体①这个平台,及时反思自己的教学行为,及时解决教学中的问题。因此,形成性评价要及时,如听完教师上课以后,要及时组织评课,有些共性的教学问题可以现场解决;同时形成性评价要具有连续性,要建立长效的评价机制。

(3) 终结性评价。

终结性评价(Summative Evaluation)是对一个学段的历史学科教学的教育质量评价,其目的是对学生阶段性学习的质量做出结论性评价,然后再给学生作评价结论。终结性评价是考察学生群体或每个学生整体的发展水平,为各种评优、选拔提供参考依据;总体把握知识、技能的程度和能力水平,为教师和学生确定后续教学起点提供指导。

传统的终结性评价时间一般是在学期期末或学年年末,这是一种事后的、强制性的时间安排。新的评价制度要求给予教师充足的时间来研究标准、举证、分析证据、做出价值判断和实施相应的专业发展活动。学生学习的乐趣并不是单一的学业成绩就能体现出来的,学生的精彩表现是在教学过程和教学情境中实现的。因此终结性评估的时间固定在某一个时间段是不科学的,要进一步改进。

历史素质教育观视学生为社会的主体,教育的发展功能被视为终极目的、被本体化。素质教育不排斥选拔,选拔也是发展的手段,但它服从于发展的需要。素质教育把诊断性评价、形成性评价作为基本评价手段,终结性评价作为学习阶段的考核手段,把诊断性评价、形成性评价与终结性评价统一起来,把教育评价体系作为一个整体贯穿于学生发展过程之中,使之最大限度地促进学生的全面发展(如表 6-5 所示)。

---

① 学习共同体是由学生和教师共同组成,以完成共同的学习任务为载体,以促进成员全面成长为目的,强调在学习过程中以相互作用式的学习观作指导,通过人际沟通、交流和分享各种学习资源而相互影响、相互促进的基层学习集体。

表 6-5　中学历史科学生学习成绩评定表①

20＿＿＿年＿＿＿期 教学内容＿＿＿＿＿＿＿　姓名＿＿＿＿＿＿　学号＿＿＿＿＿＿

	评价项目	成绩	比例	总分	学生自评
过程性评价	表现性评价		40%		
	专题纸笔测验				
终结性评价	纸笔测验		60%		
考　勤	达不到上课时数不能取得学分				
小组寄语					
教师寄语					
学业成绩登记		教师签名			

注：(1) 学生成绩评定为五个等级：A(91 分以上)，B(81—90 分)，C(71—80 分)，D(60—70 分)，E(60 分以下)。如果评定等级 E，学生应该重修该部分内容。

(2) 学校只公布学生的学习等级，不能公布学生的具体分数，也不应该根据分数对学生进行排名。

2. 教师评价与学生自我评价、同伴评价相结合

(1) 教师评价。

教师评价(Teacher Evaluation)是一种提高学习者注意的有效方法，教师可以通过向学习者提供详尽的评价来提高学习者注意的质量。教育心理学家认为，评价是促进学生有效学习的重要手段。长期以来，教育改革重视教学内容、教学方法的改革，而忽视教学评价这个重要环节。当学生做出正确的反应时，教师要给予肯定性的评价；当学生行为错误时，教师要给出否定性的评价，而且要采取措施适当进行纠正。教师对学生的评价也是教师的教与学生的学之间的"交流"与对话的过程。这种交流具有调节的作用，它可以促进教与学之间的相互协调，保证教学系统始终处于最佳状态。

(2) 自我评价。

自我评价(Self-Evaluation)是学生学习的自我评价，具体是指学生依据一定的评价标准，对自己的学习做出分析和判断，并对自身的学习进行自我调节的活动。自我评价的主要内容包括历史知识掌握、学习动力、学习策略、学习能力的评价等，其实质是学习主体对自己学习意识和行为的反思和调控。②

(3) 同伴评价。

同伴评价(Peer Evaluation)是通过彼此比较收集评价对象在群体中所处地位和人际关系状况信息的一种手段。由于学生之间朝夕相处，对于同伴之间的优点和缺点更加了解。

---

① 黄牧航.高中历史科学业评价体系研究[M].长春：长春出版社，2011：41.

② 自我评价的概念参考 http://www.oh100.com/a/201211/186086.html.

因此,同伴评价的重要价值在于使教师获得从直接观察难以得到的感觉和态度。

教师评价的主要任务是帮助学生形成正确的学习态度、方法和灵活的知识迁移能力;通过同伴评价,教师可以获得不同层次学生的学习信息,调整自己的教学,使学生主动地适应自身能力水平的发展;通过自我评价,学生可以看到自己学习的不足,调整自己的学习行为,在教师的指导下,更好地汲取营养和培养发展能力。通过评价,教师、同伴、学生三方的不断交流,共同促进,不断推动教与学的发展,共同达成教学目标。

3. 量化评价与质性评价相结合

(1) 量化评价。

量化评价(Quantitative Evaluation)是指把完整的教育评价体系简单化为单一的数量,从数量的分析与比较,推断评价学生学习历史的成效,简化为单一的"终结性评价",进而简化为简便易操作的"纸笔测验"。[①]

(2) 质性评价。

质性评价(Qualitative Evaluation)就是通过真实的调查,全面充分地揭示和描述学生学习历史的特点,以彰显其中的意义,促进学生的理解。他主张评价应全面反映教育现象的真实情况,为改进教育实践提供真实可靠的依据。

作为具体的评价方法,量化评价和质性评价各具有不同的特点,分别适用于不同的评价目标和对象。量化评价方法简单、明了,适合某些简单、单纯的教育现象;质性评价方法具有全面、深刻的特点,它更适用于对复杂教育现象的评价。因此,从实践出发的教育评价,应该把两者有效地结合起来,按照评价目的与评价对象的不同特点,选择适当的评价方法,以获得全面、准确的评价信息。[②]

三、评价目标的选择与确定

1. 关于"知识与能力"的评价

初中历史的"知识与能力"的评价,主要可分三个层次:

一是知识的掌握与运用。这个层次的内容主要有:引导学生识记时间、地点、人物、文献、事件等要素;引导学生识记重要的图、像、画;学生学会阅读和观察、感知和体验去获取历史信息,并且能够准确地表达出来。能力的培养是以知识的掌握为前提的,没有一定的知识积累,能力的提高就很困难。因此,知识掌握是一个人发展的基础。

二是培养学生的创新思维。这个层次的内容主要有:独立分析问题、评价历史事物和

[①] 钟启泉,李雁冰. 课程设计基础[M]. 济南:山东教育出版社,2003:489.
[②] 钟启泉,李雁冰. 课程设计基础[M]. 济南:山东教育出版社,2003:490.

现象的能力;对历史事物、现象发展过程进行比较;探讨历史问题和现象,揭示其发展本质和规律的能力。历史学科评价的内容要重视求疑与创新,求疑是创新的基础,没有求疑就没有创新。因此,教师要引导学生提问题,并且要敢于质疑,甚至敢于向权威挑战。

三是培养探究技能和实践能力。这个层次的主要内容有:有意识地引导学生对所学历史内容进行归纳和整理;有意识地引导学生阐述、概述、说明历史知识和历史问题;全面、客观、清晰地感受、体会、认识历史事物及现象。新课程强调学生通过自己的观察和理解,获得对历史的基本认识,然后将这些信息进行收集与整理,得出自己的观点。

小张等五位同学对"古代少数民族问题"特别感兴趣,他们决定做几个关于"中国古代少数民族"探究的小课题。请你帮助他们。

(1) 小张找到了以下四本书,你认为哪一本对她的小课题探究最有价值?

　　A.《论语》　　B.《史记》　　C.《几何原本》　　D.《缀术》

(2) 小李找到了以下四篇文章,你认为哪一篇与他的小课题探究无关?

　　A.《从女真到满洲》　　　　B.《话说"孝文帝改革"》

　　C.《文成公主与松赞干布》　D.《遣唐使在中国》

(3) 小王确立的课题是"宋朝的民族关系",他找到了以下绘画作品,你认为与他的小课题探究关系最亲密的是哪一幅?

　　A.《契丹还猎图》　　　　B.《姑苏繁华图》

　　C.《步辇图》　　　　　　D.《万国来朝图》

(4) 小孙打算对有关岳飞的遗迹作实地考察,去下列四个城市中的哪一个会最有收获?

　　A. 西安　　B. 成都　　C. 杭州　　D. 北京

(5) 小赵为自己的小论文设计了四个小标题,其中哪一个出错了?

　　A. 张骞与丝绸之路　　　　B. 秦长城起到了防御作用吗?

　　C. 元朝和北宋的对立　　　D. 金瓶掣签制度的产生

"中国古代少数民族"的小课题中含有五个小题,这既提高了学生的学科素养,又提高了学生的探究技能。从某种意义上讲,这些题目所考查的史学能力与方法,实则超越了历史学科本身,已泛化为现实生活中的无严格学科界限的社会化的学习能力与方法,培养了学生的核心素养,为学生的终身学习和发展奠定基础。

2. "过程与方法"的评价

从学习的主体来分析,学习过程是学生根据自身发展和兴趣领域的需要,在教师的示范、指导和组织下,有步骤地提高自身的综合素质和适应社会需要能力的过程,其过程主要包括七个环节:一是学习动机的确立;二是历史知识的积累;三是对历史的体验与感受;四是历史思辨及相关能力的培养;五是对历史事件、历史人物和历史现象的评价和理解;六是对历史线索、历史规律的概括与总结;七是对相关历史知识、方法和理论的运用。

在对历史学习过程的七个环节进行评价时,应注重学生对历史的感知、理解、探究等方面的发展变化,发现并鼓励学生在学习过程中的进步。历史学习过程的实质是学生在教师指导下,根据历史教学目的与自己的身心发展特点,通过系统的、有计划的教学双边活动,使学生在知识、认知和情感方面发生心理变化,并且形成和发展个性的过程。对学习方法的评价,要与对知识与能力的评价结合起来,不仅注重学生对历史学习方法的运用程度,也要注重学生在学习态度、学习习惯和学习策略上的进步。对这方面的评价应采取灵活多样的方法,将定性与定量相结合,并以定性评价为主。①

3."情感、态度与价值观"的评价

根据心理学理论,情感作为一个人的心理过程,是一个由浅入深、由外显到内化的过程。情感目标的层次结构反映了学生内心情感体验过程中的心理变化,这就是历史情感目标构建的理论依据。《义务教育历史课程标准(2011年版)》详尽地阐释了情感领域的课程目标,如表 6-6 所示。这有利于教师合理开发教科书,组织教学,更有效地、有针对性地培养学生的情感、态度与价值观。

表 6-6 情感领域目标的内容结构

目标	要素	具体内容
情感	道德感、审美感、理智感、爱国主义情感	认识中国国情,热爱和继承中华民族优秀文化传统,弘扬和培育民族精神,培养健康的审美情趣,努力追求真善美的人生境界,确立积极进取的人生态度,塑造健全的人格,确立对祖国历史与文化的认同感和自豪感,逐步形成历史使命感和社会责任感
态度	人文主义精神、实事求是的科学态度、坚强与宽容的人生态度	加深对历史上以人为本、善待生命的人文主义精神的理解,树立崇尚科学精神,坚定求真、求实和创新的科学态度,培养坚强的意志和团结合作的精神,增强经受挫折、适应生存环境的能力
价值观	远大抱负和公民意识、多元化和包容性理念、开放性的意识	树立为祖国现代化建设、人类和平与进步事业做贡献的人生理想,认识人类社会发展的统一性和多样性,理解和尊重世界各地区、各国、各民族的文化传统,汲取人类创造的优秀文明成果,进一步形成开放的世界意识

课程目标针对历史教育的育人功能和社会功能,对学生的情感态度与价值观的形成与升华提出了如下的要求:情感态度价值观的培养必须以历史教学内容为载体,贯穿于整个教学过程之中。情感态度价值观的分散性、弥漫性和渗透性的特点,对其评价主要在平时教学的过程中进行,历史教师注重考查和记录学生在不同阶段的状态和发生的变化。在这方面的评价既要坚持正确的思想导向,又要尊重学生的个性表现,注重学生通过历史学习对正

---

① 中华人民共和国教育部. 义务教育历史课程标准(2011年版)[M]. 北京:北京师范大学出版社,2012:40.

确的思想、道德、观念等方面的感悟、理解和认同程度。

四、评价的基本方法

1. 历史习作

历史习作（历史作业）是考查学生收集和处理信息的能力、历史思维能力、语言文字表达等能力的方式。历史习作主要包括学生撰写的历史小论文、历史影视作品观后感、历史书籍读后感、历史演讲稿、历史短剧剧本。在初中历史教学中，历史习作主要是指课后作业等。作业不但是学生在课后进一步学习、巩固课堂教学的手段，更是教师检查教学结果，学生检查学习进度的重要方式，也是进行教学反馈的重要方式。形式主要有问题式、评价式、辩论式、论文式、体验式、实践式、研究报告等。

> **知识拓展**
>
> **历史作业顶层设计**[①]
>
> （1）历史作业形式要丰富多彩；
> （2）历史作业设计要补充教科书编写的不足；
> （3）作业设计要真正关注历史的内涵；
> （4）历史作业要为培养合格公民奠定基础；
> （5）历史作业要实行开放性评价。

2. 纸笔测验

纸笔测验是历史考试的主要形式。尽管《义务教育历史课程标准（2011年版）》要求"在测查时要注重对课程目标的全面考查，可采取闭卷、开卷、开卷与闭卷相结合的三种形式"，但实际上初中学生的中考仍然是以纸笔测验的成绩作为升学的基本依据。有些地方把分数改为等级，但是在高中学校教学质量不均衡的情况下，在优质教学资源不能满足学生的前提下，教师、家长和学生对分数追求的热情，还是有增无减，分数依然是衡量学生学业成功的唯一标准。新加坡成熟的等级制评分，值得我们学习和借鉴。

[①] 余柏青.期待中学历史作业设计的改革[J].历史教学，2011(1).

【资料卡片】

新加坡中学的等级制

新加坡中学阶段,70分以上全部为A等级,其中70至74分为A_2,75以上为A_1。60至69分为B等级,其中65至69分为B_3,60至64分为B_4。50—59分为C等级,其中55—59为C_5,50—54分为C_6。50分为及格线,50分以下则每5分为一个字母等级,排到40分为止,40分以下全部为F9。

在中学阶段,学生有选科的理由,一共可以在20多门课程里,根据自身的能力限制,选修6至12门课程。最后会以一门语言、一门人文、一门科学、一门数学,以及其他成绩最优的两门共6门科目的组合,以等级的分数相加来作为学生升学的依据。

举例说明,一位选修9门课程的学生在考试中取得如下成绩:

英文:72——A_2　　　　华文:　　69——B_3

数学:83——A_1　　　　高等数学:76——A_1

物理:72——A_2　　　　化学:　　77——A_1

生物:83——A_1　　　　人文综合:53——C_6

历史:82——A_1

那么他的成绩按照上文所说的组合,将这样计算:英文、历史、数学、化学、高等数学、生物,学分为6分。由于有了学分制,9科全部100分的学生,与6科75分而其他三科刚刚及格的学生,由于其学分均为6分,在升学方面同处一条起跑线,学业方面并没有任何的优势和劣势可言,这也从一定程度上抑制了学生对分数追求的热情,从而引导学生花费更多的精力在课外活动或其他创新活动方面。[①]

3. 历史制作

历史制作同样既是一种学习活动,也是一种评价方式。通过制作历史模型、编绘历史图表、制作历史课件等活动,可以考查学生动手与动脑的综合能力。对于初中学生而言,可以制作模仿的文物,以加深学生的历史印象。在评价时要注意考查学生在历史制作过程中的心理感受和收获,教师应和学生一起设计可行的评价量规[②],作为评价工具对学生的作品进行公正、合理的评价。

---

① 梁红京.区分性教师评价[M].上海:华东师范大学出版社,2007:103-104.

② 评价量规(Rubric)是一个真实性评价工具,它是对学生的作品、成果、成长记录袋或者表现进行评价或者等级评定的一套标准。

4. 历史调查

历史调查既是一种活动方式,也是一种学习评价方式。教师可在教学中结合教学内容的需要和学生的实际,为学生提供适当、必要的历史调查活动的机会,拉近他们与历史的距离,使学生从多种角度了解历史,由此考查学生综合运用历史知识分析和解决问题的实践能力。如调查抗战老兵的英雄事迹,并把调查结果运用到历史教学之中,以激发学生的爱国热情和报国之志。

5. 教师观察

它是指教师对学生在学习历史过程中的行为表现进行观察,做出记录,从而评价学生参与学习活动的状态、进展与成效。如观察学生如何提出问题、分析问题,对历史的感知、理解的状态,怎样对历史进行论证,历史学习方法的运用情况,以及学生在情感态度与价值观方面的真实表现等。教师观察的记录可作为期末评价学生学习状态的参照。

6. 学生的自评与互评

它是指学生对自己的学习态度、策略、方法和效果等方面进行评价,以更清楚地了解自身的学习特长与不足,逐步学会调控自己的学习习惯,提高自主学习与评价的能力。学生的互评是学生之间对学习态度、策略、方法和效果等方面进行相互评价,共同分析和判断学习的状态,有助于学生相互交流和帮助。[①]

五、评价的实施

1. 过程性评价的基本要求和示例

内容:中国古代史。

基本要求:了解多种历史呈现方式,形成符合当时历史条件的一定的历史情景想象。

示例　　　　　　　　历史角色扮演[②]

——表演中国古代史上的一位政治人物

任务背景:由于中国古代史的内容距离学生的生活比较远,让学生从古代历史中选择一个政治事件并围绕某个历史人物表演一场历史剧,有助于学生在搜寻资料和揣摩角色的过程中深入了解历史。

任务目标:学生通过角色扮演和体验,掌握历史基础知识,并发展他们的互助合作的协调能力。

---

① 中华人民共和国教育部. 义务教育历史课程标准(2011年版)[M]. 北京:北京师范大学出版社,2012:40-41.
② 黄牧航. 高中历史科学业评价体系研究[M]. 长春:长春出版社,2011:145-146.

任务组织:

① 选择一段与古代政治相关的材料,如秦朝的分封制或郡县制的朝廷辩论;北宋杯酒释兵权的历史场景等。

② 找与自己有共同兴趣的同学,自由结成小组。

活动过程:

① 教师布置任务及确定时间。

② 小组选择表演内容。

③ 小组收集相关资料。

④ 小组分工并确定排练计划。

⑤ 学生表演及教师评价。

评价量规如表6-7所示。

表6-7 过程性评价量规表

评价项目	一级(100%)	二级(80%)	三级(60%)	四级(40%)	成绩合计
选题 (20分)	属于教科书的主干知识,主题鲜明且有积极意义	属于教科书的主干知识,主题鲜明但意义不够积极向上	属于教科书的主干知识,主题不鲜明	不属于教科书的主干知识	
信息准确性(20分)	所有的历史信息都是准确的	几乎所有的历史信息都是准确的	大部分历史信息是准确的	非常少的历史信息是准确的	
信息量 (20分)	学生知道的信息超过教科书所要求的内容	学生知道的信息达到教科书所要求的内容	学生知道教科书的大部分内容	学生知道的信息比教科书所要求的内容少得多	
角色 (20分)	表演台词的撰写与所扮演的角色一致	表演台词的撰写基本上与所扮演的角色一致	表演台词的撰写基本上与所扮演的角色一致,但有部分硬伤	表演台词的撰写很少与所扮演的角色一致	
演出道具 (20分)	学生使用了多种符合角色要求的道具,看得出他们为演出做了相当细致的准备,演出效果精彩	学生使用了一种以上符合角色要求的道具,增加了演出的效果	学生使用了一种符合角色要求的道具,演出效果较好	学生没有使用道具或者所用的道具,影响演出效果	
总分 (100分)					

第六章 初中历史教学评价

> **引 子**

教学评价是以教学目标为依据,对教学进行全面检查,并予以价值上的判断。对教师来说,科学的、合理的课堂观察,适时的客观的教学评价,为教师改进教学与检验教学提供了依据。它不但有利于实现教学过程的科学化,促进教学目标的实现,而且可以调动教师教学工作的积极性,有利于端正教学思想,使教师更加明确教学工作努力的方向,以全面提高教学质量。

第三节 初中历史教学评价

听课与评课是教学实践中的两个重要环节,是历史教师教学反馈的重要途径,也是学校教学管理的一项常规性活动。听课是评课的前提和基础,评课是通过听课的方式,了解历史课堂教学的基本情况,诊断课堂教学存在的问题,评判历史教师教学的大致水平,以改进提高课堂教学的质量。

一、历史教师的课堂观察

1. 历史课堂观察的内涵与特点

20世纪五六十年代,源于西方科学主义思潮的课堂观察开始作为一种研究课堂的方法;从七十年代开始,质性的研究方法开始走入课堂观察。完整的文字描述呈现了课堂全貌,使原本被剥离的课堂事件、课堂行为回归情境本身,研究者利用个人经验可以更好地理解、诠释课堂。[①]

历史课堂观察就是通过观察对历史课堂的运行状况进行记录、分析和研究,并在此基础上谋求学生课堂学习的改善、促进教师发展的专业活动。作为专业活动的观察与一般的观察活动相比,它要求观察者带着明确的目的,凭借自身感官及有关辅助工具(观察表、录音录像设备),直接(或间接)从课堂上收集资料,并依据资料作相应的分析、研究。它是教师日常专业生活必不可少的组成部分,是教师专业学习的重要内容。其主要特点体现在四个方面:

历史课堂观察是一种行为系统。它由明确观察目的、选择观察对象、确定观察行为、记录观察情况、处理观察数据、呈现观察结果等一系列不同阶段的不同行为构成。

[①] 沈毅,崔允漷. 课堂观察——走向专业的听评课[M]. 上海:华东师范大学出版社,2008:73-74.

历史课堂观察是一种研究方法。它将研究问题具体化为观察点,将课堂中连续性拆解为一个个时间单元,将课堂中复杂情境拆解为一个个空间单元,通过观察点对一个个单元进行定格、扫描,搜集、描述与记录相关的详细信息,再对观察结果进行反思、分析、推论,以此改善教师的教学,促进学生的学习。

历史课堂观察是一种工作流程。它包括课前会议、课中观察与课后会议三个阶段。从课前会议的讨论与确定,课堂中观察与记录,到课后会议的分析与反馈,构成了确定问题——收集信息——解决问题的工作流程。基于课堂观察,教师认识、理解、把握课堂教学事件,澄清教学实践的焦点问题,并在数据分析的基础之上反思教学行为,寻求新的教学改进策略与方式。

历史课堂观察是一种团队合作,它由既彼此分工又相互合作的团队进行。在课堂观察的整个过程中,每一个阶段都是教师之间多向互动过程。教师借助于课堂观察共同体,探究、应对具体的课程、教学、学习、管理上的问题,开展自我反思和专业对话,在改进课堂教学的同时,促进该合作体的每一个成员都得到应有的发展。①

2. 历史课堂观察的类型

根据历史课堂观察的目的、主体、对象的不同及课程的性质、特点和功能的差异,课堂观察大致可以概括为"三类十四种"。②

(1) 研究类的课堂观察。

研究类的课堂观察主要是由校长、教研组长组成的学校管理者,或学校资深教师、教研员组成的指导者,为了分析问题,研讨和探索教学规律,主动进行的课堂教学研究。教育家苏霍姆林斯基认为,校长分析教师工作的最适当形式,就是定期地去听教师的课——既要听有二三十年教龄教师的课,也要听一年以前刚进校的教师的课。③ 该类型的课堂观察有六种:

一是了解性的课堂观察。这种课堂观察活动主要目的是了解某阶段或某位教师的基本教学状况。正规学校都会安排老教师与新上岗的教师结成"师徒"对子。指导教师一般通过了解性课堂观察去指导新教师适应教学环节。第一印象很重要,指导教师与新上岗的教师都要高度重视。对于新上岗的历史教师而言,有指导教师或领导听课时,一定要作好充分准备,把自己教学的最好状态发挥出来。如果第一堂课上"砸"了,要改变听课教师的印象就很难。对指导教师而言,一定要多关心新教师。按照苏霍姆林斯基的建议,新教师还没有适应教学之前,指导教师要给新教师一个成长的时间,不要急于进教室听课。指导教师要做的是

---

① 沈毅,崔允漷. 课堂观察——走向专业的听评课[M]. 上海:华东师范大学出版社,2008:74.
② 林存华. 听课的变革[M]. 北京:教育科学出版社,2007:21.
③ 苏霍姆林斯基. 给教师的建议[M]. 杜殿坤,编译. 北京:教育科学出版社,1984:428.

与新教师一起分析学情,讨论教科书的处理等,等新教师适应环境以后,再去了解性地听课。一位教师刚调入一所新学校,为了解教师的教学水平,新学校的主管领导和教研组长一般会进行了解性课堂观察。

二是分析性的课堂观察。它是指前后连续,有系统、有比较地进行研究性的课堂观察活动。如学校要对新进的"特岗"历史教师进行教学水平评估,学校一般会进行分析性的课堂观察。学校领导指定教研组长和新教师的指导教师,连续听三到四节课。每次听完课以后,立即与新教师进行面对面的交流,与新教师分享课堂的"闪光"之处,特别要分析课堂的不足,并与他们协商解决问题的途径。通过一个阶段的课堂观察,对课堂的整体有效性进行评估,如讲课与板书结合的问题是否已得到解决,语言表达的问题是否有所改善,在课堂教学中对板书随板随擦的不良习惯是否得到解决等。

三是"会诊"性的课堂观察。会诊性课堂观察又称"诊断性"课堂观察,主要是为了帮助教学水平不高、教学问题较多的教师发现问题、查找原因,以提高他们教学水平而组织的课堂观察活动。刚上讲台的新教师,管不住学生,甚至有时历史教学任务都无法完成,这样的课堂一定要"会诊"。经验丰富的骨干教师要向新教师传授管理学生的经验;新教师本人也要想方设法设计好自己的教学方案。一个很调皮的学生在课堂上睡觉,历史特级教师去推醒他。特级教师质问学生:"上课为什么睡觉?"学生很委屈地说:"老师您的课上得太精彩了,同学都不愿与我讲话,复习课听不懂,我没有办法,只能睡觉。"可见,把课上好是管理学生最好的途径。中年教师有时也要"会诊"。他们在教学中不愿创新,长期的重复劳动容易引起职业倦怠,因此上课漫不经心,教学方法与手段不是与时俱进,而是凭老经验办事。

四是切磋性的课堂观察。它是指同年级同学科教师为了交流教学状况,研究教学方法而进行的互相课堂观察活动,最能体现这种课堂观察的教学形式就是"同课异构"。所谓"同课异构",就是根据学生实际、现有的教学条件和教师自身的特点,在"同中求异、异中求同"的原则指导下,不同的历史教师对同一内容进行不同的教学设计,真正体现了资源共享,优势互补。通过对这些课的对比,进行课堂观察的教师结合他们所取得的效果,找出他们的优点和不足。它优化了历史课堂结构,变革了学生的学习方式,大大提高了课堂效率。

五是研讨性的课堂观察。它是指针对某个有待研究的教学专题所进行课堂观察。每个教师在教学中都会遇到问题,把学校历史教师共性的问题上升为研讨性的专题,如美国的两党制度、法国和德国的政体、中国的理学思想等,都是教师难以把握的内容。教研组安排经验丰富的教师主讲,同时可以给年轻教师做一个示范。年轻教师根据自己的理解,结合研讨性的课堂观察,科学合理地处理这些教学中的难点。

六是试验性的课堂观察。试验性的课堂观察是指为了证实、推广教学成果或教学模式而进行的教学实验改革的尝试。实证课是按照别人研究的教学成果进行教学,以验证成果的可行性和有效性;推广课是以研究的态度引进已被别人实践检验并行之有效的优秀教学成果。

(2)指导类的课堂观察。

指导类的课堂观察是指为了总结、交流、学习及推广教学经验或方法而进行的课堂观察。它大致有五种类型。

一是总结性课堂观察。它是指为帮助教学水平高的教师,或为正在尝试新的教改实验的教师总结教学经验而进行的课堂观察活动。

二是示范性课堂观察。它是指请有教学特色或独特教学风格的历史教师执教,通过示范教学,推广先进教学方法和经验。

三是比较性课堂观察。它是指选择相同的教学内容,组织同学科教师相互之间的课堂观察活动,其主要目的是让同学科教师相互学习,探讨教学规律,改进课堂教学,共同提高教学质量。

四是跟踪性课堂观察。它通常是一种有计划、有目的地培养和提高教师素质,连续多次观察特定教师课堂教学的观察活动。

五是相关性课堂观察。为了满足学科综合化趋势的需要,促进中学各年级教学内容和教学方法的顺畅衔接,加强教师一专多能素质的培养,可提倡政治、历史、地理及语文等相关学科和不同学段之间交叉进行课堂观察。

(3)考评类的课堂观察。

考评类的课堂观察主要是督促教师开展课堂教学研究活动,检查教师的实际教学情况和实际水平。它主要可分为三类:

一是检查性课堂观察。它指为了考察教师的工作态度,检查教师的备课和上课情况而进行的督促性课堂观察活动。

二是考核性课堂观察。为了鉴别教师的教学水平和教研活动,学校管理者要定期观察教师的课堂,为教师考核提供基础。

三是评优性课堂观察。它是对教师的课堂教学做定性评价,并对课堂教学的优劣进行区分的课堂观察活动。[①]

3. 历史课堂观察的准备

(1)要熟悉《义务教育历史课程标准(2011年版)》和历史教科书的相应章节内容。

(2)与任课教师商量教学内容。

(3)确定课堂观察的重点和难点。

[①] 参见林存华.听课的变革[M].北京:教育科学出版社,2007:21-28.

(4) 设计好课堂观察记录表。①

表 6-8　学生的错误和教师的处理

教师对学生错误反应分类		典型行为记录	频次
学生的错误	1. 知识性错误		
	2. 表达错误（文字表述、图形）		
	3. 不合理的错误（甚至引起学生哄笑）		
	4. 思考不全面		
	5. 教师无法判断正误（如异想天开型）		
	6. 未把握问题的指向		
教师的态度	1. 赞许（如虽有错误但有想法）		
	2. 接纳（微笑，偏肯定的语气）		
	3. 中性（指令）		
	4. 尴尬（不知如何应对）		
	5. 气愤		
教师的处理	1. 鼓励		
	2. 引导		
	3. 换其他学生回答		
	4. 教师自己指正		
	5. 进行解释和说明		
	6. 由学生评价		
	7. 由同伴补充完整（合作学习时）		
	8. 最终明确正确解答		
	9. 忽视或视而不见		

表 6-9　教师的讲解行为

	观察内容	频次	百分比	排序
典型行为	1. 用课本语言			
	2. 用自己的语言			
	3. 用举例的方式			
	4. 利用重复/停顿/节奏			
	5. 观察学生的反应			
	6. 结合学生的语言			
	7. 借用板书			
	8. 借用声像			
	9. 借用体态语			
总体印象				

说明：以一个相对完整的教学片段为观察单位。

---

① 课堂观察记录表参见沈毅，崔允漷. 课堂观察——走向专业的听评课[M]. 上海：华东师范大学出版社，2008.

表 6-10　教师各种教学行为的时间分配

行为类别	时间(分钟)	百分比
教师讲解		
学生讲解		
师生互动		
小组讨论		
学生自学		
非教学时间		

二、历史教师的评课

1. 传统的课堂教学评价的弊端

传统的历史教学主要从三个方面进行评价：看教学目的是否明确；看教学内容是否科学系统；看教学方法是否恰当。这种历史课堂评价方式过分强调教师在教学中的重要性，对学生在学习中的主体地位突出不够，其主要弊端有：

其一，传统的课堂教学评价强调教师是课堂教学的主体，忽视学生在课堂中的地位。教师教学水平的高低直接决定着学生对知识的掌握程度，学生只要被动地接受知识就行，因此传统的课堂教学评价重点是检查教师的教学行为。

其二，传统的课堂教学评价把认知目标作为课堂教学中的中心和唯一的目标，而忽视教学过程与方法、情感态度与价值观的培养。教学流程的设计都是以传授基础知识为核心，而学生的能力和非智力因素的培养没有得到应有的重视。

其三，传统的课堂教学评价过分强调课堂教学评价体系的严密和评价指标的完备。评价一堂课从教学目的、教学内容、教学方法、教学进度、教学效果，进而到课堂提问、板书、语言、教态及多媒体运用等，无不面面俱到。短短的一节课，传统教学让它承载了过多的任务，教师为了求全、求课堂得高分，在处理教科书内容时，甚至出现本末倒置的现象，而需要关注的学生独特性及创造能力的发现和引导，被传统教学折磨得体无完肤。

传统课堂教学评价的诸多弊端中，根本的弊端在于对教学活动中主体认识的错位。只有学生才是课堂教学的真正主体，只有学生才是具有发展可能的人，具有主观能动性、有可能积极主动参与教学活动的人。只有学生真正发挥了自身的主体作用，学习进程才能有效地开展，教育目标才有实现的可能。

2. 新课程课堂教学评价方式的构建

建构主义理论无论从学习观、教学观，还是教师的地位和作用的角度，都充分表明教学必须以学生为中心，因此我们评价课堂教学时，最核心的内容就是关注学生在课堂的状态。

(1) 新课程课堂教学评价的基本理念。

杨九俊在其主编的《新课程说课、听课与评课》一书中认为,新课程课堂教学评价方式的基本理念应体现在以下三个方面:"一是促进学生的发展;二是促进教师的成长;三是'以学论教',以学生的'学'来评价教师的'教'。新课程教学评价强调以学生在课堂中呈现的情绪状态、交往状态、思维状态和目标达成状态为参考,来评价教师教学质量高低。"新课程课堂教学评价不仅牵涉到素质教育和新课程的目标,而且还牵涉到教学的策略。评价者和教师应该共同关注学生的状态,将课堂教学评价与课堂教学改革目标统一起来。它不但要对课堂教学的价值作出判断,而且要对提升课堂教学质量的途径提出建议。

(2) 新课程历史课堂教学评价指标体系的构建。

学生是课堂学习的主体,他们是课堂学习的积极参与者、主要建构者,学生的有效学习是课堂成败的决定性因素;教师是课堂教学的组织者、引导者、促进者,教师灵活运用各种教学资源、教学方式等教学行为在很大程度上影响着课堂教学的有效性。因此,从教师的指导过程和学生的学习过程构建初中历史课堂教学评价指标体系,比较科学、合理,符合初中历史课堂教学的实际。

三、课堂教学评价的方式

教学是复杂的,要全面认识一位教师的教学全貌,就必须有多种方式。这些方式包括同行评价、学生评价、同事评价和教师自评等。

1. 同行评价[①]

同行评价是指由本校或者外校的历史学科教师对某位历史教师的历史教学做出评定。因为同行进行评价时,双方具有相似的教学经验和知识结构,对历史学科的教学目标、意图、内容、方法等教学目标比较熟悉,所以同行评价是一种较为专业和客观的评价,做出的评定比较符合实际,同时也有利于教师之间的相互学习、相互交流,提高教师的整体水平。

同行评价一般采取教案诊断和课堂听课的形式进行。教案诊断就是从教法的角度出发,通过考察教师准备的教案目标是否清晰具体、内容是否得当、重点难点是否突出等,进行分析并提出建议。课堂听课是指同行教师相互听课,在现场观察的基础上,按一定的指标对教师课堂教学进行评分。

2. 学生评价

学生评价是一种比较民主的形式,主要有问卷调查与座谈会两种形式。它主要是通过

---

① 同行评价参见 http://gaokao.juren.com/news/201308/430590.html。

考察学生对教师教学的意见，来评定教师的教学态度、教学技巧、表达能力、教学组织能力以及沟通与协调师生关系的能力。由于学生是课堂教学的主体，教学是为学生服务的，所以学生对教师的评价最有发言权。

3．同事评价

同事评价是指本校的领导、其他学科的专家和教师对历史教师的教学做出的评价。由于他们对教学的目标不熟悉，所以他们一般不会针对具体的教学内容做出评价，但他们往往会从教学理念、课堂形式、教学手段、教态仪容等方面做出评价，对教师的专业成长有较大帮助。

4．教师自评

教师自评是指教师对自身的教学活动进行评价，这也是教学评价的主要途径。教师自评意味着对教师的尊重和信任，有助于增强教师的主人翁意识，鼓励教师积极参与评价过程，提高教师评价的有效性和可靠度，使评价成为教师自我改进、自我教育的过程。

本章知识结构

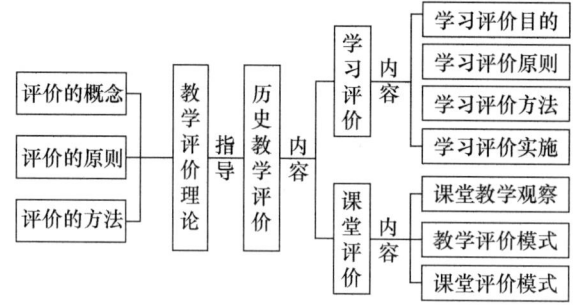

本章小结

（一）本章的主要内容

1．第一节历史教学评价理论主要介绍了历史教学评价的概念、教学评价的原则与方法。

2．第二节初中历史学习评价主要介绍了学习评价的原则、方法及实施策略。

3．第三节初中历史教学评价主要介绍了课堂观察、评课的方式。

（二）本章的重点和难点

1．重点是对学生历史学习的过程和结果进行评价，对历史教学进行诊断性、过程性、终结性等评价。

2. 难点是对历史学习和教学评价在历史教学中的实施和综合运用。

(三) 学习时要注意的问题

要了解对评价的分类及概念,要掌握对学生学习和教师教学的评价方法及实施策略。

备考指南

本章考试主要是以材料分析题来体现,要求了解学生学习历史和教师教学评价的基本类型和具体方法,能够合理运用多种评价方式,通过学习和教学评价,改进教学和促进学生的发展。

自测训练

一、选择题

1. 教学评价的功能主要有( )。
   ① 导向　　　② 诊断　　　③ 反馈　　　④ 激励
   A. ①②③④　　B. ①②③　　C. ①②　　D. ①③④

2. 以中学历史教学目标为依据,运用一切可行的科学方法,系统地收集信息,对中学历史教学所引起的学生在认知行为上的变化进行价值判断的过程被称为( )。
   A. 中学历史教学评价　　　　B. 中学历史学业评价
   C. 中学历史教学分析　　　　D. 中学历史教学观察

3. 把课堂教学看成一个由多个环节组成的动态过程,评价针对的是课堂教学的过程,在这个过程中,结合课堂教学的目标来评价课堂教学的效率。这种原则被称为历史教学评价的( )。
   A. 发展性原则　　　　　　　B. 区分性原则
   C. 过程性原则　　　　　　　D. 多元性原则

4. 过程性评价是对课程实施意义上的学习动机、过程和效果的三位一体的评价。过程性评价依据评价主体划分,下列不属于过程性评价的是( )。
   A. 学生自评　　B. 学生互评　　C. 教师点评　　D. 家长评价

5. 要求学生应用必需的知识和技能去完成真实情境或模拟真实情境中的某项任务,通过对学生完成任务状况的考察而达到培养学生思考问题、反思实践、提高研究技巧的目的的评价是（　　）。

  A. 发展性评价 B. 过程性评价 C. 档案袋评价 D. 真实性评价

6. 学生答完题后，对成绩进行统计，对考试质量所进行的分析评价被称为（　　）。

  A. 测验质量 B. 试题区分度 C. 试题信度 D. 试题分析

7. 考试内容与历史新课程标准的吻合程度被称为（　　）。

  A. 考试信度 B. 考试效度 C. 考试难度 D. 考试区分度

8. 学生依据一定的评价标准，对自己的学习做出分析和判断，并对自身的学习进行自我调节的活动是（　　）。

  A. 学生自主管理   B. 学生自我评价

  C. 学生自学能力评价 D. 课堂民主评价

9. 通过真实的调查，全面充分地揭示和描述学生学习历史的特点，以彰显其中的意义，促进学生的理解，这种评价方式是（　　）。

  A. 量化评价 B. 质性评价 C. 选拔评价 D. 终结评价

10. 引导学生识记重要的图、像、画；学生如何阅读和观察、感知和体验去获取历史信息。这属于下列（　　）层次。

  A. 知识与能力   B. 过程与方法

  C. 情感态度与价值观 D. 美学教育

二、简答题

11. 课堂教学评价的方式主要有哪几种？

12. 什么是同伴评价？同伴评价的价值是什么？

13. 什么是形成性评价？形成性评价的目的是什么？

三、教学评价实践操作题

14. 一位历史教师从中途接了五个初二班，他想在一个学期内，对学生的学习历史的情况进行不同的评价。请你帮他设计评价方式，并说明理由。

15. 假如你在执教"甲午中日战争"，请根据初中历史的"知识与能力"的评价的三个层次，设计三道题目，以对应这三个层次。

自测训练参考答案

第一章 初中历史教学理论自测训练参考答案

一、选择题

1. C 2. B 3. C 4. D 5. B 6. A 7. C 8. A 9. B 10. C

二、简答题

11.

（1）在课堂上使用和处理教科书的时候，历史教师既不能单纯地"教教科书"，也不能只"把教科书当作教学材料来教"。

（2）教师要坚持"教教科书"，使历史知识能够落实到位。

（3）教师要灵活地"把教科书当作教学材料来教"，一方面是可以在一定程度上防止照本宣科，生硬灌输的教学，较为彻底地改变传统的教学方式，另一方面可以体现以学生为主体，深化学生对历史本质规律的认识。

12.

（1）标准体现了以人为本的教育理念。

（2）标准是国家对义务教育阶段学生在历史学科领域的基本素质要求。

（3）标准是编制教科书、进行教学和评价的基本依据

（4）标准对教科书的编写体系、教学顺序安排及课时分配、评价的具体方法等，没有作硬性规定。

13.

（1）从文明史观的角度看，鸦片战争后，西方先进的工业文明传入中国，中国的农耕文明受到工业文明的冲击，小农经济开始解体。

（2）从近代化史观的角度看，它在客观上瓦解了中国的自然经济，促进了商品经济的发展，使中国出现近代工业，开启了近代化进程。

（3）从全球史观的角度看，它使中国卷入了资本主义世界市场，打破了中国"闭关"局面；

(4)从社会史观的角度看,鸦片战争之后,西方服饰、生活方式传入中国,冲击中国传统的社会习俗。

三、材料分析题

14.(1)"一最四善为上上,一最三善为上中,一最二善为上下……居官饰诈,贪浊存状,为下下。"很明显,"最"是获得上等的必备条件,随后省略的是"无最而有二善为中上,无最而有一善为中中,职事粗理,善最不闻,为中下",这再一次突出了"最"的"一票否决制"作用,无"最"只能获得中等考核。但是试题为突出"德",在材料后却人为加上一句"'善'是获得薪酬奖励与迅速提升的关键",这就违背了材料重视"最"的原意了。

(2)史料的客观性是命制材料分析题的第一要务,我们在设计材料分析题作业时,不要违背原意而改变史料。

15.(1)《三国志》《三国演义》《三国志注》《资治通鉴》都是历史材料。

(2)《三国志》是陈寿著的,《三国志注》是裴松之作的注,《资治通鉴》是司马光主持编纂的,它们都是史书,材料比较可靠。

(3)《三国演义》是文艺作品,是历史资料的来源,但是材料要经过甄别才能用于教学。

第二章 中国历史基本知识自测训练参考答案

一、选择题

1. D 2. A 3. B 4. D 5. A 6. D 7. C 8. D 9. C 10. B

二、材料分析题

11.

(1)理由:秦始皇实行暴政而亡。

根本目的:唐太宗希望吸取秦亡的教训,实现唐朝的长治久安。

(2)统一了中国;统一了文字;开创了一些影响深远的制度。

(3)基本倾向:基本否定。

理由:秦始皇推行的文化专制主义不利于先进文化建设。

(4)将历史人物放在特定的历史条件下,具体问题具体分析。

12.

(1)主张:"仁"。

原话:"己欲立而立人,己欲达而达人","己所不欲,勿施于人"。

(2)主张:"罢黜百家,独尊儒术",大一统。

影响:儒家学说成为封建正统思想;有利于维护政治、国家的统一。

(3) 评价:大思想家、儒学家派的创始人、大教育家。

依据:中国人深受孔子思想的影响;孔子的教育思想影响深远。

(4) 新文化运动时期和"文化大革命"时期;重视孔子在传统文化中的作用和影响,在世界文化交流中的影响力。

第三章 世界历史基本知识自测训练参考答案

一、选择题

1．C 2．A 3．D 4．C 5．C 6．A 7．B 8．C 9．B 10．C

二、材料分析题

11.

(1) 法国盛极一时的拿破仑帝国。意大利摆脱了法国的统治,获得民族独立。

(2) 维护了资产阶级利益;巩固了法国大革命的成果;为后世树立了法律典范。

(3) 资本主义的发展。克伦威尔、罗伯斯庇尔、华盛顿等。

12.

(1) 英国资产阶级革命。1688年。

(2) 英国工业革命。进入"蒸汽时代"采用大机器生产。

(3) 推动了英国资本主义经济的发展。中国成为英国殖民侵略的对象,鸦片战争使中国开始沦为半殖民地半封建社会。

(4) 科技是第一生产力;技术创新是社会进步的动力。

第四章 初中历史教学设计自测训练参考答案

一、选择题

1．D 2．A 3．C 4．B 5．C 6．C 7．D 8．A 9．B 10．D

二、简答题

11.

(1) 教学目标方面,应把教学重点置于首要位置,对教学重点进行深入的阐释,以引起学生高度的关注。

(2)教学过程中,应围绕教学重点补充相关的材料,引导学生对重点学懂、学深、学透。

(3)教学方式上,要围绕教学重点设问,引导学生思考;围绕教学重点组织课堂活动,促使学生进行探讨;利用情境创设及多媒体辅助教学等手段突出重点,使学生对重点知识能进行全方位的多层次的理解。

(4)教学时间分配方面,时间予以充分保证,在讲述重点内容时至少要花课堂的三分之一强的时间。

(5)课堂训练方面,教师围绕重点设计题目,真正把重点的基础知识落到实处。

12.

一是体现以学生为中心的原则;

二是体现学习的层次性原则;

三是体现自主合作学习原则;

四是体现问题引领的原则。

13.

课程资源包括校内课程资源和校外课程资源。校内课程资源主要有教科书,教师和学生等人力资源,校内各种专用教室等。校外课程资源主要指校外图书馆、科技馆、博物馆、网络资源、乡土资源和家庭资源等。

三、教学设计案例

14.

通过教师对南昌起义的讲解,学生‖能够了解南昌起义的时间、地点、领导人及历史意义。
　　　　　　Ｃ　　　　　　　　Ｂ　　　　　　　　Ｄ

分析:A 是 Audience,即学习的主体,"学生"是行为主体,教师的作用只是引导;"B 是 Behavior,即了解",是表示知识点所达到的层次;C 是 Conditions,即条件,"南昌起义的时间、地点、领导人及历史意义"是要了解的具体内容;D 是 Degree,即程度,"通过教师对南昌起义的讲解"是学习目标达成的基本条件。

15.

这种讲述方法不合适。

理由:(1)教学案例中的教师在阐释"交子"概念时超越了历史事实,因此阐释概念的方法不可取。

(2)按照经济理论分析,纸币的出现是商品经济中的信用关系及金属货币发展到很高程度的必然产物。但当时交子出现的背景却是币制混乱,铁钱体大值小,造成交易不便;铜钱铸额受限,不敷流通所需。在这样的情况下,交子才作为一种替代的货币出现。

(3)按照一般货币的流通规律,纸币应该取代金属货币。但在中国实际的发展过程中,具体说是到了明朝中期,白银成为主要货币,而纸币反而退出了历史舞台,因此,不能过分夸大纸币在中国古代经济中的作用,而要实事求是地加以分析。①

16.

答案要点:该教学设计存在的问题是教学内容没有进一步挖掘,知识没有讲到位,因为只是凭教育言论不能证明孔子是一个伟大的教育家。

教学建议:(1)孔子开办私学,打破了"学在官府"的垄断局面,这使得教育在民间推行,扩大了学校教育的社会基础与人才来源。这在中国古代教育史上具有划时代的意义,有着重要的地位和作用。

(2)在四十年的教学生涯中,收集历史文化资料,加以整理并编著成书。对传承中国古代文化经典和学术思想做出了不可磨灭的贡献。从这个意义来说,孔子是系统传播古代文化的第一人。

(3)在教学实践中,孔子注重道德教育和文化知识教育,形成了比较系统的教育思想和原则。他是我国古代教育思想的奠基人,被后世尊为"万世师表",成为教师的祖师和楷模。

17.

答案要点:这位教师的教学方法不合适。

主要原因是教学设计一定要符合学生的特点,类比要合理,防止出现低龄化现象。一是用虫子咬苹果这个例子去类比英国侵略中国,这种类比有瑕疵;二是在中学课堂讲"虫子咬苹果",有些不符合学生的特点;三是简单的问题要简单处理,简单问题不能复杂化。

18.

(1)教师没有学会倾听学生的观点,没有让学生充分表达自己的思想。教学中这种无视学生阐述思想的现象比比皆是,结果是课堂教学离学生的心灵越来越远。

(2)教师要处理好预设与生成的关系。特别是当学生有优秀的表现时,教师用要让学生的才华得到充分的体现。

(3)教师要具备新课程理念。课堂是学生展现智慧的舞台,而不是教师"炫技"的场所。教师要营造民主、和谐的学习氛围,培养学生的创新思维。

---

① 叶小兵.意义的阐发[J].历史教学,2010(15):33.

第五章　初中历史教学实施自测训练参考答案

一、选择题

1. D　2. B　3. A　4. B　5. A　6. D　7. C　8. A　9. D　10. D

二、简答题

11.

(1) 通过介绍图题及其图像内容,引导学生对教学内容的关注。这就是将图片作为进入教学内容的路径,以更便捷的方式展开所学的内容。

(2) 通过对图片的观察,引导学生寻找并概括图片信息所反映的内容。这就是将图片作为学习与探究的材料,通过对图片的研习,掌握有效的知识。

(3) 通过对图片的解释,引导学生认识到历史事物的现象与本质。这就是将图片作为历史思维活动的媒介,用来展开对历史的认识。

12.

研究新课程标准,注意挖掘导入素材;要紧扣主题,防止离题万里;导入时间要短,忌拐弯抹角;要集中学生的注意力,防止不切实际的空谈。

13.

(1) 评价历史人物的原则:

注重客观性、全面性、实质性和稳定性;要处理好历史人物的政治活动与他们个人道德品质、政治操守以及私生活之间的关系;正确理解人民群众是历史的创造者。

(2) 评价历史人物的方法:

要具体分析人物思想发展的阶段;不能将历史人物脸谱化,更不能采取双重标准;不能以阶级斗争作为研究的唯一主线;不能因政治需要去评价人物。

三、教学实施设计案例

14.

教科书中写得全面清楚,要学生对内容全面理解却很难,这主要是因为教学缺乏总结。这就要教师用精练的语言,帮助学生抓住要点。

如关于《共产党宣言》内容及其发表的历史意义,这就要教师在备课过程中注意提炼观点,抓住问题的关键所在。一方面是《共产党宣言》阐明了人类发展的客观规律,论证了资本主义将为共产主义所取代的历史必然;另一方面,《共产党宣言》指明了共产党是无产阶级的先进组织,阐述了共产党的性质、目的和策略等,强调用暴力推翻资产阶级的统治,建立无产阶级专政。前一点为无产阶级革命指明了方向,后一点指明了道路,这就为无产阶级革命斗争提供思想武器和理论基础。[①]

15.

(1) 这个教学案例在现实教学中普遍存在,教师为了阐释分封制的概念,运用了多媒体的方法,引导学生从《西周分封制示意图》中获取有效信息。问题的关键是,学生获得了很有价值的信息,而教师还是一味地强调教学预设,没有根据学生的问题"就汤和面"地解决学生的知识生成问题。

(2) 这种问题出现的原因是教师准备不足,经验缺乏,对分封制的概念理解没有到位所致。在学生的回答时,包含着种种疑问,如同姓诸侯国和异性诸侯国交错分布的目的是什么?教师就可以回答学生,主要是为了防止地方动乱,巩固中央的统治。同姓诸侯分布在都城镐京附近的目的又是什么?这个问题正好回答分封制的目的——"封邦建国,以藩屏周"。为什么分封的诸侯国大多分布在黄河流域?这说明西周的政治、经济等活动区域主要集中在黄河中下游地区。

16.

(1) 由灯箱想到了夜市,再由夜市看到了经营时间的变化;

(2) 通过坊市的对比,联想到街市,从而看到经营场所的变化;

(3) 从夜市的繁华,联想到服务业的兴盛;

(4) 由服务业的规模经营,联想到商业竞争,从而看到经济繁荣的表现。

第六章 初中历史教学评价自测训练参考答案

一、选择题

1. A 2. A 3. C 4. D 5. D 6. A 7. B 8. B 9. B 10. A

二、简答题

11.

课堂教学评价的主要方式有同行评价、学生评价、同事评价和教师自评等。

12.

同伴评价是通过彼此比较收集评价对象在群体中所处地位和人际关系状况信息的一种

[①] 叶小兵. 内涵的开掘[J]. 历史教学,2008(5):50.

手段。由于学生之间朝夕相处，对于同伴之间的优点和缺点更加了解。

同伴评价的重要价值在于，使教师获得从直接观察难以得到的感觉和态度。

13.

是指对学生日常学习过程中的表现、所取得的成绩以及所反映出的情感、态度、策略等方面的发展所做出的评价，是基于对学生学习全过程的持续观察、记录、反思而做出的发展性评价。

形成性评价是在诊断性评价的基础上进行的，它明确规定了每个学习阶段的学习目标，划分出学习单元和具体课程，对教学活动起导向作用。其目的是通过形成性评价了解学生已经达成的阶段目标，从而肯定已有的发展成就，及时发现问题并提供矫正方案，有利于增强学生的自信，帮助学生不断改进学习方法。

三、教学评价实践操作题

14.

(1) 开学接班时，教师对学生前一阶段学习中历史知识储备的数量和质量、学生的性格特征、学习风格、能力倾向、对历史学科的态度和对学校学习的生活态度、身体状况和家庭教育等，作一个诊断性评价，其目的是确定学生的学习准备，明确学生发展的起点水平，为教学活动提供设计依据；识别学生的发展差异，根据学生特点安排教学内容；诊断个别学生发展上的特殊障碍，并做好补救的措施。

(2) 形成性评价是在诊断性评价的基础上进行的，它明确规定了每个学习阶段的学习目标，划分出学习单元和具体课程，对教学活动起导向作用。其目的是通过形成性评价了解学生已经达成的阶段性目标，从而肯定已有的发展成绩，及时发现问题并提供矫正方案，有利于增强学生的自信，不断改进学习方法。

(3) 终结性评价是对一个学段的历史学科教学的教育质量评价，其目的是对学生阶段性学习的质量做出结论性评价，然后再给学生作评价结论。总结性评价是考察学生群体或每个学生整体的发展水平，为各种评优、选拔提供参考依据；总体把握知识、技能的程度和能力水平，为教师和学生确定后续教学起点提供指导。

15.

第一层次：知识的掌握与运用。

(1) 清末台湾爱国诗人丘逢甲的诗句"四万万人同一哭，去年今日割台湾"中的"割台湾"，与下列哪个条约相关（　　）。

  A.《马关条约》   B.《天津条约》

  C.《北京条约》   D.《辛丑条约》

第二层次：培养学生的创新思维。

(2) 恩格斯在论及清朝同外国之间的一场战争时说："在陆地和海上打了败仗的中国人将被迫欧化,全部开放它的口岸通商,建筑铁路和工厂……"恩格斯这里所说的战争是指(　　)。

  A. 鸦片战争   B. 第二次鸦片战争

  C. 甲午中日战争   D. 八国联军侵华战争

第三层次：培养探究技能和实践能力。

(3) 甲午中日战争给中国带来了深远的影响,远在内地的湖南在甲午战后也发生了很大变化。请搜集材料,写一篇小文章,谈谈甲午战争对湖南的影响。

全真模拟一

一、单项选择题(本大题共25小题,每小题2分,共50分)

在每小题列出的四个备选项中只有一个是符合题目要求的,请用2B铅笔把答题卡上对应题目的答案字母按要求涂黑。错选、多选或未选均无分。

1. 化石是研究人类起源的主要证据。右图是根据化石复原的原始人头像示意图,这种猿人曾经居住于现在的(   )。
   A. 云南境内   B. 北京境内
   C. 陕西境内   D. 浙江境内

2. 今天四川成都平原被称为"天府之国",这与李冰修建的水利工程(   )有关。
   A. 大运河   B. 灵渠   C. 都江堰   D. 白渠

3. 儒家学说是中国两千多年封建正统思想,这一地位的确立开始于(   )。
   A. 孔子创立儒学,提出"仁"的学说
   B. 汉武帝接受"罢黜百家,独尊儒术"
   C. 隋唐科举考试以儒家经典为主要内容
   D. 明朝八股取士在四书五经范围内命题

4. 在影视作品中,出现不合历史的场景、物品或前后场景不一致的现象,被称为"穿帮"。电视剧《三国》摄制组布置了一个曹植的书房场景,根据你所学过的历史知识,(   )的出现会导致"穿帮"。
   A. 椅子上放着一件丝绸衣服   B. 书桌上有一摞书籍
   C. 墙上挂有《洛神赋图》   D. 桌上放有一盘葡萄

5. 中央电视台纪录片《话说长江》的解说陈铎曾这样评价中国古代两个伟大的工程:一个是阳刚的一撇,另一个是阴柔的一捺,在中国的大地上书写了一个巨大的中国"人"。那么,这两个工程是(   )。
   A. 长城 江南河   B. 秦始皇陵兵马俑 都江堰
   C. 长城 大运河   D. 长城 长安城

6. "宋代经济的大发展,特别是商业方面的发展,或许可以恰当地称之为中国的'商业革命'。"宋代商业发展的突出表现是(　　)。

   A. 四川地区出现了世界上最早的纸币

   B. 太湖流域已成为全国最重要的粮仓

   C. 江南的青瓷成为人们日常生活用具

   D. 长安成为当时繁华的国际性大都会

7. 维护国家统一,打击民族分裂势力,是任何一个国家的统治者的重大治国谋略。清朝为加强西北边疆的管理,采取的重要措施是(　　)。

   ①平定噶尔丹叛乱　　　　　②确立"金瓶掣签"制度
   ③平定了大小和卓叛乱　　　④进行雅克萨之战

   A. ①②　　　B. ③④　　　C. ①③　　　D. ②④

8. 史学家陈旭麓认为:"民族的反思,是在遭遇极大的困难中产生的。一百多年来,中华民族的第一次反思是在鸦片战争后,渐知诸事不如人,只有学习西方。第二次则是反思何以学了西方仍然失败。"其中"第二次反思"开始于(　　)。

   A. 经济技术方面的探索　　　B. 政治制度方面的探索

   C. 思想文化方面的探索　　　D. 军事强国方面的探索

9. 1919年6月3日以后,五四运动发展到一个新的阶段。对于"新"的理解,不正确的是(　　)。

   A. 运动中心从北京转移到上海

   B. 斗争方式从学生罢课变为工人罢工、学生罢课、商人罢市

   C. 无产阶级取代学生成为运动的主力

   D. 斗争对象从帝国主义变为北洋军阀政府

10. 中共"一大"纲领和中心任务的制定,表明(　　)。

    A. 中共还未完全认清中国的社会性质和革命性质

    B. 中共在历史上首次提出了用武装斗争进行反封建斗争

    C. 近代中国第一个革命政党建立起来了

    D. 反帝反封建的新民主主义革命开始了

11. 抗日战争中,李宗仁指挥国民党军队在正面战场取得重大胜利的战役是(　　)。

    A. 嫩江大桥之战　　　　B. 平型关大捷

    C. 台儿庄战役　　　　　D. 百团大战

12. 不同时代的宣传画体现了不同的时代风貌。右图这幅夸张的宣传画出现的时代背景是(　　)。

    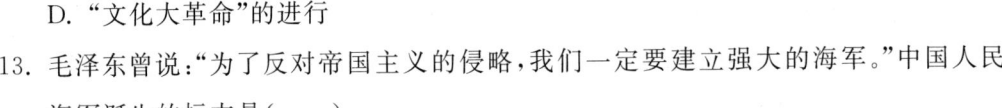

    A. 中华人民共和国的成立

    B. "一五"计划的实施

    C. "大跃进"运动的开展

    D. "文化大革命"的进行

13. 毛泽东曾说:"为了反对帝国主义的侵略,我们一定要建立强大的海军。"中国人民海军诞生的标志是(　　)。

    A. 北洋、南洋和福建三支海军的筹建

    B. 华东军区海军的建立

    C. 人民解放军海军领导机关成立

    D. 东海、南海和北海舰队的建立

14. 在第三次科技革命中,生物工程技术已广泛应用于农业、医药卫生和环境保护等各个领域,创造出许多惊人的奇迹。下列人物在生物工程技术领域做出了重大贡献的是(　　)。

    A. 邓稼先　　　B. 侯德榜　　　C. 袁隆平　　　D. 爱因斯坦

15. "庄园的规模大小不等,有的庄园就是一个自然村落,有的包括好几个村落。庄园里有封建领主的堡垒、教堂、农奴的茅舍,有铁匠铺、木工房、酿酒坊等各种手工作坊,还有牲畜圈、磨坊、菜园、池塘、树林、草地。"这段文字说明了(　　)。

    A. 庄园大体上是一个开放式的经济实体

    B. 庄园形成于查理马特的采邑制改革

    C. 庄园体现了欧洲封建自给自足的经济模式

    D. 庄园经济体现了资本主义的生产方式

16. 下列关于三大世界性宗教的表述不正确的是(　　)。

    A. 佛教、伊斯兰教的产生地在亚洲,基督教的产生地在欧洲

    B. 622年,穆罕默德在麦地那建立了政教合一的国家,这一年成为教历元年

    C. 基督教的核心教义是"博爱","基督"是"救世主"的意思

    D. 伊斯兰教在阿拉伯半岛统一过程中发挥了重要作用

17. "拿破仑最大的错误就在于:……他力图在欧洲帝王中间取得首屈一指的声誉,因此他尽量把自己的宫廷搞得和他们的宫廷一样;他降低了其他帝王的水平,他力图得到和他们同样的荣誉……"下列最能说明材料中的论断的是(　　)。

    A. 1799年拿破仑发动政变　　　B. 与反法同盟作战

C. 建立法兰西第一帝国　　　　　D. 颁布拿破仑《法典》

18. 有学者认为,世界近现代史中所有的大国都试图建立符合自己利益的世界秩序,所以它们总是为世界秩序出谋划策。实际上,那些正在崛起的国家想要打破这种秩序,因为它们试图取代以前的大国。一战后大国们为世界秩序"出谋划策"不包括(　　)。

A. 分区占领德国　　　　　　　B. 《凡尔赛和约》
C. 成立国际联盟　　　　　　　D. 《九国公约》

19. 二战后,亚非拉人民为捍卫国家主权、促进社会经济发展而进行斗争中,(　　)属于非洲的解放斗争。

① 埃及纳赛尔领导革命　　　② 古巴革命
③ 玻利瓦尔领导拉丁美洲独立战争　　　④ 纳米比亚独立

A. ①②　　　B. ②③　　　C. ①④　　　D. ③④

20. 下图是1950—1989年美国国内生产总值变化曲线图。对图中②时段解读不正确的是(　　)。

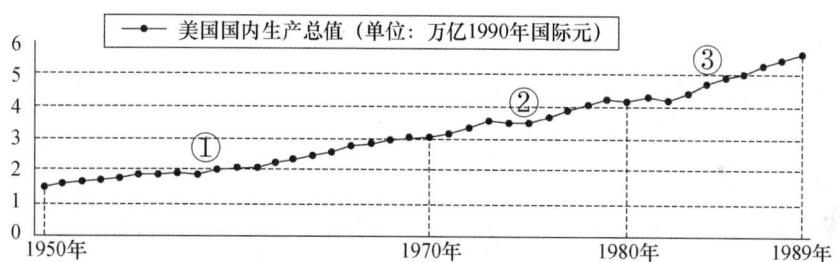

A. 美国经济出现"滞胀"现象　　　B. "新经济"得以快速发展
C. 美国经济受到经济危机影响　　　D. 美国在美苏争霸中处于劣势

21. 关于朝鲜核问题,中国、俄罗斯、朝鲜、韩国、美国、日本曾多次举行六方会谈。由参加谈判的成员可以看出(　　)。

A. 美国的霸权主义政策　　　B. 两极对峙的政治格局
C. 世界政治格局的多极化趋势　　　D. 世界经济的全球化

22. 以下图片中各事物出现的先后顺序为(　　)。

①

②

③

④

A. ①②③④　　　B. ①③②④　　　C. ④②③①　　　D. ②④①③

23. 关于秦朝设郡的数目,学术界有不同的看法。某同学在考证时,收集到以下几个方面的资料,其中最可信的应是(　　)。

A. 《史记》的记载　　　　　　　B. 秦简的记载

C. 民间的传说　　　　　　　　D. 史家的学术观点

24. 在以下教学方法中,既能最大限度地调动学生的积极性,又可以使学生很好地理解知识,并在大脑中留下深刻记忆的是(　　)。

A. 讲述法　　　　　　　　　　B. 角色扮演法

C. 史料教学法　　　　　　　　D. 讲解法

25. 物态教学存在包括(　　)。

① 教育理念　② 教学目的　③ 教学方法　④ 教学组织形式

A. ①②③　　B. ②③④　　C. ①②④　　D. ①②③④

二、简答题(本大题共3小题,每小题10分,共30分)

26. 闭关锁国政策的影响有哪些?

27. 新三维目标与传统教学目标的主要区别是什么?

28. 史料运用中常见"一手史料"和"二手史料"两个概念。它们的定义和特点分别是什么?

三、材料分析题(本大题共3小题,每小题16分,共48分)

阅读材料,并回答问题。

29. 材料:

材料一:英国皇家历史学会副主席哈里·狄更斯曾说:"17世纪……这是一项伟大的成就,而我们是世界上第一个取得这一成就的国家。"环顾当时的世界,法国正处在君主专制的鼎盛时期;……在亚洲,日本还在被封建幕府制度束缚;而中国,大清王朝268年的江山才刚刚坐了44年。但是英国,这个地处边缘的小国,却在历史性的转变中抢占了先机,已经率先到达现代文明的入口处,即将一步步稳健地走向世界的中心……

——《大国崛起解说词——走向现代(英国)》

材料二:19世纪中期,英国生产能力情况表

项　目	生产能力情况
煤产量	占世界总产量的2/3,是美国的7倍、德国的8倍、法国的近10倍
蒸汽机产生的能量	占欧洲的一半以上
生铁产量	已经超过世界上其他国家的产量总和,是德国的10倍

材料三:1846年,英国煤炭产量已经达到4400万吨,成为欧洲乃至全世界第一大产煤国。从此,英国到处建立起大工厂,那些高耸入云的烟囱喷出缕缕烟雾,庞大的厂房发出隆隆的轰鸣,打破了原来中世纪田园生活的恬静。

——《重新定义世界和我们的生活:低碳之路》

问题:

(1)根据材料一中提供的时间,"这是一项伟大的成就"指的是什么事件?(2分)这一事件开始的标志是什么?(2分)

(2)分析材料一中为什么这一成就使英国"抢占了先机,已经率先到达现代文明的入口处"?(2分)是什么事件使它"走向世界的中心"?(2分)

(3)材料二中英国生产能力的提高表明英国的生产方式发生了什么变化?(2分)分析材料二反映的事件对世界格局产生了什么影响?(2分)

(4)材料三中这一现象与哪一人物的什么成就有关?(2分)材料三所述事件给我们怎样的启示?(2分)

30. 材料:

以下是某教师教学准备的困惑:

陈老师准备给学生讲授美国国父华盛顿的生平。最初他想讲述华盛顿的两件事情:华盛顿小时候砍倒父亲的樱桃树后勇敢认错;华盛顿去世前留下遗嘱,要求解放自己庄园中的奴隶。然而在搜集史料的过程中,他发现权威媒体早已指出华盛顿的樱桃树故事是一个谣言。这时候陈老师踌躇了,他不知道华盛顿的遗嘱是不是也是一个谣言。

问题:

请给踌躇中的陈老师一些建议,如何确认华盛顿遗嘱的真假?(16分)

31. 材料:

以下是某教师针对"新文化运动"这一知识点制定的教学目标:

【知识与能力】新文化运动的背景,兴起的标志和领袖人物。新文化运动的主要内容。新文化运动的影响。

【情感、态度与价值观】通过对新文化运动所发扬的精神的学习,使学生明确,作为中国未来存在和发展的重要途径,对民主和科学的追求也是个人健全人格、正确道德观、人生观和价值观的主要体现,以此培养学生的科学精神与人文素养。

问题:

(1)指出以上教学目标的不足之处。(8分)

(2)制定教学目标要做哪些准备?(8分)

四、教学设计题(本大题1小题,22分)

32. 根据下列材料设计教学片段。

(1)课程标准规定:

讲述中国工农红军长征的故事,体会红军的革命英雄主义精神。

(2)课文摘录:

长征的胜利

遵义会议以后,在毛泽东领导下,红军声东击西,四渡赤水河,打乱了敌人的追剿计划,然后急行军渡过金沙江。从此,红军跳出了敌人的包围。接着,红军北上,强渡大渡河,飞夺泸定桥,又翻过高耸入云、白雪皑皑的大雪山,通过杳无人烟、一望无际的草地,进入甘肃。1935年10月,党中央和红一方面军①历经艰难险阻,终于到达陕甘革命根据地的吴起镇,与陕北的红军胜利会师。

第二年10月,红二方面军和红四方面军长征到达甘肃,同前来接应的红一方面军胜利会师。红军三大主力会师,宣告红军二万五千里长征胜利结束。

红军长征的胜利,粉碎了国民党反动派消灭红军的企图,保存了党和红军的基干力量,使中国革命转危为安。

要求:根据课程标准要求和课文内容,设计出相关的教学过程,包括教学环节、教师活动和学生活动,并说明设计意图。

全真模拟二

一、单项选择题(本大题共 25 小题,每小题 2 分,共 50 分)

在每小题列出的四个备选项中只有一个是符合题目要求的,请用 2B 铅笔把答题卡上对应题目的答案字母按要求涂黑。错选、多选或未选均无分。

1. 下列战役按发生时间排序正确的是(　　)。
   ① 牧野之战　　② 长平之战　　③ 桂陵之战　　④ 城濮之战
   A. ①②③④　　B. ①④③②　　C. ④②①③　　D. ④③①②

2. 秦统一六国后,建立起一整套专制主义中央集权制度,统一文字、货币、度量衡和车轨,修筑万里长城。汉通过休养生息、解决王国问题、独尊儒术和北击匈奴,出现了"大一统"。从上述内容可以概括出秦汉时期的阶段特征为(　　)。
   A. 统一多民族国家的巩固和社会危机
   B. 政权分立与民族融合
   C. 统一多民族国家的建立和初步发展
   D. 国家的产生和发展

3. 据《宋书》记载:"江南……地广野丰,民勤本业,一岁或稔,则数郡忘饥。……丝绵布帛之饶,覆衣天下。"下列选项中,对这一现象出现有推动作用的是(　　)。
   ① 北方人口的南迁,带去了先进的技术和劳动力
   ② "苏湖熟,天下足"的局面的出现
   ③ 南方具有发展农业的优越条件
   ④ 南北方劳动人民的辛勤努力
   A. ①②③　　B. ①③④　　C. ①②④　　D. ①②③④

4. 文成公主庙位于青海省玉树藏族自治州。它始建于 1300 多年前,是当地人民为纪念文成公主入藏路经此地,向当地人民传播中原文化,造福于当地而建。下列相关表述正确的是(　　)。
   ① 派文成公主入藏的是唐玄宗
   ② 文成公主入藏的最终目的地是逻些
   ③ 当时吐蕃的赞普是松赞干布

④ 文成公主入藏增强了汉藏两族的友好关系

A. ①②③　　　B. ①②④　　　C. ①③④　　　D. ②③④

5. 明朝人文徵明在《满江红》词中感慨岳飞的遭遇："千载休谈南渡错,当时自怕中原复。笑区区一桧亦何能,逢其欲。"对此理解正确的是(　　)。

① 岳飞抗金胜利后达成澶渊之盟

② 宋高宗害怕自身统治受到威胁

③ 秦桧以谋反罪杀害了岳飞

④ 岳飞的遭遇受到后世的广泛同情

A. ①②③　　　B. ①②④　　　C. ②③④　　　D. ①③④

6. 台湾自古以来就是中国领土不可分割的一部分。下列有关台湾历史叙述正确的是(　　)。

① 三国时,台湾称夷洲

② 元朝时加强了对台湾的管辖

③ 明朝后期荷兰殖民者侵占台湾

④ 1684年,清朝设台湾省

A. ①②③　　　B. ①②③④　　　C. ②③④　　　D. ①③④

7. 被外国学者誉为"中国17世纪的工艺百科全书"的作品是(　　)。

A.《本草纲目》　B.《农政全书》　C.《天工开物》　D.《梦溪笔谈》

8. "大将筹边尚未还,湖湘子弟满天山。新栽杨柳三千里,引得春风渡玉关。"此诗所描写的是下列那个人物的功绩,他是(　　)。

A. 邓世昌　　　B. 林则徐　　　C. 关天培　　　D. 左宗棠

9. 日本大化改新以中国为师,中国戊戌变法以日本为师。你知道辛亥革命创建中华民国主要以哪国为师吗?(　　)。

A. 日本　　　　B. 法国　　　　C. 美国　　　　D. 沙俄

10. 打响了武装反抗国民党反动统治第一枪的事件是(　　)。

A. 五四运动　　B. 北伐战争　　C. 南昌起义　　D. 秋收起义

11. 下列作品中直接反映标志着全国性抗日战争开始事件的是(　　)。

A. 歌曲《我的家在东北松花江上》

B. 诗句"宛平城外狼狗叫,卢沟桥上枪声急。"

C. 诗句"长江呜咽钟山悲泣……三十万冤魂,在地狱中哭泣。"

D. 电影《甲午风云》

12. 对下表解读正确的是（　　）。

1952年和1957年我国主要工农业产品产量

产量＼年份	粮食（百万吨）	棉花（百万吨）	煤（亿吨）	钢（百万吨）
1952	163.42	1.30	0.66	1.35
1957	195.05	1.64	1.31	5.35

A. 人民公社化运动使农业迅速发展

B. "大跃进"运动片面发展重工业

C. 一五计划实施使重工业迅速发展

D. 三年自然灾害影响农业发展

13. "边陲小镇,首批特区,一夜崛起,开放窗口"所描述的城市是（　　）。

  A. 珠海　　　　B. 汕头　　　　C. 厦门　　　　D. 深圳

14. 许多事物往往被印上时代的特色,这在人们的姓名中也有所体现。下列名字与其出生时代特征不相符的是（　　）。

  A. 生于1949年,取名"建国"　　　　B. 生于1951年,取名"援朝"

  C. 生于1958年,取名"跃进"　　　　D. 生于1964年,取名"文革"

15. 两河流域文明在世界文明发展史上占据着重要的地位,以下关于其说法正确的有（　　）。

  ① 摩亨佐·达罗遗址是两河流域的重要城市

  ② 巴比伦空中花园是两河流域文明的代表

  ③《汉谟拉比法典》是世界上第一部成文法典,代表了奴隶主的利益

  ④ 公元前18世纪,苏美尔人建立了强大的中央集权制的国家

  A. ①③　　　　　　　　　　　　　B. ③④

  C. ②③　　　　　　　　　　　　　D. ②④

16. 小明一家计划到北非某国家旅游,该图是他旅游的目的地之一,请你判断小明旅游目的地是（　　）。

  A. 印度　　　　　　　　B. 中国

  C. 埃及　　　　　　　　D. 巴比伦

17. 恩格斯深刻指出:"葡萄牙人在非洲海岸、印度和整个远东寻找的是黄金;黄金一词是驱使西班牙人横渡大西洋,到美洲去的咒语,黄金是白人刚踏上一个新发现的海

岸时所要的第一件东西。"下列关于欧洲人追求黄金的原因,理解最准确的一项是（　　）。

　　A. 新航路的开辟促使欧洲人渴望黄金

　　B. 资本主义的兴起刺激黄金热

　　C. 航海技术进步使追求黄金成为可能

　　D. 马可波罗的刺激下寻求黄金

18. 下列关于俄国废除农奴制改革和日本明治维新的说法正确的是（　　）。

　　① 两国改革都采取了自上而下的方式

　　② 改革使两国都保留了大量的封建残余

　　③ 两国的改革都是在内忧外患的背景下进行

　　④ 改革使两国走上了资本主义的发展道路

　　A. ②③④　　　B. ①②④　　　C. ①②③　　　D. ①③④

19. 2011年3月19日,美、英、法等国联手,对利比亚发动代号为"奥德赛黎明"的空袭,利比亚战争由此拉开帷幕。美国等西方国家对利比亚这么感兴趣,其核心利益就在于石油。你知道石油开始成为重要的能源是在（　　）。

　　A. 文艺复兴期间　　　　　B. 新航路开辟期间

　　C. 第二次工业革命期间　　D. "一战"期间

20. 人类历史上第一个获得胜利的社会主义革命是（　　）。

　　A. 六月革命　　　　　B. 巴黎公社运动

　　C. 十月革命　　　　　D. 中国新民主主义革命

21. 第二次世界大战中,受法西斯侵略和威胁的国家联合起来对付共同的敌人。"世界正义力量团结在一起"——世界反法西斯同盟形成的标志是（　　）。

　　A. 欧洲第二战场的开辟　　B.《欧洲联盟条约》生效

　　C.《慕尼黑协定》签订　　　D.《联合国家宣言》的签署

22. 20世纪四五十年代以来,新的科学技术革命到来了,此次科技革命的核心是（　　）。

　　A. 航天技术的应用　　　　B. 生物工程的应用

　　C. 电力的广泛应用　　　　D. 电子计算机的广泛使用

23. 新课程的培养目标应体现时代要求。要使学生（　　）。

　　① 具有爱国主义、集体主义精神,热爱社会主义,具有社会主义民主法制意识

　　② 逐步形成正确的世界观、人生观、价值观,具有社会责任感

　　③ 具有初步的创新精神、实践能力、科学和人文素养以及环境意识

④ 具有适应终身学习的基础知识、基本技能和方法,具有健壮的体魄和良好的心理素质

A. ①②③④　　B. ①②　　C. ②③④　　D. ①②③

24. 中学历史教学中,主要培养学生的历史学科能力有( )。

① 历史事实的再认和再现能力　　② 历史材料的搜集和鉴别能力
③ 历史材料的领会和诠释能力　　④ 历史问题的分析和评价能力
⑤ 历史知识的知往和鉴来能力

A. ①②③　　B. ①②③④　　C. ②③④⑤　　D. ①②③④⑤

25. 下列不属于初中课堂史料教学策略的是( )。

A. 提炼教学主题　　　　B. 梳理逻辑顺序
C. 整合分散内容　　　　D. 剪裁拼接史料

二、简答题(本大题共3小题,每小题10分,共30分)

26. 简要说明邓小平为什么是中国改革开放和现代化建设的总设计师?

27. 现代教育技术辅助历史教学有哪些优势?

28. 历史学习评价的原则是什么?

三、材料分析题(本大题共3小题,每小题16分,共48分)阅读材料,并回答问题。

29. **材料:**

材料一:按华盛顿,异人也。起事勇于胜广,割据雄于曹刘。已提三尺剑,开疆万里,乃不僭位号,不传子孙,而创为推举之法,几于天下为公。

材料二:"这是一位同亚历山大和恺撒一样的天才人物,长于指挥军队,……竟还有立法家们所具有的才能。""几年之后,这位伟人,聪明的人物疯狂了……使得一百万人的生命毁灭在战场上,激起整个欧洲来反对法国。"

——梯也尔《执政府和帝国的历史》

问题:

(1) 材料一中认为华盛顿"起事勇于胜广,割据雄于曹刘"指的是他的什么历史贡献?(3分)"而创为推举之法"所颁布的法律体现了什么原则?(3分)

(2) 结合所学知识,分析材料二中"人物"的"立法家们所具有的才能"表现在哪里?(3分)材料二中作者是怎样看待这个"聪明的人物疯狂了"所带来的影响?(3分)

(3) 综合上述分析,你认为评价历史人物应该坚持怎样的基本原则和方法?(4分)

30. **材料:**

以下是某教师《西方文明之源》的教学片断:

师:从公元前8世纪开始,在古希腊出现了许多以城市为中心的小国,这些城市小国历

史上称为城邦,在公元前5世纪后期古希腊各城邦开始衰落。在众多城邦中最重要的是雅典、斯巴达。

……

师:雅典民主是西方文明重要源泉,你认为现代民主从雅典民主中吸取了哪些精华?

生:投票法、少数服从多数的原则,法律面前人人平等。

问题:

(1)针对古希腊城邦国家和民主制度这一难点,本教案采用了哪种教学方式?(4分)

(2)这样有什么好处?(6分)

(3)本教学案例有哪些不足之处?(6分)

31. 材料:

以下是某教师教授《魏晋南北朝文化》的教学策略:

严格按照教材提供的顺序来实施教学,一句"魏晋南北朝是中国古代文化的大发展时期,具有承上启下的特点,这与当时的经济基础、社会环境息息相关"作为开场白后即导入了新课,在概述了承上启下的特点之后,简单回顾魏晋南北朝的历史,接着具体介绍魏晋南北朝在科技、农业、地理、书画、石窟等方面的具体成就,直到下课。

问题:

(1)以上设计是否符合学生的认知规律?(2分)请说明原因并提出改进方案。(8分)

(2)在制定教学策略时要注意哪些原则?(6分)

四、教学设计题(本大题1小题,22分)

32. 根据下列材料设计教学片段。

(1)课程标准规定:

了解宋元时期的都市生活。欣赏《清明上河图》,说一说宋代城市生活中的衣、食、住、行和风俗习惯。

(2)课文摘录:

衣食住行等习俗的变化

北宋初年,崇尚节俭,衣帽上不得缀饰珠玉,对各级官员的服色都有严格规定,普通百姓只能穿黑白两色的衣服。到后来,奢侈之风盛行,统治者的衣饰精美华丽。受北方少数民族影响,劳动者多穿小袖狭身的短衣。南宁有的学者认为:"今世之服,大抵皆胡服。"由于一些士大夫的提倡,妇女缠足的陋习也逐渐传开。这反映妇女受到的封建束缚越一来越严重。

那时的饮食相当丰富。东京城里的食品有二百多种,夜市上的小吃很多,夏季还有冷饮。由于与少数民族互市,北宋的肉食中以羊肉为多;南宋的羊肉价格较高,一般人起吃不起。南方人吃鱼多,临安城内外的鱼店,不下一二百家。

宋代农村百姓的住房较简陋,多为低矮的茅屋。稍富裕些的人家,以茅屋和瓦房相结合,构成一组住宅。城市平民的住房,平面多为长方形,屋顶以草或瓦覆盖。稍讲究些的,外建门屋,内为四合院,院内还种花草。贵族官僚的宅第相当宏丽,前堂后寝,以穿廊相连,两侧还有耳房和偏院。

宋朝缺马,人们多用牛车,也有驴车。达官贵人出门乘轿已很普遍,士大夫一般骑驴、骡。那时的交通比较发达,供住宿的邸(dǐ)店很多,宋诗里的"邸店如去屯",就形容旅店业的兴旺。

要求:根据课程标准要求和课文内容,设计出相关的教学过程,包括教学环节、教师活动和学生活动,并说明设计意图。

全真模拟一
答案与评分参考

一、单项选择题(本大题共 25 小题,每小题 2 分,共 50 分)

1. B　2. C　3. B　4. C　5. C　6. A　7. C　8. B　9. D　10. A
11. C　12. C　13. B　14. C　15. C　16. A　17. C　18. A　19. C
20. B　21. C　22. B　23. B　24. B　25. D

二、简答题(本大题共 3 小题,每题 10 分,共 30 分)

26. (1)积极方面:对西方殖民者的侵略活动起到过一定的自卫作用。

(2)清政府的闭关锁国,既看不到世界形势的变化,也未能及时学习西方先进的科学知识和生产技术,使中国在世界上逐步落伍了。

【评分说明】考生如有其他回答,符合题意,可酌情给分。

27. 新三维目标具体为知识与能力、过程与方法、情感态度与价值观三个方面。传统教学目标中的基础知识与能力培养两项任务,合并为"知识与能力"一目。由过去单纯注重传授知识,改变为知识与能力并重。在思想情感教育目标上,大力突破历史教育层面,注重培养人文素养和科学精神,把历史教育的社会功能与人的发展教育功能结合起来。新课标的教学目标改变了过去重结果、轻过程的做法,为了突出学生学习的主体地位和学习过程,关注学生学习方式的转变,在新三维目标中,专门增加"过程与方法"。传统的历史教学主要是向学生传授具体的知识,现代教育新理念则是向学生传授学习方法。

【评分说明】考生如有其他回答,符合题意,可酌情给分。

28. 第一手资料也叫原始资料,指自己搜集整理和直接经验所得,主要包括原创的文献资料、实物资料、口述资料等。它具有原始、直接、准确的特点。二手资料是对第一手资料进行分析、摘要、重组和甄别而成的资料,典型的二手资料如文献综述、教科书、名人传记等,它具有间接性、非原创性等特点。一般而言,一手史料比二手史料更真实、更可靠,因此,一手史料更有价值。

【评分说明】考生如有其他回答,符合题意,可酌情给分。

三、材料分析题(本大题共3小题,每题16分,共48分)

29.(1)英国资产阶级革命(2分);1640年英国议会的召开(2分)。

(2)因为资本主义制度比封建制度先进,资本主义的产生和发展属于不可阻挡的潮流,也是现代文明发展的必然趋势。(2分) 工业革命(2分)。

(3)大机器生产取代手工生产。(2分)西方资本主义国家逐步确立对世界的统治,形成西方先进、东方落后的局面。(2分)

(4)瓦特,改良蒸汽机(2分);我们应该依靠新的科技发明,大力发展新能源,解决污染问题。(2分)

【评分说明】考生如有其他回答,符合题意,可酌情给分。

30. 华盛顿的遗嘱是研究华盛顿生平和美国历史的重要史料。为了确认华盛顿是否有这样一则遗嘱,首先可以考虑利用网络或者图书馆,查阅有关华盛顿生平的史料汇编中有无遗嘱原文。其次,可以查阅权威的美国史著作或者华盛顿传记,尤其是其中对华盛顿遗嘱的引用和解读。最后,可以查阅美国和中国的历史教材,参考教材说法。(16分)

【评分说明】考生如有其他回答,符合题意,可酌情给分。

31.(1)缺少过程与方法;教学目标应该是学生学习的结果,知识与能力中要有相应的动词来描述学生习得的程度与水平;情感、态度与价值观中教学目标的主体定为教师而不是学生,且语句不太通顺,情感目标过于宏大而空洞。(8分)

(2)研究历史课程标准,分析教学内容,分析学习者特征,分析社会形态需要,资源准备等。(8分)

【评分说明】考生如有其他回答,符合题意,可酌情给分。

四、教学设计题(本大题1小题,22分)

32.【评分说明】

教学环节清晰、完整(6分);教学活动合理、有针对性(6分),体现出师生互动(4分);反映出教师如何引导学生认识长征胜利的意义(6分)。

参考答案(略)

全真模拟二
答案与评分参考

一、单项选择题(本大题共25小题,每小题2分,共50分)

1. B 2. C 3. B 4. D 5. C 6. A 7. C 8. D 9. C 10. C 11. B
12. C 13. D 14. D 15. D 16. C 17. B 18. B 19. C 20. C 21. D
22. D 23. A 24. D 25. D

二、简答题(本大题共3小题,每题10分,共30分)

26. 在改革开放和社会主义现代化建设中,邓小平解决了什么是社会主义,怎样建设社会主义等一系列问题,为中国改革开放和现代化建设指明了前进的方向和道路。

(1) 1978年,在邓小平领导下,召开十一届三中全会,做出改革开放的伟大决策。

(2) 改革开放实行后,邓小平又提出"在中国实现四个现代化,必须坚持四项基本原则";

(3) 1982年,"十二大"上提出建设中国特色的社会主义;

(4) 1992年,"十四大"提出经济体制改革的目标是建立社会主义市场经济体制。

【评分说明】考生如有其他回答,符合题意,可酌情给分。

27. (1) 优化历史教学课程设计。

(2) 优化传统历史教学模式。

(3) 优化历史问题设计。

(4) 优化历史资料的积累和储存。

(5) 优化历史教学管理。

(6) 提高课堂教学效果。

【评分说明】(1) 每点3分,答对三点及以上给10分。

(2) 考生如有其他回答,符合题意,可酌情给分。

28. 原则:(1) 诊断性评价、形成性评价与终结性评价相结合;

(2) 教师评价与学生自我评价、同伴评价相结合;

(3) 量化评价与质性评价相结合。

【评分说明】考生如有其他回答,符合题意,可酌情给分。

三、材料分析题(本大题共3小题,每题16分,共48分)

29.(1)领导了北美独立战争(3分),三权分立原则(3分)。

(2)制定和颁布《法典》,为后世树立立法范本(3分);使得一百万人的生命毁灭在战场上,激起整个欧洲来反对法国(3分)。

(3)一分为二,全面的观点,客观地评价;"史由证来,论从史出";把历史人物放在当时特定的时代背景中去分析等(答出一点2分,答出两点给4分)。

【评分说明】考生如有其他回答,符合题意,可酌情给分。

30.(1)方式:谈话法。(4分)

(2)好处:在本案例中,针对古希腊城邦国家和民主制度这一难点,教师均采用了传统的讲述法作为主要的教学方式。对于本课讲述法就非常有效,教师可以通过简明的语言讲清问题,保证教学时间的经济有效,而且简便易行。(6分)

(3)不足:该案例的设计忽视了学生在课堂中的主体地位,它更多地注重教师的"教"而非学生的学,这与现代的教育教学理念背道而驰。在新课程改革的背景下,课堂教学不再是简单的教师传递知识、学生学习知识的活动。学生作为学习的主体,应该多给予他们自主学习的空间,主动产生学习的愿望,积极主动并创造性地完成学习任务。(6分)

【评分说明】考生如有其他回答,符合题意,可酌情给分。

31.(1)不符合(2分)。作为认知主体的学生,只有获取了足够的历史知识,才能形成历史认识。教师可以先采用多媒体展示或者合作探究等方式带领学生了解魏晋南北朝的具体成就,再引导学生概括出其主要的特点并进行拓展提升。(8分)

(2)针对性原则、综合性原则、多样性原则、可操作性原则、灵活性原则。(6分)

【评分说明】考生如有其他回答,符合题意,可酌情给分。

四、教学设计题(本大题1小题,22分)

32.【评分说明】

教学环节清晰、完整(6分);教学活动合理、有针对性(6分),体现出师生互动(4分);反映出教师如何引导学生分析宋代社会服饰变化的原因。(6分)

参考答案(略)

后　　记

《历史学科知识与教学能力（初级中学）》是我多年在高校教研工作的经验总结，也是我在课堂上与本科生及研究生交流的产物。根据《初中历史学科知识与教学能力考试大纲》的要求，全书共分初中历史教学理论、中国历史基本知识、世界历史基本知识、初中历史教学设计、初中历史教学实施、初中历史教学评价等六章。

本书具有三个特点。一是权威性。严格按照考试大纲，针对初中历史教师资格证的考试特点，对《义务教育历史课程标准（2011年版）》进行细致、深入的解读，内容科学、具体，概念准确、规范。二是全面性。本书每一章都列了"考纲内容"专栏，并且对考纲进行了解读，从而使初中历史教师资格的申请者能有的放矢地去学习；每一节之前都有"引言"，正文中设有"链接阅读""资料卡片""知识小贴士"等栏目，从而使初中历史教师资格的申请者能兴趣盎然地学习知识；正文结束，专门设有"本章知识结构""本章小结""备考指南""自测训练"等栏目，从而使初中历史教师资格的申请者能落实每一章的知识点，并且有利于他们构建完整的知识体系。三是实用性。本书"教学设计""教学实施"及"教学评价"部分，对初中历史教师的教学有很强的指导性，尤其是有关初中历史教师的教学技能，如备课、说课、讲课、评课、校本教研、多媒体辅助历史教学等方面，都做了独到而全面的分析，并辅之以鲜活的教学案例，使之更具操作性。

本书引用了历史教育专家叶小兵教授、姬秉新教授、赵亚夫教授、李稚勇教授、黄牧航教授等的先进科研成果，从而在较大程度上提升了本书的理论水平。同时，在编著过程中，得到肖红、江逸冰、崔应忠、周禄丰、周宽等中学一线教师的大力支持。我要特别感谢北京大学出版社姚成龙主任与本书的责任编辑高桂芳博士，正是以姚主任为首的编辑团队的敬业、负责，对本书出版的关心、支持，确保了本书的高质量。

本书尽管是为初中历史教师资格申请者编写的笔试用书，但也可作为师范类历史本科学生的专业教科书，同时对提升师范类历史专业硕士生和初中历史教师的教学能力，亦大有裨益。

本书是在教学和科研基础上，在不断修改、补充、整理等过程中逐步完成的。写作过程中，参考、引用了同行专家学者的部分研究成果，在此表达衷心的感谢！如果您在阅读本书的过程中，发现要改进的观点或建议，欢迎批评指教。我的邮箱为 yubaiqing2006@126.com，期待您的指导。

余柏青

2015年9月于长沙岳麓山下